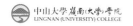

中山大学岭南（大学）学院
LINGNAN (UNIVERSITY) COLLEGE

广东改革开放40周年回顾与展望丛书

陆　军◎主编

广东民营企业
四十年

○ ---------- ○ ---------- ○

储小平　谢俊　黄嘉欣　等◎编著

中国社会科学出版社

图书在版编目（CIP）数据

广东民营企业四十年 / 储小平等编著 . —北京：
中国社会科学出版社，2018.10（2018.12重印）
（广东改革开放40周年回顾与展望丛书）
ISBN 978 – 7 – 5203 – 3458 – 7

Ⅰ.①广…　Ⅱ.①储…　Ⅲ.①民营企业—企业
发展—广东　Ⅳ.①F279.245

中国版本图书馆 CIP 数据核字（2018）第 248609 号

出 版 人	赵剑英
责任编辑	喻　苗
责任校对	胡新芳
责任印制	王　超

出　　版	中国社会科学出版社
社　　址	北京鼓楼西大街甲 158 号
邮　　编	100720
网　　址	http://www.csspw.cn
发 行 部	010 – 84083685
门 市 部	010 – 84029450
经　　销	新华书店及其他书店

印　　刷	北京明恒达印务有限公司
装　　订	廊坊市广阳区广增装订厂
版　　次	2018 年 10 月第 1 版
印　　次	2018 年 12 月第 2 次印刷

开　　本	710 × 1000　1/16
印　　张	27.5
插　　页	2
字　　数	371 千字
定　　价	109.00 元

总　序

　　党的十一届三中全会，吹响了中国改革开放的号角，从此中国大地发生了翻天覆地的变化。时至今日，已经整整四十年，中国从一个贫穷落后的国家发展成为世界第二大经济体，外界称之为中国奇迹。四十年的改革开放，给中国人民带来了实惠，也给世界人民带来了福利，中国已经成为了世界第一贸易大国。四十年的风雨历程，四十年的探索前行，走出了一条中国特色的社会主义道路，向世人证明了中国特色社会主义制度的优越性。

　　广东地处华南，濒临港澳，是中国改革开放的试验田和排头兵。从蛇口工业区、经济特区到沿海开放城市，再到沿江沿边城市，形成全面对外开放的新格局，广东的先行先试以及"敢为天下先"的开创精神，为全国提供了很好的经验借鉴。2018 年 3 月 7 日，习近平总书记在参加十三届全国人大一次会议广东代表团审议时发表重要讲话，充分肯定了党的十八大以来广东的工作，深刻指出广东在我国改革开放和社会主义现代化建设大局中的重要地位和作用，对广东提出了"四个走在全国前列"的明确要求。"进一步解放思想、改革创新，真抓实干、奋发进取，以新的更大作为开创广东工作新局面，在构建推动经济高质量发展体制机制、建设现代化经济体系、形成全面开放新格局、营造共建共治共享社会治理格局上走在全国前列。"从某种意义上讲，广东的改革开放就是全国的一个缩影，广东的经验就是全国的经验。党中央在充分肯定广东成绩的同时，对广东也提出了更高和更大的要求。

1985年我还在中山大学攻读研究生，到深圳参加广东外贸体制改革课题的调研，当年深圳建设时期晴天黄尘漫天、雨天泥泞的道路至今印象深刻。珠江三角洲河网密布，水系发达，改革开放前广东、特别是珠三角交通很不发达，广州到东莞要过五六个渡口，要用6个多小时的时间。如今粤港澳大湾区城市群通过高速铁路、高速公路、港珠澳大桥等连成一体，成为世界上最发达的区域。改革开放初期，以习仲勋、任仲夷等为代表的老一代改革开拓者，以大无畏的改革精神和实事求是的探索精神，给广东的发展打出来一片新天地。广东从改革开放前的一个偏远落后的省份，如今已经连续29年经济总量位列全国第一。广东"以桥养桥""以路养路"，率先到国际金融市场融资，率先成功采用BOT的建设方式，率先采用掉期等风险管理的方式，率先发行信用卡等，广东在中国不知有多少个全国第一！从经济特区的建立，对外开放以及"三来一补"的发展模式，助力广东取得发展的原始积累；到珠三角的迅速崛起，广东制造蜚声海内外；再到广东创造，成为创新创业的引领者，这中间不知凝聚了多少广东人民的勤劳和智慧。特有的广东经济发展模式，给各种所有制经济提供了发展的舞台，特别是民营经济以及家族企业开拓了一条特色发展之路。企业发展需要社会和政策的土壤，企业也在不断地回馈社会和国家，广东的企业家们也格外注重履行企业社会责任。经济的发展，更离不开政府的政策扶持和市场制度建设，金融、外贸、工业、财政、税收等各个领域的改革，在广东大地上全面推开。广东的发展离不开港澳两地的支持，同时广东的发展也给港澳的发展注入了新的活力。在"一国两制"方针的指导下，粤港澳经济合作的格局也在不断发展和壮大。最近粤港澳大湾区建设的战略设想，也给粤港澳合作提出了更高的要求，粤港澳三地人民将发挥更大的智慧来互补互助，解决发展的瓶颈问题，将会给世界大湾区经济建设和制度创新留下浓墨重彩的一笔。然而，发展也存在一定的问题，广东的区域发展极不平衡，粤东西北等地区的经济发展甚至滞后于全国平均水平，最富在广东，最穷也在广东。2020 年我们要全面步入小康社会，广东的扶贫攻坚工作也尤为艰巨。

中国、特别是广东的改革开放走的是一条创新开拓之路，没有现成的经验可以借鉴，是中国共产党人，带领全国人民披荆斩棘，共建美好家园的探索之路，所以有人把改革称之为摸着石头过河。既然是走没有人走的路，就会出现这样或那样的问题，也会遇到这样或那样的困难。我们把这些解决问题的思路和克服困难的方法总结起来，这就是经验，是希望给继续前行的人点上一盏明灯。

中山大学地处广东改革开放这块热土，中山大学的众多师生全程参与了广东的改革开放，见证了广东改革开放的奇迹。在我的记忆中，广东改革开放四十年的不同阶段碰到的重要的理论与实践问题，都有我们经济学人参与研究。从最早的加工贸易、"三来一补"，鲜活农产品输港问题，到香港珠三角"前店后厂"、国际经济大循环、珠三角发展规划、产业升级转型、大湾区建设、价格改革、外贸改革、金融改革、国企改革、农民工问题等，中山大学的经济学人都积极地贡献着智慧。1989 年成立的中山大学岭南（大学）学院，本身就是作为中国教育部和中山大学在中国高等教育改革开放方面的一个尝试。得益于广东改革开放的伟大成就，经过近 30 年的建设，岭南学院已经通过了 AACSB、AMBER 和 EQUIS 等国际商学院的三大认证，跻身于国际优秀的商学院之列。自 2017 年初，岭南学院就计划组织校内外专家学者编写"广东改革开放 40 周年回顾与展望"丛书，从经济发展、经济改革、对外开放、区域经济发展、民营企业、广东制造、财政改革、金融发展、企业社会责任以及粤港澳合作等视角全方位回顾广东的发展历程，总结广东的发展经验，并展望未来的发展方向。丛书的编写工作，得到了中山大学领导的大力支持，学校不仅在经费上全力支持，而且在总体布局上给予了诸多指导。当然，由于团队水平有限，写作的时间较短，难免有所疏漏，错误在所难免，还请广大读者批评指正。

中山大学岭南（大学）学院　陆军教授

2018 年 10 月 21 日

目　　录

前　言

　　1978年，神州大地苏醒，改革开放的号角吹响。体制松动，国门打开，海风拂面，百废待兴。正如莱昂纳德·科恩所言：万物皆有裂缝，那是光射进来的地方。一方面，人们看到的是自己的贫穷、国家的落后，看到旧体制的低效和对人性的扭曲、对创新的压抑和摧残；另一方面，人们看到了新的机会、新的自由活动的空间，看到了精彩的外面世界。历史来到一个新的起点：原体制中固化的资源开始成比例递增式自由流动，这种流动既受市场需求的引导而配置，也受关系规则的引导而配置；原体制中没有自由活动空间的人也有了渐增的自由拓展空间，人们可以自由地择业，可以以私人身份做买卖办企业；原体制中没有自由交流的思想也渐趋思想解放、融汇于中外的潮流中；加之国际经济发展中产业结构梯度落差与比较优势驱动下的产业大转移，使中国的人口红利、土地与资源红利空前凸显。中国整体的社会经济舞台改换了，历史舞台有了新的剧本，新的角色和群体登场了。被计划集权体制束缚很久的人们开始伸展手脚，在制度夹缝中走出了一批人，他们有的在原有体制中没有固定的工作和稳定的收入，有的在贫瘠而寡少的土地上生计艰难，有的还背着历史案底而在社会上没有归属感，当然还有一些天生不安分的体制内的人从体制中逃了出来，摆地摊、开修理铺、张罗小饭馆、翻山越岭跨江跃海地倒买倒卖，开始了自主的营生。这些人就是改革开放后的第一批民营企业家。此后风风雨雨、曲曲折折，他们或在深夜数着挣来的钞票而惊喜成了万元户，或在歧视怀疑排斥中承受着白眼，而个中艰辛难以为他人道，或在灰色地带徘徊黑白两端而暗自窃喜且又战战兢兢，或在暴富之后突然觉得应该花天酒地潇洒走一回……20 世纪 80 年代后期，短暂的一场风波给改革开放蒙上了一层阴影，个体民营企业顿觉雨雾弥漫、前途未卜。转眼，年历翻到 90 年代，邓小平视察南方，改革开放浪潮再起，且势头高涨前所未有。此时，一批批体制内的精英或因人生在世不得意，或受市场红利的诱惑，下海创业，前赴后继，在民营经济领域大放异彩，成为新一批的民营企业家。民营企业家的队伍主体不再是纯一色的"洗脚上田"的农民和被原体制排斥的边缘人。从 80 年代到 90 年代上半期，随着改革的深入，体制和意识形态，对民营经济的认同接纳日益提升，买方市场逐渐形成，民营企业家逐渐重视产品质量、规则、商誉和新市场的开拓，部分发展壮大的民营企业通过上市而进入合规经营与治理机制优化阶段。进入 90 年代中期，市场意识更加深入人心，信息及软件技术的普及应用大大提升了众多民营企业的管理手段，外资企业的技术和管理的溢出效应也使民营企业获益良多。步入 21 世纪，中国加入世贸组织，民营企业迎来了更广阔的市场机遇，同时要经受国际化经营的考验和更加激烈的国际竞争。2010 年以来，"互联网＋"、物联网、大数据、人工智能，加之区块链等扑面而来，改变着民营企业原有的经营模式和管理手段。与此同时，随着中国经济逐渐步入"新常态"，国内制造产能过剩，要素成本高企，中美贸易战等，民营企业又走到国际国内新的挑战和转型升级的关口。

从诺斯制度变迁的模式看，中国民营企业一直在"无商不奸"与"无商不艰"的实践纠结与舆论旋涡中拼搏、挣扎、博弈。与政府制度、政策和官员的博弈，民营企业一方面承受着法律政策的规费，另一方面也承受着额外的非正式规则的支出，总体来看，随着改革的推进，企业的外部交易成本还是在不断降低着，这自然减轻着民营企业"无商不艰"的巨大压力和痛苦。当然，这一过程依然任重道远。在法律法规及其实施的逐步健全过程中，"无商不奸"的商人、套利型老板的活动空间逐步缩小，创新型、有社会责任感、有情怀的企业家阶层日益成为中坚。在这一大的宏观背景中,那些更具有企业家精神的人也在不断地超越自我,不断地变革更新自己的技术、产品、战略、结构、模式,不断地融创着新的企业生态,不断地提升着自身的境界。

弹指一挥四十年,风云激荡谱新篇。回头审视,民营企业既有阳光雨露的滋养,也有阴风冷雨的侵袭,然民营企业生命力顽强,虽步履艰辛,但仍茁壮成长,成为国民经济的主力军,其佼佼者在国际经济舞台也展露雄姿,令人刮目。40 年来,民营企业成长了一批,崛起了一批,也倒下了一批。有的似流星,一时灿烂,转眼销声匿迹;有的如长寿的生物,历经风雨,坚韧存活;有的像老船长,稳健把舵,审时度势,大展宏图。

吴敬琏先生在《重启改革议程》① 一书中指出,中国经济这 30 多年的高速增长,主要原因有以下几点:“第一,改革为民间创业开拓了活动空间,使中国民间长期被压制的企业家精神和创业积极性喷薄而出;到 20 世纪末,中国已经涌现了 3000 多万户民间企业。它们仍是中国出人意料的发展的最基础的推动力量。第二,市场的开放和民间创业活动的活跃,使大量无法流动的劳动、土地等生产要素能够从低效率的经济活动流向效率较高的经济活动……导致了全要素生产率的提高,支持了中国经济的高速增长。第三,对外开放政策的成功执行,使中国能够利用发达国家的储蓄率过低、投资缺口过大造成的机会,扩大出口,用国际市场的需求弥补国内需求的不足,从需求方面支持了产出的高速增长。第四,实现对外开放的另一个重要作用,是在人力资本投资还没有发挥作用、自主创新活动还没有开展起来的条件下,通过引进国外的先进设备和学习外国的先进技术,在应用层面上迅速缩小了中国与先进国家之间在过去几百年间积累起来的巨大技术水平差异,使高速增长得到技术进步的有力支持。”

广东是改革开放的前沿地带,是催生民营经济的热土,更是民营

---

① 吴敬琏、马国川:《重启改革议程》(第三版),生活·读书·新知三联书店 2012 年版,第 3 页。

经济茁壮成长的沃土。这里走出了第一批民间的创业者，也最早形成阶层性的民营企业家和职业经理，他们怀着强烈的发财欲望寻找着商机和致富的路径，模仿和变换着发财的方法和模式。他们冒着风险，常常行走在体制的边缘地带，甚至常常越过旧体制规则的红线，并且享受着只要胆大，就能在社会经济体制转轨中获得商机，赚它个盆满钵满，但同时也不断经受着不规范的市场和政府规制的冲击。他们追逐着自己的利益，但在宏观层面上却成了从计划经济体制向市场经济体制转轨的探路者，成了旧体制规则的突破者，成了同政府博弈而催生新的法律法规诞生的促进者。他们不断利用亲情熟识规则和关系网络组合资源，又不断突破有限的信任障碍，吸纳扩展资源，在内部充满矛盾和利益冲突中探索着企业治理的优化机制。他们跟海内外的同行进行着激烈的竞争，又能不断寻找协作互补和利益共同点，而形成地域集群发展优势。他们既利用深厚的传统文化资源和当代意识形态要素，又各有偏好地吸纳各种外来文化理念，构建着各具特色的企业文化。他们在国内市场摸爬滚打些许年，而今佼佼者又能走出国门，或崭露头角，或与国际巨头一较高下。

40年来，广东民营企业的创生成长，风风雨雨，跌宕起伏，终成国民经济体系一支柱，展示着改革开放的成就，在全国民营经济发展进程中具有一定的标杆意义。这是一幅丰富多彩的画卷，本书自是难以囊括全部的精彩，但也尽力把理论见解透视到现实过程，将总况描述与典型个案分析结合起来，把过往的历史与未来的发展相联结。当然，我们也不可避免地遗漏一些重要的内容，尤其是还有很多典型的优秀企业未能纳入本书的分析，也未能深度剖析败局企业。我们能做的就是对这幅精彩的画卷描绘粗浅的轮廓，以冀能为改革开放40年献上一份微礼。

第 一 章

导　　论

第一节　改革开放大潮中的广东民营企业

一　广东民营企业的定义与范围

在全国工商联对民营企业进行统计和调研时，所有非公经济成分控股的有限责任公司和股份有限公司，且并非国有和外资控股的私营企业（包括个体企业、私营企业和私营企业联盟）、合伙制企业都算作民营企业。可以说，民营企业并不是一个法律的概念，"民营企业"是在中国经济体制改革过程中产生的，除"国有独资""国有控股"和"外资控股"外其他类型的企业。本书也沿用这一概念。

广东是民营经济发展最早、发展速度最快、发展基础最扎实，最具有创新探索实践的一个群体。本书中，我们不仅关注广东地区的民营企业，也关注广东地区成长起来的民营企业家。这是因为一部广东民营企业创业成长变革史，某种程度上就是一部民营企业家传记。民营企业家以及辅助其运营企业的职业经理人阶层，是改革开放后出现的新阶层。正是他们敏锐捕捉商机、崭露经营才干、有效整合资源和管控组织，才能解决企业存续、员工就业、产业兴旺、纳税利国的问题。因此，展现企业家谱系，按照企业家与核心管理群体差异分型描述其创业成长变革路径，自然能更生动地展现40年间的风起云涌。而关注民营企业在南粤大地的崛起，则是要解读这一片自古通商的土地，如何利用海上丝绸之路，毗邻港澳，辐射全国的地缘优势，特别是利用改革开放先行一步的优势创造经济奇迹。广东经济的发展,在相当大的程度上依赖的是民营企业的崛起和带动,是在这个改革试验田上进行政商互动、产业集聚和区域创新的结果。

二 广东民营企业改革的意义和地位

聚焦关注广东民营企业 40 年历程,探寻其发展脉络及发展轨迹,具有重要的意义。这是因为,这一研究对象在全国改革开放进程中,有着标志性的意义和地位。

首先,民营企业不仅在广东省经济发展的主体之中占据突出而重要的地位,在全国范围也是标杆,具有领先作用。根据广东统计信息网的资料显示,2016 年,广东民营经济增加值突破 4 万亿元大关,达到 42578.76 亿元,占广东省 GDP 的 53.6%,对 GDP 增长贡献率达 55.5%;从业人员占全社会从业人员的比重超过 50%,税收收入占广东省税收收入比重的 48.7%;民营经济税收总量排全国第一。[①] 另外,根据广东省工商联的数据显示,截至 2017 年底,广东省民营经济单位数达 999.82 万个。其中大型骨干企业成长迅速,入围"2017 中国民营企业 500 强"榜单数量大幅提升,新增 10 家,新增数位列全国第一。在全国的民营企业发展领域中,广东分别有 60 家、52 家、20 家入围 2017 年民营企业 500 强、制造业 500 强、服务业 100 强,较 2016 年分别增长 20%、40%、5%。其中新增 500 强企业 10 家,入围 500强广东民营企业中年营业收入超千亿元有 9 家,占全部超千亿元企业的 1/3,新增企业数和超千亿元企业数均位居全国第一。[②]

其次,广东民营企业对于现代化进程有着积极重要的推进作用。民营企业的集聚性成长,促使广东省形成了一批专业镇和工业区,这些专业镇和工业区拥有一到多种拳头主打产品,集聚了一批优秀龙头

---

① 《2016 年广东民营经济增加值突破四万亿元》,2017 年 2 月 4 日,广东统计信息网(http://www.gdstats.gov.cn/tjzl/tjkx/201702/t20170209_355239.html)。

② 骆骁骅:《广东民营经济单位近千万个》,《南方日报》2018 年 2 月 7 日(http://www.gd-info.gov.cn/shtml/guangdong/jrgd/jj/2018/02/07/254992.shtml1)。

企业，形成了完善的生产、销售和配套服务体系。由此所带来的是城镇化建设的日新月异，与经济发展相适应的城市管理体系、政府服务体系也得到迅速发展。深圳、珠海和汕头三个经济特区的民营企业发展属重中之重，尤其是深圳成为广东民营企业重镇。其中在全国工商联发布的 2017 中国民营企业 500 强，华为投资控股公司高居 500 强第一位，2016 年营收为 5215.74 亿元，遥遥领先于其他民营企业。汽车制造业的比亚迪股份有限公司，农业领域的深圳市大生农业集团有限公司也长期高居榜单前列。深圳也是大量互联网企业、高科技企业等的成长摇篮，除互联网巨头腾讯集团以外，还有如信利康供应链管理有限公司、欧菲光科技股份有限公司、富森供应链管理有限公司等都是新兴行业当中的佼佼者。毗邻澳门的珠海特区的民营企业也在改革开放 40 年中占有重要的位置。比如，曾经是 MP3 领域全国第一的魅族科技现在已经成功转型为优秀的智能手机制造商，丽珠制药集团股份有限公司在医药领域一直有畅销全国的医药拳头产品。珠海金山软件有限公司在杀毒领域和企业财务软件领域是公认的领军企业。在汕头特区，宜华企业集团是汕头民企第一家上市公司。这家曾居国内前列的木地板、家具和沙发生产销售企业已转型升级为住居生活一体化服务商。奥飞娱乐则是动漫 IP 领域上下游整合的高手。星辉互动娱乐是娱乐业崛起的新星。此外，众业达电器、潮宏基、金明塑胶、西陇科技等企业都以持续的创新获得持续声誉。三大特区的重要民营企业对于整个产业的发展引领有着重要的作用，也吸引了资本、人才、技术在这些地区的集聚。

广东民营企业是外贸出口的主体力量，是中国企业国际化实践的领衔先锋。据海关总署广东分署统计，2017 年广东实现货物贸易进出口总值 6.82 万亿元人民币，比 2016 年同期（下同）增长 8%。这是广东 4 年来首次外贸增速"转正"，而支撑此番增长的正是民营企业。2017 年广东民营企业进出口 3.14 万亿元，同比增长 14.5%，占全省 46.1%，同比提高 2.6 个百分点，对全省外贸进出口增长贡献最大，拉动全省外贸增长 6.3 个百分点。并且，2017 年民营企业出口 1.98 万亿元，首次成为广东第一大出口主体。这一年，民营企业超越国有企业和外资企业，成为第一出口主体，正验证了这一体系的强大生命力和持续成长潜能。①

广东外贸进出口呈现出"民营企业＋一般贸易"增速较快且比重上升、新型贸易业态发展迅猛的特点。换句话说，过往被诟病为技术含量低、自主开发成分不高、增长粗放的加工贸易不再是主要组成部分，广东一般贸易比重已然超过加工贸易。这就不得不提到广东民营企业在技术开发、产业升级等方面的进展。根据广东省科学技术厅2016年工作总结中的数据显示，仅2016年我省新增科技企业孵化器70%以上就是由民营资本投资建设。② 此外，根据相关报道，2016年广东新增907家企业登陆新三板，全省在新三板挂牌企业累计达1517家，总量居全国第一，其中科技型企业占80%，新三板粤民企科技板块业已形成。③ 民营企业的科技创新，高新技术在产业中的推广和运用，已然成为经济发展新动力的来源，是产业转型升级的核心组成部分。而承担这些动力和部分的，正是民营企业家及其科技研发团队。随着改革开放进程的推进，在激烈的市场竞争中，一批批创新型龙头企业逐渐成长，"广东制造"逐渐迈入"广东智造或创造"。

更可贵的是，广东民营企业在40年中逐渐成为社会慈善领域的生力军。根据《广东民营企业社会责任报告（2017）》显示，广东民营企业履行社会责任呈现如下特点：一是将社会责任融入企业发展战略、管理体系和全部运营活动，通过负责任的管理运营，协调履行好经济、社会、环境三大责任，增强可持续发展能力；二是坚持以人为本，充分尊重员工、消费者和社区居民等的权利，建立健全社会沟通和参与机制，在企业生产运营过程中，将保障人的安全健康与公平发展机会

---

① 《2017年广东外贸同比增长8%，新型贸易业态发展迅猛》，2018年1月18日，金羊网（http://news.ycwb.com/2018-01/18/content_25905270.htm）。

② 《我省科技企业孵化器呈现新模式新业态》，《广东科技报》2017年7月11日（http://www.gdstc.gov.cn/HTML/kjdt/gdkjdt/14997399667318135597396875288273.html）。

③ 吴瑕：《粤高新技术企业数量全国第一 民营经济占GDP比重过半》，《信息时报》2017年8月13日（http://gd.sina.com.cn/news/b/2017-08-13/detail-ifyixtym2661444.shtml）。

放到重要地位；三是加强节能减排，发展循环经济，做大绿色产业；四是尊重利益相关方的关切和利益，践行公平运营，促进产业链中责任与利益的共担共享；五是不断提高企业经营的透明度，加强与国内外各方的沟通合作，共同营造良好的社会生态环境。根据 2017 胡润慈善榜显示，腾讯创始人之一陈一丹捐赠 22.5 亿元排名慈善榜第二，主要捐赠是在香港设立全球最大的教育奖"一丹奖"；许家印捐赠 12.4 亿元排名第三，恒大集团帮扶贵州省大方县捐赠 30 亿元，第二期帮扶资金 10 亿元已就位，并在广东扶贫日认捐 2 亿元，向哈佛大学捐赠 1.3 亿元。2018 年 5 月，恒大集团又向中山大学捐款 10 亿元。如此例子不胜枚举，我们看到广东民营企业在承担社会责任方面不遗余力的表现。

三　解读 40 年变革历程的意义

面对广东民营企业在经济和社会领域取得的巨大成就，值得思考的问题是：从党的十一届三中全会为非公有制经济松绑的 1978 年到 2018 年这 40 年间，广东民营企业如何从无到有，从弱小的经济力量变为今天支撑国民经济增长和社会各项事业的中流砥柱？如何解释这种持续稳定的变革发展？40 年当中是一种什么样的成长的方式、路径和机制推动着民营企业在南粤大地上生根发芽并变得枝繁叶茂？

回答上述问题，对解读 40 年广东民营企业变革具有重要意义。首先，尽管严格来说本书并非一本经济史著作，但对广东民营企业成长历程的回顾和分析，可以促使大家深入探讨以下问题：广东民营企业成长贡献背后有哪些因素在推动？有哪些因素在阻碍其发展？广东民营企业未来持续成长的空间和趋势是什么？其次，我们深入探讨这些问题，有助于促进大家在创业、管理、创新、政商互动等方面知进退，识成败，衡得失。民营企业家的人生起伏，民营企业的兴衰，这些创业和运营的过程实际上是对时局的衡量，对商机的捕捉，对决策的拿捏，对变化应对的过程。每一步的决策蕴含了多少的智慧、勇气和思量，值得每一位读者掩卷沉思。如果我们能够重现这些南粤商场上攻守策略经历，相信其解读会为政商人士提供当下与未来决策的参考意见。最后，虽然民营企业已经成为重要的经济增长极，然而其发展的前景仍然面对诸多挑战。这些挑战包括但不限于：

（1）从外部看，广东民营企业依赖的一部分成本优势来自我国的人口红利。但随着这种人口红利的消失，广东民营企业的核心竞争力的短板就逐渐暴露出来。在一些重要领域依然缺乏技术核心优势，品牌资产等也存在短板，这使得不少民营企业在新经济形势下应对外部风险能力不足，可持续发展乏力。

（2）广东民企天生具有外向型基因，对外出口创汇能力在全国排在前列。然而，随着复杂多变的国际贸易中的挑战因素的增加，如何应对贸易战问题，如何推动新型国际化扩展问题，都成为民营企业持续成长的重要挑战。

（3）在外部环境中，与政府关系的处理仍然是一把"双刃剑"。虽然不少民营企业家通过参政议政等方式获得一定的话语权，并且可以建立一些良性的政商互动；然而，在广东民营企业成长中也不乏因为恶性政商关系依赖而桎梏企业发展的例子。一些企业家因为贿赂以及未能使经营脱离非法地带而最终受到法律制裁。如何突破政商关系的顽疾，实现与制度以及政府组织的良性互动，仍然是一个有待解决的问题。

（4）民营企业总体上仍然未能完全取得与国有企业同样的受重视的地位。行业隐形天花板，产权未能得到有效保护，融资贷款存在差别待遇等的制约性因素仍然存在。

（5）从民企内部发展来看，大量的民营企业仍然具有家族治理的特色和背景。40年后的今天，不少创始家族企业主已经进入退休的年龄，然而二代接班和经理人团队的融入是否顺畅仍然构成未来发展的主要挑战。二代家族成员或因为没有接班意愿，或接班能力不足，使得企业创始人隐退又出山、后继乏人而苦恼的现象屡见不鲜。在大量的民营企业中，仍然存在老板如何授权职业经理人，职业经理人团队如何与家族股东建立信任的困境，企业主难以把个人的能力转化为高层管理团队乃至企业整体能力仍然困扰着民营企业的成长。

（6）随着互联网、物联网、大数据、云计算、人工智能的时代来临，广东民营企业如何转型升级，如何组建新的人力资源体系，如何构建新的经营模式等，都是严峻的挑战。

（7）广东民营企业通过组织变革，通过进入不同的战略领域和组织架构变革来迎接新挑战，然而在转型中会遇到诸多的管理瓶颈，不少因为变革失败而衰亡，有一些仍然在变革过程中痛苦摸索。如何应对未来的挑战，我们需要参考历史经验，摸索规律。

在距离 1978 年那个为非公经济松绑的年代 40 年后的今天，我们仍然要为民营企业能够拥有更宽裕的成长空间、良性的社会氛围而奔走呼吁，为这一支广东经济的重要力量提供重要的经验参考和航向导引。

第二节 透视广东民营企业改革 40 年新视角：组织生态学理论

为了回答上述的问题，我们有必要从新的理论视角总结 40 年来广东民营企业的成长轨迹及其特点。从外部环境的角度看，一个促成从"全社会没有自由流动的资源，没有自由活动的空间"的体制到资源捆绑被放松，各种要素资源开始进入市场参与交易，到市场机制发挥越来越大的作用，企业运作机制成为市场交易主体，这种政企关系的互动过程，我们看到民营企业从夹缝生存、野蛮生长到按照政策、法律规则最大化利用环境机会，以及与制度规则相博弈的演变过程。从民营企业内部成长看，我们则发现民营企业家常常能逆境突围，企业家与管理团队不断打破惯例，推动组织变革，创造性地改革经营模式。他们把握时代发展脉搏和科技潮流，推动技术变革，锐意推出新产品和新服务。

若是我们把内外部环境联系起来，把不同的类型、行业、区域但又各自具有特色的企业群落联系起来，则我们能看到一幅民营企业的组织生态系统图，看到在这个生态体系类群落的发生、成长、衰落、变异、更替、共生的过程。对此过程，从 20 世纪 70 年代开始发展的新兴交叉学科——组织生态学提供了独特的理论视角。我们将在导论中简要通俗地介绍这一理论视角，使得在后续的内容中有一个透视的眼镜，可以通过纷繁的现象找到民营企业发展的脉络和路径。

一　组织生态学理论视角

组织生态学系统地研究了组织个体之间和组织种群之间的关系。众所周知，自然界存在生态系统，在当中阳光雨露等外部环境和花草树木、虫鸟鱼兽等生物之间形成了一个统一整体。在其中，生物与环境之间相互影响、相互制约，并在一定时期内处于相对稳定的动态平衡状态。在适宜的环境条件下，生物诞生、成长、成熟、衰亡。不同的生物会成为一个个有着共同属性的种群，种群之间既有竞争的关系又有共生的关系。与自然界的生态系统相类似，组织生态学关心企业等组织（机构）分别是怎么设立、成长和死亡的，相似的组织群落之间又是怎么样的一种关系，环境和组织之间如何互相影响和制约。根据彭璧玉的理论综述介绍，自组织生态学发展以来，逐渐形成了对组织设立、成长和死亡的三个理论解释体系。[①]

二　组织设立理论

组织设立就解释了组织产生和创建的过程。这一个过程包括生态化过程、制度化过程和空间过程。

首先，生态化过程的研究成果表明，在一定的资源限度内，如果一个组织与这个种群里其他组织成长所占据的位置（组织生态位）重合程度比较高，那么组织比较难创立，这是因为组织创立意味着抢夺了种群中其他组织的资源。

其次，制度化过程则强调合法性和社会支持对于组织设立具有非

---

① 彭璧玉：《组织生态学理论述评》，《经济学家》2006 年第 5 期。

常强的影响。在种群成长的初始阶段，如果种群中由政府、社会机构所建立的关键制度逐渐丰富，这些制度会为组织种群成长提供必要的合法性和资源，从而鼓励组织的成长。而且，政府作为"制度选手"可以开辟新的组织诞生新位置和空间（组织生态位），也可以通过制度规则来支持组织种群的成长。

最后，空间过程则表明，不同的企业种群之间在空间上存在着彼此竞争的关系，如果种群之间在地域空间上距离较远，竞争程度较低，则某一种群诞生更容易。空间之间也有扩展的效应，当一种种群迅速成长可以将成果效应扩散到其他的空间。尤其是组织创新，具备新的组织形式知识的企业会与缺乏组织形式知识的企业接触，会促使空间扩散发生，空间距离越近则这种扩散越容易发生。

三 组织成长理论

组织成长理论研究的基本结论包括，企业的生存能力随着规模的扩大而不断提高。此外，生存年限的增长与企业生存能力的提高有着密切关系。更关键的是，组织成长理论使我们看到企业成长和发展的两种策略：R 策略和 K 策略。R 策略的含义是，当环境不稳定因素增加的时候，企业通过大量繁殖后代，在不同的行业、区域占据生存位置，从而获得新的成长优势。而且这些后代有着较强的差异性。这与我们观察到广东民营企业发展的情况非常吻合，比如美的集团的多元化和事业部制的改革，正是让组织以灵活多样的方式进入不同的行业市场。K 策略与 R 策略不同，组织在较稳定的环境当中采取提升企业效率的方式来不断强化核心竞争力，以达到在某一环境容量下成长的饱和度，保证组织更好地利用以及吸收更多的资源来维持现有的成长。

四 组织死亡（更替）理论

组织的死亡是生态系统中的必然组成部分，甚至是种群内部和种群之间自发调整的结果。当整个种群开始萎缩，组织的数量低于这个种群生存的最低存在水平,组织就会消亡。换句话说,企业的存续往往还依赖区域发展以及产业趋势的大潮发展,若整个行业的衰退发生,那么企业可能在萎缩的种群中消亡得更快。

组织死亡理论研究提供了大中小规模企业的淘汰路径:在一个企业种群内,大企业出现的时候,中等规模企业可能逐渐在竞争压力下走向衰败,但是小规模企业却仍然得以蓬勃发展。不仅如此,当大型组织专业化程度较弱时,则大企业之间的竞争加剧会导致大企业生存率下降,但是差异化小企业的生存率却上升。

除此以外,组织死亡理论也告诉我们,群内密度始终是重要的影响因素。密度太高,企业的大量死亡就会因为资源的争夺和耗散而出现。企业的"一窝蜂"现象和"山寨"产品同质化会使得企业的死亡变得频繁。同时,种群也有一个合适的规模,种群低于最低适合度的时候,其中的企业也会迅速死亡。

然而,死亡并不总是一件坏事,相反,企业的死亡具有某种主动性和意识性,这被称为程序性组织死亡。一部分企业的衰亡是不愿意再与种群中其他企业争夺资源而主动结束生命进程。同时,死亡企业并非毫无价值,它们分解所产生的资源会流向其他存续企业,为它们提供生存养分。

第三节　设立过程视角下的广东民营企业

戴上理论的透视镜,我们重新来审视广东民营企业 40 年的成长,发现,民营企业嵌入在广东这片经济热土上的生态系统中有着诸多值得解读深思之处。

一　广东民营企业的组织设立制度化过程

（一）制度合法化:从中央到地方的制度松动

从无到有,广东民营企业如雨后春笋般迅速成长的契机是什么?根据组织生态学理论,组织个体和种群的出现会经历制度化的过程。

其中政府作为制度选手扮演着重要的角色，而社会支持以及民众对于民营企业的支持认可程度则是另一个重要影响因素。

在中共十一届三中全会召开之前，我国实行计划经济体系，没有民营企业的所有权形式，企业都接受统一的生产指令生产。在当时，民营经济没有必需的制度土壤。直到 1978 年 12 月中共十一届三中全会后，非公有制经济才开始得到恢复和发展。1984 年是改革开放历程中的重要年份，改革开放政策总设计师邓小平亲自行走在珠江两岸，他指出："深圳的发展和经验证明，我们建立经济特区的政策是正确的。"在这一年，一位当今仍然叱咤风云的企业家——何享健带领他的集体企业美的研制出全塑风扇，投入市场后一炮打响，并在此后两年的风扇大战中脱颖而出。就是这样，站稳脚跟的何享健又踮起脚尖将目光投向空调，在后来的岁月中逐渐让美的成为民营企业的标杆。1992 年是关键性的一年，邓小平南方视察到达深圳，其讲话全面解决了困扰国人的姓"社"姓"资"问题，明确提出"三个有利于"标准。这无疑为民营企业的发展打下强心针。也就是 1992 年，门户网站"网易"的创始人丁磊考上研究生后但最终放弃，因为他觉得机会很多，不如到社会上闯一闯。当年，中国兴起了新一轮的投资创业高潮，下海经商也随之风起云涌。一批批人从体制内移身商海。这些人后来被归为"92 派"。

除了中央层面的引导和支持，全国法律法规上的认可和保证开始启动，地方上也在制度合法化上不遗余力。回顾改革开放初期广东地区的体制环境可以看到：首先，珠三角地区乡镇企业从一开始也是由乡镇政府参与或支持创办的，但珠三角的乡镇政府在乡镇企业起步后大都很快就放权给企业主，率先推行"厂长经理负责制""利润承包责任制"等，尽量弱化对乡镇企业的直接干预。其次，顺德、南海等地区的民营家电板块上，家电民营企业与政府产权关系的脱钩，与集体经济组织的分离显得异常平和，大都没有发生政府要从企业转制中获取过多利益的情况。比如美的集团这个脱胎于集体经济的企业就成为第一个上市的改制民营企业典范。而且，可能由于与政治中心距离较远，受到港澳治理理念影响较大等原因，广东民营企业面临的是倡导"少干预市场，多做基础设施建设"的政府。政府在设立工业园区，把财力投放到交通、能源、通信、教育等基础产业上的动力较强，而在进入审批、出口经营专管、税负加压等问题上一直致力于为企业创造良好的经济发展环境。

短短几年的时间，民营企业家终于从体制上得到支持，也得到了政策制定者的首肯和引领。从中央到地方的体制松动，从邓小平到任仲夷等各级领导的认可和鼓励，民营企业的政治合法性逐渐确立，正是神州大地上对私有产权从意识形态到体制法规政策，从总设计师到基层官员的逐步层层打开绿灯，民营企业种群的生长土壤才渐次有了生机。原来资源僵滞的配置开始在区域内被率先嗅到改革开放东风的企业家带动起来。此时，南粤大地，乃至全国各地和海外的资本、信息、物资、人才的溪流渐渐汇集，个体户企业、集体企业、合伙制企业、私营企业等各支流逐渐汇入民营企业设立的时代大潮。

（二）认知合法化：意识形态革新提供的行动机遇

除了制度合法化进程，企业的设立和诞生还要有社会认知、舆论支持、价值观引导等因素的配合。广东民营企业的勃兴，在社会认知上得益于传统粤商精神一脉相承的支撑。广东人有敢喝"头啖汤"的说法。这一说法指代煮汤后喝第一遍的汤水，最鲜美而且最有营养，尽管其中可能要冒一定的风险。这一说法放到战略管理来看，指的是率先建立组织或者进入行业的企业具有"先发优势"。在谁都不敢、不为、不愿意的情况下，广东企业家在这片历史上的通商之地，承袭了粤人通商贸易的古老传统，突破了中华大地上不敢不能谈"私"的氛围，开展了创业实践。在广东改革开放历史上，曾经有多个第一，深圳市创办了全国第一家合资企业，广州市出现第一个个体户，广州市场第一个尝试取消政府定价而实行市场价格，等等实践不一而足。

在这一阶段，邓小平所提出的"不管白猫黑猫，抓到老鼠的就是好猫"的思想，打破了"姓资（本主义）"和"姓社（会主义）"

的意识形态纠结，吹响了"实践才是检验真理的唯一标准"的实用主义改革开放实践的冲锋号。广东民营企业的第一批先驱们，正是最早响应这一呼召的尝鲜者，也是敏感地把握到意识形态合法性提供改革空间的探索者。尽管他们在当时的环境中仍然会受到固有意识形态的制约，但由于南粤大地地处偏远，自古又有经商致富以及"闷声大发财"的实用主义生活哲学，自然成为最能契合小平同志在意识形态领域改革的实验者。邓小平还提出，要"摸着石头过河"，承认改革就有试错的过程，探索就是向过去意识形态认为的雷区前进。在这种敢于突破思想禁区，鼓励创新和探索的意识形态大转型过程中，广东民营企业的创业、创新和探索过程正是这种思想领域合法性不断增强下的行动结晶。如果说，制度松动提供了政策环境的合法性土壤，那么意识形态领域的革新则供应了企业家思想、动机激发的合法性。

与内地先后崛起的民营企业集群（如江苏和浙江地区的民营企业集群）不同，广东民营企业的设立有着很强的外向认知合法性的支持。粤人的商贸活动的开展基本上遵循着"对外"的营销方向。这一"对外"性质对于粤商抵抗近代资本主义经济的发展和冲击具有非常重要的作用。从历史上来说，利用海外市场，或者主动将资源投放在海外市场上有着传统认知合理性的支撑。这也是为什么广东的商帮避免了晋商、徽商在政治、经济环境剧变时迅速消亡的厄运，还纷纷走出国门，到世界各地开拓市场的原因。这种外向性传统使得广东民营家族企业在"三来一补"的加工贸易大势中很快站稳了脚跟，快速建立起外向型的工商业体系，成为中国经济改革的排头兵。

二　空间过程：广东区域竞争为民营企业设立提供的空间

在广东民营企业发展的初期阶段，毗邻港澳的优势其实主要体现在企业生态系统的空间扩散作用。在20世纪80年代初期，香港的制造业向中国内地的转移和迁徙，成为广东民营企业迅猛发展的一个重要的促进因素。香港的企业家率先利用深圳特区和珠江三角洲的成本优势以及两地之间历史文化渊源与地理优势，实现产业的转移。当时"三来一补"香港企业家采用加工贸易方式在广东地区设立企业，把生产技术、管理经验、海外资本带进了内地。这种临近空间上的扩散，使得在海外生态位上的民营资本迅速在广东扎根发芽。同时，扩散过程在广东每个地区的内部也在发展，比如广东民营经济中房地产领军企业——顺德的碧桂园、广州的恒大等房地产领衔企业一同极大地增强了广东地区的房地产民营企业实力。

第二次明显的扩散过程启动于 2005 年。当年广东省委、省政府发布了《关于广东省山区及东西两翼与珠江三角洲联手推进产业转移的意见（试行）》，鼓励珠三角的企业向东西两翼（粤东地区和粤西地区）和山区转移。在这样一种政策合法性较强的空间传染过程中，广东民营企业采取了搬迁式转移（将企业部分生产环节搬迁或者扩建分厂、子公司）、新建式转移（整体式搬迁）以及淘汰式转移（把已经衰退阶段的产业转移出去）等方式，在粤西、粤东等地区设立了新的企业、分公司、生产设备和场所等。

当然，40 年间，空间的扩散还以其他形式在悄悄进行着。首先，广东民营企业在全国范围内的经营扩展，比如粤派地产在全国开展各类地产项目建设和销售，很大程度上推动了全国范围的经济活动。其次，不少广东民营企业家走出广东，在不同的地域建立自己的事业，比如潮汕人黄光裕就建立了他的家电销售帝国国美集团。当中不少企业家更是走出海外，他们的创新精神，创业激情带动了一批又一批社会精英投入民营企业创业与发展的大潮。我们更看到在全球化的今天，广东民营企业不但把产品销售到海外，更是把自己的分公司，自己的资金投向了国外的商业机会。

三 生态化过程：广东民营企业的野蛮生长与创新成长

广东民营企业的设立在初期选择的往往是国有企业力量比较薄弱的产业和缝隙市场。比如，广东民营企业在家电行业的业绩就傲视全国同行。的确，"粤家电"是广东一张闪亮的名片。广东民营企业所制造的微波炉、电冰箱、空调、电视机、DVD 乃至今天的手机等产品畅销海内外。它们走过了从 OEM（原始设备制造）起步，到实现从 OEM 到 ODM（原始设计制造）再到 OBM（原始品牌制造）的企业升级。粤家电的兴旺不仅带动了民族产业的发展，也极大地改变了人们的生活方式，提升了生活水平。在广东民营家电企业中，拥有美的、科龙、康佳、创维、奥马及未上市的格兰仕等知名家电品牌，也有万家乐、华帝、万和等成长型家电品牌。所以从产品和技术及治理结构的角度看，广东民营企业走过了一个从简单的模仿制造，到模仿式创新，再到少数领先企业自主创新的过程。在这一生态化过程中，广东民营企业努力促进内部的即组织的经营惯例（Routines）、技术能力的革新和变异，汇聚在一起产生整个广东民营企业种群的生态变异。

可以说，创新是广东民营企业设立的标志，也是这一企业种群生命力所在。特别是 21 世纪以来，广东民营企业敢于面对新挑战，迅速抓住发展机遇，勇于创新。在激烈的市场竞争中，一批批创新型龙头民营企业逐渐成长，"广东制造"逐渐迈入"广东创造"。其中一些不仅成为全国行业中的领头羊，有的更在全球范围内成为行业的佼佼者。新创型的独角兽叱咤风云，比如深圳的大疆科技在无人机领域首屈一指；华大基因引领基因组学的发展，通过遍布全球的分支机构与产业链各方建立广泛的合作，将前沿的多组学科研成果应用于医学健康、农业育种、资源保存等领域。在互联网行业，腾讯已然成为互联网行业的巨头，社交网络应用、视频、新闻、游戏等众多领域都已从当年模仿式的创新而渐渐走向了原创式、首发式的创新。2017 年元旦期间，我们走访华为，听到的一个介绍是：以前，在国际经济舞台，华为总是被国际同行巨头追打，说华为侵犯了它们的知识产权，而现在常常是华为在知识产权领域追打它们。此外，广州的唯品会则创新了商业模式，在京东、淘宝等强大对手的夹击下仍然走上了品牌折扣＋限时抢购的线上特价场模式，为奢侈品以及高端消费品的网上销售开辟了新的典范。

综观以上的这些例子，很多优秀的广东民营企业都是在出人意料的领域，在国有资本并未或很少涉足的领域野蛮生长。它们可能一开始难脱模仿式创新的烙印，仍然要从国外行业领先企业那里学习产品、技术和商业模式中吸取养分。但是，随着对科技创新的独特心得以及对消费者需求的变化趋势的独到把握，它们开始走出了差异化的竞争道路，在新行业、新市场、新技术领域中捕捉到了商机。它们可能原来只是一个个独立的组织个体，但是它们逐渐长成参天大树，甚至凭借着技术、资金、人才的优势不断变异，孵化出一整套生态子系统来，自成门户，独成派系。

第四节　组织成长视角下的 广东民营企业种群

一　以治理形式区分的种群

要探讨广东民营企业不同类别种群的成长策略，就不得不对它们进行类型学的分类，并识别其独特的成长路径和变革机制。治理结构是企业管理的核心机制，是所有权与控制权界定的关键系统设计。如果从这一中枢设计进行分类，广东民营企业可以分为"草根式"民营（家族）企业、"江湖式"结盟企业以及"合众式"新经济企业三大种群。三者在股权投资以及核心管理团队上的差异在于：

"草根式"民营（家族）企业通常由有直系或者旁系的家庭成员共同出资，它们的管理团队成员之间有着家族的血缘（父子女、兄弟姐妹）或者亲缘（夫妻、亲家成员等）联系。

"江湖式"结盟企业，往往由核心企业家召集好朋友、战友、同乡、同学共同出资、技术、能力建立公司的股权基础。它们之间的聚合既讲求江湖义气，是泛家族化的体现，也重视商业规则，在管理上体现了各取所长，彼此勠力同心的特点。

"合众式"新经济企业，则往往是通过创业者的创意和创新的商业模式，从外部获取天使、风险投资建立企业，往往投身互联网、现代流通服务业等新经济领域。它们的团队一般由专业化人士组成，它们可能只是志同道合，又或者是由风险投资安排的管理团队的加入和协助。

"草根式"形态是广东民营企业的主要种群形态，特别是家族企业的性质对于企业的设立和成长都有着至关重要的影响。在企业设立时期，因为家族成员之间亲缘关系的信任，极大地降低了企业内部的交易成本和融资成本。这种以血缘为纽带，以家长式作风形成领导权威，以家族关系聚结网络资源的种群形态，对于民营企业在恶劣的外部治理环境中融入资源具有天然优势。在2017福布斯中国家族企业榜中，前五名都是广东民营家族企业，它们分别是恒大集团（许家印家族）、美的集团（何享健家族）、碧桂园（杨惠妍家族）、比亚迪（王传福家族）、国美集团（黄光裕家族）。在该排行榜的六到十名中还包括掌控温氏股份的温鹏程家族。当然，家族企业本身也有一些固有矛盾，比如控制权问题和内外有别的用人制度、裙带关系、非制度管理都会影响企业的规模扩张和长期生存。本书粤派地产一章，将通过碧桂园的杨国强（杨惠妍的父亲）如何通过引入经理人团队，如何带领企业在资本市场上市等发展历程来展示"草根式"家族企业的成长策略。

"江湖式"结盟企业是泛家族文化影响的体现，价值观相近使得内部抱团，投入承诺和信任关系得以实现，能力互补和资源配合又给予企业发展以重要的支持。腾讯集团是马化腾、许晨晔、张志东、陈一丹以及曾李青五人创业团队的成果。其中马化腾和许晨晔、张志东同为深圳大学计算机系的同学，而陈一丹是马化腾在深圳中学时的同学，后来也就读深圳大学。同窗情谊、志向一致加上能力互补使得这个团队如鱼得水。但是，在"江湖式"结盟企业当中，情感纽带与利益分配机制的冲突，关系契约与市场交易的纠结，以及发展理念的矛盾都会影响企业壮大。马化腾则能在其中较好地处理关系。他制定了根据创始成员分工占据不同的股份结构的策略，即便是后来有人希望占有更大的股份，马化腾也会根据对方的能力不足而拒绝其要求。在广东民营企业中，能够如马化腾在"江湖式"的团队中既保持团队能力、性格结构的一致，又在利益分割和激励上安排妥当的例子是一个标杆。有效地设计创业团队的责、权、利，始终是该类企业成长的关键。

"合众式"企业的股权清晰，制度理性从一开始就具备了良好的成长潜质，它们往往是通过自身的创新能力和商业模式的创新而获得资本市场的青睐，从而获得公开的公众的投资。比如7天连锁酒店（以下简称7天）的创始人郑南雁在2005年看到了经济型酒店行业的潜力，准备运用自己的IT管理技术能力来介入酒店行业，他由此得到了天使投资人何伯权的青睐。获得初始投资后，7天以"滚雪球"的方式扩张。在创建的头三年，7天以每年近400%的增速高速扩张，2009年11月正式登陆美国纽约证券交易所。规范的股权投资结构使得7天在一个制度性框架内解决公司发展问题，包括2013年在纽约成交所退市实现"私有化"后，郑南雁、何伯权、英联投资等7天原有股东华丽转身，加上凯雷投资集团、红杉资本共同组建铂涛酒店集团。规范的股权投资，对投资者的信息透明公开，使得这些企业发展有着清晰的资本逻辑和较少的利益纠葛。当然，新经济型企业如何从创业导向的技术管理走向专业化的制度管理仍然是非常重要的考验。

另一个案例来自电子商务领域的一匹黑马——唯品会。这家公司成立之前，创始人沈亚共有两次创业经历，但都跟电商无关。创业初期，由于定位较高，沈亚和他的伙伴洪晓波曾被视为"扫货团"。他们采取买手的模式，准备以自己对于时尚的判断获得国内消费者的青睐。然而他们到巴黎一掷千金购买各式奢侈品，回国后却卖不出，因而未能获得资本的关注。沈亚经过三个月的思考以后果断调整模式，将"奢侈品特卖"迅速转向到中高档大众时尚品牌的方向，集中精力放在如何做好服装特卖的供应链上。这之后的唯品会一路狂奔，交易额不断翻番，团队规模和仓库经营面积都大幅度提升。这样的商业模式变革最终获得资本市场的认可，2012年，唯品会在美国纽交所上市了。但由于当时股市低迷，唯品会上市时不仅零盈利，还遭遇亏损，甚至被当时的媒体称为"流血上市"。沈亚努力寻找解决方案，为了降低成本，提高毛利，由纯规模的粗放式扩张转变为精细化管理，从而迎来盈利，在上市的第二年实现净利润5230万美元。

二 以产业集群发展的种群

在改革开放初期，民营企业的设立和成长空间比较狭小，资源比较匮乏，民营企业更多依靠的是不同行业卡位、模仿式创新、家族和社会关系内部融资等方法实现野蛮生长。而在转型升级时代，民营企业已经有了上下游产业链的依托，有了产学研创新机制的支持，有良好政企互动的助推作用。广东民营企业逐渐在不同的区域内，在自发秩序以及政府引领的共同作用下，形成了纵向的上下游完整的产业链以及横向的产学研合作体系。这进一步促进了产业集群式的民营企业种群发展。广东省专业镇的发展模式走在了全国区域经济发展的前沿，背后是一些龙头民营企业和大量中小微民营企业所组成的区域产业种群。而且，由于政府生产力促进中心、高校科研机构以及企业协会等机构的参与，此时的产业种群内生态系统内部的资源更为丰富和多样化，产业生态链有了良性的成长体系。比如，中山市小榄镇已形成了以镇政府为主导，生产力促进中心为中心，行业协会为支撑，高校与科研院所、中介机构等机构共同建设的专业镇协同创新服务体系，将综合服务贯穿企业发展全过程，为中小微民营企业提供技术创新、信息网络、质量检测、创业孵化、人才培训和企业融资等服务。其中，这一体系的建设者包括：镇政府发挥统筹规划作用，小榄生产力促进中心、商会、中山市锁业协会、工业设计协会、半导体照明行业协会、小榄个体私营协会等机构与企业负责建设协同创新服务体系；中介机构、高校与科研院所、有关国际机构等为协同创新服务体系提供智力、人才、资金等支持。[①] 在这样的体系支持下，小榄镇这一"五金制品专业镇"的民营企业获得了共生共荣的种群发展效应。

---

① 周宇英：《广东专业镇产业协同创新体系建设研究》，《科技管理研究》2017年第24期。

数据显示，截至 2015 年，经广东省科技厅认定的省级专业镇共有 399 个，主要涉及五金、皮具、服装、玩具、家电、石材、家具、陶瓷、农业生产加工等传统产业以及高端电子信息、生物制药、新能源、现代物流、电子商务、生态旅游等新兴产业，实现生产总值 2.77 万亿元，占全省生产总值的 38%，其中产值超千亿元的专业镇达 8 个、超百亿元的专业镇有 130 个。以其中的东莞市横沥镇为例，该镇为"广东省模具制造专业镇"。从 2012 年开始，该镇政府同上海交通大学、广东工业大学等 7 所高校院所组建了横沥模具产业协同创新中心。该中心是模具产业创新驱动发展的载体，政府投入引导资金和场地，高校院所投入技术、人才、专利等无形资产，企业推进科研成果产业化，中心为产业升级提供科技创新支撑和公共服务。在横沥镇的民营企业因此有了较好的技术发展环境，这一专业镇内的中泰模具股份有限公司已经配备了国内自主研发的第一条高性能热成形生产线，通过它可以生产出强度高、重量轻的汽车零部件，不仅打破了国外技术垄断，而且有效降低了生产成本，促进了热冲压零件的国产化。这条生产线的研发，得益于横沥镇"协同创新中心"的牵线搭桥，使得企业成功与华中科技大学、中国汽车工程研究院等合作。积极创新努力换来企业发展效益和质量的不断提升。①

三　R 策略和 K 策略成长策略的应用

广东民营企业的种群的倍增和壮大，一直存在两种不同的策略。正如前面提到的，R 策略是一种变异繁殖的策略，是企业为了应对环境不稳定因素而催生众多不同后代的方法。通过分散风险，创新组团，它们的投资，子公司，事业部等组织单元在不同的行业、区域占据不断获得新的优势。运用这一策略获得成功的典范，是奥飞动漫（以下简称奥飞）。该公司在 1993 年创立时，创始人蔡东青就一心坚持做自

---

① 《广东推动专业镇"协同创新"　力促产业转型升级》，2016 年 6 月 15 日，新华网（http://finance.china.com.cn/roll/20160615/3767684.shtml）。

主品牌的玩具，不是模仿对手接代工的单子。在玩具行业获得了一定的经营实力并不断开展新探索的过程中，蔡东青开始注意到动漫才是能够持续创造衍生产品价值，并对购买玩具儿童持续产生影响力的行业。2003 年，公司启动了向动漫产业的布局，并将总部从汕头迁往广州，为的就是吸引动漫人才加盟。该公司逐渐建立了"动漫 + 玩具"的商业模式，这是该公司第一次转型。随着动漫产业布局日益完善，公司升级为动漫全产业链运营商。2010 年，公司取得了嘉佳卡通卫视运营权，成为国内第一家拥有卫星频道运营权的民营企业。这等于拥有了动漫的渠道，动漫的播放权这一核心竞争力被掌握在公司手中。之后，该公司马不停蹄地开展圈地行动，在 2012 年，占地达 10 万平方米的奥飞动漫新产业园在澄海建成并投产。这成就了该企业的第二次转型。2013 年，奥飞宣布以 5.4 亿元收购《喜羊羊与灰太狼》品牌与团队，因为蔡东青感觉到新时代国产动漫的黄金机会已经到来，新的 IP 帝国有待进一步完善。公司开始打造以 IP 为核心，集动漫、玩具、婴童、游戏、授权、媒体、电影等于一体的泛娱乐生态系统，成立奥飞影业、奥飞游戏，同时还以 9 亿元收购了国内最大原创动漫平台"有妖气"。这就成就了一个高度专业化的产业链帝国，成就了一个 IP 创造到衍生再到娱乐的整体竞争力。这第三次转型所获得的优势体现出企业家独特的商业触觉和敏感度。

如果说 R 策略是一种开发策略，那么 K 策略则是一种利用策略，最大化地发挥现有资源的能力，在一个领域里面成为标杆的是顺德的格兰仕集团。从 1992 年生产微波炉开始，格兰仕已经在二十多个年头中占据微波炉国内和国外的销售冠军之位。外界把格兰仕的成功归结为其微波炉低价市场营销策略的成功，甚至竞争对手、媒介称其为"价格杀手""价格屠夫"。然而，在这个低价格高质量的主打产品的背后，是格兰仕一直在开展技术革新，提高生产效率，强抓内部管理，不断培养消费者的使用习惯的艰辛过程。比如，格兰仕致力于生产标准的提升，追求一级能效，光波变频技术研发，双变频技术提升加热速度等，一直在推动行业技术的发展。此外，格兰仕曾全力推广微波炉美食，在全国数百家报纸杂志上开辟"微波炉美食"专栏，在电视台赞助美食烹饪节目，并推出大量介绍"微波炉美食"的书籍、影音作品，教育广大消费者用微波炉制作美食。像格兰仕这样埋头浸淫在某一个行业，以工匠之心打磨和制造物美价廉的产品的广东民营企业还有很多，如华帝燃气、万和集团等，它们以 K 策略的资源利用式成长策略不断推动企业的发展。

第五节 一个开放的命题：变异、死亡和未来的走向

一 危机中的死亡与重生

在吴晓波的《大败局》这本书中，记录了爱多 VCD 等几家广东民营企业的衰亡经历，它们"其兴也勃，其亡也忽"的大起大落无不让人感慨，也让人得到良多教训。毕竟，如史玉柱在珠海创办的巨人集团般在失败后能够东山再起，并成就新的商业高峰的案例只是凤毛麟角。有的企业衰落下来最终走向倒闭破产，有的则是一蹶不振从此不能恢复当年的雄风。这是一种企业成长的常态，因为一个种群中遵循生命规律必然有个体的死亡。我们关心的是，导致广东民营企业成批大量的死亡的因素是什么？对个体企业而言，有没有一些共同的因素带来了组织的死亡？如何能够从失败中涅槃重生？如何能够躲过死亡的陷阱？

在 2008 年金融危机期间，广东民营企业大量地倒闭。根据媒体报道，2017 年广东有 15661 家中小企业倒闭。[①] 在珠三角的东莞等地，一些从事加工贸易以及一些像电子行业领域生产制造配套环节的企业成批地关门结业。与其说这是世界性经济危机导致外需下降所造成的企业衰亡，不如说外部的危机冲击因素是民营企业内部管理机制不全，

---

① 《广东 15661 家中小企业倒闭　称未出现"倒闭潮"》，《金羊网－羊城晚报》2017 年 12 月 17 日（http://news.sohu.com/20081217/n261267275.shtml）。

创新动力不足，三角债严重等问题之上的最后一根压死骆驼的稻草。原材料价格上涨，人口红利消失，银行借贷只向国有企业倾斜，税费负担较重这些现实的困难本来就一直压在民营企业头上，接着危机的触发，更凸显了民营企业经营的困难。

行业和技术的更替发展导致一些不能适应竞争、资本人才实力不足的企业倒闭是一个生态系统优胜劣汰的正常死亡（更替）机制。并且，一些广东民营企业倒闭后，原来的人力、信息和资金资源的解散、转移可以供给其他的行业和产业，就如生物解体后仍然可以供给养分给所在的生态系统。然而，当企业的倒闭成批地发生，当中造成大量的员工失业，债务无力偿还连锁反应，社会信誉危机加剧，民营企业的衰亡问题尤其是非正常式种群性死亡，就值得引起足够的思考和警醒。

二　民营企业上市：摆脱死亡陷阱的努力

民营企业平均寿命短是一个并不新鲜的事实。有报道称民企的平均寿命只有 3.7 年。[①] 那么企业的生存率的影响因素是什么？前已述及，民营企业的生存率跟企业的规模以及生存时间有着密切相关关系。生存时间越长，规模越大的企业抗风险的能力更强，更能募集资源助力企业的持续成长。广东民营企业上市不仅仅是股份制民营企业公司首次向社会公众公开招股获取发展金融资本的方式，其筹备上市，对社会公众的投资回报做出承诺更是民营企业摆脱死亡陷阱的一种努力路径。有不少广东民营企业家透露，筹备上市的过程无论是财务透明化还是赢利能力提升固然是异常艰辛痛苦的工作，然而，当真正进入资本市场获得上市资格的时候，回眸却会发现那最为痛苦的上市过程竟换来企业稳固的发展基础。本书将会有专章，探讨广东民营企业上市的话题。

---

① 刘兴国：《中国企业平均寿命为什么短？民营企业仅 3.7 年》，《中国经济网－经济日报》2016 年 6 月 1 日（https：//finance.qq.com/a/20160601/007943.htm）。

上市的广东民营公司所面临的压力往往能转化为动力。2008 年玖龙纸业董事长张茵提出新劳动法将提高劳动成本、导致制造业负担雪上加霜的政协提案。当时外界因此认为她是为富人代言而形成了批评浪潮。面对舆论和外界对玖龙纸业是"血汗工厂"的风波，该公司的股价一度跌到 0.7 元港币左右。面对这一发展历史上最大的挫折，张茵快速改变，邀请了 100 多位媒体记者到工厂现场参观，把所有的生产流程都公开给大家看，她做的是不是高污染的"血汗工厂"。如今张茵表示，正是这次历练加速了公司的规范化，现在公司的管理更加透明。

三 新技术、新模式和新业态的变异

新技术、新模式以及新业态的变异是对原有组织惯例的一种突破方式。组织在长期的经营中会形成较为稳定的技术模式或者商业模式，一段时间内成为自己的核心竞争优势，但如果不适当地打破这样的惯例，就会在新的技术趋势和新的商业模式冲击下遇到溃败。在溃败和死亡过程中，一个摆脱死亡魔咒的成长策略是前面提及的 R 式开发策略，民营企业通过新技术研发与采用，新的商业模式的开发与采纳，新的经营业态的进入与扩展，组织繁殖出变异的新组织、新运行方式，从而取得长足进步。在新的商业模式和新业态方面，深圳的优秀民营企业腾邦国际是一个突出的代表。过去这家企业只是一家传统的机票代理企业，但这家企业却在"2014 中国上市公司口碑榜"评选中被评选为"最佳商业模式上市公司"。其原因在于，从 2011 年上市以来，腾邦国际早已不满足于航空客运销售代理这一传统业务，公司不断尝试新的商业模式，"商旅＋金融"战略已获得广泛认可，成为公司快速增长的"发动机"。在商旅这个传统强项上，腾邦国际对标全球领先的商旅公司美国运通，引入 IBM 团队作为战略转型和组织变革项目的咨询顾问做公司的战略规划，自主研发设计的全球客户管理系统和订单处理系统，向全球范围内的客户提供全年无休的差旅订购服务。腾邦国际会定期向客户发布差旅数据分析报告，在强大的系统配合下，

公司每年为客户降低 15%—25% 的差旅成本。而在金融领域，腾邦国际则开展了新的金融业务板块，主要有两大产品：腾付通和融易行。其中，腾付通是类似于支付宝的第三方支付，融易行是公司设立在深圳前海的小额贷款公司，主要服务一些中小型的代理商。腾付通产品是出于商旅业务的需求。公司有一些互联网商旅业务，又不能把业务和流水都通过其他的第三方支付平台去交易，这样会导致大量的客户资料泄露，因此腾付通是需求驱动的金融产品。如今，腾邦国际已经成为广东省 500 强民营企业之一。[①]

　　另一家通过商业模式的不断革新而获得持续成长的杰出代表是雪松控股。该公司配合广州战略规划积极优化雪松的产业布局。比如，雪松旗下供通云供应链集团正在逐步构建大宗商品供应链新生态，不断开拓全球化市场，积极融入全球供应链网络，助力广州三大战略枢纽建设。该公司旗下供通云供应链集团（以下简称供通云）以供应链与物联网的深度融合为产业路径，以万物连接和价值重构为核心理念，不断推进商业模式创新迭代，屡屡抓住行业性危机逆流而上，在大宗商品行业创造了优秀的业绩。该公司在商业模式上实现了两次明显的飞跃。第一次飞跃是 2008 年的金融危机后，面对大宗商品行业面临寒冬，供通云在铜杆市场开创点价交易模式，建立有效对冲铜杆价格巨幅波动风险的交易机制。此后国家"四万亿"投资计划带动大量基础建设投资，供通云趁势扩张业务品类，迅速填补其他企业倒闭后的市场空白，一举跃居华南地区领先的铜杆贸易商。第二次飞跃是在 2012 年钢贸危机后，供通云再度谋求商业模式创新，从传统贸易商转型为综合服务商。通过有效联结上下游企业的供给需求，供通云逐渐建立起大宗商品交易平台，发展供应链管理、供应链金融等多种增值服务，不断吸引上下游企业进入，扩大规模优势和市场话语权。[②] 上述的例

---

① 仁际宇、陈霞：《对标美国运通　腾邦国际构建商旅金融新格局》，《证券时报》2014 年 3 月 18 日（http://www.stcn.com/2014/0318/11254302.shtml）。

② 《雪松控股：广州第一民企明年冲刺世界 500 强》，《21 世纪经济报道》2017 年 12 月 7 日（http://finance.sina.com.cn/roll/2017-12-07/doc-ifypnqvn0790983.shtml）。

子都告诉我们，只有不断在新技术、新模式面前抓住发展机遇，才可能创造民营企业发展的新天地。

四 国际化扩张的变异

另一种组织种群变异方式，是把企业的业务拓展到国际，乃至通过海外直接投资来实现广东民营企业的国际化扩张。当前，广东民营企业境外投资方式已经由设立贸易型"窗口公司"方式为主，逐步向项目投资、技术及品牌并购、资源开发、控股上市、品牌代理、服务咨询等投资方式多样化发展。这与我国企业国际化层次、水平、方式的变革是有着密切关联的。比如，位于顺德的广东伊之密精密机械股份有限公司就收购了美国企业 HPM 全部知识产权，并在原 HPM 管理团队基础上建立全新 HPM 北美公司，以"中国制造＋美国品牌"方式拓展北美市场。

除了上述的美洲的并购例子，广东民营企业也迈开了欧洲并购的步伐。其中一个案例是广东东方精工科技股份有限公司（以下简称东方精工）。东方精工是一家致力于数字化智能高端装备制造的高科技上市企业，公司的主要产业链涵盖了"智能包装""智能物流""高端制造"三大板块。该公司在 2014 年收购了意大利 Fosber 公司 60％的股份，完成了瓦楞纸箱生产设备向产业链上游的延伸，实现了公司在高端瓦楞纸板生产线设备上的跨越发展。在 2014 年和 2015 年先后参股广东嘉腾机器人自动化有限公司、意大利 Ferretto 集团，以控股方式和意大利 Ferretto 共同设立的广东弗兰度智能物流系统有限公司也于 2016 年 1 月注册完成。主要产品包括 AGV 搬运机器人、自动垂直升降式仓储货柜、自动回转式仓储货柜、智能自动化立体仓库等包含全套软件和现场实施在内的智能物流仓储系统解决方案。2015 年 2 月，该公司以控股方式与意大利的 Fosber 共同投资设立的合资公司——佛山市南海欧德佛智能设备有限公司正式成立，持续向市场推出与瓦楞纸箱印刷设备配套使用的印前印后自动化设备。2015 年 10 月，完成参股收购意大利 Ferretto 集团 40％的股份，加速推进智能物流仓储设备平台的搭建。另外，美的收购库卡、碧桂园的海外拓展等实践都表明这种经过深思熟虑的海外业务拓展，将有效促进民营企业长远成长，避免民营企业陷入死亡困境。

五　广东民营企业去向何处？

广东民营企业要面临未来发展的诸多挑战，对于这个种群的未来发展，我们仍然无法全面勾勒清晰的趋势。然而，我们也能从观察中看到，过去广东民营企业成长的有利条件仍将成为未来成长的有利因素。比如说，制度和认知合法化带来这一种群土壤的持续改良。改革的推进必然是认识领域意识形态的演进，制度规则的不断完善所带来的更多的合法性空间，让民企得以持续成长。此外，在新的历史条件下，要素的流动和组合的可能性更为丰富。从人才、信息、资金、技术等种群养分供给的持续发展的角度看，广东民营企业的未来蓬勃发展仍然值得期待。在区域经济和产业经济不断融合的新时代，广东民营企业内部种群良性扩展会得到更多的契机。我们也将看到种群的不断遗传与新的变异，在新的技术环境变迁下会有更多的新种群出现。

可以预期的是，如果良性互动的政企共存共生机制得以更好地建立和优化，那么广东民营企业将会摆脱桎梏，有着更为宽阔的发展道路。如果在复杂多变的经济贸易变迁中广东民营企业家能够居安思危，顺势而为，则可以在这条坎坷的道路上夺得先机。如果在互联网时代提供的共享、共赢、共创机遇中，取得模式、技术的突破，广东民营企业将在全国以及各行业中有更让人惊喜的蜕变。如果能够完成从企业家能力到组织能力的持续突破，广东民营企业将会更多地脱离"3年而亡"的魔咒，走出持续发展的稳健步伐。如果可以在二代接班的阶段上突破障碍，广东民营家族企业实现从家族管理走向规范治理，那么企业持续健康运作也将可以期待。最后，如果广东民营企业能够更多地承担企业社会责任，那么它们将不再只是在经济领域闪闪发光，更将在社会使命实现上扮演更为突出的角色。对广东民营企业在下一个40年的发展，我们有更高的期盼。

第 二 章

民营企业发展的宏观背景
研究文献概述

制度对经济增长是重要的，因为它塑造了社会关系中对关键经济主体的激励，影响了经济主体对物质和人力资本、技术和生产组织的投资（Acemoglu & Johnson，2005）。制度的构成是复杂的，它既包括了以明确的形式被确定下来的法律、法规、政策等内容，也包括了具有自发性、非强制性、广泛性和持续性的非正式制度。正式制度和非正式制度既相互依存，又相互转化，共同在经济社会中发挥作用。

中国民营经济的发展是中国长达40年经济增长奇迹的重要因素，自然引发众多的探讨。宏观经济改革的政策是民营企业出现并不断发展壮大的重要前提，政策以具体的规则条文等形式呈现出来，构成经济运行中个体行为的边界。制度则以更加复杂的形式存在，成为规范个体的行为准则，制度既包含了正式的规则如政策、法律条文等，也包含了非正式的规则如习俗、文化、传统等。我国改革开放的40年，是中央和地方政府政策不断放开、民营经济不断发展的40年，国家在对民营经济的金融政策、对民营企业家的保护、对民营企业产权的保护、民营企业的市场准入、税收等方面不断地调整，以适应经济出现的新形势。在从计划经济体制向市场经济的转变过程中，由民间创新所引发的自下而上的诱制性制度变迁不断突破原有计划经济和政府体制的限制，在夹缝中求生存，在政策松动的区域中找空间，不断地探求发展机会并且不断地壮大，促使正式制度进行改革。同时，政府也根据经济发展的新情况、由局部改革所得到的经验进行自上而下的强制性制度变迁，不断地引导民营经济向更广阔的领域发展，给民营企业更多的经营自主权、市场准入权、财产权等，保证民营企业能够逐步有稳定预期地发展壮大。政府的政策与民营企业的创新互相影响、共同在发展中取得进步。民营经济部分的发展会影响国家政策的制定，而国家政策的走向在一定程度上决定了民营经济的发展方向。

在这一从计划经济向市场经济的转变过程中，政府与民营企业都发挥了极其重要的作用。民营企业不断突破限制发展壮大，形成具有地方特色的发展模式和发展路径；政府则将局部的发展经验加以推广，进行自上而下的政策性改革和创新，不断推动民营经济进步，引导民营经济向更广阔的领域发展，给民营企业更多的经营自主权、市场准入权、财产权等，保证民营企业能够安心地发展壮大，使得政府的政策与民营企业的创新在互相影响、共同发展中取得进步。

本章将从以下几个方面对相关文献进行梳理，以进一步促进对民营企业发展的理论思考：（1）企业家阶层的崛起与民营经济发展；（2）金融政策对民营经济发展的影响；（3）产权保护与民营经济发展；（4）市场准入与民营经济发展；（5）税收与民营经济发展；（6）地方政府与民营经济发展。

第一节　企业家阶层的崛起与民营经济发展

改革开放从农村实行家庭联产承包责任制和城市允许手工业者开始，首先激发了广大人民的企业家精神。企业家精神对于促进技术创新、提高生产率、创造就业机会和消除贫困都具有十分重要的作用。我国的改革就是从推动和增大经济主体的企业家精神开始的。

企业家精神在提高就业率（Birch，1979）、推动技术进步、促进技术革新（Audretsch & David，1995）、增加产品或服务品种以及提高地区生产率和产业竞争力（Low & MacMillan，1988）等方面具有重要

作用。企业家精神对促进地区经济增长的作用尤其明显。Delong
（1988）运用从 1870 年到 1979 年的全球经济增长数据，将表示企业家
精神变量的指标引入生产函数模型，发现了企业家精神与经济增长之
间的相关关系。企业家精神在推动区域经济发展、促进经济增长方面
的贡献已经得到众多的理论和实证研究支持（Reynolds，1999；Au-
dretsch & Thurik，2004；David B. Audretsch & Max Keilbach，2005；李
宏彬等，2009；Huggins & Thompson，2015）。企业家的活跃程度与地
区经济增长之间有显著的正相关关系（McMillan & Woodruff，2002；
Berkowitz & Delong，2004；庄子银，2005）。

　　但企业家精神既可用于生产性领域，也可被用于非生产性领域
（Baumol，1990），企业家精神的配置方向很大程度上依赖于游戏规
则——经济中的激励结构（Murphy、Shleifer & Vishny，1990；Baumol，
1990；曹会勤、储小平，2010）。只有将企业家精神配置于生产性领
域，经济才能够得以发展和持续。因此，如何使公共政策激发企业家
精神，既是政府关心的内容，也是学者们研究的话题之一（Porter，
1997；Kreft & Sobel，2004）。Baumol（1990）的研究发现，制度安排
会影响区域企业家精神的类型和数量、影响企业家精神的配置，并指
出企业家精神在生产性活动和非生产性活动之间的差异化配置会对经
济增长带来不同影响，不同的经济发展时期发生重大变化的是游戏规
则，而不是企业家的供应或者目标，政府只有制定合理的政策，才能
够引导和鼓励企业家才能的配置，以防企业家才能用于非生产性方面。

　　尽管各个社会的企业家总供给各不相同，但社会企业活动的生产
性贡献却因其在诸如创新等生产性活动和诸如寻租或有组织犯罪等非
生产性活动之间的分配而变化很大。这种分配在很大程度上受到了社
会对此类活动的相对回报的影响。政策能够更有效地影响创业的分配，
而不是影响其供应（Baumol，1990）。

　　国家政治格局、经济体制和各种制度安排等制度环境可以促进或
抑制一个地区的企业家创业活动（Lee，1991；Luthans，2000；Boett-
ke，2009）。Dutz et al.（2000）的研究认为，国家可以通过相关政策

保护商业自由、财产权等来促进企业将更多资源用于创新和生产，而不是进行贿赂、寻租等非生产性活动，对企业家创业活动限制过多的经济体，其经济绩效比较差。

　　如何引导企业家精神向生产性领域扩张，是我国改革开放的主要内容之一。国家通过构建激励创新的报酬结构，能够促使企业家更多从事生产性的创新活动，从而使经济打破低水平均衡陷阱，趋向更高水平的均衡（庄子银，2007）。同时，政府实施"顺市场"导向的经济体制改革，可以降低交易费用，提高交易效率，可以促进企业家资源的拓展（张小蒂、曾可，2013）。制度质量的提高、市场化进程的推进对于企业家创新精神、创业精神以及企业家精神向生产性领域的配置程度有显著的促进作用（程俊杰，2016）。李稻葵等（2006）提出了制度企业家的概念，用以说明那些能够破坏现行的非市场机制获得成功的企业家。这些企业家通过公开倡议改变制度和法律，私人游说工作，直接打破惯例，或"先斩后奏"（先进行投资，证明可行后通过正式的报告获得政府的认可）等策略，有效地突破限制，从而获取创业成功。

　　已有的研究和我国的发展实践表明，企业家是企业发展的火车头和发动机，企业家精神是经济增长的引擎，国家政策所产生的激励会促使企业家精神在生产性领域或非生产性领域配置。因此，进一步在正式制度上进行改革以促进企业家精神在生产性领域的配置，更深一步促进非正式制度领域的变革以激发更多的企业家精神，是我国公共政策领域的未来方向。

第二节　金融政策对民营经济发展的影响

　　企业的发展离不开融资。金融发展是推动经济发展的动力和方式，是经济增长的一个必要条件（Gurley & Shaw，1955、1956；Merton，1995；Levine，2004；King & Levine，1993；Levine & Zervos，1998）。已有的文献资料表明，金融发展可以激发企业家精神、促进新企业的产生，而金融体系的不完善会对经济发展造成负面影响。

一 金融发展激发企业家精神

对于企业家精神的公共制度框架而言，金融体系的完善和发展是不可或缺的关键一环。King & Levine（1993）在熊彼特关于企业家精神的理论基础上，开创性地构建了一个内生增长模型，发现金融市场通过评估未来的企业家、调动储蓄为最有前途的提高生产率的活动提供资金来分散创新活动所面临的风险，从而提高了经济活动的生产率；他们的研究同时表明，企业家精神是连接金融发展和经济增长的纽带，完善的金融体系扩大了企业家创新活动的范围、提高了成功创新的可能性和效率，从而加速了经济增长，而扭曲的金融市场和体系降低了创新的速度进而减缓经济增速。金融市场是通过支持最具效率的企业家的创业和创新活动进而推动经济增长的，金融体系对生产率增长和经济发展至关重要。Rajan & Zingales（2003）、Demirguc - kunt & Levine（2008）在此基础上进一步提出，不发达甚至扭曲的金融体系将会埋没大量具有企业家才能的人；由于无法获得足够的资金支持，创业或创新的风险将由创新者自己承担，而个体有限的风险承受能力导致创新大量减少，进而妨碍经济实现可持续增长。Blanchflower & Shadforth（2007）对英国自我雇用率进行了研究，发现在20世纪80年代建筑行业个人创办企业的数量急剧上升，同时期英国开始放松银行管制并进行金融自由化改革，这说明放松银行管制的金融自由化改革有利于培育企业家精神。

Rajan & Zingales（2003）的研究表明，金融体系由于具有提供资金支持和分散风险的能力，可以为具有创新精神的新进入者提供支持，从而提高市场的竞争程度，现存的企业面临新进入者的压力，只能通过不断地进行"创新"活动才能得以生存，利于推动技术的不断进步及知识的溢出，由此形成金融发展和创新的良性互动和循环。他们以意大利为样本，分析不同地区的金融发展水平对人们职业选择的影响，他们发现，排除其他因素的影响，条件类似的人选择自我创业的概率受所处地区金融发展水平高低的影响；金融发展水平高的地区，人们能够方便且低成本地获得融资，则个人更可能由其自身的知识、技术、努力以及创新精神而创业成功；金融发展使个体不再依赖于其拥有的原始资本或社会关系，激发了更多的企业家精神、提高了社会的流动性。Guiso、Sapienza & Zingales（2003）则对意大利地区进行了实证研究，发现在意大利金融发展水平最高的地区，企业主的平均年龄比金融发展欠发达地区低 5.5 岁。发达的金融体系让人的才能更早地发挥出来。

Sharma（2007）使用 2003—2006 年 57 个国家的 21000 家制造企业的数据研究金融发展如何影响小公司的创新，研究结果表明，与同一行业的大公司相比，在金融发展水平较高的国家中，小公司更有可能在研发上投入更多的资金，因此小公司对区域金融发展水平更加敏感。一个地区的金融发展水平不但会显著影响小企业的经营成本，而且会显著影响小企业的投入水平。研究也表明，存贷利差越低的国家（存贷利差越低，则银行中介的效率越高），企业（尤其是小企业）研发活动投入越高。Hyina & Samaniego（2008）认为，在金融体系更完善的国家，技术密集型（得益于技术创新而发展的）行业或企业会有更高的增长率。

Holtz – Eakin、Douglas、D. Joulfaian & H. S. Rosen（1994），Black & Strahan（2002）的研究表明，完善的信贷市场和充分的创业信贷支持将有利于促进创业的产生和企业的成长。Aidis 等（2009）证明了在新兴市场国家，金融资源的可得性和知识产权的保护是影响企业家创业和创新决策最关键的两大制度因素，金融市场的发展对企业家精神具有重要的正向激励作用。

因此，金融体系可以通过解决个体的融资约束、分散个体创新的风险分担使个体的企业家才能得到最大化的发挥，企业家的创业活动不再受制于资本、关系或资历，转而主要依靠自身的知识、技术、努力及创新精神来发现机会、创造财富，从而促使经济增长。

二 金融发展创造更多的新企业

Beck、Demirguc – kunt、Levine & Maksimovic（2000）的研究表明，一个国家的金融发展水平和金融中介机构对该国的经济发展具有重要的影响。在那些金融部门更加发达的国家，其法律体系保护外部投资者的权利，经济增长更快，依赖外部融资的行业更加迅速扩张，新公司更容易建立，企业获得更多的外部融资，企业增长更快。Beck、Demirguc – kunt、Laeven & Levine（2006）探讨了金融发展是否能促进小公司的成长，利用跨行业的跨国数据进行实证分析的结果表明，对于更依赖于小公司的行业，金融发展的影响更为显著。因此加快金融发展对小企业更有利，因为金融发展能更有效地解决小企业面临的信息不对称及融资障碍等问题，金融发展能够促进更多小企业的产生、同时消除小企业的增长限制，从而加速经济增长。Aghion（2007）、Demirguc – kunt & Levine（2008）等的实证研究发现，金融体系越发达的国家，新企业的进入率或者说是新的产生率就会越高，因此，放松金融管制以促进竞争有利于提高新企业的产生率特别是新中小企业的产生率。以上研究都表明健全的金融体系能够帮助企业家突破创业或创新过程中受到的金融约束，并突破市场对创业和创新活动所设的限制，促进新企业的产生和发展。Rajan & Zingales（1998）等通过实证分析发现，如果一个行业需要大量的前期研发投入（如医药技术行业），则这些行业在金融市场发达的国家成长更快。

我国学者对农户的创业行为进行了研究，结果表明金融环境不仅影响农户的创业选择，而且影响农户创业过程中的资源配置结构以及创业的层次和水平（程郁和罗丹，2009；张海洋和袁雁静，2011）。尹宗成和李向军①基于2000—2010年我国30个省市面板数据的实证研究发现，金融发展主要通过为企业家创业提供资金支持来促进我国经

---

① 尹宗成、李向军：《金融发展与区域经济增长——基于企业家精神的视角》，《中央财经大学学报》2012年第11期。

济增长。江春和周宁东（2012）通过对2006—2009年省级面板数据的实证研究表明，新一轮农村金融市场化改革对农村地区企业家创新存在显著的促进作用，而对农村地区企业家创业的支持仍显不足。

现有的研究均表明，金融体系的不完善不利于企业家精神的培育及新企业的成长，个体融资约束的存在使得具有创新精神但缺乏财产的人难以成为企业家、更难以发挥出他们的创造力。因此，促进金融发展、完善金融体系，是国家支持企业家精神和中小企业发展非常重要的一个方面。

三 欠发达经济体的金融体系与金融政策

Patrick（1966）认为，金融体系可以有效配置资源，促进储蓄和投资。发达国家的金融发展是由经济发展自然产生的需求，但欠发达国家由于经济发展不足，无法产生足够的金融需求，因此，欠发达国家可以采用优先发展金融的方式创造出金融的供给来带动经济发展。Merton & Bodie（1993，1995）指出，金融制度是在适应外部环境对其功能要求的变化中而不断演进发展的，金融功能决定了金融机构的形式变化，金融创新以及金融中介之间的竞争也会反过来促进金融功能的完善，使金融功能更具有效率。我国的民营企业，无论是处于初创时期还是已经到达发展时期，其融资都严重依赖于自我融资渠道或民间的社会资本。Franklin Allen、Jun Qian & Meijun Qian（2003）的研究表明，在法律体系和金融体系不完善的条件下，中国民营企业的增长依赖于替代性的融资渠道：如非正式的金融中介、内部融资、贸易信贷、企业联盟、投资者和地方政府等，这一套有效的、非正式的融资渠道和治理机制促进了民营企业的发展。国家要确保非正规融资渠道和治理机制继续与法律和金融体系的发展相配合，这是我国未来经济增长的关键。

中国的金融体系具有显著的抑制特征，银行结构过度集中且大银行占主导地位，也决定了银行贷款的主要流向是国有的大企业而非民营的中小企业（Lin、Sun & Jiang，2011；Caloniris & Haber，2011）。

同时，国有银行占垄断地位导致严重的信贷歧视，信贷部门在放贷时总是会遵循国家或国有项目优先分配信贷的原则（卢峰和姚洋，2004；Caloniris & Haber，2011），造成了金融资源的配置与不同所有制企业对经济增长贡献之间极不匹配。林毅夫等（2012）则认为，金融所有制歧视的形成，是由于新中国成立后中央政府执行的重工业优先发展战略。当然，造成民营企业银行融资量低，既有金融体系的原因（如所有制歧视、缺乏小企业贷款担保机构、信贷配给、利率管制等），也有民营企业自身的特质问题（如财务不规范、抵押担保难、自身信誉低、企业偏好股权融资且集中度较高等）。由于民营经济难以通过正常的渠道、正规的途径获取资金，企业的融资一方面严重依赖于自我融资，另一方面企业家通过积极构建政治关系来缓解发展中所面临的融资约束。现有的文献也表明，有政治关联的公司更容易获得更多的银行贷款和更长的贷款期限（Khwaja & Mian，2005；Leuz & Oberholzer，2005；Faccio et al.，2006；余明桂和潘红波，2008）。政治上有联系的上市公司的杠杆率比同行要高，并且政治关联能够让企业以更低的成本获得外部融资（Cull & Xu，2005；Leuz & Oberholzer - Gee，2006；Claessens et al.，2008；Faccio，2010；Houston et al.，2014；Piotroski & Zhang，2014）。

随着改革的深化，我国加快建立以中小金融机构为主的金融体系，推进直接融资市场，着力发展现代化的金融服务业；加大新三板市场和地方性中小金融机构的发展；放松利率管制，逐步实行利率市场化，以尽可能充分发挥利率在资金配置中的作用，这被认为是解决小企业贷款难的有效途径。

四　发展担保机构促进金融体系完善

发展融资担保机构，亦是金融市场健康发展的重要环节之一。Akerlof（1970）从信息经济学的视角出发，提出担保的信息不对称理论，认为信用担保是消除市场交易中，不同交易主体间信息不对称的有效机制。Barro（1976）提出了担保的交易成本理论，把担保作为执行贷款合约的一个机制，说明了担保在决定贷款市场利率中的作用。

Stiglitz & Weiss（1981）分别以银行贷款利率和担保要求这两个维度来分析存在信息不对称的信贷市场特征，并在此基础上提出了逆向选择担保理论，该理论指出：担保及其他非价格性机制难以消除信贷配给现象。第三方担保机构的存在增加了贷款的可获得性，并相应地减少了信贷配给的可能性，因而第三方担保者总是绝对地提高贷款者的福利；同时，由低风险借款者和第三方担保者共同提供的最优担保额，比贷款者自己为消除信贷配给而提供的担保额要少得多（Besanko，1987；曹凤岐，2013；翟春玲，2014）。

Chan & Kanatas（1985）信号传递担保理论，该理论认为：当借贷双方具有不同信息时，担保可以提高贷款者对其预期收益的评估能力，即在理性预期信号传递环境中，担保可以充当一种附加的、间接的信号源；根据其模型的预测，担保的使用是作为对交易双方不对称评价的一般反映，并且认为在同等规模的企业中，正是那些品质良好的企业才被提供担保。也就是说，融资担保计划对合约形成能产生积极影响，融资担保机构的存在使借款者对贷款者未来赢利能力的估算更加准确，并使借贷双方对贷款项目的评价趋于一致。

为中小企业提供融资担保具有公共产品的属性，能够产生较大的外部正效应，因此，政府应该介入调控市场资源配置的不足、提供资金支持化解担保风险（Patrick，2009；刘光明，2012；李蕾，2015）。Arping（2008）的研究证实了，政府支持融资担保机构产生的效果要高于直接干预银企贷款的机制。Thorsten Beclc（2009）认为政府财政支持融资担保机构，可以降低贷款银行资源过度集中所产生的负面影响，同时也有利于协调融资担保的参与主体之间的不协调。财政部财科所课题组（2010）研究表明，在财政支持中小企业融资担保机构发展的过程中，应该明确各级政府的职责，完善中小企业融资担保体系，促进财政支持路径的集中化和系统化；建立风险共担机制，促进中小企业融资担保机构的持续发展；提高财政资金的使用效率和透明度等。

据统计，1996 年，公有经济贷款余额是 30519.7 亿元，个私经济贷款余额是 279.8 亿元，个私经济贷款只占公有经济贷款的 0.9%。① 银监会的统计信息表明，2016 年银行金融机构用于小微企业的贷款（包括小微型企业贷款、个体工商户贷款和小微企业主贷款）余额 26.7 万亿元，较 2015 年增长 13.8%，而 2017 年前三季度贷款额为 30 万亿元，较 2016 年同期增长 15.7%。但截至 2017 年第三季度末，我国银行业金融机构用于小微企业的贷款总额仅为 30 万亿元，占银行业本外币资产总额 247 万亿元的 12.1%，这与小微企业在国民经济当中的比重不相称，中小民营企业在银行业中所占的贷款比重仍有待提升。由于金融市场尤其是信贷市场的发展能够缓解即时性的资金约束，使缺乏初始启动资金的人获得融资而进入创业领域，同时宽松的信贷环境能降低人们的风险规避程度，提高创业倾向。现阶段我国民营企业的间接融资量较低，既有金融体系的原因（如所有制歧视、信贷配给、利率管制等），也有企业自身的原因（如财务不规范、缺乏抵押担保、管理制度不完善等）。在改革深化过程中，我国应建立以中小金融机构为主的金融体系，放松利率管制，逐步实行利率市场化，充分发挥利率在资金配置中的作用，在金融机构和金融市场的建设上加大力度解决中小企业贷款难问题。

同时，企业家努力建立政治关联，是企业家精神配置失当的表现。因此，国家在未来应该加强法治建设，提高金融资源对所有企业的可得性，从而促进经济增长。

第三节　产权保护与民营经济发展

产权保护制度是最根本、最有效的经济制度，产权保护对长期经济增长、投资和金融发展都起到了积极促进作用（Acemoglu & John-

---

① "促进非公有制经济发展研究"课题组编：《中国非公有制经济发展前沿问题研究，2004—2005》，机械工业出版社 2004 年版，第 176 页。

son，2005）。North & Tomas（1973）指出，要想让经济增长的因素发挥作用，必须使经济组织有效率；经济组织有效率意味着个体有合适的激励从事社会所需的经济活动；明确界定和付诸实施的产权有助于缩小个体与社会收益率（或成本）之间的差异，从而促使个体的行为符合社会的利益。North（1990）认为，好的产权制度有利于降低经济生活中的交易费用、减少不确定性，为人们形成激励并限制或约束人们可能有的机会主义行为，使个体的经济努力转化而来的私人报酬率接近社会报酬率。由此，即使投入不变，恰当的产权制度安排也能改变生产要素质量与结构的组合（生产函数），促进技术进步和经济增长。Olson（2000）认为，能让市场经济繁荣的必要条件之一是可靠而清晰界定的权利和公正的契约执行权利，并且这些安排还必须在一定时期内保持稳定，被界定良好的产权能给经济主体带来具有预期性、持久性、稳定性的经济激励。Norton（1998）利用 Economic Freedom Index 的实证研究也表明，好的产权制度安排可以提高世界上最贫穷国家的收入水平；Easterly & Levine（2003）利用跨国面板数据的分析得出，产权与合同执行制度对经济增长影响显著，好的产权制度安排可以提高世界上最贫穷国家的收入水平（Norton，1998）。

对私人产权的保护有利于激发企业家精神，并将人的精力、创造性和竞争性引入具有建设性的方面，从而促进生产的发展，"对未来产权的确信度，决定人们对财富种类和数量的积累"（Waters，1987；Baumol，1990）。Aidis 等（2009）探讨了成为企业家的个人决定与制度环境之间的关系，通过运用 44 个国家的一级机构指标和从全球企业监测机构获得的工作年龄人口调查数据，对这一关系进行实证检验，结果表明产权制度在个人成为企业家的决策中占据重要地位。

中国的市场化过程是一个中央政府不断向地方政府下放事权、财权的过程，这种地方性的分权有助于约束政府行为，激励地方政府保护投资者的产权，从而推动国家的经济增长（Qian & Weingast，1997；Blanchard & Shleifer，2001；周黎安，2007；Landry，2008；Xu，2011）。

学界的研究认为，我国对产权的保护模式既有从上到下的政治吸纳（Dickson，2003、2007），也有自下而上的自适应制度（曹正汉，2006；Tsai，2007）。从上到下的政治吸纳，指政府通过法律承认民营企业主的经济地位、政治地位，确立私营经济的有效性，是从上到下的政治吸纳，这些措施在一定程度上能够保护民营企业家的私人产权，吸引大量的私人投资（Gehlbach、Sonin、Zhuravskaya，2010；Gehlbach & Philip Keefer，2011、2012），这是正式制度的变迁。而自下而上的自适应制度则主要产生于地方政府的政策调整和民营企业自身对现有政策的响应，地方政府的改革措施一旦被证明能够促进经济发展，就会被推广上升为正式的政策或法律，从而推动保护私人产权的正式制度产生（曹正汉，2006）。

我国的民营企业并不是在产权明晰的法律体制下成长起来的，相反，对民营企业进行产权保护、产权明晰是民营企业发展壮大的结果（王珺、殷宁宇，2008）。我国经济转轨的实践表明，即使没有明晰的产权制度为前提，民营企业也获得了快速发展。民营企业通过某种方式获取经济上的权利，有学者通过构建模糊产权理论来解释中国民营经济的增长（Weitzman & Xu，1994；李稻葵，1995；Tian，2000），认为当市场不完全和制度不完善时，选择模糊产权可能是有效率的，当市场完全和制度完善时，私有产权是有效率的产权形式。民营经济发展中的产权保护，大致经历了"戴帽子"寻求保护、努力建立政治关联、国家出台法律保护民营经济的产权三个阶段。

在改革开放的早期，国家虽然放开了私营和个体经济的经营权，但并没有给予其合法的地位，不论是实践领域还是意识形态领域，对私营、个体经济的发展有保持着"观望"的态度。因此，私营、个体经济为了在夹缝中求生存，赢得公平的竞争环境，向地方政府借"红帽子"挂户经营、戴"红帽子"寻求政策上的合法性（曹正汉，2006）。

改革的实践表明，民营经济对促进整个国民经济的增长有重大贡献，民营经济的合法性得到法律的认可，其规模也不断发展壮大，当初的"帽子"对企业进一步发展不利。因此这一时期的民营经济，也开始"改制"来摆脱身份问题，同时，企业通过在厂内建立党支部、试图进入地方人大、政协等政治机构等来建立政治关系作为产权保护的替代机制，以使企业能够寻求更大的发展空间（Allen et al.，2005；曹正汉，2006；胡旭阳，2006）。与此同时，民营经济的发展显著促进了地区经济增长，带来了地区经济的活力，给地方政府创造了大量税收和就业。因此，这一时期，地方政府也开始竞相利用自身的政策细化权，竞相利用政策优惠吸引生产要素向该地区流入，以此增加本地区的税源，激励它们保护本地区投资者的产权以维护市场秩序，从而促进本地区经济总量的增长（Qian & Weingast，1997；Li & Zhou，2005；周黎安，2004、2007；Xu，2011）。地方政府之间基于税源而展开的竞争及地方官员基于政治晋升的锦标赛竞争，减少了政府及其官员的腐败行为，增加了对私有产权的保护，并最终使得地区性的成功经验在全国推广，促进了政治体制对私人产权的庇护。

在缺少正规的法律体系来保障合约有效实施的情况下，政府往往在契约纠纷中扮演重要的角色（Allen et al.，2005）。因此，为了避免或减少企业的生产经营过程中所遭遇的分割，民营企业有强烈的动机建立政治联系来获取政府对企业产权的额外保护（罗党论和唐清泉，2009）。现有的许多文献都表明，通过聘请具有政府任职背景的人士担任企业高管、进入人大或政协机构等途径构建政治联系的非正式保护机制，能在一定程度上减轻企业遭受的不正常干扰，起到保护企业产权、为企业争取公平的竞争环境的作用（Xin & Pearce，1996；余明桂和潘红波，2008；罗党论和唐清泉，2009；田利辉和张伟，2013）。Bai et al.（2006）研究表明，政治关联可以作为法律保护的替代机制来保护民营企业的利益。在混合所有制改革的经济环境中，民营企业也有可能通过将部分产权国有化来与政府建立良好关系。

在以"红帽子"企业为标志的企业寻求"合法性"和以"政治关联"为标志的企业寻求发展空间阶段，非正式的产权保护是支撑私营企业成长的制度基础。改革开放后地方政府与私营企业之间存在着保护与被保护的关系和相互的利益交换关系（王珺和殷宁宇，2008）。

这种由于国家正式的产权保护法规、条例以及实施制度不健全而产生的非正式产权保护制度，既保障了民营企业的快速发展，也让民营企业在发展过程中面临着更高的交易成本，并实际上付出了较高的保护成本。产权保护的不平等，影响了人们投资创业的热情，制约了民营经济的进一步发展。为了降低民营企业的交易成本，我国的经济体制正在从非正式产权保护向由国家颁布产权保护法律的正式制度转变。2004 年宪法修正案加大了对私有财产的保护力度，2007 年的《物权法》明确规定私人的合法财产受法律保护，对个人的财产实施平等保护，激发了民营经济进行投资和创业的热情。

第四节　市场准入与民营经济发展

政府的市场准入政策会影响企业家精神的发展（Djankov et al.，2002；Klappera、Laevena & Rajan，2006；Minniti & Levesque，2008），影响新企业的进入与规模（Klappera、Laevena & Rajan，2006），对企业的投资、技术进步产生影响（Alesina et al.，2005；Aghionand Howitt，2006），也影响着企业的创新与研发，进而对整体经济增长都产生重要影响（陈俊营、方俊智，2016）。

Djankov et al.（2002）收集 85 个国家的新企业创办前所花费的成本与时间耗费、最低注册资本及审批程序等数据，编制了企业进入障碍的指标体系，他们的研究发现，较为严格的准入规制存在于所有的国家，但发展中国家的企业准入规制要明显高于发达国家。准入规制程度越高的国家，程序越复杂，一国的创业活力较低，企业家精神不活跃，官员腐败和地下经济活动也较为猖獗，而所征税的产品质量越低。政府解除管制制度对企业家精神的发展具有正向促进作用（Minniti & Levesque，2008）。

1987 年，德·索托在《另一条道路》中，通过列举大量的事实和数据，并以横向和纵向调查为基础进行分析，表明了秘鲁之所以贫穷，不是因为不适应市场经济，而是因为管制太多。正是由于企业家创业面临着诸多障碍，保持合法地位和取得合法地位几乎同样艰难，才导致像秘鲁、菲律宾、埃及等国家大部分人口的极度贫困。这之后，秘鲁进行了一系列的经济改革，承认农民的土地所有权，大量繁复的法律和审批手续被取消，注册公司的审批时间从 300 天减少为 1 天，大量信贷机构和房屋买卖中介被设立，大量土地可以登记造册并能进行合法交易和取得抵押贷款，国家的经济也由此得以振兴。这一案例生动地说明，公司所面临的整体商业环境——以企业进入和退出的便利程度、健全的产权和合同执行——影响经济增长。

Klappera、Laevena & Rajan（2006）用欧洲 34 个国家的企业数据，研究了市场准入规制是否对新有限责任公司的创立、进入者的平均规模以及在位企业增长情况的影响，结果表明，准入管制抑制了新企业的成立，尤其是在那些应该有更高企业进入率的行业，准入管制使新进入者规模更大，也使在位企业的发展更加缓慢。即使对融资的可获得性、知识产权保护程度和劳动法规进行了修正，结果仍然是稳健的。我国现有的案例研究表明，如果政府退出规则制定领域，则私营企业就能够通过自发的制度创新来捕捉潜在的获利机会，如张军的温州民间金融机构案例、张曙光的山东惠民小市场案例等，都表明了在我国的经济转型过程中，政府放宽市场准入能带来持续的经济增长。一旦政府强制实施与内部规则不符的外部规则，就会损害私营企业的成长和经济发展。

Alesina et al.（2005）使用欧洲各国与其他 OECD 国家的监管数据进行分析，结果表明，在产品市场上实行的监管措施尤其是准入壁垒，与投资有负相关关系。而监管改革尤其是放松准入的市场化改革，则会刺激投资。

Nicoletti & Scarpetta（2003）利用 OECD 国家的跨国面板数据所进行的实证研究表明，促进私人治理和竞争的改革往往会提高全要素生产率，私有化和企业市场进入的自由化都会对生产率产生积极影响。市场准入限制会阻碍对新技术的采用，从而使国家不可能取得技术领先的地位。同时，Aghionand Howitt（2006）应用熊彼特的增长理论解释了欧洲和美国之间的增长差距，他们的研究表明，更高的进入和退出或更高的企业周转率，与一个地区在技术上保持先进有着非常强的正相关关系。

陈俊营、方俊智（2016）利用《世界银行营商环境报告》（2008—2013 年）181 个国家和地区的面板数据，对市场准入与经济增长的关系进行了实证检验，分析结果表明，准入规制显著地降低了各国的平均 GDP 增长率，但降低了企业进入成本，能够激发经济增长新的活力。Fama（1980）、Bishop & Kay（1994）、Martin & Parker（1996）等认为，只有在市场竞争的前提下，产权才能有效地刺激经营者增加投入、促进经济发展；市场竞争对产权激励具有"放大器"的功效；产权的改进仅在短期内对改善企业治理机制具有积极意义，企业治理机制能够不断地适应市场竞争才是决定企业长期绩效的关键因素。因此，提高市场竞争的有序发展，是提高产权保护制度对经济刺激作用的关键。

我国的市场竞争并不完全，市场准入政策在不同所有制企业之间存在着巨大的差异，私营资本一直难以进入如金融、保险、证券、邮政、通信、石化、电力等行业。由于事实上存在着民营经济投资的"玻璃门"，自 2005 年以来，民营企业的政治关系成为新的研究热点。大量的已有研究表明，政治关联有助于企业获取资源，包括融资、税收、政府补贴、突破管制壁垒等（陈斌等，2008；罗党论和刘晓龙，2009；胡旭阳，2006）。因此，如何推动民营企业进入更多的行业、确保"负面清单制度"的有效实施，破除民营资本市场准入所面临的"玻璃门""弹簧门"，是下一步工作的重点内容。

根据世界银行发布的 2016 年《全球营商环境报告》来看，仅2014 年 6 月至 2015 年 6 月，就有 189 个经济体进行了 231 项营商环境方面的改革，其中 71% 是围绕着企业注册方面的改革。已有的研究表明，放松对产品市场和劳动市场的管制，能够促进一国的创业和投资，并对经济增长和就业产生正向的影响。

《2016 全球营商环境报告》指出，我国的营商便利度位列第 78

位，并被世界银行列为典型改革做法，我国在促进企业开办的便利度方面以及"多证合一""先照后证""证照分离"改革方面取得了较大的成效，工商登记前置审批事项截至 2017 年 10 月仅余 29 项，较改革前累计缩减了 87%，极大地改善了企业的市场准入手续，使开办新企业变得更为简单、容易。

第五节　税收与民营经济发展

已有的研究表明，税收对企业发展的影响表现在：适当的税收政策会激发企业家精神、促进企业成长、提高企业的创新水平和研发投入等。

一个国家的税收政策会影响企业家精神的发挥（Kilbey，1971；Keni，1984；Gentry & Hubbard，2000）。Rosen（2004）的研究发现，企业在雇员、资本投资和生产方面的决策显著地受到税收政策的影响。

税收优惠也能对企业成长带来正面影响（如企业的利润增加、生产力增强等），从而有利于提高企业的生产率、提升经营水平、促进资源的合理配置（Lee J. W.，1996；Bergstrom，2000；Tzelepis、Skuras，2004）。税收优惠可以降低中小企业的成本，有助于中小企业更好地参与市场竞争（蒋小平，2013；李旭红，2014）。

关于税收与企业的创新和研究投入的研究更为普遍。Waegenaere et al.（2012）通过构建跨国税收环境与企业创新支出的理论模型，研究发现国内税率的增加将抑制企业的创新投入水平。朱平芳和徐伟民（2003）以上海大中型企业数据为样本的实证研究发现，政府的科技补助和税收减免有助于企业研发投入水平的增加。郑春美和李佩（2015）以创业板 331 家上市高新技术企业 2011—2013 年内的 638 个观测数据为研究样本，实证分析研究政府补助和税收优惠对创业板高新技术企业创新绩效的影响，研究发现，政府补助对企业创新有显著激励作用，但税收优惠不仅不会增加企业创新绩效，还会对企业的创新绩效产生消极影响。Keuschnigg & Nielsen（2004）建立了一个两期的均衡模型，分析和解释税收和补贴对新企业开办率和在产业均衡中支持企业质量的影响。他们的分析表明，如果政府以补贴的方式运用公共创业投资基金来扶持初创企业，则在短期中能有效地刺激企业家精神，但由于政府通常倾向于压低市场价格和公司价值，这侵蚀了个人努力所能获取的回报，从而导致低质量的企业家精神。而对初创企业征收企业所得税会降低成熟公司的价值，从而削弱了创业公司中企业家个人的努力。

改革开放以来，我国在税收方面的立法与不断发展变化的经济形势之间有一定差距，税收在不同所有制企业之间、在不同地区之间存在着较大的差异，地方政府在决定征税对象、适用税种与税率、计税依据、税收减免等政策方面有着非常大的自由裁量权，这就使民营企业在发展过程中会主动与地方政府建立政治关系，减少自身在发展过程中所受到的可能侵害并获得税收优惠等政策利益。

企业的政治关联在全球范围内都是一个普遍的现象。政治关联普遍被认为是对正式制度的替代，在制度环境较为落后的经济体中，政治关联可以使企业获取如融资机会、政府补助、行业准入和税收优惠等政策上的便利（Fisman，2001；余明桂和潘红波，2009；Faccio，2006；Adhikari et al.，2006；吴文峰等，2009；Claessens et al.，2010；王仲玮，2015）。政治关联给公司带来实际生产率的优惠，是因为发展中经济体往往是"基于关系的"而不是"基于市场的"资本主义，因此，有政治关联公司的实际有效税率（ETR）显著低于非政治关联公司，政治关联在基于关系的市场中是决定有效生产率的重要因素（Adhikari A.、Derashid C. & Zhang H.，2006）。如吴文峰等（2009）以 1999—2004 年在沪深两地上市的民营企业为样本，研究了上市民营公司高管中央或地方政府的任职经历对企业获取税收优惠的影响，结果表明，高管的政府背景的确能给企业带来税收优惠，并且税外负担越重的地区有高管政府背景的企业获取的税收优惠也越多。王仲玮（2015）以 2008—2013 年沪深两市民营上市公司为样本的研究表明，我国民营上市公司政治关联程度越高，企业所获取的税收优惠越多；而企业所在区域制度环境越不完善，就越有可能通过政治关联获取税收优惠。

但也有研究认为，政治关联对企业综合税负有负面的影响。Fan、Wong 和 Zhang（2007）发现从国有企业转制而来的私营中国上市公司，近 27% 的 CEO 是前政府官员或现任政府官员。有政府背景的高管不仅对公司的市值有负面影响，而且会导致企业经营业绩的下降。冯延超（2012）以 2006—2009 年在沪、深交易所上市的民营企业为样本，实证检验结果表明政治关联并没有给企业获得税负降低的利益；政治关联程度越强，企业税负越高。

斯密在《国民财富的性质和原因的研究》中阐明了赋税的基本原则：公平、确实、便利、节省。所谓"公平"，意味着一国国民都须在可能的范围内，按照各自能力的比例，缴纳国赋，维持政府"所谓赋税的平等或不平等，就看对于这种原则是尊重还是忽视"；所谓"确实"，即税收必须有定则，是可预见的，不随意变更（predictable and not arbitrary），"各国民应当完纳的赋税，必须是确定的，不得随意变更。完税的日期、方法、数额，都应当让一切纳税者及其他的人了解得十分清楚明白"；所谓"便利"指"各种赋税完纳的日期及完纳的方法，需予以纳税者以最大便利"；所谓"节省"指"一切赋税的征收，须设法使人民所付出的，尽可能等于国家所收入的"，尽量不在征收过程中被吸走、流失。在斯密看来，赋税的不平等"害民尚小"，但赋税的不确定性"其害民实大"。

斯密（1775）认为，一个国家走向繁荣有三个要素：peace、easy taxes and a tolerable administration of justice，即维持公共秩序、尚可的税收制度及尚可的较为公正的司法制度。莫基尔的研究证明，整个 18 世纪，英国的平均纳税额比世界上任何国民都要高得多。1715 年，政府征收国民收入的 10% 作为税收，1810 年征收到了 18%。但是高额税负从未导致严重的政治危机，原因在于英国早就确立了现代的税收原则。

而政治关联与民营企业税收关系的研究则证实了，我国的税收在执行过程中未能实现"公平"和"确定",这给企业经营带来困扰,分散了企业家的努力方向、降低了企业家的努力程度,甚至使企业家的精神和企业家的努力程度向着非生产性的方向发展(曹会勤、储小平,2010)。我国正在实施的统一内外资税率、营改增、商事制度改革等税收领域的减税、简化手续方面的改革,有助于我国的税收政策向着"公平、确实、便利、节省"的方向发展,从而促进民营企业的健康成长。

第六节　地方政府与民营经济发展

在国家政策和民营企业的发展过程中,地方政府也起到了非常重要的作用。地方政府在中央的改革框架下不断推出新政策、新思路、新方法,成功的经验在全国推广并形成进一步改革的基础和动力(Heilmann,2007;Zhu,2013)。地方政府与民营企业之间存在着稳定的以互惠为基础的生产性政治关系,这种互动构成了地区经济发展的重要影响因素(周业安,2000;史晋川,2005;曹会勤、储小平,2010)。具有独立利益的地方政府,可以利用政治力量主动追逐本地经济利益最大化,地方政府与企业合作扮演制度创新中的"第一行动集团",追逐潜在制度收益(杨瑞龙,2000)。地方政府通过与中央政府的讨价还价和自主性制度创新为微观主体提供有利的制度环境,微观主体则以实际的制度创新行动和提高市场竞争力间接地为地方政府官员实现可显现的政绩最大化创造条件(杨瑞龙、杨其静,2000;陈天祥,2000)。

中国经济尤其是民营经济的高速增长,与地方政府实施促进地方经济增长的政策有关(Oi,1992;Montinola et al.,1995),也与在财政承包制条件下所形成的具有中国特色的"保护市场的财政联邦主义"相关(Montinola et al.,1995;Qian & Weingast,1997),而"官员晋升锦标赛"则认为,在集权体制下由于上级官员主要依据经济增长来考核和提拔下级官员,因此下级官员有强烈的动机来发展经济以求升迁（Li & Zhou，2005；周黎安，2007；傅勇和张晏，2007；郑磊，2008）。

陶然等（2009）考察了20世纪90年代中期之前和之后中国地区竞争模式的演变，90年代中期之前，地方政府在经济发展中扮演地方企业所有者和地方保护主义实施者的角色，而90年代中期之后，国有企业的改革、乡镇企业的改制、分税制的实施，使地方政府转而培植区域内流动性更强的私营企业，地方政府运用各种非税手段（如降低劳工、环保管制要求，提供廉价工业用地以及补贴性配套基础设施等）吸引投资，地方政府的角色从地方企业的所有者转变为企业的服务者和征税者，但这种"竞次性"的发展模式，不具备可持续性。

邓宏图（2004）认为，地方政府的意识形态偏好会决定其民营经济政策，从而在地区经济发展模式中起着主导作用。不同地方政府修正传统意识形态偏好的速率差异，决定其经济政策的差异性，使不同地区经济制度的变迁轨迹出现"路径分岔"，即经济发展轨迹出现差异。① 然而，曹正汉（2006）以温州民营企业的政治特征演变为例，突出民营企业特殊关系取向的牟利精神，认为在地区经济发展的过程中，起决定性作用的是民营企业主，地方政府的引导与帮助只是提供了外部条件。

不可否认的是，地方政府在我国经济转型时期，扮演了重要的角色，起到了连接中央政府和民营企业的作用。

---

① 邓宏图认为：较为彻底摆脱传统意识形态偏好的地方政府，会鼓励民营企业进行制度创新，并为民营企业提供政策支持和发展空间，从而使民营经济进入一个持续的自主创新过程，这是温州模式的由来；那些稍慢摆脱传统意识形态偏好的地方政府，会以基层政权的形式参与企业演化过程，发展出具有模糊产权结构的乡镇企业，这是苏南模式的由来；那些固守传统意识形态偏好的地方政府，更看重国有企业改革对经济增长的效应，从而不能为民营经济发展提供合理的政策环境，使民营企业缺乏稳定预期，企业不愿也不敢进行投资，这恰恰是中西部地区民营经济的发展现状。

第七节　小结

已有的研究文献表明，自改革开放以来，促进企业家精神的政策极大地提高了人们的经济自由度，提升了全社会的企业家精神水平和能力，由此带来经济的跨越式发展。而随着经济发展而来的包容性金融政策、产权保护制度的完善、面向民营经济的市场准入制度不断扩大、税收更加公平合理等因素，又极大地促进了民营企业的发展，民营企业的发展也促进了这些方面政策的不断修订和完善。

不可否认的是，我国在法律体系和金融体系非常不完善的情况下，取得了世界上最大也是增长最快的经济体之一，民营企业在经济发展壮大中起到了决定性的作用。20 世纪 90 年代，民营经济发展具有一定规模之后，"政治关联"在企业发展中的重要作用表明我国在提升政府效能、理顺政企关系上还有待进一步加强。可以预计，国家对企业家精神的逐步保护、金融政策的加速放开、对私人产权保护的增强、市场准入的不断扩大和税收上的调整，最终会促进民营经济以更快的速度发展。

但是，缺乏一个保护中小企业、民营企业的完善的政策和法规体系始终会阻碍经济的发展，降低私营企业的制度壁垒、提高对民营企业的法律保障程度，包括对私有权的保护、加大财政金融方面的支持等成为经济发展的关键内容。

第 三 章

广东民营企业发展概况

广东的民营企业得益于改革开放前沿地带的区域优势，其诞生、成长既有普遍性，也有其独特性。本章旨在对广东民营企业40年的发展成长做一粗浅的梳理和探讨。

中国的市场经济改革并无先例可循，其中的复杂性和偶发性因素很多，但这场仍在进行中的改革之所以历经波折还能够砥砺前行，并创造出举世瞩目的经济奇迹，其动力之一是涌现出新的经济活动主体及其群体。周其仁在《改革的逻辑》一书中曾有过解读"凡遇到困难、有需要解决的大问题，总有人想办法突破。讲到底，每个普通人、普通家庭、普通企业、基层和地方，总有改善生活、发展经济的愿望，因此总有人出头来面对困难、抓新的机会。这就是中国经济增长的原动力"。[①]

在广东民营企业40年的发展历程中，我们欣喜地看到：民营企业已经从"边缘群体""有益的补充""不可缺少的力量"逐步成为大家公认的"组成部分"，这表明民营企业逐步得到制度化的认同和接纳。民营企业家则从20世纪80年代的"边缘人物"、90年代的"下海"干部，21世纪初期的IT精英，最终成为大众创业、万众创新中的"你、我、他"，每个人对美好生活的向往和追求成为民营经济发展的动力源泉。

---

① 周其仁：《改革的逻辑》，中信出版社2013年版。

第一节 "前赴后继"的广东民营企业

广东乃至全国的民营企业都是"历史阶段的概念"。官方文件中也出现了个体工商户、私营企业、非公有制企业、民营企业等多种界限难以区分的概念。民营企业整体上经历了从"没有身份"到"有身份"的过程，经历了从"特殊身份"到"一般身份"的过程，一些企业还经历了"转变身份"甚至"创造身份"的过程。例如美的、格兰仕曾经是戴"红帽子"的乡镇企业，更不用说改革开放之前"游水"到香港而后摇身一变成为港商迁回进入内地的"外资企业"①。

因此，广东民营企业的来源多样化，由于政策环境宽严的变化，某些时期还存在民营企业在不同所有制之间的转换情况（例如一些企业有意识地"戴红帽子"和"摘红帽子"）。总体来看，广东的民营企业主要来源以下几类：

第一，私人创立的私营企业。例如史玉柱创办的巨人公司、马化腾创办的腾讯等。这类企业产权较为清晰，在02世纪90年代邓小平同志南方视察之后，广东不戴"红帽子"的私营企业逐步成为主流。需要特别指出的是，"回乡创业"的本地人，也是广东改革开放初期一类特殊的创业者。傅高义在《先行一步：改革中的广东》一书中对这类创办企业的另类"民营企业家"有着生动的描述。"他们在几年前还是地方政府眼中的坏分子，而今却成为了座上宾。"这些企业并不是传统意义上的港澳台企业或者外资企业，因为创办工厂的企业家几年前还是当地乡间的农夫或是基层政府的工作人员。他们怀揣着在香港辛苦打工、当"走鬼"赚来的血汗钱，带着创业的火花回乡开工厂当老板。几十年后，回头再寻找这些企业的时候，它们很多已经泯然众人，难以再寻踪迹。当我们在广东惊奇于很多专业镇没有资源、

①　这段历史可以参考陈秉安所著的《大逃港》，广东人民出版社2010年版。同时根据贾巨川所著的《习仲勋传（下）》（中央文献出版社2013年版），这一事件对习仲勋等广东省委主要领导向中央建议设立"特区"有着重要影响。

没有配套，也没有交通优势，如何成为全中国乃至全世界某类产品的制造中心的时候，有阅历的老人回顾当地产业缘起的时候，经常会重复类似的话："最先来我们这里开办企业的是当年游水去香港的……"他们带来了广东民营经济创业的思想火花、销售渠道、技术资金，更重要的是他们给人们提供了追求美好生活的另一条途径。广东专业镇相当大部分的创业者最开始都是这些企业的工人，它们是广东民营经济的重要来源。从广东民营经济的起源可以看到，广东模式或珠江模式是一种以外资引入为基础，以外资和国外市场带动国内私人投资的发展为主要特征，国内外企业共同发展的特殊经济发展模式。广东模式初期的外资引入导向、国内私营企业对外资企业的广泛模仿和"移植"，以及对国外市场的高度依赖等特征与"温州模式"（主要依靠国内私人资本）、"苏南模式"（主要依靠乡镇企业）存在显著的区别。

第二，"戴红帽子"的乡镇企业。1984 年 3 月 2 日，国务院正式发出通知，将以往的"社队企业"改为"乡镇企业"。乡镇企业作为一个独立的企业形态开始为人们所知。但是和大邱庄、华西村等农村社区企业形态存在的形式不同，广东的乡镇企业主要是经济个体。广东位于中国的南端，在计划经济时代战备的要求下，广东的重工业企业不多，轻重工业比例失衡程度更大，短缺经济造成消费者对轻工业产品的需求巨大，而乡镇集体经济就满足了这部分需求。现在我们耳熟能详的很多民营企业开始都以镇办企业、村办（社办）企业的形式出现。例如生产微波炉的格兰仕从生产鸡毛掸子和羽绒服的镇办企业起家。何享健 1968 年创立的"北滘街办塑料生产组""北滘公社塑料制品厂"成为日后美的集团的前身。顺德的家电企业都以乡镇企业的形式存在了相当长一段时间。在改革开放初期，这些实际上的私营企业为了避免受到政治上的歧视和间歇性的整顿打击，并享受集体经济的税收、信贷等政策优惠，将企业挂靠在乡镇集体之中，每年缴纳一定的管理费，享有大部分的经营自主和利润分配权。这种"戴红帽子"的方式使得很多民营企业在改革开放初期得以顺利发展，但是很多企业却在 20 世纪 90 年代中后期面临改制的危机和痛苦。其中既有改制成功的美的、格兰仕、TCL，也有改制失利而一蹶不振的健力宝（李经纬）、科龙（潘宁）等企业。

第三，改制之后的国有企业。随着20世纪90年代经济体制改革的逐步深入，特别是乡镇企业、外资企业、民营企业力量的日渐壮大，国有企业再也不是国家振兴的唯一力量，而国有企业的一些弊端也促使决策层思考"重点扶持、其余放活"以及"抓住少数、放活多数"等政策。在1993年东南沿海地区的企业产权试点改革之后（1998年国有企业产权改革全面铺开），除了关乎国计民生的重要行业以外，计划经济体系下原本庞大的国营企业体系日渐缩小。那些没有竞争力也无关国计民生的中小国有企业被国家"放开"，其中相当部分的中小国有企业通过"改制""联营""并购""破产"等方式，或明或暗地成为民营经济中的一员。1997年3月，广州出现了首宗私营企业收购国有企业的案例，从化三星实业发展有限公司总经理张志良以1300万元收购了广州防火门厂，收购后的企业，原有的管理人才和技术骨干留任，其他职工交由主管部门安排。仅仅在1997年，广东全省私营企业共租赁、承包、参股、收购国有企业和集体企业281家，注入资金6.81亿元①。根据《2002年中国私营企业调查报告》的调查，25.7%的被调查企业是由国营、集体改制而成私营企业的，由此可见民营企业参与国有企业改制的数量之多。万川流水最终汇聚成了滔滔大河。

第二节 广东民营企业的发展历程

一 1978—1983年：市场经济的星星之火

1978年12月，中国共产党十一届三中全会召开，邓小平提出"让一部分人先富起来，先富帮后富"的思想。在此之前，封闭僵化的计划经济体制已经陷入泥潭，长期对效率和利润的排斥导致农业生产萧条停滞、城市企业缺乏活力、城乡居民生活物质全面紧缺。20世

---

① 广东省工商业联合会：《广东民营经济发展蓝皮书》，广东经济出版社2007年版。

纪六七十年代运动中"上山下乡"的知青开始陆续回城，城市就业压力陡然增加，进一步增加了政府的财政压力。在这样的宏观背景下，政府需要找到一条"体制外循环"的路径，以应对财政危机、就业压力、居民生活物质紧缺等一系列现实问题。就这样，改革开始启动，僵化的计划经济体制逐步被突破，市场经济的星星之火开始点燃，而在改革开放的闸口打开之后，民营经济的涓涓细流终于汇成滔滔江河。

改革开放之前的广东，经济形势非常严峻。从1958年开始，广东全省私营企业完全绝迹。改革开放之前的广东，已经从之前工商业发达、商贸繁荣的工商大省，倒退成为中国南方落后的农业省份。1978年广东GDP仅有185亿元，在大陆29个省市区中屈居第23位。中央之所以选择广东作为中国经济体制改革的"试验田"，傅高义在《先行一步：改革中的广东》一书中进行了说明：广东位于中国的最南端，远离北京。在计划经济时代，广东的重工业投入少，国家财政收入也不多，危及国民经济的风险很小。广东省毗邻港澳，是中国通向世界的最方便之路，又最有条件试验有用的外国技术和管理方法①。我们可以将改革初期广东和整个国家的经济体制改革之间的关系比喻为"守正出奇"的过程。中央"守正"、广东"出奇"，改革首先从不碍全局的广东出现，广东先行的改革不能与全国脱离太远，更不能对立。因此中央对广东改革的态度是"先行先试""等等看看"，成功了就在其他地区逐步推进，出现了问题就管理整顿。广东成为"摸着石头过河"改革的第一块"石头"。

广东首先出现的是个体经济。1981年中共中央《关于建国以来党的若干历史问题的决议》第一次提出"一定范围的劳动者个体经济是公有制经济的必要补充"。1982年党的十二大报告也提出"在农村和城市，都要鼓励劳动者个体经济在国家规定的范围内和工商行政管理下适当发展，作为公有制经济必要的、有益的补充"。自古就有浓厚工商业传统的广东对此反应强烈，1979年1月，广东出现了最早的

---

① 傅高义：《先行一步：改革中的广东》，广东人民出版社2008年版。

"个体户"。1980年7月20日，广州市的第一批个体户，文明路"周生记太爷鸡"挂牌，31岁的店主高德良丢掉国有企业电焊工铁饭碗，干起了个体户。一个月后，他清点账户，营业额达到8000元，纯利润3000元[1]。短缺经济下人们的消费需求巨大，这也导致了个体户迅速在广东全省遍地开花，他们多靠开设各类小饮食店、小修理店以及买卖小日用品起家，率先成为"先富起来"的典型。1984年珠江电影制片厂拍摄的电影《雅马哈鱼档》用故事的形式，真实反映了广州个体户经营中的各种酸甜苦辣，广受群众欢迎。1979年广东个体工商户仅有1.5万户，3.2万人，到1986年已经增长到78.3万户，114.7万人[2]。不仅基本解决了供应短缺问题，更为重要的是，广东个体户为全国市场意识和商品观念的形成，起到了启蒙作用（见图3—1）。

图3—1　20世纪80年代初期的广州农副产品市场[3]

随着1980年广州、深圳、珠海等第一批外资企业的创立，半公开化的私人资本、个人承包的"红帽子"乡镇集体企业也开始陆续在广

---

① 邓毅富：《广州四大名鸡之一太爷鸡已104岁　小店开在"老街"上》，《新快报》2015年2月20日。

② 詹天庠：《广东个体私营经济发展30年观察》，摘自《广东民营经济发展蓝皮书（2007—2008）》，广东省出版集团2008年版。

③ 《老广州影像馆》，岭南美术出版社2012年版。

东出现。在 1987 年党的十三大正式发布鼓励私营经济的文件之前，广东乃至全国的私营经济以半公开的方式已经广泛存在，并在就业、提升人民生活水平、增加国家财政收入方面发挥了重要作用。而民间"下海"浪潮的起源，则来自邓小平同志 1984 年第一次南方视察。

二　1984—1991 年：民营企业在曲折中前行

邓小平第一次南方视察发生在 1984 年的春天，激发了人们的改革热情，大量的民营企业因此诞生。邓小平为深圳写下的"深圳的发展和经验证明，我们建立经济特区的政策是正确的"，结束了对特区政策优劣的争论（见图 3—2）。此后，中国的对外开放由点到面，逐步形成了沿海乃至全境开放的格局。邓小平南方视察给广东乃至全国带来的思想上的冲击是巨大的，王石回忆当时的情形："我好像感到干大事情的时候到了。"[①] 1984 年 5 月，万科的前身深圳现代科教仪器展销中心成立。[②] 1984 年 10 月，科龙的前身珠江冰箱厂成立。[③] 广东的民营企业开始以各种形式发出自己的第一声呐喊，不过在那个时候，它们还非常弱小，从事着简单而又平凡的工作，似乎一阵大风就可以刮倒。

广东第一批民营企业主要以"三来一补"、投入低、见效快的轻工业为主要行业，它们往往以挂靠国有企业、镇办集体企业、村办企业、个体工商户，甚至没有身份的家庭小作坊形式存在（1987 年前尚未存在"私营经济"的概念，也未发放相应的营业执照）。傅高义（1989）描述了他在这些企业的所见所闻：大部分工厂不需要重型机械。如果需要，可以把机器安装在底层。一些工种如生产塑料袋和装配简单的无线电，需要装配线作业。但大多数情况是个人在工作台上独立完成散件，然后计件付酬。每个车间通常都从事同一工作。例如，年轻妇女把特别形状的海绵缝入已经切好的小块原料中制成各种绒毛小玩具，而在另外一些车间，可能缝制衬衫和上衣，或者梳理假发，

---

① 吴晓波：《激荡三十年（上、下）》，浙江人民出版社 2007—2008 年版。

② 不过当时的万科的身份还是国有企业。

③ 潘宁创办的珠江冰箱厂的身份是乡镇企业。

图3—2　建设中的招商局蛇口工业区①

或用于玩具的人造头发。还有很多工厂生产蚊香、爆竹、蜡烛、糖果或者其他食品（见图3—3）。

图3—3　20世纪80年代东莞刚刚"洗脚上田"、进厂打工的农民②

---

① 江潭瑜、邢锋、李凤亮：《深圳改革开放史》，人民出版社2010年版。
② 党国英、袁毅平：《数字·影像：中国改革开放30年》，江西美术出版社2008年版。

在改革开放初期，随着宏观经济的波动，国家对民营经济的"鼓励"和"规范管理"也在交错进行。我们可以从1986—1991年私营企业、个体工商户发展情况（户数、从业）的宏观统计数据中窥豹一斑（见图3—4）。在改革开放的早期并没有民营经济、私营经济的"一席之地"，很多以个体工商户的名义存在，个体工商户的从业人员（个体工商户数）在这些年份中也呈"波浪式增长"，民营经济在艰难曲折中呈现出强大的活力和生命力。

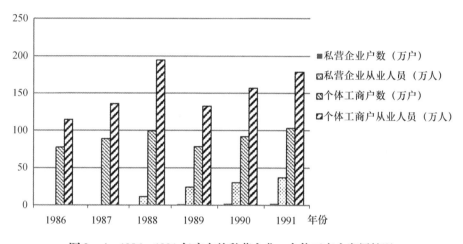

图3—4　1986—1991年广东的私营企业、个体工商户发展情况

资料来源：根据《广东民营经济发展蓝皮书》历年数据整理。

我们以政策编年史的形式，就可以看到这段时期民营企业的曲折发展：1984年，邓小平第一次南方视察后（见图3—5），中共中央决定"向外国投资者开放14个沿海城市和海南岛"，第一次"下海潮"出现。1985年，国家打击海南方视察署的走私汽车的投机倒把活动，逐步演化为全国性的打击倒买倒卖禁令。1987年，中共中央5号文件在党的文件中第一次提出"私营经济"的概念，并指出了管理私营经济的16字方针"允许存在，加强管理，兴利抑弊，逐步引导"。1987年党的十三大指出"对于城乡个体经济和私营经济，都要鼓励它们发展"。1987年，广东第一批44个私营企业率先在政府工商行政部门正式注册。1988年，宪法修正案中将"国家允许私营经济在法律规定的范围内存在和发展，私营经济是社会公有制经济的补充"纳入《宪法》。在 1988 年"物价改革闯关"失败以及随后而来的"抢购风"，经济形势的动态使得中央开始警惕经济领域的过热问题，再次提出"宏观调控、治理整顿"的方针。随后的一场风波以及苏联的解体，使得 1989—1991 年的中国经济领域面临"倒春寒"的局面。1989 年对私营企业偷税漏税的打击，对流通领域非法倒买倒卖的清理，并以原料"定点供应"的方式整顿国营企业之外的新兴企业，1990 年以打击假冒伪劣产品、"行业不正之风"为主题的整顿等，使得一些地区的民营经济受到冲击。

图 3—5　邓小平同志第一次南方视察时为珠海题写"珠海经济特区好"①

　　相对于其他地区，广东在国家给予的"特殊政策和灵活措施下"，个体私营经济仍然获得长足发展，1991 年，广东私营企业达到 2.5 万户，从业人员 36.76 万人，个体工商户 103 万户，从业人员 178 万

---

① 胡蓉平：《1984 年邓小平为深圳、珠海特区题词揭秘》，《羊城晚报》2008 年 4 月 1 日。

人①。虽然在意识形态领域的姓"社"还是姓"资"的争论硝烟弥漫，但当时的大部分私营企业和个体工商户从事的都是与人民生活密切相关的日用品、食品类的行业，市场的强大需求仍然使得民营经济不断前行。对于民营经济乃至改革开放究竟应该往何处去，人们仍然有着疑虑和担心。这种状况一直维持到 1992 年邓小平第二次南方视察时，民营企业的历史才迎来了一个重要的转折点。

三　1992—1997 年：春天的故事

　　87 岁高龄的邓小平 1992 年的南方视察再次吹响了改革的号角，也帮助民营企业走进了新时代，真正成为中国经济版图中一股举足轻重的力量。邓小平南方视察以及党中央后续的行动排开了意识形态领域姓"社"姓"资"的争论，解放思想、加快改革、扩大开放，成为全中国的共识。1992 年 10 月召开的党的十四大报告提出"以公有制包括全民所有制和集体所有制经济为主体，个体经济、私营经济、外资经济为补充，多种经济成分共同发展"。由此，中国市场经济体制的目标开始确立，所有制的禁区被逐步打破，对民营经济的"非难"开始收敛，中国的民营经济迎来了发展的春天，之后的中国经济迎来了一个快速发展的阶段。1992 年，广东个体工商户达到 111.2 万户，从业人员 193.7 万人；已注册私营企业 3.28 万户，从业人员 47.55 万人，广东新增私营企业注册资金 32.4 亿元，比 1991 年增长 94.2%，达到 66.75 亿元（见图 3—6）。个体私营经济对广东经济发展的影响开始显著，1992 年全省个体私营经济产值达 147.62 亿元，占全省工农业总产值的 6.65%，纳税 25 亿元，占全省财政收入的 11%②。而且创办企业的民营企业家从早期的体制外创业者，向知识层次较高的科技人员或机关干部转变，"十亿人民九亿商，还有一亿在观望"，"东南西北中、发财到广东"成为全国的流行语（见图 3—7）。

---

① 广东省工商业联合会：《广东民营经济发展蓝皮书》，广东经济出版社 2007 年版。
② 同上。

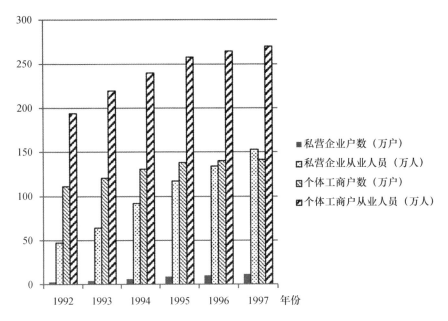

图3—6 1992—1997年广东的私营企业、个体工商户发展情况

资料来源：根据《广东民营经济发展蓝皮书》历年数据整理。

图3—7 当年每年一度的"民工潮"展现了广东民营经济的快速发展①

---

① 李鑫：《见证春运变迁的广州火车站》，2018年2月11日，新华网。

1992 年是广东乃至中国民营企业的新起点，市场经济的目标得以确立后，制度的创新将赋予民营企业翻天覆地的力量，而且十多年的经济持续增长，人民的消费能力显著提高，中国似乎正在为企业提供一个无限大的消费市场，外资企业开始蜂拥而入，这就和国内企业展开了直接竞争。国内民营企业在竞争中学会了成长。在家电行业内，广东的美的、康佳、TCL、格兰仕等，联合其他省份的家电企业（长虹、海尔等）以价格战的方式和国外品牌展开了直接竞争。深圳的华为依靠"农村包围城市"的战略，在一些三、四线地区的城乡电信市场突破，并同电信部门以开办合资企业的方式与外资企业展开直接竞争。占据价格优势的佛山照明等企业的产品也开始在国内及国际市场畅销。国内的民营企业以灵活的市场体制和低廉的价格，和外资企业展开直接竞争，并逐步收复国内市场。

在党的十五大召开前的 1996 年，广东民营经济在国内生产总值中所占的比重已经高到 24%①。1997 年，党的十五大报告第一次将个体私营经济从非公有制的"补充"变革为"重要组成部分"，并强调：多种所有制经济共同发展是我国社会主义初级阶段的一项基本经济制度。这是党对民营经济认识上的重大飞跃和升华。

四　1998—2007 年：从收复国内市场到成为"世界工厂"

从 1998 年开始，企业所有制方面的"国退民进"政策开始大规模推广。这标志着国有企业改革从早期的"放权让利""承包制""机制转换"进入了"抓大放小"的新阶段。1999 年 8 月，广东省委省政府通过的《关于大力发展个体私营经济的决定》，提出围绕全面推进广东省现代化建设的战略任务，促进个体私营经济加快发展，提高个体私营经济在全省国民经济总量中的比重。1999 年 9 月，中共中央十五届四中全会通过的《中共中央关于国有企业改革和发展若干重大问题的决定》，提出要积极发展大型企业和企业集团，放开搞活中小企

---

① 广东省工商业联合会：《广东民营经济发展蓝皮书》，广东经济出版社 2007 年版。

业的决策。中国企业所有制的格局从此开始发生重大的转变，一些国有企业开始从竞争性行业中"撤出"，同时在钢铁、能源、汽车、航空、电信、电力、银行、保险、媒体、大型机械、军工行业做大做强，形成垄断地位。这种转变，从实质上确立了社会主义市场经济（区别于社会主义经济）的体制格局。在这个阶段，很多失去竞争能力的国有企业通过管理层收购、员工持股、公开招标拍卖、引资转让、破产改制等多种方式，转变为民营企业。①

与此同时，国内经济刺激政策的效果逐步显现，消费市场日益活跃，国外市场随着中国加入 WTO 也向中国打开。民营企业通过价格战和灵活的市场机制（例如给经销商的大额返点）和跨国公司展开正面竞争，在服装玩具、日用家电、电子通信、食品等行业击退了相当多的跨国企业，在很多领域逐步占领了国内市场，甚至使得改革开放之后进入中国竞争性行业的部分外资企业退出中国或者转入资源型领域。在这个过程中，广东民营企业从小规模、集群式经营方式向规模化、集团化方式演进；从劳动密集型产业向技术密集型和资本密集型产业转型（见图 3—8）。广东成为中国"世界工厂"模式的典型缩影（见图 3—9）。在广东民营企业占据优势的彩电、冰箱、空调、微波炉、小家电等产业中，广东的优秀民营制造企业的产能和出口量已经占据相当的份额。例如格兰仕在 1999 年成为世界最大的微波炉制造商，占据世界 40% 的市场份额。

广东民营企业以生产某类产品集聚的专业镇模式发展，专业镇覆盖了广东省机械、印刷、五金、灯饰、电子、信息、纺织、家电、建材等 30 多个产业、产品类别。大多数专业镇从无到有，从弱到强，取得了令人瞩目的成绩，如佛山北滘镇的家电产业集群、佛山大沥镇的铝型材、东莞虎门镇的服装产业集群、东莞长安镇的五金模具等产业的产能已经超过千亿元级别，甚至成为整个产业的全球供应商。到

① 运动式的"国退民进"也暴露出很多问题，但是这次改革可以以时任浙江省委记李泽民在一份改革提出异议的报告上的批复作为总结："对于这样的改革要回头看，不过，不能走回头路。"（吴晓波，2007）

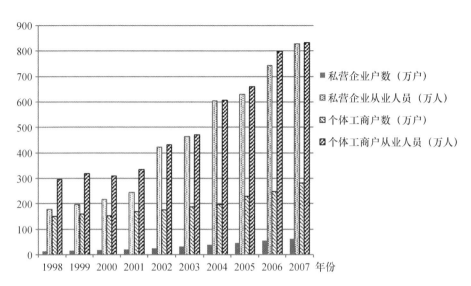

图3—8　1998—2006年广东的私营企业、个体工商户发展情况

资料来源：根据广东民营经济发展蓝皮书历年数据整理。

图3—9　广交会展现了中国企业成为世界工厂的历程①

_____

① 孟敏江：《"老广交"眼中的广交会：从成交额到形象展示平台》，《经济观察报》2018年4月22日。

2006 年，广东省专业镇数量已经达到 201 个，其中，省级专业镇 159 个，当年实现 GDP 4658.32 亿元，占全省总量的 21.5%；人均 GDP 达到 3.43 万元，是全省人均水平的 1.4 倍①。在专业镇经济模式下，广东制造成为中国世界工厂的重要组成部分。

到 2002 年，广东全省工业总产值中，个体私营经济工业已经占据 23.5%，已经比同期的国有工业比重高 6.3%②。2002 年党的十六大对民营经济的表述具有划时代的意义。党的十六大报告指出：必须毫不动摇地巩固和发展公有制经济；必须毫不动摇地鼓励、支持和引导非公有制发展。坚持公有制为主导、促进非公有制经济发展，统一于社会主义现代化建设的进程中。党的十六大报告表明，民营企业从体制政策上终于完成了从社会主义市场经济的"重要组成部分"，到社会主义市场经济一员的转变，在具体政策上亦有突破。2003 年 2 月，广东省委做出了《关于加快民营经济发展的决定》，强调对民营经济政治平等、政策公平、法律保障、放手发展的方针，对民营经济不限发展比例、不限经营方式、不限经济规模，消除一切妨碍民营经济发展的思想观念、体制弊端、政策规定和不合时宜的做法。党的十七大报告重申了"除体制障碍，促进个体、私营经济和中小企业发展"，"毫不动摇地鼓励、支持、引导非公有制经济发展，坚持平等保护物权，形成各种所有制经济平等竞争、相互促进新格局"。中央和地方的政策进一步完善私营经济财产权提供了法律保障，也为民营经济的高速发展提供了体制保障。

与此同时，随着经济体制改革的深入进行，国内生产总值不断攀升，分税制改革加强了中央集权的能力和实力，而国有企业推出某些产业领域、"抓大放小"、扶持重点国有企业不仅使得民营经济得以迅速发展，也使得大型国有企业提升了竞争能力和赢利水平，中国特色

---

① 王建军、陈平、黄志宁、李勇：《广东省民营经济与专业镇发展研究》，《山西师范大学学报》2008 年第 3 期。

② 詹天庠：《广东个体私营经济发展 30 年观察》，摘自《广东民营经济发展蓝皮书（2007—2008）》，广东省出版集团 2008 年版。

的国家商业主义模式逐渐成型。

在这个阶段，竞争性领域中的广东民营企业成为外向型经济的领头羊。作为制造业重镇的广东，广东专业镇中的民营企业强大的 OEM制造能力，使"中国制造"在全世界大行其道，上百个产品以世界第一份额的地位傲视全球，全世界所有知名品牌几乎都在中国设置生产线，其他国家的制造业由此受到很大的冲击，由此针对中国制造的贸易壁垒和反倾销政策层出不穷。中国成为同时期全世界遭受反倾销措施最多的国家。以初级产品和劳动密集型加工为主导产业的广东民营企业也面临成长的不可持续困境，这种"窘境"在 2008 年开始的国际金融危机中表现得尤为突出。

五　2008—2012 年：艰苦的转型以及"隐形天花板"问题

作为外贸依存度高达 160.4%，连续 23 年居全国首位的广东省，2008 年开始的国际金融危机对广东的影响巨大。根据中国海关总署的统计数据，2008 年广东进出口贸易总值 366.3 亿美元，下降 31.1%，其中出口 242 亿美元，下降 23.6%，进口 124.3 亿美元，下降 42.1%。进口和出口增速降幅比全国平均水平高 2.1% 和 6.1%[①]。根据广东省经贸委统计，在金融危机的影响下，2008 年 1—9 月，广东省企业关闭总数为 7148 家，主要集中在珠三角地区，包括关闭、停业、歇业和搬迁等多种类型，涉及的产业主要是纺织服装、五金塑料、低端电子产品、陶瓷建材等传统型、低技术、高能耗产业[②]。这些企业除了因为技术不高和经济实力不强，没办法抵御金融危机的冲击以外，广东省实施的"双转移"（《中共广东省委、广东省人民政府关于推进产业转移和劳动力转移的决定》）、"腾笼换鸟"战略，也促使很多民营企业主动或者被动地实施产业转移、产业升级战略。

2008 年金融危机之后，广东传统外向型民营企业受到三个方面

---

① 邱雪峰：《困境与出路：金融危机下的广东制造业》，《广东合作经济》2009 年第 2 期。
② 谢思佳、张启：《广东公布官方数据：今年 1—9 月企业关闭 7148 家》，《南方日报》2008 年 11 月 17 日。

的转型压力（见图3—11）。一是金融危机导致的外部市场萎缩带来的压力；二是企业面临逐步上升的成本压力；三是政府政策促使的转型升级以及产业转移的压力。广东民营企业传统的外向型、低成本、低技术、高能耗发展模式面临严峻挑战，企业转型升级进入"深水区"。传统的民营制造企业逐步分化为以下几种类型：部分制造企业受到成本、市场等综合压力，成功升级转型；部分制造企业外迁内地中西部，或者东南亚、非洲等地，继续寻求低成本洼地；但仍有相当部分的制造企业面临"不转会死，转不好也会死"的两难处境，处于停产或半停产状态，实际上已经失去了转型升级的能力（见图3—10）。在2015年上半年，东莞先后有台资企业万士达、联胜、东莞普光、东莞圣心食品、美儿德塑胶、东莞素艺玩具等多家知名企业停产或者关闭，东莞传统制造业代工厂依靠的产业基础已经不复存在。[①]

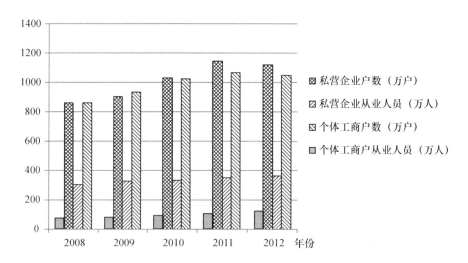

图3—10 2008—2012年广东的私营企业、个体工商户发展情况

资料来源：根据《广东民营经济发展蓝皮书》历年数据整理。

---

① 《东莞新一轮企业倒闭：工业区已是一派破败景象》，2015年10月20日，新浪财经。

图 3—11　企业倒闭——金融危机对外向型经济广东民营企业的冲击①

　　在经济高速发展的同时，对原料及生产资料的大量需求也带动了国有企业为主导的上游产业（工业母机、能源、原材料等领域）的价格上涨，国有大型垄断企业依靠国家的政策扶持、大规模整体上市、卸下包袱以及拆分重组搞活机制，开始工业重型化转型。广东民营企业在广东省政府对民营经济"不限发展比例、不限经营方式、不限经济规模、消除一切妨碍民营经济发展的思想观念、体制弊端、政策规定和不合时宜的做法"（《中共广东省委、广东省人民政府关于促进民营经济发展上水平的意见》）的鼓励下，也试图进入以往由国有企业控制的产业。美的集团先后收购云南客车厂和云南航天神州汽车有限公司，以及湖南省三湘客车集团有限公司三家企业，并建设生产基地，但到 2009 年，美的客车的长沙基地最终由比亚迪收购，美的"客车梦"已经不再见踪迹。在中国工业重型化的过程中，相当多的大型国有企业提升了自身经营能力，同时也在一定程度上抑制或"误伤"了不少试图进入这些领域的民营企业，使得民营企业遭遇"隐形天花

---

　　① 《素艺玩具等企业倒闭促使东莞急建预警机制》，2011 年 8 月 11 日，每日经济新闻。

板"。全国工商联主席黄孟复（2006）将其形容为"玻璃门"。他指出很多行业领域虽然在准入政策上没有公开限制，但实际进入条件限制颇多，这种"名义开放、实际限制"就是"玻璃门"。

为了鼓励和引导民营经济健康发展，国务院分别于2005年发布《关于鼓励支持和引导个体私营等非公有制经济发展的若干意见》（非公36条）；2010年发布《国务院关于鼓励和引导民间投资健康发展的若干意见》（非公新36条），广东省也发布了《中共广东省委、广东省人民政府关于促进民营经济发展上水平的意见》（粤发〔2010〕16号），但实施效果与条例的设想仍然存在较大差距。对于中国民营经济未来的期许在2007年党的十七大和2012年党的十八大报告中得以体现。党的十七大对民营经济提出的法律上的"平等"保护和经济上的"平等"竞争；党的十八大提出的对民营经济"平等使用""公平参与""同等保护"，在思想上排除了阻碍民营企业发展障碍，但是在中央各项政策的具体执行实践中，"玻璃门""弹簧门""旋转门"现象和"市场的冰山""融资的高山""转型的火山"这"三座大山"，依然在一定程度上阻碍着民营企业的进一步发展。从这个阶段开始，过去七八十年代经济体制领域的"姓'资'姓'社'的激烈争论"已经很难重现，改革已经进入"深水区"，取而代之的是中央和地方，以及各类利益集团之间的纵横博弈，其中更夹杂着国有企业、外资企业和民营企业的激烈竞争。在这种利益冲突多元化和复杂化的背景下，政府部门的很多决策也很难得到公正、公平的落实。

六 2013年至今：混合所有制改革及大众创业、万众创新

国际金融危机余波不断、粗放型经济发展方式难以为继、生态环境形势日益严峻、人民群众对贪污腐败强烈不满等因素凝聚成为时代的改革共识。实干开新局、改革再出发成为2013年党的十八届三中全会逐步开始的中国制造转型升级、供给侧改革、大众创业万众创新、美丽中国梦等全面深化改革措施的起点。

2013年11月党的十八届三中全会审议通过的《中共中央关于全

面深化改革若干重大问题的决定》中，正式提出"积极发展混合所有制经济"，并认为"国有资本、集体资本、非公有资本等交叉持股、相互融合的混合所有制经济，是基本经济制度的重要实现形式，有利于国有资本放大功能、保值增值、提高竞争力，有利于各种所有制资本取长补短、相互促进、共同发展"。这表明中央对国有经济与民营经济的关系、民营经济未来的发展路径有了新思路，民营经济企业家开始转型创新的"再出发"。相对于其他地区，广东民间资本较早就进入医疗、卫生教育等公共事业部门。根据广东省工商联①的统计，24.3%的民营企业参与了一类或者多类公共事业建设。2013年底，广东民营医疗机构达到17875所，占全省医疗机构的38.9%，床位占10%；民办职业教育培训学校（院）1410家，年培训能力118万人，已经初步形成与公立机构的差异化发展②。2013—2015年广东的私营企业、个体工商户发展情况如图3—12所示。

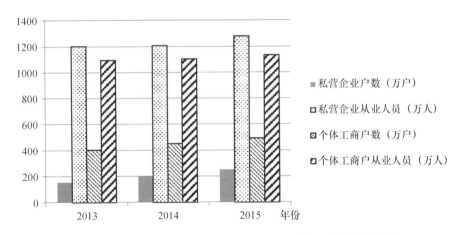

图3—12 2013—2015年广东的私营企业、个体工商户发展情况

资料来源：根据《广东民营经济发展蓝皮书》历年数据整理。

---

① 广东省工商业联合会：《广东省工商业联合会年鉴2012—2013》，广东经济出版社2014年版。

② 同上。

　　为了进一步推进混合所有制经济改革，广东积极搭建国有企业与民营企业的混合所有制改革平台，推进混合所有制经济发展。2014年8月18日，广东省委、省政府出台《关于全面深化国有企业改革的意见》，提出"至2017年，全省混合所有制企业户数比重超过70%"，"2020年，竞争性国有企业基本成为混合所有制企业，基础设施项目实现混合持股，国有资本流动性显著提高"，"除国家规定外，国有资本持股比例不设下限"等有利于混合所有制改革的关键性政策。从实施的类型来看，广东国有企业混合所有制改革包括国有企业和民营企业合作项目和企业员工持股计划。阳明风电与广东省水电集团成立风电太阳能发电项目、海印集团与广东省丝绸集团入股茂名大厦有限公司等项目都是混合所有制合作项目的典型案例。已经实施员工持股的国有企业包括广州市建筑科学研究院有限公司、广州珠江艾茉森数码乐器股份有限公司、华联期货有限公司等省内重点国企。广东国有企业混合所有制改革采取先试点、然后分布推进的实施方式，根据广东省国资委的统计，至2017年底，50家省属二三级企业体制机制改革创新试点工作达到预期目的，18家企业完成基金入股工作，15家企业完成股份制改造工作，18家企业实施员工持股工作。同时，增补混合所有制改造试点企业17家，同时将9家试点企业调整为后备培育企业，6家试点企业放入调整优化培育试点企业①。

　　2015年3月28日，国家发展改革委、外交部、商务部联合发布了《推动共建丝绸之路经济带和21世纪海上丝绸之路的愿景与行动》，"一带一路"成为国家工程，为民营经济化解过剩产能、海外扬帆提供了方向性的指引。广东版的"一带一路"建设更加突出"海上丝绸之路"特点，突出粤港澳大湾区经贸合作。广东利用毗邻港澳以及外向型优势，积极利用粤港澳工商交流平台、政府对外经贸交流平台、外国驻粤机构交流平台、境外商会组织交流平台、民营企业出国考察

---

　　① 严丽梅：《广东省国资委主任李成谈广东国企混改要突出"三个坚持"》，2018年3月15日，金羊网。

交流平台，参与"一带一路"建设。华为、中兴、华强、比亚迪、美的、格兰仕、TCL、志高、光启科技、金发科技、国联水产等企业已经成为有海外影响力的跨国企业。当前，广东企业走出去的足迹已经遍布世界 100 多个国家和地区，近在港澳、东南亚地区，远至美洲、非洲，投资的领域更是无所不包，方式丰富而多元化。广东民营企业的扬帆海外重点关注发展技术含量高、获取资源多、带动能力强的项目。资源开发成为广东民营企业"一带一路"合作的热点。如华为、美的、格兰仕、TCL 在海外的多项合作项目（见图 3—13），广州东送能源集团的乌干达磷酸盐开发项目、海普瑞美国研究中心项目、合力海外实业有限公司在马达加斯加的百思特农业项目等。

图3—13 当地工人在 TCL 波兰彩电工厂工作①

李克强总理在 2014 年 9 月夏季达沃斯论坛上提出"万众创新、大众创业"的新势态，中国大地从而掀起"大众创业""草根创业"的

---

① 王珍：《现场探访 TCL 波兰工厂：三年内产量将翻倍》，2017 年 9 月 5 日，第一财经。

新浪潮，创业者从早期的边缘人物、体制干部、IT 精英成为普通大众的"你、我、他"。

2015 年 11 月 10 日召开的中央财经领导小组第十一次会议上，习近平总书记提出了"供给侧结构性改革"概念："在适度扩大总需求的同时，着力加强供给侧结构性改革，着力提高供给体系质量和效率，增强经济持续增长动力。"供给侧改革为包括民营企业在内的制造业转型升级提供了方向，提高有效供给、优化产业结构、优化产品结构、提升产品质量成为"中国制造"智能化、高端化、重型化的重要方向（见图 3—14）。从供给侧改革的阶段性效果来看，无论是削平市场准入门槛、真正实现国民待遇均等化，还是降低垄断程度、放松行政管制，也无论是降低融资成本、减税让利民众，还是减少对土地、劳动、技术、资金、管理等生产要素的供给限制，都降低了民营企业的经营成本，提升了企业创新活力，为民营企业发展提供了更为广阔的发展空间。

图 3—14　2017 年财富论坛上同时表演的 1180 架亿航无人机①

---

① 陈进：《亿航升空　无人机编队照亮 2017 广州〈财富〉全球论坛夜空》，2017 年 12 月 9 日，环球网。

　　党的十八届三中、四中、五中全会，以及党的十九大对扩大民营企业市场准入、平等发展的改革举措进行了重申和强调。对于政策执行中的"三门现象"和阻碍民营经济发展的"三座大山"，强调"必须下决心解决"，并提出了要着力解决"中小企业融资难"等五个具体问题。只要有市场，存在发展空间，民营企业的创新能力就能得到保障。为了提升民营企业投资热情、促进企业转型升级，广东在完善民营企业投资负面清单、简化企业投资项目行政审批制度、完善企业投资项目管理系统方面下功夫，实现投资审批事项"一网告知、一网受理、一网办结、一网监管"，这些措施激励了企业的投资热情。东莞市经信局的数据显示，2015 年，东莞已有六成工业企业开始进行"机器换人"，2014 年东莞启动"机器换人"计划，总投资超过 62 亿元，减少用工约 4 万人；2015 年 1—11 月，东莞全市工业技改完成投资额 204.4 亿元，同比增长 114.5%。2015 年预计东莞市先进制造业、高新技术制造业增加值分别增长 6.2%、7.5%，占规模以上工业增加值比重分别达 47.0%、36.0%。2015 年，东莞研发工业机器人的企业和工业机器人装备制造商约 70 家，几乎是民营企业，机器人企业数已占全国总数的 10%。如今东莞松山湖已是智能制造装备研发力量集聚区，正在打造国际机器人产业基地①。

　　从供给侧改革、制造业转型升级、"一带一路"建设、混合所有制改革以及大众创业、万众创新等政策中可以清晰地看到政府引导民营经济发展的四个前进方向：第一，引导民营企业通过供给侧改革、制造业转型升级，实现工业的"重型化"和"智能化"，形成中国制造业自身的竞争优势，尽量避免产品的低价竞争；第二，通过参与"一带一路"建设扬帆出海，化解产能危机，壮大企业实力；第三，通过参与国有企业改革激活国有经济，提高大型国企的竞争能力；第四，通过大众创业、万众创新，激活中小企业创业热情，防治社会结

---

　　① 李直建：《东莞六成工业企业将机器换人，启动 505 个机器换人项目》，《广州日报》2015 年 7 月 23 日。

构中的阶层固化危机。

第三节　广东民营企业的"蝶变之路"

改革开放 40 年以来，我国经济社会发展能够取得举世瞩目的成就，经受住各类"运动"的考验，以及国际金融危机和世界经济低迷的冲击，一个重要原因就是在保持稳定和秩序的同时，在实事求是基础上不断进行经济体制改革，不断引入外资企业、鼓励民营经济这样的"活水"，提升经济整体上的活力和竞争能力。中国经济体制改革既有整体方向的目标，也有具体灵活的措施，为了缓解"人民日益增长的物质文化需要同落后的社会生产之间的矛盾"，需要进行不同的尝试，就像邓小平名言"摸着石头过河"所表明的，目标是有一天可以到达河对岸，不过你从未走过这条河，你知道河床上有石头，相信这些石头可以让你落脚并告诉你方向，但并不知道会遭遇什么样的挫折和机遇，也许可以在某些石头上停留一下，积聚力量前行，某些石头会迫使你改变前进方向，有时候你可能发现自己走不通了，就得退后几步，重新探路。敢闯敢干的民营企业在"摸着石头过河"的过程中扮演的就是开路者和探路先锋的角色。

在改革开放前期，经济体制改革的重点集中在"如何建设社会主义市场经济"这个问题上，矛盾的核心在"社会主义经济"和"社会主义市场经济"之争，改革始终围绕"提高国家经济实力和人民生活水平"这个核心目标。在这个阶段，广东乃至全国的民营企业都作为"特殊的经济形式"存在，历史使命主要体现在"鲇鱼效应"以及"现实需求"上。一方面通过民营企业搞活经济、激活国有企业的竞争能力；另一方面增加"体外循环"的路径去解决一些现实问题（例如人民生活需求、就业、税收等）。这种"特殊经济形式""国有经济补充"的地位使得民营企业很容易成为政府调控过程中受冲击最大的群体。一直到 1998 年的"抓大放小"政策，国有企业"坚决退出"部分竞争性的行业，民营企业在一些行业占据主导后，国家最终承认了民营企业的是国民经济"重要组成部分"的历史地位（党的十五大报告）。在进入21世纪，特别是中国加入WTO以后，民营企业进入了第二个发展阶段，经济体制改革进入深水区，特别是"中国制造"在世界大行其道、参与世界范围内竞争的时期，我国经济体制改革的视线也更加强调"参与世界竞争"。在这个阶段，政府将民营企业视为平等的一员，强调如何将民营企业"组织起来"，提升自身实力，参与国际竞争，使"中国特色的社会主义市场经济屹立于世界强国之中"。中央倡导并实践的"平等使用""公平参与""同等保护""参与'一带一路'"以及扫清影响民营企业各类障碍的政策，都是这种思路的体现。

广东乃至中国民营经济的40年发展，其"历史使命"，或者说身份发生了翻天覆地的变化，这些变化深刻影响并引导着广东民营企业的治理结构变革、产业结构转型升级、发展模式变革以及技术变革。

一　民营企业治理结构转变：从小船舶到大舰队

小艾尔弗雷德·D. 钱德勒在美国企业史《看得见的手：美国企业的管理革命》一书中，揭示了美国企业的"管理革命"：现代大型企业的成长壮大和职业经理在企业管理职能上对企业主的替代。那么广东的民营企业是否经历了类似美国的管理革命，治理结构发生相应的变革呢？作为中国民营企业最先产生的地区，广东部分民营企业发展在40年时间逐步发展壮大，内部治理结构发生了转变和优化，职业经理人被逐步引入管理层甚至核心层，但是我们也发现，职业经理人完全掌控经营权，像西方发达国家那样的创始人家族"退居幕后"，企业由职业经理层控制，所有权和控制权完全分开的案例较为少见。这除了中国特色的家族和信任文化等因素之外，40年来，外部政治经济环境和产业技术环境的剧烈变革既帮助广东民营企业逐步走向治理结构的规范化、职业化和公共化，也促使民营家族企业主必须牢牢控制住核心决策权，管控企业风险。

广东民营企业在这前所未有的40年变革中经历了西方企业200多

年的发展历程，很多企业在 20 世纪 80 年代创业初期还停留在工业化前期的小手工业阶段，之后就经历了"工业化阶段"以及后续的"后工业化时代"，时代的洪流裹挟着民营企业大踏步前行，企业必须按照时代的要求改造自己，科层治理结构的建立、管理制度的规范化和专业人才的引进都是民营企业发展壮大的基础。同时，民营企业家也必须站在企业这艘战舰的最高处牢牢掌握前进的方向，否则今天还站在市场浪潮高峰的企业明天就会被浪头打落海底。在当前政治经济环境激烈变化、技术变革节奏越来越快的时代，过于保守稳健或过于冒险突击都可能使企业错失转型升级的良机，走向衰落，甚至彻底沉沦。对企业家能力的依赖使得大部分企业家家族甚至第一代创业企业家仍然牢牢把控着民营企业的核心权力。

二 民营企业产业结构升级：从手工工厂到无人制造工厂

兴起于草莽之间的广东民营经济不断在发展中实现产业结构的转型升级，从传统的手工业、工业为主向新兴产业发展。由于毗邻港澳，广东早期的民营企业以外向型中小企业为主，劳动生产率和创新能力较低，过度集中于传统产业，特别是劳动密集型产业，以专业镇（集群）的形式发展，由于专业镇内生产同质产品的企业集中度高，竞争激烈，大量民营企业滞留在加工制造的底端，产品附加值很低，相当部分的中小型民营企业因受到 2008 年的国际金融危机的冲击和转型升级的压力而消亡。

面对发达国家市场需求的急剧降低和低成本国家争相承接低端制造业转移的"双向挤压"，当前的广东民营企业通过产业升级转型，正在进行着一场"广东式突围"作战。从机器换人崛起于珠三角，到布局先进装备制造产业带，再到制造业服务化提升价值链，广东民营企业在大潮中乘风破浪、披荆斩棘，在新一轮全球制造业版图重塑中抢占关键领域，展现"世界工厂"转型升级的新图景。以往动辄成千上万名工人的传统生产线正在被机器人工厂取代，企业运用工业互联网、大数据等实现定制化生产，创新模式下新产品、新生产方式、新组织方式层出不穷。广东大量"小而美"的创新型企业正在涌现，传统企业呈现智能化、轻资产、跨界式发展的新趋势，不断向中高端竞逐。根据广东统计局 2017 年的统计，2016 年民营经济的发展速度继续领先于其他类型的企业，占广东 GDP 的比重已经超过"半壁江山"，达到 53.6%。民营经济产业结构持续改善，民营经济三次产业结构为 8.5∶40.7∶50.8[①]，第二产业向"互联网 +"行业拓展（见图 3—15），从设计到生产，再到直接面对消费者的服务功能，最终实现了全流程再造，制造业正呈现清晰的服务化趋向，越来越多的制造企业从提供产品向提供全生命周期管理转变、从提供设备向提供系统解决方案转变，这就使得广东民营企业的第三产业所占比重持续上升。此外，由于技术、资金、人才的集聚效应，民营经济进一步向珠三角地区集聚，2016 年珠三角民营经济增加值占全省合计的比重为 72.5%[②]。

图 3—15 京东位于广州的亚洲一号分拣中心满足每日 20 万单的配送需求[③]

---

① 黄应来：《广东 2016 年民营经济增加值突破 4 万亿》，《南方日报》2017 年 2 月 7 日。
② 同上。
③ 白杨：《探访京东亚洲一号：你的包裹从这里发出》，2017 年 9 月 23 日，凤凰科技。

三 民营企业发展模式变革：从国内加工到全球资源配置

从"国外市场拉动"到"国内市场推动"，再到全球视野配置资源、布局新产业链坐标的能力，广东民营企业的发展模式经历了多次变革。从 20 世纪 80 年代开始，外向型的民营企业开始出现，如两头在外的"三来一补"企业，广东民营企业通过持续利用外资、发展外向型经济来推动本地工业化和现代化进程，被国内学者称为"外源型"或"外生性"发展模式（珠江模式）。"外需"是这类企业存在的基础，随着中国加入 WTO 之后逐步成为"世界工厂"，这类企业也迎来了发展高潮，一直到国际金融危机之后，企业在外需急剧降低、国内成本上升等多重不利因素挤压下，外向型的民营企业开始大量减少，或者转移到其他低成本国家和地区。广东传统外向型的企业主要通过价格和数量取胜，产品附加值低、处于产业链条的最底端，企业能力主要集中在大规模生产方面，研发设计、营销、商业模式等方面的功能缺乏，很多有远见的外向型企业在获得资金和技术能力之后，不甘心受制于人，很早就开始向满足国内市场转移，向技术创新和新的商业模式转型。

顺德家电行业的几大龙头企业从给国外企业代工起家，转向国内市场之后，通过构建自身的管理团队，拓展组织能力，和国外品牌展开了直接竞争，打败国外品牌，最终占领了国内市场。广东的民营企业在这个阶段逐步发展成为真正意义上的"正规军"。

广东民营企业在国家"走出去"以及"一带一路"倡议的引领下，企业的全球发展能力迎来前所未有的机遇与空间，通过积极融入"一带一路"和"海上丝绸之路"建设，通过促进出口贸易、转移富余产能、获得先进技术和稳定资源供给等路径，推动企业的产业整体升级并提升价值链地位。民营企业努力成为全球资源配置企业，对外贸易、投资合作遍布全世界 100 多个国家和地区。2016 年广东民营企业进出口增长 10.4%，已经占据全省进出口的 43.5%[①]。

---

① 黄应来：《广东 2016 年民营经济增加值突破 4 万亿》，《南方日报》2017 年 2 月 7 日。

四 民营企业技术变革：从"拿来"到"创造"

企业转型升级的真正核心在于产品的技术含量、附加值以及在国际分工中的地位。经过多年的发展，广东民营经济从"三来一补"开始，由代工生产到自主制造的战略转型，背后是企业的技术转型升级，逐步从早期的引进技术、模仿技术，转向自主创新驱动型模式，产品附加值得到很大提升（见图3—16）。

图3—16 东莞松山湖长盈精密技术有限公司的无人工厂①

华为、美的、TCL、东方精工等广东民营制造企业都经历了贴牌代工、低端制造、建立自有品牌甚至自主名牌的发展路径，在这个过程中企业逐步掌握核心技术，甚至通过并购成为先进技术的"全球供应商"，帮助产品在国际分工中占据主导地位。例如华为建立的欧洲研究所、美的收购库卡机器人、东方精工收购3家意大利智能装备企业。当前，广东的民营企业，特别是行业龙头企业正在走向一条新的进化路径，进一步提升工业制造能力和创新能力，利用自动化提高生产效率，拥抱新技术抢占高精尖领域，进而构建更强的全球竞争能力。

---

① 孙飞：《缓解用工荒，东莞首个无人工厂开建》，2015年5月4日，网易。

第 四 章

粤派地产

"安得广厦千万间，大庇天下寒士俱欢颜。"住有所居之梦，国人古已有之。从干打垒、筒子楼和福利分房，到电梯洋房、花园别墅，毫不夸张地说，住宅商品化改变了中国，房地产业就是整个社会变革、发展的缩影。在中国房地产大变革的道路中，粤派地产（万科、恒大、碧桂园、雅居乐、富力、保利、招商、金地等）充当着先锋，更引领着中国房地产发展的潮流。土地拍卖第一槌、率先引进外资开发、预售制度、引入职业经理、住宅工业化、发布企业社会责任报告……在广东这片先行先试、勇于制度创新的土壤上，孕育了一批又一批抱负不凡的房地产开发企业，从广东走向全国。

第一节 砥砺前行的粤派地产

广东房地产市场起步较早，市场化程度较高，经济地位重要，是广东经济的支柱产业。近年来，与我国新一轮城镇化的发展趋势相符合，人口、资金、技术仍持续向城市群集聚，广东各地的房地产市场需求持续旺盛。图4—1 为2011 年以来广东商品房销售情况。2017 年，广东商品房销售量价再创历史新高，销售面积和销售金额分别达1.60 亿平方米和1.88 万亿元，同比分别增长9.2% 和15.9%；销售均价11776 元/平方米，同比增长6.1%。

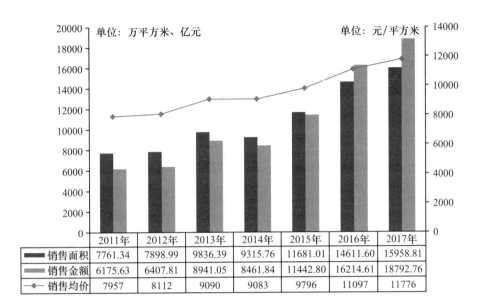

图4—1 2011年以来广东商品房销售情况

	2011年	2012年	2013年	2014年	2015年	2016年	2017年
■ 销售面积	7761.34	7898.99	9836.39	9315.76	11681.01	14611.60	15958.81
■ 销售金额	6175.63	6407.81	8941.05	8461.84	11442.80	16214.61	18792.76
◆ 销售均价	7957	8112	9090	9083	9796	11097	11776

资料来源：《广东省统计年鉴》。

改革开放的40年，也是广东本土房地产企业蓬勃发展的40年。从1979年第一个商品住宅小区东湖新村的建设开始，到售楼花、代理制、物业管理、会所……这些香港的舶来品，让粤派地产企业从一开始就接受了专业市场的洗礼，也孕育了万科、恒大、碧桂园等一大批如今叱咤风云的本土企业。而从20世纪90年代开始，合生创展、富力地产、碧桂园、雅居乐等企业逐渐崭露头角，并完成了资本、人才和专业经验的原始积累。随着1998年全国房改的启动，包括"华南五虎"在内的粤派地产迎来了历史发展机遇。而在世纪交替之际，合生和富力步早期北上的万科之后尘，开启华南房企北伐的版图扩张之路。40年的时间里，粤派地产在国家加快城镇化进程的大背景下，不断攻城略地，在全国城市遍地开花，粤派房地产商注重产品的开发，重视实用性，善于营销，在户型设计、园林景观、配套规划等方面都匠心独运，在业内和消费者当中均树立了良好的口碑。万科、保利、恒大、碧桂园、富力、奥园、中海、招商、金地、星河湾、华侨城、雅居乐、越秀地产、时代地产等一大批具有代表性的华南本土企业，已经成为地产行业口碑、品牌、美誉度的象征。

刚刚过去的 2017 年，是房地产市场调控密集的一年。在国家"房子是用来住的、不是用来炒的"这一基本定位下，全国各地发布的房地产调控政策累计超过 210 次，其中仅 10 月就有超过 25 个城市发布了有关房地产调控政策 34 次。不仅如此，调控政策覆盖面也从以往的热点一二线城市向三四线城市进一步扩围。尽管各地调控政策不断加码，以万科、碧桂园、恒大为代表的广东房企，凭借提前以较低成本布局全国区域增长极及刚需、改善型为主的产品，牢牢把握市场需求变化和结构性机遇，实现了销售业绩的快速突破。

2017 年，碧桂园、万科和恒大销售额率先突破 5000 亿元，牢牢占据榜单的前三名，并与排名第四的融创（销售额 3600 亿元）拉开了一定差距。销售额过千亿元以上的房企共有 16 家，总部在广东的房企共 8 家，占据了半壁江山（见表 4—1）。销售额百亿元以上的房企共有 143 家，广东房企占据了 31 家，占比超过 20%，一些全国知名的房企如富力、雅居乐、龙光、奥园等纷纷进入榜单，粤派地产实力可见一斑。

表 4—1　2017 年度销售额 1000 亿元以上且总部在广东的房地产企业名单

企业	总部归属	销售额（亿元）	全国排名
碧桂园控股集团有限公司	佛山	5500	1
万科企业股份有限公司	深圳	5238	2
恒大集团	深圳	5151	3
保利房地产（集团）股份有限公司	广州	3066	5
中国海外发展有限公司	深圳	2100	7
金地（集团）股份有限公司	深圳	1402	11
华润置地有限公司	深圳	1380	12
招商局蛇口工业区控股股份有限公司	深圳	1142	14

注：笔者根据中国指数研究院《2017 年中国房地产销售额百亿企业专题研究报告》整理。

第二节 "梦开始的地方"——中国第一个商品住宅小区

　　1979—1990年，是中国改革开放后房地产市场的最初阶段。这一时期，市场处于朦胧萌芽状态，行业缺乏游戏规则。得益于政策和地缘之利的广东，在改革开放的大潮中，成为先行一步、勇立潮头的排头兵。"敢为天下先"的广东也在房地产开发领域"第一个吃螃蟹"。

　　广州在1979年10月15日引进外资，开发建设全国第一个商品住宅小区——东湖新村。在一个废水塘上建起的东湖新村，这既是全国第一个商品住宅小区，也是中国第一个引进外资开发房地产的成功案例。"除了东山的一些别墅，就轮到这里，其地位有点像今天的二沙岛。而里面居住的，可以说非富即贵，不少国企高层，还有很多歌星，都住在里面。"这是老广州对20世纪80年代东湖新村的普遍评价。当年的东湖新村是广州最时髦的住宅小区，也是改革开放后全国第一批商品房。

　　新中国成立后长期实行低房租高补贴的福利型住房制度，城镇居民的住房基本上由国家和企事业单位投资兴建，低租分配给干部职工居住。彼时国内城镇居民要想解决住房问题，基本上是"等国家建房，靠组织分房，要单位给房"的"等、靠、要"三字经。这种惯性思路背后，是住房建设投资的严重不足。因为低租金制度，租不能养房，国家和企业投入住宅建设资金无法循环，更不可能实现扩大再生产。而且由于低租金，导致一些干部职工利用职权多要房、多占房的现象频出。历史充分证明，只有实行住房制度改革才能改变这种状况。

　　中国住房制度改革的起步之年定格在了1979年。这一年1月，时任国务院副总理邓小平访问美国，造访一个普通美国老百姓的家，交谈中得知房子是购买的，深受启发。回国后，邓小平在多个场合提出了"住房商品化"。

　　1979年3月，广州市恢复房屋交易所，重新办理房屋交易业务。

3月23日，广州东山区成立了引进外资住宅建设指挥部（1983年更名为东华实业），并与香港宝江发展有限公司展开谈判。历经为期半年的谈判，在1979年10月15日广州秋交会当天，双方达成共识并正式签订合同。广州原东山区引进外资住宅建设指挥部引进港资，开发建设全国第一个商品住宅小区——东湖新村。再经两个月的筹备期，同年12月21日，新中国史无前例的商品房小区——东湖新村举行了开工典礼并打下第一根桩。一段翻天覆地的历史巨变开始了。

对于引进外资，国内各界议论纷纷，如何操作也无先例可循。引进方和投资方的谈判更是困难重重，投资方担心政策的不稳定导致血本无归，而引进方则担忧被"资本家"欺诈以及犯政治错误。据时任东山区房管局副局长李庆符回忆，长达半年的谈判过程中，小组成员每天都是早出晚归，开始时谈判小组一分经费都没有，每次谈到中午时分便各自走人，双方联络不了感情，后来终于借到500元钱，第一次请港商吃饭是到庙前直街一个饺子馆里，每人点了一盘饺子外加一盘松子鱼。除了谈判本身及经费的困难外，更令人难受的是还得承受巨大的社会舆论压力：有些人说谁引进外资谁就是李鸿章，就是卖国贼。①

在具体规划用地上，时任广东省委第二书记、广州市委第一书记杨尚昆给予了极大的支持，同意更改原有不合理的规划，并亲自在图纸上画了两道红杠，这画出的道路便是如今的东湖西路。虽然获得了市领导的大力支持，但是对于外资兴建住宅的审批权却是在省里。省委一些领导同样担心犯政治错误，而不敢批复，建议报送给时任省革委副主任（相当于副省长）王全国审批。王全国十分支持，做出了批示。② 如今，由杨尚昆亲笔修改的规划图、王全国的批示这两份原件都成为珍贵历史文件，收藏在东华实业的档案馆内。

---

① 《中国第一个商品房小区——广州"东湖新村"》，2016年7月14日，搜狐网（http://www.sohu.com/a/105966282_407295）。

② 《东湖新村"三代同床"的岁月从此一去不复返》，2003年11月28日，新浪网（http://finance.sina.com.cn/roll/20031128/1133539472.shtml）。

在各方通力合作下，东湖新村开发取得极大成功。1980 年 11 月，东湖新村首期 1—5 栋封顶并全部交给港方，在预售阶段便被抢购一空。两年时间，到 1982 年中，东湖新村宣布全部建成，共 25 栋住宅楼，其中有 2 万平方米属于原拆迁安居房，而另外的 2 万平方米则是由引进办行政分配。当时的引进办期望通过继续开发房产项目，在不断开发中解决住房难问题。因此，在上级领导支持下，引进办将这 2 万平方米的房子推向市场。于是，第一批面向国内市场的商品房也在东湖新村诞生了。这一批商品房尤为抢手，一推入市场即被抢购一空。

东湖新村不仅成功利用了外资，还探索出全新的"借鸡生蛋"模式：土地—引进资金—房子—资金—更多的房子，由此开创了国内商品房的先河。基于之前成功的招商引资经验和资金积累，从 1983 年 6 月开始，东华实业公司相继开始建设湖滨苑、五羊新村、花园新村、文德大厦等项目。东湖新村的成功在全国掀起了一波热潮，全国各地的人都来东湖新村参观。不仅天津、深圳福田区学习东湖新村的开发模式，东湖新村还上了规划设计教科书。[1] 1983 年，外交部安排了 180 多个国家大使馆的工作人员来东湖新村参观，就是来了解中国改革开放的面貌，回到那些国家宣传。

东华实业通过十余年的初始创业，成功地创造了自身的企业品牌，开创了国内房地产企业走向市场的先河，形成"以房地产为主业，开发一片，管理一片"的"东华模式"，并在全国范围内创下四项第一：第一家引进外资开发房地产的企业；第一家在境外销售商品房的企业；第一家股份制房地产企业；第一家引进小区物业管理模式的房地产企业。

2001 年 3 月 19 日公司股票正式在上海证券交易所挂牌上市，公司上市简称为东华实业。多年来，公司始终贯彻以市场为导向的经营策略，通过集约经营、成本控制等途径，创造了良好的效益，公司综合实力亦迈上了新台阶。2004 年 9 月公司正式完成国有股股权向民营

---

① 陈菊：《理性的辉煌：探寻广州地产 20 年发展足迹》，《房地产导刊》2005 年第 14 期。

企业的转让。

从历史意义上看，广州的东湖新村是中国住房制度改革的分水岭和转折点，具有里程碑式影响。广东为什么能够做到全国领先？主要是思想解放。中共十一届三中全会后，广东改革城市土地管理制度。1984年，中国最早的关于国有土地有偿使用的法律法规《广州市土地有偿使用管理办法》在广州诞生。1987年，广州出现中国最早的房产证。1987年12月1日，在深圳落下中国土地使用权拍卖的第一槌。1988年，广州国营企业纷纷参与房地产的开发，开历史先河。1988年9月，中共十三届三中全会正式提出"住房私有化"政策，拉开了住房制度改革的序幕，中国房地产开发由此发轫。

第三节　"地产一哥"万科的战略转型之路①

"1992年，又是一个春天，有一位老人，在中国的南海边写下诗篇……"1992年1月18日至2月23日，邓小平南方视察武昌、深圳、珠海、上海等地，发表了重要讲话。南方谈话被视为中国改革开放道路上的重要分水岭，为改革开放注入了巨大活力。1997年，国家开始将住房建设列为经济新的增长点，一大批察觉到市场巨大生机的广东房地产企业开始借政策春风蓄势待发。如今在广东和内地呼风唤雨的大型房地产企业，大多在当时完成了原始积累。房企标杆万科以及之后被封为"华南五虎"的恒大、碧桂园、雅居乐、富力和合生创展，彼时已开始在房地产行业崭露头角。

万科，作为全球最大的专业住宅开发商之一，也是国内房地产行业的公认"龙头"，不论是销量还是产品，抑或管理风格，都已成为行业标杆。沿着万科20多年的战略变革道路，我们可以更加清楚地看

---

① 万科一直被当作中国民营企业的标杆，也曾经被看作中国现代化企业管理的典范。在2016年8月全国工商联公布的中国民营企业500强榜单中，万科名列第10位。但在万科究竟算国企还是民企这一问题上学界一直存在争议。本书主要讨论万科在企业发展过程中的战略转型问题，并不对万科的企业类型进行深入探讨。

到万科是如何从最初无所不包的综合商社一步步发展成为今天国内领先的城市配套服务商和《财富》"世界 500 强"的。而深入探析万科如何在不同时期根据外部环境的变化和内部发展需要来进行相应的变革，将有利于我们更加深刻地认识和了解万科的战略转型，也便于中国企业更好地借鉴和学习万科的成功之处。

一　先"加"后"减"，迈向专业化（1984—2003 年）

1984 年 5 月，王石在深圳创办了万科。当时的万科，还不是房地产企业，而是深圳市特区经济发展公司下属的一家全民所有制企业，名为"深圳现代科教仪器展销中心"。万科 1987 年起开始涉足工业，销售过录像机和投影机。1988 年，也就是党的十三届三中全会正式提出"住房私有化"政策的这一年，万科进行了历史性的股份化改造，更名为"深圳万科企业股份公司"，并正式进入房地产领域。1991 年，万科基本确立了综合商社发展模式，并在深圳证券交易所挂牌交易。当时万科的业务包括进出口、零售、房地产、投资、影视、广告、饮料、印刷、机加工、电气工程及其他等 13 大类，业务包罗万象。在中国市场经济开始萌芽的这一阶段，产品供不应求，企业投资回报率高，因此一大批企业热衷于多元化，进入多个不同领域，尽可能抢占市场先机。此时的万科也不例外，通过不断做"加法"，实现了业务范围和规模的扩大，也实现了早期的创业积累。

然而，好景不长。从 1992 年下半年开始，国内出现了严重的通货膨胀。1993 年，房地产热、开发区热在全国愈演愈烈。钢材、水泥、木材的价格比 1992 年上涨了 50% 以上，全国消费品价格平均上涨了13%；全国固定资产投资比 1992 年增长了 50% 以上。6 月 24 日，中央发布《关于当前经济情况和加强宏观调控的意见》，实施宏观紧缩政策，房地产也是调控的重点行业之一。此时多元化业务正如火如荼进行的万科大受影响，多项业务利润率显著下降，此前的盲目扩张使得多个地产项目或负债累累，或常年停工，或成为问题工程，公司危机四伏……

1993 年，万科在上海召开务虚会，认真对行业收缩和自身跨地域开发等问题进行反思，并决定效仿美国房产巨头帕尔迪，将城市居民住宅作为核心业务，通过做"减法"，集中力量做大房地产业务，走向专业化道路。① 会议过后，雷厉风行的王石立刻从四个方面进行企业的战略调整：第一，缩减业务种类。逐步剥离与住宅无关的业务种类，改走专业化路线。连当时业绩优良的万佳超市也卖给华润，万科走专业化路线的决心和魄力可见一斑。第二，集中投资区域。由遍布全国 12 个城市转向北京、上海、天津、深圳四大城市，其中深圳是重中之重。第三，重新定位住宅业务。根据市场需求分析，万科确定了以中档城市住宅作为产品的定位。第四，回笼资金。为集中资金发展地产业务，逐步将外部持股转让，回笼资金投入住宅业务的发展。正是在这一年，万科正式更名为"万科企业股份有限公司"。

从 1993 年到 2003 年，18 个行业减至 1 个行业，105 家企业减至 30 多家企业，万科做"减法"花了 10 年的时间，成功按预期在住宅专业化的道路上越走越远。万科的专业化道路为之后的跨越式发展积聚了能量，10 年间销售额呈几何式增长。到 2003 年，万科全年的销售收入达 63.8 亿元，并在 15 个城市拥有项目资源，待开发项目资源建筑面积 744 万平方米，发展的时机已经来临。②

二　专业化到精细化，成就首个千亿元房企（2004—2014 年）

在 2004 年 9 月，成立 20 周年之际，万科提出了 10 年奋斗目标：到 2014 年，销售额增长到 1000 亿元。按照 2003 年的主营业务收入，这意味着，实现此目标需要保持连续每年 32% 的高增长。提出 10 年奋斗目标的同时，万科也提出了明确的扩张战略——由专业化到精细化，不仅要加快扩张的步伐，还要扩大规模和效益，实现有质量的

---

① 《万科股份公司的发展历史》，2015 年 5 月 5 日，百度文库（https：//wenku. baidu. com/view/be73e37e02020740be1e9bd4. html）。

② 《王石与万科的 33 年》，《深圳商报》2017 年 6 月 22 日（http：//finance. ce. cn/rolling/201706/22/t20170622_23784012. shtml）。

增长。

为实现 10 年奋斗目标，万科制定了三大策略：一是客户细分策略，即从客户内在价值出发，从以项目为中心的运营转向以客户价值为中心。二是城市聚焦策略，即将公司资源集中在珠江三角洲、长江三角洲和环渤海湾地区，力争成为三大区域的领导者。三是产品创新策略，即通过工厂化的生产，探索产业化道路，提高住宅品质。不仅如此，万科还在全国范围内逐步完善和推广以"城市花园""金色家国""四季花城"等为代表的极具影响力的品牌，强调以成熟产品为原型建造较为近似的标准产品，利用发展成熟的模式进行大规模扩张。这样既可以降低开发成本，规避风险，又可以实现规模效益。

三大战略的调整和实施为万科的发展铺平了道路，到 2010 年，万科已经进入了逾 40 个城市，布局更趋均衡全面。在多次房地产调控下，万科仍然实现了高速增长，并确立了"不囤地、不捂盘、不当地王"的经营原则，定位于房地产行业内的"制造企业"，以快速开发为主要的经营策略，通过提高周转率来提升净资产收益率。"快速开发""快速销售"也就成为万科经营策略最显著的特征。2010 年，万科全年销售额突破 1000 亿元，提前 4 年完成 10 年目标。2014 年更是突破 2000 亿元，远远甩开其他竞争对手，一次又一次打破自己创下的销售奇迹，全球最大的开发商从此宣布"中国制造"，中国房地产企业迎来了新辉煌（见图 4—2）。

也就在万科销售收入突破 1000 亿元的这一年，董事长王石宣布将淡出万科公司事务，行事风格更为谨慎、低调的郁亮从"守门员"成了"舵手"。多年以来，王石早已成为万科的一个代名词，被誉为是万科神话的缔造者。王石带领下的万科不仅是国内首批完成股份化改造的企业，也是第一批上市的企业。万科从"几乎无所不做"到专注于房地产，并多年坚持"超过 25% 的利润不做"，乃至提出万科要做"企业公民"，均是在王石的领导下完成。可以说，王石给万科带来的，不仅是笑傲市场的销售数字，更是一点一滴渗透进万科企业文化

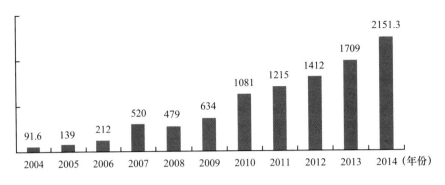

图4—2 万科2004—2014年销售额（亿元）

资料来源：万科上市公司年报。

的精神信条。[①] 作为新一代职业经理人，郁亮面临着严峻的挑战，必须解决好"万科今后向何处去"的问题。

三 战略转型，重拾"加法"（2015年至今）

步入2015年，房地产的黄金时代逐渐远去，进入了白银时代。随着房地产行业暴利时代的结束，利润空间被逐步压缩，尤其是住宅领域的利润率在快速下滑，这是所有房地产开发商共同面临的巨大难题。从图4—3可见，万科的年净利润率在经历2007年的短暂提升后随即开始下降，2008年跌至11.32%。接下来的2年内，净利润率又开始提升，到2010年达到最大值17.43%后随即开始持续走低，2015年净利润率甚至跌破10%，仅为9.27%。纯住宅的利润空间不断被压缩。不仅如此，虽然万科的年销售额始终领跑业内诸多竞争对手，但竞争对手步步紧逼，尤其是恒大、碧桂园、保利对万科构成了较大的威胁，逼迫着万科不得不去寻找新的利润增长点——商业地产。[②]

---

① 曹威麟、韦玉露：《从"减法"到做回"加法"，万科向城市配套服务商的战略转型之路》，中国管理案例共享中心案例库，2017年4月20日。

② 同上。

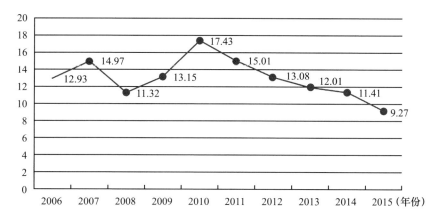

图4—3　2006—2015年万科年净利润率（%）

资料来源：万科上市公司年报。

在"黄金时代"，房子盖得快、卖得快、资金流回得快，但在"白银时代"，房子不但难卖出去，而且利润低，导致资金回笼困难。不仅如此，商业地产对资金有很大的依赖，所需的投资额巨大，且投资回收期较长，因而对资金水平和资产模式提出了很高的要求。虽然自身实力雄厚，但长期坚持住宅专业化路线使得万科的资产模式单一且传统，不能满足战略转型对资金水平和资产模式的需要。对内外部环境进行深刻分析后，郁亮喜忧参半。诚然，做回"加法"，涉足与住宅黏性最高、顺应未来城市化趋势的商业地产领域似乎是个理想的答案，但会遇到的强烈抗议和种种困难也是可想而知的。更为重要的是，万科的"精神领袖"王石对发展商业地产也心存疑虑，在许多不同场合提出了对做"加法"的不同意见。然而，新一代的"掌舵人"郁亮并没有犹豫和退缩，毅然树起战略转型的大旗。

2013年1月，万科在北京成立商业地产管理部，由集团执行副总裁、曾在凯德置地有多年商业运营管理经验的毛大庆分管。7月，郁亮首次在公开场合正式表态万科转型："未来10年，住宅需求量会稳定下来甚至是萎缩，万科也会碰到规模的天花板，所以公司将要转型成为城市配套服务商，寻找新的增长点。"2014年对万科来说更是意义非凡，凝结了以郁亮为代表的第二代管理层全部智慧和心血的"城市配套服务商"战略转型计划正式公开，主要内容是在传统的住宅业务板块外，万科将加大对商业地产等多项新业务的投入和发展，这是万科首度将商业地产提升到和住宅相近的地位。

战略转型离不开制度的支撑。万科曾引以为傲的职业经理人制度在面临向城市配套服务商的战略转型时，却遭遇种种水土不服：商业地产业务与其他业务各行其是，形不成凝聚力；考核机制使得鲜少有人愿意以牺牲自己的奖金为代价去投身商业地产；信息传达不顺畅；等等。

为了配合战略的调整，经过长期探索，万科在2014年4月推出事业合伙人制度，取代了职业经理人制度。4月23日，万科召开事业合伙人创始大会，包括管理层在内1320名万科员工签署了《授权委托与承诺书》，即合伙人将其在经营中产生的利润权益委托给盈安合伙人进行投资。而在《宣言》公开的当天，万科发布公告，盈安合伙人通过证券公司的集合资产管理计划，于5月28日在深交所购入占公司总股本0.33%的公司A股股份3583.9231万股。万科"事业合伙人制"终于落地。①

推行事业合伙人制度的目的一方面是集中控制权，进一步加强管理层与股东之间的利益关系，实现共担风险，共享利益；另一方面是向城市配套服务商的战略转型提供更好的制度支持，解决凝聚力不强等问题。事业合伙人是职业经理人的升级版，主要改变的是利润分配方法和组织架构：在职业经理人共创、共享的基础上新增了共担的机制，形成"背靠背的信任"；同时，创新尝试扁平化的组织模式，保证沟通便捷、有效。事业合伙人制度具体可分为三个方面，如图4—4所示。

---

① 《万科合伙人持股盈利49亿元 项目跟投19%回报率》，2016年7月10日，环球网（http://finance.huanqiu.com/roll/2016-07/9149566.html）。

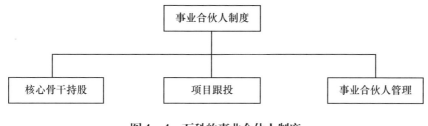

图4—4　万科的事业合伙人制度

核心骨干持股是指在集团层面建立一个合伙人持股计划，200多经济利润（EP）奖金获得者作为万科集团合伙人，共同持有万科股票，未来的EP奖金也将转化为股票。合伙人持股计划起点是，2008年，受市场环境影响，万科的净资产收益率（ROE）降低到12.7%，仅略高于当时的社会平均股权收益。于是，万科在2010年推出了经济利润奖金制度，如果万科的ROE超过社会平均收益水平，股东将按规定比例计提相应的经济利润作为奖金，否则，按相同比例从账户中扣除相应金额。经济利润奖金被集团委托给第三方购买集团的股票，合伙人持有集团的股票，和集团股东共享利益、共担风险。①

与此同时，通过借鉴EP的做法，万科采用项目跟投方式激励除200多名管理层之外的2500多名骨干员工，项目跟投制度要求参与该项目的团队负责人及所在一线公司的管理层必须跟投，而员工可以自愿跟投自己的项目。通过这一制度，万科不仅进一步筹措了资金，还将管理层、员工与项目捆绑在一起，激励团队提供更高品质的产品和服务。

事业合伙人管理制度是为了解决大公司普遍存在的部门间权责不清的问题，一改先前由部门负责人牵头完成特定任务的传统模式，而是根据任务事件临时从各个部门抽调人员组建团队共同完成工作，由最有发言权的人担任负责人，事件结束后团队立即解散，人员回归各自部门。万科的事业合伙人制是对企业经营权和所有权的重新界定，

---

① 《万科事业合伙人制度是否"灵丹妙药"？》，2017年5月8日，搜狐网（http://www.sohu.com/a/139105488_465442）。

也是扁平化组织模式的创新和探索。诚然，万科的事业合伙人制仍然存在着这样那样的问题，如协调管理层与股东利益、短期利益与长期利益等，但不能否定的是，万科在职业经理人制度、员工利益共享制度等探索上做出的努力和实现的创新对其他房地产企业乃至中国企业的可持续成长产生了举足轻重的影响。一个显而易见的例子是，万科的事业合伙人制度推出不到 3 年的时间，就已吸引保利、龙湖、碧桂园等竞争对手的争相学习和效仿。

事业合伙制刚刚实施了一年多，2015 年万科就遭遇了自成立以来最大的危机——"宝万之争"。2015 年 7 月 10 日，宝能系旗下前海人寿在半年多的反复进出后，首次举牌万科。此后，宝能系不断增持举牌万科，直至 2015 年 12 月成为远超华润的万科第一大股东。此后，华润、安邦、深圳地铁、恒大等巨头均不断发声并参与这场耗时两年多的万科股权与控制权纷争。2017 年 6 月 30 日，万科股东大会落幕，新一届董事会候选人提名获通过，郁亮当选董事会主席，王石告别管理层，深圳地铁成为第一大股东并提名通过 11 人当选董事会成员，第二和第三大股东宝能、安邦均无人入选董事会，① 号称中国公司治理经典范例的"宝万之争"宣告落下帷幕。

"宝万之争"是近年来国内资本市场最为火爆的事件之一，客观上也促进了社会各界对公司治理机制、并购机制重要性的认识。与此同时，"宝万之争"也将万科从"神坛"拉下，暴露了其内部治理机制上的众多缺陷，如股权分散所造成的控制人缺位、缺乏危机处理能力、信息披露不完备等。

四 万科启示：战略变革创未来

从 1984 年成立到 2017 年，万科呈现几何倍数的成长。2016 年，万科销售收入突破 3600 亿元，并入选《财富》"世界 500 强"。2017

---

① 《万科提名新一届董事会人选 创始人王石谢幕》，《证券时报》2017 年 6 月 22 日（https：//www.sogou.com/link? url = LeoKdSZoUyCUHGIgsZ2c9iR44gNwLxaiS8EVAeKzL6pAeJcNw8or0s_fE_qQkO2P）。

年，万科销售额更是突破 5000 亿元，成为全国地产行业突破 5000 亿元的"三巨头"之一。万科的战略转型之路恰恰是改革开放 40 年众多中国本土企业蓬勃发展的缩影，也为中国企业进一步成长提供了如下启示：

第一，审时度势，精准把握市场。回顾万科 20 多年的发展之路，对地产市场和未来城市发展的精准把握，决定了其战略转型的成功。从"做减法"到"做加法"，从"专注住宅地产"到"住宅商业地产并重"，在多个企业发展的十字路口，万科管理层均做出了正确的选择，可见其精准把握市场趋势的独到之处。

第二，制度规范化，流程优先。战略的执行依赖于组织内部制度的有效性。第一个特色是制度规范化。万科通过构建完备的制度指引，为员工行为提供了向导，减少了琐碎的请示汇报，提高了工作效率。第二个特色是流程管理。通过设立工作目标，并以流程为指导，实现从合同审批到项目决策，均可按照流程执行。详细的流程指导减少了内部交易成本，也极大地提升了员工工作效率。

第三，充分激发管理团队和员工的主人翁意识、工作热情和创造力。人是企业战略决策和实施最重要的因素。为了更有效地激励管理团队和员工积极性，万科相继推出了"事业合伙人"和"项目跟投"制度，充分将管理团队、员工及企业利益相结合，将短期经济利益与企业长期发展相结合。即便在"宝万之争"最激烈的时期，公司员工和管理团队仍然同舟共济，共渡难关。

总地来说，大胆创新和变革的决心和勇气，超强的执行力和专业能力，有效的激励与约束机制，让万科在 20 多年的发展道路上大步前进，迅猛发展，成为中国现代企业制度的典型。虽然经历股权之争后，万科的战略、制度、人员都做出了重大调整，但始终没有改变的是万科对美好城市的追求，这才是万科自 1984 年成立以来不断发展壮大，克敌制胜的关键。从多元化到专业化，从规模化到精细化，从广东到全国，万科始终紧随时代步伐，不断迭新企业战略，亦在持续探索与战略变革中引领着行业的发展与进步。未来，万科仍将行走在道路上，追求梦想，学界和业界也期待着万科再创辉煌。

第四节 "黑马"碧桂园养成记

"改革开放胆子要大一些，抓住时机，发展自己，关键是发展经济。发展才是硬道理。"1992 年的邓小平南方谈话，在经济上形成了强烈的号召力，唤醒了大量的企业家的创新精神，大量雄心勃勃的企业家开始投身市场经济的大潮。此时的广东顺德人杨国强还是一个建筑承包商，却从邓小平南方谈话中嗅出了巨大的商机，进军房地产。经过 20 多年的发展，碧桂园从名不见经传的小房企发展成为"以房地产为主业，涵盖建筑、装修、物业管理、酒店开发、管理、教育等行业"的综合集团，于 2013 年迈入千亿元房企行列，2016 年以销售额3088.4 亿元跻身中国房企三甲，2017 年更是以 5500 亿元的销售额首度问鼎冠军。只有高中学历的掌舵者杨国强如何将碧桂园发展成为千亿元房企？在碧桂园崛起之路中，其战略定位、营销模式等具有何种特点？以上问题的厘清不仅有助于深入解析碧桂园的高速成长，也将为其他中国民营企业的战略制定与可持续成长提供借鉴。

一 好风凭借力，扬帆正当时

杨国强，广东顺德人，生于 1955 年，做过泥水匠，24 岁时在北滘镇房管所任施工员。后来，在哥哥杨国华的帮助下，进入了顺德第二建筑公司，从底层开始做起，成为建筑包工头。

1992 年，顺德碧桂园的开发商由于第一期销售情况一般，其中一个股东准备退出，杨国强毅然接盘，低价买下顺德碧江及桂山交界的大片荒地，兴建 4000 套别墅和洋房，开始进军房地产。然而，杨国强的房地产商之路在刚起步时就遭遇了重大挫折。1992 年前后掀起的一轮房地产热在 1993 年国家宏观调控出台后迅速降温。碧桂园，这个占地 1000 多亩土地，投资上亿元的花园别墅楼盘，1993 年 6 月处于"死火"状态。看楼买房的人寥寥可数，4000 套房只卖出了 3 套，几成烂尾楼。

1994年，在别人的推荐下，杨国强请来了当时新华社的"记者王"王志纲。据悉，杨国强当时是希望借王志纲的"一支笔"，为碧桂园项目做一番大力宣传，希望能为碧桂园带来点"人气"。没想到，英雄所见略同，杨、王二人在碧桂园项目营销上的一些观点不谋而合。据后来有人回忆，杨国强当时很激动，"当场拍板聘任王志纲为碧桂园总策划"。在王志纲"大手笔文案"策划及对媒体出色的调动下，通过以兴办碧桂园学校为切入点，碧桂园"枯木逢春"，销售一片火热，成就了"学校救市"的说法。1300名来自广东各地的贵族子弟成为碧桂园学校的首批培养对象。碧桂园也因此获得了3亿多元的教育储备金，为碧桂园解决了资金上的问题。1995年，杨国强和4个拍档——杨二珠、苏汝波、张耀垣和区学铭，以8000万元的代价购买了碧桂园物业发展有限公司其他股东的股份。其中，杨国强占股60%，其余4人各占10%，由此杨国强成为碧桂园的绝对控股股东。

1998年，国家启动新一轮房改，取消了"福利分房"政策，中央和各地区陆续发文叫停"单位自建经济适用房"等政策，商品房销售市场迎来历史性发展时期。经过多年的积累，由顺德起家的碧桂园逐步进入一线城市。2001年，广州的房地产市场热火朝天。与众多房产商高姿态开发路线不同，碧桂园另辟蹊径坚持"亲民路线"，即把购房主体确定为中等收入的工薪阶层，这些人经济上并不是非常富裕，但是住房需求非常强烈。

2002年，碧桂园凤凰城开售，开盘当天吸引3.5万人看楼，狂销7.5亿元。单日销售超7亿元的业绩，在当年的中国楼市绝对是个奇迹，轰动了整个房地产市场。在目标消费群的划分上，凤凰城项目由以阶层来划分目标消费群转变为以阶段为划分标准。凤凰城的目标群是"大学毕业后五年、成长中、发展型"的人群，他们具有鲜明的特征，他们向往一种更优雅的生活环境，一种更好的生活方式，但同时对价格又具有很高的敏感性。此后，碧桂园将凤凰城这一城郊大盘开发模式发挥到了极致，在各地的推广纷纷获得巨大成功。

初创时期的碧桂园主要是以成本领先战略占领市场，一是几乎涉及从设计、规划、建筑施工到装饰和物管的每个环节，减少外包，以此降低开发成本；二是通过规模化经营，减少单位开发成本；三是提高开发速度，拿地—开发—销售三个环节并行不悖，迅速开发减少了资金成本，也支撑了集团业务的快速扩张。

二 "大盘开发"创优势

与其他房地产开发商主攻一二线城市的定位所不同，碧桂园被誉为三四线城市的王者。从创立之初，碧桂园就致力于城郊大盘及三四线城市的住宅项目开发，这一"大盘开发模式"也是碧桂园迅速崛起的利器。这一模式包含以下几个关键的步骤。

第一，推行郊区化战略，避免高价拿地。碧桂园的项目选址一般位于城市的新中心区（距城市中心区10—30分钟车程），或拥有丰富自然资源和能够快速接驳交通路网的潜力发展区，平均购地价格远低于市区的水平。碧桂园的这一拿地策略不仅契合了当地政府经济发展和区域规划的需要，也避免了由于高价拿地所导致的利润空间缩小这一难题。不仅如此，在许多三四线城市，碧桂园还参与了土地的一级开发，从而获取了巨大的土地升值利润。在净地出让前与地方政府沟通，得到其支持，进而直接参与生地的前期开发与规划，并在招拍挂中"以政府挂牌的价格收购土地"。由于一般缺乏直接竞争，碧桂园有能力以政府挂牌的价格收购土地，降低了土地收购成本。同时，碧桂园也顺势截取了土地升值所产生的溢价收益，并将其转化成巨大的土地成本优势，最终达到享有土地升值和房地产开发双重收益的目的。[①]

第二，大盘整体规划，开发洋房、美墅、酒店、学校、商业等多层次、多类型的综合大型居住社区。为了适应城市化进程、满足广大

---

① 曹威麟、霍萍：《黑马养成记：碧桂园的战略定位与战略转型》，中国管理案例共享中心案例库，2016年9月8日。

普通居民对提升住房品质的多层次需求，碧桂园的大盘开发模式中包含了丰富多样的住宅产品，如别墅、大户型平层、小户型公寓等，并配套建设了学校、商店、会所等设施，解决了城郊生活不便利的难题。此外，在大盘开发中，碧桂园甚至连让地方政府苦恼的道路、水电三通等市政配套都包干。最后，交给地方一处环境优美、配套完备、设施一流、管理到位的综合性居住区。因此，碧桂园的大盘开发模式也广受地方政府的偏爱与欢迎。

第三，全产业链运营，降低开发成本，有力支撑了低成本竞争战略的实施。碧桂园的业务不仅涉及地产开发，还涉及行业上游的建材、设计、施工，行业下游的装修、家具家电、物管、酒店会所运营。通过全产业链的布局，规模效应凸显，交易控制成本进一步下降，从而在激烈的行业竞争中获取了低成本优势。近年来，随着碧桂园开发规模的迅速扩大，其相关产业公司也得到迅速发展，如旗下"鸿业管桩"已成为行业内前三甲企业，"腾越建筑"成为最大民营建筑工程企业。

如此周而复始、滚动开发，精准的定位与低成本竞争战略让碧桂园日益壮大。2007年4月20日，经过业务重组和系列股权变革成为上市主体的碧桂园正式在香港联交所挂牌上市。碧桂园在香港联交所成功IPO，创造了两个第一：一是碧桂园上市首日股价日涨30.11%，公司总市值由此升至1163.2亿港元，成为中国房地产企业的市值老大；二是制造了《新财富》2007年富豪榜的首富杨惠妍。

三　分权有度，"共享计划"强激励

2007年成功上市过后，碧桂园开启了新一轮的扩张。然而，2009年前后，此前低调的碧桂园一时成了媒体的焦点。全国多处项目爆出质量问题，客户维权频繁发生，市场也对碧桂园的房屋质量产生了怀疑。杨国强是干建筑出身，向来对建筑质量尤为强调。痛定思痛过后，碧桂园集团内深度分析了个中缘由，发现问题出在了原来过度集权的管理模式身上。2009年以前，碧桂园采取的是矩阵式的项目管理方

式，即以职能部门纵向管理为主，强调的是大总部小地方。职能部门直接管理所有项目的相关领域。再建立项目小组，同一省份的几个项目由1—2名大项目经理协调。这种管理体系虽然能够避免资源闲置，提高资源运作效率，但是也容易导致双重领导，不利于项目质量的管控。2009年开始，碧桂园召开了"项目管理改革启动会议"，实施结构调整。具体而言，将组织架构从过去的"科层制"转向"扁平化"，组织管理的驱动力从过去的"权利驱动"转向"流程驱动"，进行"总部—区域—项目"三级管控的环形组织结构，即强化总部与项目之间区域的权责利，总部不再一味强权，而是为区域以下服务。而区域开始成为各项目的管理中心以负责资源调配。此外各个节点通过信息化相联结，避免由于信息不对称而造成不必要的浪费，有助于各节点的协同行为，进而提升组织效率。这意味着过去一切由总部全权进行决策的管理机制发生了重大变化，碧桂园的组织结构逐渐形成一个相互连接的环形，组织工作将以满足客户的需求为真正目的。[①] 区域强权并不是简单的中央权力下放，而是在总部把握大局的同时保证区域的灵活性，从而建立以责任为中心的区域分权机制。让区域及项目承担责任并实现目标，是区域分权存在的根本原因。责任承诺是碧桂园区域取得成功的强大动力，区域总裁被定位为第一负责人，同时在对企业员工进行合理分工的基础上，明确每个部门和岗位的任务和要求，把企业中千头万绪的工作同成千上万的人对应地联系起来，趋于"事事有人管、人人有专责"。

此外，与此次结构调整相配套，碧桂园开始探索实施新的合伙人制度，期望进一步将项目和区域的效益产出与管理团队收入相捆绑，加强长期激励效果。在律所、会计师事务所等知识密集型企业，合伙人制这种组织形式能够充分激励合伙人的工作积极性，因此得到广泛的应用。受沃尔玛分享合伙人制度和万科"事业合伙人制"的启发，碧桂园也在2012年和2014年相继推出"成就共享"与"同心共享"

---

① 刘祯、苏国燕：《因变而生——碧桂园高成长启示》，《企业管理》2017年第6期。

人才激励机制。与万科"事业合伙人制"相同，杨国强期望通过这些人才激励制度，不仅让入股项目的员工通过跟投获得工资以外的超额利润分红，也将人与项目牢牢捆绑在一起。

2012年末，碧桂园正式实施以"利益共享，风险共担"为原则的"成就共享计划"，旨在对全国的地产开发项目和所在区域实行强激励措施。成就共享计划的奖励有两大前提，一是现金流，要求项目在一年内自有资金投入全额回笼，回笼资金大于自有资金投入与年化自有资金收益之和；二是项目净利润要大于自有资金按年折算后的金额，而且在项目开发周期内不能出现重大质量、成本等问题。按照集团的规定，区域项目如果不能实现成就共享，相应的区域总裁、项目总经理将受到处罚。区域和项目公司在获取地块时候，要根据目标利润率、销售额等数据倒推意向地块的投资金额，能做到才竞拍，否则放弃；项目经营管理人员将最终根据项目资金回笼速度和所创造的净利润获得奖励，净利润越高，资金回笼越快，能分到的奖励就越高，除现金奖励部分外，获奖项目还可以获得股权激励，这部分奖励将直接作为碧桂园集团购股权计划下员工行使购股权需支付的行权对价。[①] 从某种程度上看，合伙人制是职业经理人制度的升级版，将职业经理人经济利益与公司长远发展利益相结合，股东与管理层利益共享、风险共担。

碧桂园的"成就共享计划"为其规模扩张立下汗马功劳，也相当程度上解决了职业经理人的激励难题。然而，在实施过程中，这一计划的一些弊端或不足也逐渐体现。例如，按照激励计划，新项目无论何种原因在考核期内出现亏损，亏损额的20%将由区域总裁及项目总经理承担；若一年内现金流不能回正，则该考核单元将失去继续参加成就共享计划的资格；如参加成就共享计划项目最终未能获得奖励，将视情况对区域及项目管理层进行处罚。严苛的惩罚机制意味着项目

---

① 曹威麟、霍萍：《黑马养成记：碧桂园的战略定位与战略转型》，中国管理案例共享中心案例库，2016年9月8日。

层面需要承担较高的经营风险，尤其是地产行业从"黄金时代"进入"白银时代"这一大背景下，这一潜在风险意味着参与的职业经理人可能会因为"求稳"而丧失新的发展机会。

　　鉴于此，为了进一步完善合伙人制，碧桂园锲而不舍地探索，从2014年起，碧桂园开始实施新的"同心共享计划"。具体而言，碧桂园集团和区域管理团队各自设立投资公司，对每个新项目进行不超过15%权益的跟投。碧桂园投资公司对所有的项目跟投比例为1%—5%，区域投资公司对自己区域的所有项目最高跟投不超10%。特别大体量的项目，设最低投资额。总公司各职能部门管理层也需要根据自身职位，按一定比例将自有资金投入投资公司，从而间接跟投所有项目。"同心共享计划"已经脱离了单纯的"跟投"，是真正的事业合伙人。因为从总部投资公司到区域投资公司，管理团队已经全员参与项目股权，凡是碧桂园新增权益项目，其15%的份额间接属于整个管理团队。截至2015年底，已有168个项目引入合伙人机制，73个项目开盘在售，合同销售额累计达338亿元。"同心共享计划"实施一年，碧桂园投资公司分三次共募集了2.42亿元资金作为股本金投资，通过一年不断滚动进行新的投资，目前资金数额已达5.84亿元，翻了不止一倍。据相关数据显示，碧桂园旗下引入合伙人机制的项目，从拿地到开盘平均时间由过去的6—7个月缩短为3—4个月，净利润率由10%提升到12%，年化自有资金收益率由30%左右上升到56%，现金流回正周期由10—12个月缩短到8.2个月。到2016年结束时，来自中建的刘森峰，成为碧桂园第一位年收入过亿元的区域总裁。[①] 总体来说，"同心共享计划"真正实现了同股、同权、同责、同利，从而为碧桂园的全国扩张提供了源源不断的动力。

四　人才战略创辉煌

　　外来职业经理与民营企业的融合，向来是理论界和实务界探讨的

---

① 《三千亿碧桂园的用人之道》，新浪乐居（http://gz.leju.com/news/2017－04－26/1002626281781589-6834832.shtml）。

焦点。碧桂园要将引进的这一批职业经理用好、留住，需要的不仅是金钱，更需要的是企业领导能否敞开胸怀，充分授权并实施有效的激励。虽然碧桂园一直被誉为本土家族企业的代表，但杨国强对于职业经理的态度，却极为开放。在引进莫斌和吴建斌后，杨国强随即充分授权，让两者主导了组织管控体系的变革和推出合伙人制度。并将一线城市业务交由朱荣斌，信息化系统交由陈立艳。此外，2015 年，吴建斌年薪为 619.5 万元，[①] 莫斌的年薪为 605.4 万元，均高于碧桂园董事局副主席杨惠妍 603.5 万元的年薪。而朱荣斌年薪也高达 553.6 万元。[②]

2013 年，轰动全国的碧桂园"未来领袖计划"横空出世。碧桂园在各大媒体和网站发布全球招聘公告，以高薪和高职业前景吸引海内外优秀人才。"未来领袖计划"获得了业界的广泛关注，也取得了良好的效果。到 2016 年底，超过 400 名优秀博士入职碧桂园，2017 年计划招聘 300 名博士。庞大的人才储备也促进了碧桂园管理团队的年轻化。例如，英国帝国理工大学博士胡国韬，入职不到 3 年就升任碧桂园澳洲区域总裁。曾有世界银行工作经历的于润泽博士，入职碧桂园不到 2 年就担任森林城市首席战略官。碧桂园期望，通过超常规的人才建设，培养一大批的后备力量，从而超越同行。[③] 此外，外聘人才也在无形中给原有员工施加一种压力，若压力转换为危机意识，将激发斗志和潜能，从而产生"鲇鱼效应"，通过标杆学习而共同进步。这些人共同成为碧桂园跨越千亿元规模的把关人。实践证明，碧桂园的人才战略取得了不错的效果。最近几年碧桂园无论是销售业绩，还是公司形象和内部制度建设，均较以往时期有了飞跃性的进展。

---

① 2017 年 1 月吴建斌辞任执行董事、财务委员会主席、执行委员会成员、首席财务官等多项职务。

② 董文艳：《碧桂园 3000 亿跃进秘密》，《财经》2017 年 1 月 23 日。

③ 同上。

五 碧桂园启示：战略定位促成长

诞生于广东顺德的民营家族企业碧桂园，曾一直被业内视为房地产行业的中小型企业，然而近年来碧桂园的迅猛发展和华丽转身令整个行业为之侧目。2011 年碧桂园销售额为 432 亿元，2012 年为 476 亿元，2013 年为 1060 亿元，2014 年为 1288 亿元，2015 年为 1402 亿元，2016 年为 3088.4 亿元，2017 年为 5500 亿元。这样的增长速度，在地产行业并不多见。2016 年，碧桂园以销售额 3088.4 亿元跻身中国房企三甲，仅次于恒大的 3733.7 亿元与万科的 3647.7 亿元。2017 年更是凭借 5500 亿元的销售额，一举夺得桂冠。碧桂园的"逆袭"之路，恰恰反映了其清晰的战略定位和超强的执行力，也为其他民营家族企业的发展提供了重要启示。

第一，差异化的战略定位赢得了丰厚的利润空间。与其他地产开发商厮杀于一二线城市中心区域有所不同，碧桂园从开创之处即通过分析自身优势，确立了城郊及三四线城市为主战场，采取"大盘开发模式"，并通过全产业链运营降低成本。正是通过这一运营模式在全国的成功复制，碧桂园得以迅速扩张，成为房地产市场的最大"黑马"。应当指出的是，碧桂园的开发战略也并非一成不变，近年来随着市场环境的变化，碧桂园也在调整自身战略。如，在 2015 年 3 月的业绩发布会上，碧桂园表示"只要有机会，不管一二线还是三四线我们都会做"。初步表露了真正进军一线城市的意向。此外，随着政府对"以租代购"的鼓励及老年化的趋势，碧桂园也进入了长租公寓和养老地产的开发建设。总体来说，近年来碧桂园的经营策略显得更加灵活多变，适应了迅速变革的行业环境。

第二，充分授权，强调责任，形成有效的激励与约束机制。集权式的组织架构和管理体系显然难以支撑碧桂园的全国扩张。基于此，碧桂园探索了一条充分授权，激励与监督并行的管理机制，并通过"共享计划"将项目及区域的运营与管理团队薪酬激励相挂钩。这一系列举措充分调动了集团内部各区域和项目组的积极性，也给予了经理人充分的发展平台和职业机会，由此推动了业绩规模的高速增长和企业的可持续成长。

第三，更新用人观念，重视外部人才。家族与企业交织在一起是家族企业与其他性质企业的本质区别。建立于血缘、亲缘纽带之上的家族企业天然存在封闭性，对外来人才表现出不信任。然而，家族企业的发展壮大必然需要突破血缘和亲缘纽带，引入外部职业经理。因此，家族企业领导人需要更新用人观念，充分认识外部人才对企业成长的重要性，不断吸收和引入优秀人才。碧桂园通过强有力的职业经理人制度，不断吸收和容纳外部职业经理，保证了管理资源的供给，从而突破了家族企业人才瓶颈，实现了高速增长。

2017 年 10 月，中国共产党第十九次全国代表大会在北京召开。党的十九大报告指出："加快建立多主体供给、多渠道保障、租购并举的住房制度，让全体人民住有所居"，新的住房制度不仅强调"租购并举"，同时明确要"多主体供给、多渠道保障"，进一步解放了住房制度改革的思想。2018 年中央经济工作会议部署："要发展住房租赁市场特别是长期租赁，保护租赁利益相关方合法权益，支持专业化、机构化住房租赁企业发展。完善促进房地产市场平稳健康发展的长效机制，保持房地产市场调控政策连续性和稳定性，分清中央和地方事权，实行差别化调控"，意味着建立"购租并举"的住房制度将是住房市场供给侧结构性改革的重要措施，房地产市场长效机制将加速推进，地方也将开启调控政策修正完善的窗口。步入 2018 年，地产业进入白银时代，在非进即退的行业洗牌期，一路高歌猛进的碧桂园如何走好速度、力度和稳度的平衡木，如何在人才打造、激励制度、架构体系、管理思维等方面继续变革创新，这不仅是掌舵人杨国强最关心的管理大事，也是学界和企业界期待碧桂园交出的新答卷。

第 五 章

创新驱动

风起南国，催生民营。改革开放以来，广东经济的高速增长与民营企业的蓄力创新密不可分。《中国区域创新能力报告2011》显示，自2001年至2011年，广东创新能力综合排名一直位列全国前三，2007年后稳居第二，创新的经济绩效和创新环境等多项指标位居全国第一。作为"兴业之基，强企之器"的知识产权，其经济战略意义不言而喻，在《2016年度广东省企业专利创新百强榜》中，广东民营企业不仅在入榜数量上占据绝对优势，而且其排名位列之前亦不容小觑。在百强榜单中，民营企业共计86家，在专利创新中大放异彩；在前15名中，华为、美的、腾讯、TCL、比亚迪等国际强企赫然在列。放眼全国，广东民营企业创新能力一直处领先地位，早在2004年底，广东民营企业专利申请便以3721项位居全国第一，远超浙江、江苏两省专利总和，是上海市的4倍多。广东民营企业的创新活动对广东乃至全国的经济增长都具有重要贡献。

第一节 纵观广东创新历程：从模仿创新向自主创新转型

自改革开放至今，广东民营企业的创新历程经历了三个阶段：（1）创新资源的获取与积累；（2）模仿式创新；（3）转型升级过程中向自主创新演变。实现从"汲取和模仿创新"（吸收并改良先进的技术和知识）向"自主创新引领中国"的转变，不仅彰显着广东经济与社会进步的成就——创新可以大幅提升生产力，而且对于推动中国经济增长也至关重要。研究表明，制造业和服务业的创新发展到 2025 年可以创造 1 万亿—2.2 万亿美元的经济价值，最高可相当于 GDP 增长总额的 24%。

一　创新资源的获取与积累（1978—1992 年）

第一阶段是广东民营企业创新资源的获取与积累阶段，时间大致从 1978 年延续至 1992 年。1978 年后，得益于广东区位、人缘优势和优先发展的政策，民营经济始获发展。"三来一补"模式中侨资的逐渐涌入，短缺经济状态下卖方市场的主导地位，使广东民营企业获得了较快的发展，初步完成了资金、技术与管理经验等的原始积累。

这一阶段的创新基本属于简单的学习模仿，广东民营企业通过从事"三来一补"业务打开了与外界进行技术交流的窗口。所谓"三来一补"模式，即来粤投资的港澳台资企业采用"来料加工、来样加工、来件装配和补偿贸易"的加工贸易方式，由外商提供设备和兴建厂房、提供原材料和图纸样板，并负责产品外销；由当地企业提供土地和劳动力，企业赚取加工费，当地政府收取一定费用。"三来一补"既是广东民营企业发展的现实选择，也体现出一种"巧为无米之炊"的智慧。通过"三来一补"广东民营企业开始逐步积累了资金、技术和企业管理经验。

随着资源的获取与积累，广东企业步入了"公司元年"。在 1984年，李经纬缔造了健力宝神话，"珠江水"和"广东粮"北伐中国的时代拉开序幕；赵新先带着"三九胃泰"在深圳笔架山下开始新的事业；李东生开辟了生产录音磁带的工厂，这便是日后赫赫有名的家电公司 TCL；潘宁打造出中国第一台双门电冰箱，其创立的珠江冰箱厂便是后来统治了中国家电业十余年的科龙公司前身……此后数年，大量生产线亦陆续涌进广东，在 1985 年到 1987 年引进了 32 条西装生产线、18 条饮料灌装线、22 条食品面包生产线和 12 条家具生产线，外资企业和民营企业如雨后春笋般出现。

随后，广东民营企业展现出在改革开放中的领跑者风范。1989年，黄宏生看到未来家用电视行业的巨大发展空间，以港商的身份来到广州，在东莞开办了电视遥控器厂，1990年销售额已达100万元，完成了初步积累。1991年，徐航创建了深圳迈瑞公司，开始代理销售外国公司医疗产品。一年后，迈瑞就开始产品的自主研发，但直到1995年才开始有客户愿意尝试迈瑞的产品。而在那时，人们很难想象迈瑞公司会在十几年后成为全球监护领域第三大品牌。

二 大规模的模仿创新（1992—2008年）

1992年至2008年，广东民营企业开始了大规模的模仿式创新，这一阶段以邓小平南方谈话为开始标志。随着计划经济和市场经济关系的明确，广东经济特区特殊发展政策的实行，外商在粤投资迅速增加，创业潮中加工贸易企业大量涌现，全国人才迅速向广东聚集，出现了人才"孔雀东南飞"和百万农民工南下的盛况，产业集群开始形成。

模仿式创新是广东民营企业在资源禀赋约束、制度约束下，学习模仿领先者的创新构思和行为，追赶先进企业的现实选择。与世界各国企业的创新路径类似，"技术引进、消化、吸收和再创新"的模仿创新成为理性选择。这一阶段中，广东民营企业增长喜人，继"珠江水"与"广东粮"之后，广东家电产量占据了全国的1/3，其中顺德占去了半壁江山，容声、美的、万家乐和格兰仕并称中国家电四朵金花。

广东民营企业的模仿创新普遍采纳两种方式，一是在技术引进与外资直接进入基础上进行的外源型模仿创新，二是学习和模仿国内技术领先者发展起来的内源型模仿创新。以美的集团为例，其采取"渐进式改良"的模仿创新，先后引进日本东芝的先进交流变频技术；与日本三洋公司合作，学习和引进电饭煲技术；与意大利梅洛尼合作，生产洗碗机等。通过技术引进、合作开发和模仿创新，美的逐渐掌握了多个产品领域的先进技术。

三　向自主创新迈进（2008 年至今）

2008 年至今，广东民营企业步入了转型升级阶段，向自主创新迈进。2008 年国际金融危机使得广东的对外出口急剧下降，处于全球产业链中低端的加工贸易企业面临空前的危机，大量企业停工甚至倒闭。金融危机的倒逼机制，劳动力、原材料、土地资源和环境成本持续上升，迫使民营企业开始升级转型。这一阶段政府对广东的发展进行了新的战略定位，实行产业结构调整，淘汰落后产业，加大了对企业自主创新的支持和对知识产权的保护力度，实施了区域一体化措施，吸引海外留学人员回国创业，在制度和政策上有力地推动了家族企业的自主创新。家族企业已经开始从模仿创新向自主创新逐步转型。然而家族企业广泛地实现自主创新，进入全球产业链的中高端，仍需要经历一个较长的过程。

广东民营企业的自主创新取得了一定的进展，部分企业已经成功实现了向"微笑曲线"的两端转移。然而，仍有大量民营企业在"模仿陷阱"中徘徊。要真正实现大规模和全面的自主创新，进入全球产业链的中高端，广东民营企业仍有一段很长的路要走。

第二节　近看广东创新模式：效率驱动
创新与客户中心创新领跑

近看广东民营企业的创新模式，我们大致可以总结出四种不同的形态。广东民营企业在效率驱动和客户中心型创新方面表现出色，在工程技术型创新上开始崭露头角，但在科学研究性创新方面还有较大的距离。[①]

---

① 麦肯锡全球研究院：《中国创新的全球效应》，2015 年。

一 效率驱动型创新独占鳌头

效率驱动型创新，即在开发、生产和商品与服务交付中节约时间与成本。中国在成为"世界工厂"的过程中逐渐占据了效率驱动型创新的领先地位，广东民营企业在此类创新方面独占鳌头。

作为效率驱动型创新的佼佼者，广东的格兰仕将其发挥至极致而成为全球最大的微波炉生产工厂。格兰仕的厂区绵延3公里，在2002年产量就突破了1200万台，占到全球市场份额的1/3。正如主管营销的副总裁俞尧昌所说："我们的唯一秘诀就是将劳动力低廉的优势发挥到极致。"他讲述了一个打败国外企业的故事：微波炉重要的上游零部件是变压器，日本产品的价格是20多美元，欧美的企业是30多美元，在日货冲击面前，欧美企业痛苦不已。格兰仕就和美国企业谈判：把机器拿给我做，按美方现在的产量我一台给你8美元。美国人很痛快地就把生产线搬过来了。由于格兰仕员工工资很低，而且工人可以24小时"三班倒"，因此一周里，只有一至两天为美国人生产，其余时间几乎在享用免费的晚餐。格兰仕横扫国内市场与此密不可分。

而今，广东民营企业正打造着"敏捷制造、连接成网"的生态，运用一系列方法使企业迅速应对快速变化的市场需求，创造传统制造业无法带来的灵活性；多家民营制造企业连接成网，共同推动研发，建设物流网络，满足单个制造商无法承载的需求，实现更大的规模经济。

在佛山顺德，传统的服装制造商爱斯达正在利用敏捷制造实现定制化服装供应商的转型，在3D扫描和激光切割上的投资使其在收到订单30分钟内完成迅速生产，快速物流平台的建立则实现了72小时内发货的承诺。在广州花都，7200家生产皮革制品的企业共同搭建了实现本地区企业之间制造、物流和贸易的合作平台；在东莞大朗，8000家服装企业共同建立了一个平台以探索创新技术，更好地服务客户。顺势而为的敏捷、无处不在的连接，已成为广东民营制造业的生态特色。

在测试、学习和完善周期，广东民营企业亦实现了效率驱动型创新。医疗设备生产企业迈瑞公司，从多种来源采集客户洞见并直接交给研发中心的产品开发团队，在新创意获批后一周内即可着手开展工作。其审批流程本身也十分精简，与众多外国企业为期两年的产品推出周期相比，迈瑞的产品推出周期加速到了六个月。同时，为进一步节省时间，迈瑞实行一轮原型设计，而不是全球性公司通常所采用的四轮。

二　客户中心型创新蓬勃发展

广东民营企业特别是在家电、互联网软件、互联网零售等行业，以消费者为导向进行了大量创新。面临消费者日益高涨的期望，广东民营企业在客户中心型的创新方面积极发展，能洞悉国民在快速城市化进程中的各类需求，进而快速推出新产品和新服务并大规模铺开，满足市场需求。广东民营企业还将该方面的优势拓展到了新兴市场，在充分考虑当地市场的成本、偏好、独特的购物行为、欠佳的分销和服务基础设施等要素的基础上，根据市场反馈快速推出新设计。

作为中国最大的家电生产商之一，美的积极向海外拓展，在印度、巴西、俄罗斯和越南建立了工厂和研发中心，开发出满足当地消费者期望的高能效"隐形"空调；深圳智能手机企业一加科技打造了零售价约300美元、在性能设计方面却足以同高价品牌相媲美的手机，运用"仅限邀请"的创新营销方式在消费者中营造了声势。腾讯的微信事业部，作为最大的社交媒体平台，充分洞见了消费者需求，其移动支付服务与用户开微店等电子商务功能远远领先全球步伐。

三　工程技术型创新崭露头角

工程技术型创新在很大程度上依赖于知识和经验的积累。广东民营企业在创新资源的积累与模仿式创新两个阶段中不断学习核心能力，在向自主创新迈进的第三阶段中于不断的创新中发展技能，最后站在创新的前沿，实现了工程技术型创新。

总部位于深圳的华为便以发展自有技术为战略，而非以外来方合作伙伴共享尖端技术。华为的首款自主设计是基础的开关元件，学习曲线十分陡峭，在最初模型遭遇质量问题时不得不召集工程技术团队到客户公司维修。而在这一过程中为华为获得了极其重要的经验，赢得了客户的信任。如今，华为已成为全球市场领先企业，研发支出占收入的比例高达 19%，研发员工比例约为 40%，与欧洲客户共同运营 19 个创新中心。2014 年，华为提交了 3343 份国际专利申请，位列全球专利申请数量的第 1 位。

在本土需求的强劲推动下，一批充满活力的广东民营企业也在崛起。迈瑞在渐进式的创新中不断提升技能，降低设备和器械设计的成本，为众多承担不起国际品牌的医疗机构提供服务。迈瑞 2014 年销售额达 12 亿美元，专业销售病患监护、体外诊断和医疗成像产品给中级医院，其售价比国际品牌低 20%—30%。拥有 5 个研发中心的迈瑞，也正在向高端医疗器械市场逐渐进军。

四 科学研究型创新方兴未艾

科学研究性创新，即通过大力投资建设科学研究的机构从而将科研活动转化为市场成果。广东民营企业在生物技术等行业取得了一定进展，并正采取有中国特色的方式加速科研创新。华大基因，这家位于深圳的生物科技公司意识到基因测序很大程度上关乎计算能力和数据挖掘。因此华大基因在两方面实现了创新：聘用了超过 2000 名博士，利用庞大的中国人口采集基因数据。在一个时期内，华大基因一度拥有世界上约一半的基因图谱测序产能。现在，该公司生产的基因数据至少占全球 1/4，高于其他任何科研机构。截至 2014 年 6 月，华大基因拥有 230 台测序仪，每天能生成 16 万亿字节测序数据，相当于绘制 100—200 人基因图谱的产能。

下文选取广东民营企业创新的典型企业，分别介绍立白集团、潮宏基、迈瑞医疗三家企业的创新实践。这三家企业的创新模式不一，展现了效率驱动型创新、客户中心型创新、工程技术型创新方面的魅力和实力，它们的转型与发展也体现了从模仿式创新到自主创新的发展脉络。

<h1 style="text-align:center">第三节　立白集团——民族
日化领头雁的腾飞</h1>

一　品牌创新：从借鸡生蛋到自立门户

1975 年，17 岁的陈凯旋离开家乡潮汕普宁来到广州，成为农民工大军中的一员。仅有高中学历的陈凯旋，在化工所当过建筑工，在沿江路拆过旧楼，在黄埔港扛过砖头；面对着"苦其心志、劳其筋骨"的黯淡差事与居无定所、风餐露宿的艰苦处境，在潮汕地区备受商业气息熏陶的他心有不甘，而看到家乡地区物资匮乏、消费需求渐涨时，更是若有所思。回到家乡的陈凯旋嗅见日化行业颇有商机，一改洗衣粉从广州进货的途径，与当地洗衣粉生产商签订代理协议，短短几年间，在买低卖高的生意中成为当时普宁地区最大的洗衣粉贸易商。面临厂家单方面撕毁协议的危机和潮汕地区"重厂轻商"的意识形态，陈凯旋意识到"还是得有自己的品牌和工厂"的重要性。[①]

开业伊始，陈凯旋给出了一个打破常规的办法——"借鸡生蛋"，即依托国有企业生产，将其产品贴上自己品牌而打开市场，这一模式可谓开日化行业先河。"不搞贴牌生产，等你把厂房建好，可能产品已经过时了，而且当时也没有足够的资金建厂。我也不清楚洗衣粉的配方，只能找专家提供；我也不懂技术，就找质量技术监督局来检测我们的产品。一句话，只能借鸡生蛋。"陈凯旋如是说。[②] "立白"商标在 1991 年被正式注册，彼时，番禺的国有企业"广东洗涤用品厂"濒临破产，洗衣粉存货积压而销路堪忧，生产线闲置而不失先进。陈

---

① 鲁渝华：《陈凯旋的"立白"崛起之路（一）》，《农家参谋》2009 年第 1 期；《立白陈凯旋：白手起家创业干出 180 亿的大生意》，2015 年 12 月 8 日，丰汇财经（http://www.sohu.com/a/123853415_495971）。

② 罗兵：《"立白"的特色营销》，《现代商贸工业》2004 年第 2 期。

凯旋说服厂长将积压存货交给他销售，并承诺按月结款。立白由此进入了"重在抓质量，奋力创品牌"的发展阶段。[①]

1994年，陈凯旋与陈凯臣两兄弟创办广州市立白洗涤用品有限公司，从七个人租三间办公室开始事业的起点，依靠"委托加工、借船出海"和"先有市场、后有工厂"的模式走过艰难发展历程，其运作日渐风生水起，逐步打造出自己的产业链，立白之形象逐渐跃升到品牌级。1998年，广州立白企业集团有限公司正式成立。作为我国民族日化行业的领头雁，立白自创立以来保持较快增长速度，全集团年销售收入高达100多亿元，洗涤剂全国销量第一；年向国家上缴税收超15亿元，连年荣登"中国私营企业纳税百强"排行榜。立白的发展得到政府和社会各界的广泛认可，已成为民族日化工业的一面旗帜。[②]

二　产品创新：从单品化到大日化

2016年，立白集团董事长在接受《南方日报》专访时说道："我们就是要做大、做专、做强民族大日化，为国家争光，为民族争气。"[③] 诚然，回首立白集团的发展历程，立白集团从依托洗衣粉创建自有品牌，到拥有洗衣粉、洗洁精、洗衣皂等产品的立白系，再到覆盖九大类数百品种的产品范围，立白集团从单品化逐步迈向大日化。

立白创立之初，正是外资品牌强势进入国内日化市场、加大力度收购"国字号"知名日化企业的时候，而立白却依靠优质的产品、差异的营销模式突破外资包围。在使产品走出广东、走向全国之后，立白集团自2004年开始实施"大日化、多品牌"战略。[④] 2005年10月，立白成功收购天津"蓝天"，从洗衣粉市场挤进牙膏领域；2006年4

---

① 管益忻：《高举大日化旗帜以"先发优势"制胜——从供给侧视角透视日益崛起的立白发展模式（上）》，《企业研究》2017年第1期。

② 立白集团官网 – 集团介绍（http://www.liby.com.cn/jtjj.html）。

③ 《用"工匠精神"做大做专做强民族日化》，2016年6月3日（http://news.163.com/16/0603/07/BOKAIF3O00014AED.html）。

④ 《立白大日化：蓄势待发——专访立白集团副总裁许晓东》，2012年11月19日（http://news.360xh.com/201211/19/4652.html）。

月立白再次出击，收购重庆"奥妮"，虽然一波三折，但声名鹊起，又从洗涤用品领域进驻洗发护发领域；2006年9月，立白连续追击，成功收购了上海"高姿"，又从洗发护发市场拓展到了化妆品市场。[①]

时至今日，立白集团通过收购与自创，使产品范围涵盖"织物洗护、餐具洗涤、消杀、家居清洁、空气清新、口腔护理、身体清洁、头发护理、肌肤护理及化妆品"九大类数百品种，而立白"大日化"战略的推进离不开其科技创新的支撑。

立白集团十分注重实施自主创新战略，坚持依靠科技研发来提高产品的市场竞争力。2006年，立白在已经建立国际模拟研发中心和立白研发中心的基础上，又投资1亿多元建设立白科技园，并与中山大学、华南理工大学签订合作协议，科技园将成为其学生科研基地与博士后流动工作站，[②] 还成立了日化行业第一家"院士专家企业工作站"。此外，立白集团与美国陶氏化学、德国巴斯夫与丹麦诺维信等国际日化巨头签订战略合作协议，将全球领先的技术应用到产品开发中，以全球化的视野及创新体系，引领行业技术发展。

由此，立白创新正在进入新阶段，实现了从同代创新向迭代创新的过渡。立白率先推出中国市场上第一款加酶洗衣液、洗衣露和天然皂液，开创了洗涤产品新品类；最先攻克了生物酶在洗衣液中的应用难题；第一个推出智能定时加热电蚊液、纯天然杀虫成分的除虫菊素气雾剂和纯天然防蚊液，减少了化学除虫制剂对消费者的伤害……至2014年，立白的发明专利总量居国内日化行业第一，是2—5名总和的3倍。[③]

"立白作为负责任的企业公民，要以科技创新推动企业的绿色发展、低碳发展、循环发展。"陈凯旋曾在广州市民营经济工作会议上如此说道。立白在实现跨时迭代的创新之时，亦承担着"地球绿色使

---

① 陈少斌：《陈凯旋启动"大日化"战车》，《民营经济报》2007年4月23日第T08版。
② 《立白集团——责任感创造辉煌》，《中国洗涤用品工业》2006年第4期。
③ 管益忻：《高举大日化旗帜以"先发优势"制胜——从供给侧视角透视日益崛起的立白发展模式（上）》，《企业研究》2017年第1期。

者"的角色。番禺立白生产基地建设了行业内最先进的污水处理站，应用国际上最先进的光触媒技术和微生物方法，每年可处理污水高达96000吨，其处理后水体可喂养鲤鱼；2009年，立白集团率先在中国洗涤行业开展"高塔成型洗衣粉浓缩增效技术的开发与产业化"项目的研究，通过浓缩化减少25%的塑料使用量，高塔喷粉用以使产能提高19.5%，使填充剂占洗衣粉配方总量由原来的40%下降至20%。[①]

三 营销创新：专销制度与推出新广告

在华南地区，即使走到很偏远的村落，也可以在小店琳琅满目的洗衣粉中赫然见到"立白"的身影，这源于立白专销商的倾力推销。在创立之初，为了使产品进入市场，初期运作按照指挥操作，立白在重要区域设立专销商，只能经销"立白"产品，其忠诚度非一般经销商所能比拟。[②]

立白的专销制度有三大特征：独一性，即在某一具体区域，立白委任某客户独家代理，不再寻求第二家合作；排他性，即代理立白的客户，就不得同时经营其他日化品牌；紧密性，即彼此互为唯一，经销商相当于不拿薪水的厂家办事处，彼此捆绑甚为紧密。

面对恶性跨区域冲货窜货这一日化行业的毒瘤，商会制度的建立则帮助立白找到了管控商品物流的有效方法。立白商会以专销商为主体，把每个大区域的经销商纳入商会中，大家互换有无，你帮我卖一些产品，我帮你销一些东西。由于经常联系，谁也不好意思窜货，加上互相流通，实际上促进了双方的销售，窜货现象自然也就很少发生。[③]

从1994年创立至今，立白集团从名不见经传一跃成为国内日化龙头企业，与其营销之道密不可分。从稳固占领华南地区尤其是农村市场，到走出广东走向全国，除了创新的专销制度，其出新的广告营销

---

① 张小兵：《立白：立绿色发展标杆》，《民营经济报》2012年11月26日第032版。

② 罗兵：《"立白"的特色营销》，《现代商贸工业》2004年第2期。

③ 陈海超：《立白：百亿密码》，《中小企业管理与科技》2011年第17期。

更是功不可没。

　　1998 年，消费者在电视黄金时段惊奇看到了著名笑星陈佩斯担纲的立白洗衣粉广告：在美国机场，陈佩斯挎着一个鼓鼓囊囊的黑色旅行包，行色匆匆，神情紧张，结果为洋警察误以为是毒贩。经过激烈追击，陈佩斯被抓住，拉开旅行包，却发现是一大袋洗衣粉。"这是立白洗衣粉，是我老婆非要我带到美国来的"，陈佩斯指着洋警察的领子说："洗衣服干净，不伤手的。"这则广告刻意模仿国外警匪片的风格，气氛营造甚是诡异，突出运用悬念手法，情节扣人心弦，在林林总总的广告片中煞是抢眼。这一颇具喜剧感和亲和力的诙谐演绎让立白为全国人民所熟悉，成就了立白从地方性品牌向全国性品牌进军的关键一跳。① 此后，立白在品牌推广方面实施了全明星战略，开始聘用国内一线明星以彰显立白高品质的品牌形象。

　　2001 年，成立仅 7 年的立白耗资 700 万元成为全国第九届运动会唯一指定的洗涤类产品，并以独家赞助将新闻专用直升机命名为"立白"，打响了体育营销的第一枪。由于民营企业独家赞助专用直升机在全运会历史上还是首次，这成为各大媒体抢手的卖点，立白的知名度得到极大提升。2008 年，立白成为北京奥运会洗涤用品供应商和残奥会洗涤用品独家供应商。2010 年第 26 届亚运会在广州举行，立白巧妙地利用了网易亚运官方媒体的身份，开展"立白亚运百万助威团"活动，通过线上线下整合营销，引起业界内外广泛关注，并以此获得了"广州亚运会最佳体例"大奖。体育营销，已经成为立白企业品牌建设的一部分，不断利用体育活动拉近企业与消费者距离，使企业形象进一步提升。②

　　针对当下家庭压力较大的女性消费者，立白集团从 2012 年开始部署娱乐化营销战略。2013 年，立白集团耗资 1.5 亿元以"立白洗衣液"独家冠名湖南卫视综艺黄金档节目《我是歌手》。立白的综艺冠

---

①　《新经济》编辑部：《广东十大经济风云人物——陈凯旋打造民族日化品牌传奇》，《港澳经济》2006 年第 2 期。

②　刘晓玲：《立白：从明星代言到体育营销》，《国际公关》2011 年第 5 期。

名并非简单插播广告，而是以消费者喜欢的形式做二次沟通，像"立白歌手，我是洗衣液"这样的"神口误"便是立白与节目组共同探讨出来的花式口播。① 这次冠名使立白洗衣液知名度提升13%，美誉度提升11%，2013年1—7月销售量比2012年同期增长了66%，将立白洗衣粉"洗护合一"的全新定位迅速而广泛地向消费者进行了传播。2014年立白洗衣液斥巨资2.35亿元拿下《我是歌手》第二季独家冠名权，2015年以3亿元冠名《我是歌手》第三季，延续良好的品牌效应，最大化实现高品质娱乐节目的品牌孵化台前拉手作用。② 此外，立白集团还深度植入《小爸爸》《咱们结婚吧》《爸爸去哪儿》等热播节目，并以3088万元取得《嗨! 2014》节目的独家冠名权，持续强化品牌对消费者的影响。③

当快消品的主力消费人群开始向90后转化时，立白也在寻找着全新的沟通模式。首创吉祥物"白小七"便是其尝试之一，这一有着语言、表情、动作与脾气的卡通形象出现在电视与数字广告中以贴近消费者。④ 将流行于年轻人中幽默轻松的"污文化"与立白产品"去污"功能巧妙结合则是立白的另一尝试动作，与热门IP《奇葩说》主持人团队携手策划了一场《wuli奇葩直播秀》的脱口秀节目。直播中的金句随着主持人对"去污文化"的解读层层展开，各有笑点——"没有不分手的恋爱，只有不烫手的立白""太污了，喝瓶立白洗洗嘴""人家是用立白长大的，听不懂黄段子呢"……截至直播结束，《wuli奇葩直播秀》累计观看人数达650万人次，点赞量1022.6万人次，百度指数上升至2976点，成为一个现象级的直播。⑤

"我们会发现，无论是内容还是传统视频广告，因为形式变了，又会给大家带来新的认识，给品牌带来新的形象。所以永远不变的事

① 钱丽娜：《立白 借势"奇葩"让90后爱上"去污"文化》，《商学院》2017年第4期。
② 王冬：《立白：选择好平台，品牌飙升快》，《声屏世界·广告人》2014年第12期。
③ 马双双：《立白的品牌营销与经营发展》，《北方经贸》2014年第10期。
④ 王冬：《立白 坚持娱乐 指向中高》，《成功营销》2015年第3期。
⑤ 钱丽娜：《立白 借势"奇葩"让90后爱上"去污"文化》，《商学院》2017年第4期。

情就是要去改变。"立白集团品牌管理中心副总经理王冬在回首立白营销之路时如此说道。① 从明星代言到体育公关，从节目冠名到 IP 借势，以变应万变，便是立白营销的创新之道。

第四节　潮宏基——珠宝王国的自主创新之路

作为"彩金珠宝领潮者"，潮宏基自品牌创建以来一直以"弘扬东方珠宝饰品文化，发展中国现代珠宝饰品行业为己任"为企业宗旨，不断强化珠宝设计研发的自主创新，通过品牌的差异化营销与对外的合作，得到广大消费者的青睐和业界的一致好评。2005 年以来，潮宏基连续入选中国 500 最具价值品牌，多次被评选为"中国最具影响力品牌"企业。

一　初期探索与创新转型

潮宏基的创始人廖木枝出生于 1946 年，是土生土长的潮汕人，低调务实。20 世纪 80 年代，中国商业非常活跃，汕头作为自古多出巨贾的经济特区更是弥漫着浓郁的商业气息，当时，廖木枝的老家潮阳（原为县级市）整个农村都在做黄金加工生意，但只出口香港和东南亚地区。1988 年，廖木枝决定开始涉足黄金代工生意。1989 年，廖木枝的儿子廖创宾决定辍学，跟着父亲廖木枝一起走南闯北，干一番事业，那时他只是一个即将读高二的 17 岁少年。廖创宾回忆说："那个时候在潮汕农村，十八九岁的孩子不出去赚钱会被瞧不起的。"

廖木枝此前曾长期跟东北客户做生意，后来这些客户对黄金首饰有一定的需求，正好他又认识潮汕地区的黄金加工作坊，凭借对市场信息的掌握，父子两人做起了"黄金掮客"，通过委托加工再贩卖给

---

① 王冬：《立白：品牌升级，以变应万变》，《成功营销》2017 年第 Z1 期。

东北客户，赚取差价。

年轻的廖创宾身揣黄金频繁来往于东北、北京和汕头，当时每克黄金就有十几元的利润，日子过得相当舒服。然而，到了1993年前后，番禺、深圳等地冒出很多港资、台资黄金加工企业，潮汕地区的黄金加工作坊逐渐失去了竞争力，父子俩只好自己承包汕头工艺集团的黄金首饰加工车间，试图以更好的工艺保住市场。但竞争激烈，黄金产品的利润率每年都在下降。要提升利润率就要提升附加值，廖创宾相信镶嵌业务可以实现这一目的。因此，廖创宾决定转型。

1995年底，廖创宾从北京回到汕头，在市区租了一套116平方米的写字楼，1996年注册了潮宏基公司，同时调整产品方向，经营白金和钻石，1997年正式推出"潮宏基"品牌，这是内地除"戴梦得"外最早创立的珠宝品牌。

在当时，珠宝首饰行业产品供不应求，只要做了货就能卖，随便打个小幅度的折扣，销售业绩就能立马提升。珠宝首饰行业初期发展的高利润吸引了大量资本，一批又一批新珠宝店如雨后春笋般建立起来，然而这些珠宝店千店一面，品牌之间、企业之间没有太大的区别，缺乏特色，同质化趋势严重。当时国内大部分珠宝首饰工厂产品款式大多来自香港、台湾，廖创宾的记忆是"把别人的款式拿过来压个模就可以了"。

两年后，白金和钻石市场陷入了同质化与价格战的泥淖。27岁的廖创宾虽然年轻，但却有着敏锐的商业嗅觉。他当机立断，决定再次转型，在珠宝设计中加入时尚的设计元素，带领潮宏基走上差异化创新的道路。此后，潮宏基在业内率先推出三色金、使用碎钻等，这些都为潮宏基奠定了时尚的基因。

二 渠道创新：文火慢炖出专柜和自营店

再好的产品也需要好的渠道。潮宏基正是在渠道建设上突破同行桎梏，才有了今天。

创立品牌后，廖氏父子开始效仿周大福做品牌专柜，那个时候在内地还没有人这么做。当时百货商场一般都有自营小金店，柜台很破，灯光很暗，黄金首饰由中间商或加工厂提供，百货大楼统一代销，卖货后按销售额分成。廖创宾想，如果能够把柜台装修得好看一点，让营业员的服务周到一点，那么销售额肯定能很快得到提升。于是他一边向商场要地方自己装修，一边劝百货商场的营业员和潮宏基签约，由潮宏基发工资，以激励他们更好地销售潮宏基的珠宝。

渠道建立比廖创宾想象当中要困难许多。一来很多商场觉得潮宏基的做法打破了行业平衡，不愿意提供场地给潮宏基做品牌专柜；二来营业员原来都是国有企业职工，没几个人愿跟潮宏基签合同。后来还是廖氏父子动用了人脉关系，率先在大连开起了潮宏基品牌专柜，专柜建设工作才得以慢慢推展开来。正如廖创宾所料想中的那样，换了装修、统一营业员的专柜销售额提升很快。

随着生意越做越好，有人提议开放潮宏基的加盟权，提高销售额，但是廖创宾却拒绝说："我做珠宝更喜欢用广东煲汤的方式，文火慢炖，而不是爆炒。"他所指的文火慢炖，就是自营店。廖创宾一直强调："门店＋产品＝品牌。"自己拥有店面不但能将产品卖出高溢价，而且对潮宏基品牌的建设、沉淀很有好处。截至2010年，公司共拥有门店总数为367家，其中自营门店为272家，代理门店为95家。由于潮宏基的店铺大部分为自营店，而且95%以上设立在优质的百货商场中，这在渠道上塑造了很大的优势，使得潮宏基的毛利远高于广州番禺、深圳等地的其他珠宝首饰加工企业。2006—2011年，潮宏基自营店收入占比不断提高，而品牌代理与批发的占比则不断降低。

三 创新人才培养

珠宝设计是潮宏基的灵魂所在，而设计师则是灵魂的伟大塑造者。潮宏基培育了三个层次的设计队伍（见图5—1）。正是有了一批精锐的设计师队伍，潮宏基才得以走在国内珠宝设计的时尚前线。

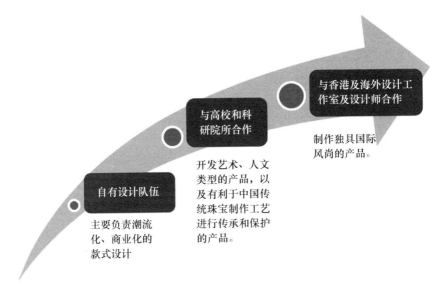

图5—1　潮宏基设计队伍层次

资料来源：公司报告、华泰证券。

潮宏基一是进行自有设计队伍建设，负责潮流化、商业化的款式设计。为了物色珠宝首饰设计的核心人才，廖创宾不惜花重金赞助了多届中国珠宝首饰设计大赛。他回忆说："1999年，中国珠宝首饰行业协会秘书长想搞一个珠宝首饰设计大赛，将珠宝首饰分为黄金、钻石、有色宝石、珍珠四个门类，每类找一个赞助商。他从北跑到南，都没有找到，最后找到我，希望潮宏基成为其中一个门类的赞助商。我跟他说，潮宏基赞助整个大赛。"通过这个大赛，潮宏基找到了一批设计人才，比如在第二节大赛钻石组获一等奖的郭琰峰，目前他已经成为公司旗下合作品牌VENTI的首席设计师。除了内地，廖创宾还将视野放到了香港等地。2002年，廖创宾结婚，要去澳大利亚度蜜月，中途顺便在香港面试设计师，就此将当时在香港一流珠宝公司从事了设计业务20多年的吴浩昌纳入团队，他现在也是公司首席设计师之一。

　　二是与高校和科研院所合作，开发艺术、人文类型的产品，以及有利于中国传统珠宝制作工艺进行传承和保护的产品。2007 年 4 月 23 日，潮宏基与清华大学美术学院共同创建的"清华大学美术学院潮宏基首饰实验室"正式揭牌，其创立致力于挖掘中国传统的文化精髓，把这种文化特征运用到珠宝设计领域；同年，潮宏基开始筹备"潮宏基首饰博物馆"，经历 6 年时间的精心打造后，该博物馆才正式竣工，馆中收藏了明清年间甚至更久远的金银饰品、器皿以及历届中国珠宝设计大奖赛的获奖作品，用琳琅满目的历史遗珍向世界展示中国传统珠宝的温度与厚重。

　　三是与中国香港、法国、意大利等知名设计工作室及国际著名设计师合作，创造出既具有丰富文化内涵又紧贴国际流行趋势的独具国际风尚的珠宝饰品。比如 2015 年，公司旗下品牌"VENTI 梵迪"紧抓顾客消费偏好，与欧洲设计师合作推出"Galaxy 星系""Circular Dream 圆梦"等系列产品，并通过主题规划做好欧式时尚的传递和演绎。

四　设计创新：融合东方元素

　　在中国珠宝发展的初期，许多珠宝企业都是按照欧美的风格进行设计的，但是心中有着弘扬东方文化使命感的廖创宾却想做出不一样的东西。他在一次访谈中提到，中国的文化博大精深、源远流长，中国也是世界珠宝的发源地之一，中国的珠宝文化有着自己独特的人文理念，包容着中国人的情感，如果能够将祖先为我们留下的丰富文化遗产和中国珠宝首饰设计相结合，一定能够改变国际业界对中国珠宝企业的认识。

　　带着美好的愿景与自信，廖创宾及其设计师团队精益求精地开展珠宝原创设计工作，终于，不懈的努力让他们得到了幸运女神的眷顾。2006 年，潮宏基作为中国唯一被特邀的珠宝企业，在瑞士巴塞尔世界珠宝展上呈现了自己的原创主题作品"紫气东来"，展品共有六大系列——"京剧之声""青铜系列""龙虎系列""吉祥系列""圆满系列""凤凰系列",古老的中国文字、旗袍、唐装、龙凤、古币等鲜明的中国文化符号完美融合于精美绝伦的珠宝之中,充分展现了中国文化情调,在众多国外观众中引起强烈反响。巴塞尔世界博览中心总裁雷妮·凯姆感慨地说:"我很喜欢中国的历史和文化,此次展示的具有中国文化精髓的原创首饰,树立了中国珠宝业的新形象。"这次珠宝展览秀不仅向国际珠宝界证明了中国内地卓越的原创设计,更用不可复制的东方神韵震惊了世界珠宝界。

凭借对高档时尚珠宝的执着定位,以及对设计的始终坚持,潮宏基年均推出原创首饰新款超5000个,塑造了优秀的品牌形象,赢得了良好的口碑。2009年,在由世界品牌实验室独家编制的《2009年度中国500价值品牌》排行榜中,潮宏基公司旗下的"潮宏基"品牌以价值44.25亿元位列珠宝首饰行业第二名,仅次于香港品牌周大福。2010年,潮宏基蝉联"亚洲品牌500强排行榜"榜单,ABAS(亚洲品牌测评体系)综合得分为5997分,成为中国内地珠宝品牌排名第一位,位列该排行榜珠宝类品牌的前五。

五 品牌创新:多品牌管理

珠宝业属于资金密集型行业,规模化的发展需要借助资本的力量。潮宏基的管理层提出了上市的目标。2010年1月28日,潮宏基登陆深圳证券交易所中小板,成为A股首家时尚珠宝公司。廖创宾展现了对潮宏基未来发展的信心与决心:"潮宏基将会珍惜进入资本市场发展的机会,继续以'弘扬东方文化,汲取世界精华,引领中国时尚,璀璨人类生活'为企业使命,坚持走专业化品牌发展路线,在巩固现有行业地位的基础上,充分利用已有品牌和营销网络优势,发展多品牌经营,提高市场占有率。"

随着"她经济"的兴起,潮宏基将公司定位于"中高端时尚消费品多品牌运营商",明确了以"中产阶级女性"为核心人群打造轻奢时尚产业集团的战略发展方向,以珠宝、女包为核心,向化妆品、美容健康、钟表、眼镜、休闲娱乐等领域持续布局,为中产阶层女性消费者打造时尚生活生态圈。

早在 2002 年，潮宏基就与法国知名品牌 VENTI 结盟；2014 年，潮宏基完成了对亚太知名女包品牌"FION 菲安妮"100% 的股权收购，开启多品牌战略，"CHJ 潮宏基""VENTI 梵迪""FION 菲安妮"三个品牌并行运营。"CHJ 潮宏基"与"VENTI 梵迪"虽然同为珠宝品牌，却拥有不同的定位——"CHJ 潮宏基"定位于价格合理的经典时尚，而"VENTI 梵迪"则定位于买得起的快速时尚，目标消费群体是 20—35 岁年轻时尚的职业女性。"FION 菲安妮"主营业务则是珠宝延伸的领域——女包，该品牌成立于香港，已有 35 年历史，和潮宏基有许多相似之处，同样定位于性价比较高的轻奢消费品，经过两年多的磨合，潮宏基对菲安妮品牌进行了设计师更换、门店升级改造等，设计上也有较大的转变，更为简约时尚、符合潮流。

潮宏基能够在众多珠宝首饰企业中脱颖而出，秘诀主要在三个方面：设计、渠道和品牌。第一，出众的原创设计赋予珠宝独特的灵魂。当前居民对珠宝首饰的消费不单单是为了满足保值增值的需求，更多的是为了满足艺术及精神层面的需求，因而产品的个性化和时尚度成为重要的购买因素。优秀的设计团队、融合中西方元素的设计理念都为潮宏基引领珠宝时尚潮流打下坚实的基础。第二，渠道优势很大程度上决定竞争优劣。渠道决定了珠宝首饰的流通方式，任何一种新产品的畅销，都需要依靠庞大的营销网络支持，在最短的时间内打开市场通道，尽快被消费者接受。在廖创宾推出品牌专柜的时候，业界都说他是"疯子"，在投资者建议他开放加盟权的时候，他却坚持走扩张自营店的道路。市场最终证明了他的决策是对的。第三，良好的品牌管理促进市场占有率的提高。珠宝市场是一个品牌溢价效应十分明显的市场，一般的消费者对珠宝首饰的真伪、价值不具有专业的辨别能力，在购买时对销售商品牌的信任在很大程度上起到主导作用，因此珠宝首饰销售商的信誉度、品牌知名度非常重要，能够直接拉动其产品的销售。与国外知名品牌的合作、在巴塞尔世界展的原创珠宝秀、潮宏基首饰博物馆的建立、植入大热影视中的广告营销，都是潮宏基进行品牌管理的重要举措。秉承着"弘扬东方文化精髓，推动中国原创设计"的理念，潮宏基坚持走自主原创道路，致力于发展民族品牌。日月流光，潮启东方，潮宏基绽放着属于自己的光芒。

第五节　迈瑞生物——医心一意，汇智未来

21 世纪初，全球医疗设备市场被来自欧美和日本的几家跨国巨头所垄断。截至 2002 年，国际医疗设备企业已经在中国设立了 400 余家独资或合资企业，如西门子、强生、阿罗卡、麦迪逊、GE 和岛津等，这些企业凭借比中国先进至少 15 年的技术瓜分了中国高端医疗设备市场，中国企业只能在低端市场中竞争。但这之中有一家中国企业与众不同——自 1991 年创立以来，迈瑞以"普及高端科技，让更多人分享优质生命关怀"为使命，以"成为守护类健康的核心力量"为愿景，通过对研发和国际扩张的专注和坚持，成功从一家小规模的国内医疗设备代理商转变成为一家拥有核心技术的一流医疗设备企业，成为中国的"原钻企业"之一，迈瑞使得打破欧美、日本在医疗设备领域的垄断局面成为可能。

迈瑞的创始人是徐航，广东人。1979 年，徐航考入清华大学计算机系，1984 年本科毕业后转入电机系生物医学工程专业攻读硕士，之后任职于深圳安科医疗仪器公司。1991 年，徐航主动放弃了在该公司技术负责人的职位，和几位同事在深圳租了两间办公室，创立了迈瑞，主营进口医疗设备代理业务，代理产品包括 GE、日立、惠普、西门子等品牌的临床监护仪。依靠着从事医疗设备领域的多年经验和广阔的人脉关系，迈瑞的业务增长非常迅速，不到一年的时间，迈瑞的收入就已经超过了 1 亿元人民币。

徐航并不满足于做国际知名品牌的代理商，具有远见卓识的徐航非常清楚，如果不掌握核心技术，迟早要被市场淘汰；更重要的是，对徐航来说，代理业务只是深入了解市场、积累资本和经验的权宜之计，而非创立迈瑞的初衷，自主研发核心技术、打破外国品牌的垄断

才是徐航内心真正的渴望。在了解徐航的真实想法后，坚持要走代理业务之路的创始人出售了自己的股票，离开了徐航的团队，而留下来的则是和徐航有着共同的梦想、一同奋进的人，走创新之路成为迈瑞坚定的不二选择。1992 年，徐航的团队将企业收入和深圳市政府下拨的 100 万元科研资助全部投入临床监护仪产品的研发中，并在当年成功推出中国第一台多参数血氧饱和度监护仪 MET – 503A，该产品获得了"国家级优秀新产品奖"。

一　从模仿创新到自主研发

在高新技术领域进行创新研发有很大风险，消耗着大量创业资金和宝贵时间的产品研发一度让资金紧张的迈瑞陷入两难境地。由于资金的缺乏和经验的不足，迈瑞前期主要进行模仿创新。模仿创新是指在解剖率先创新者生产的新产品的情况下，通过合法手段，掌握其设计、工艺和制造原理，并在此基础上引入自己的创新，对率先创新者的技术进行完善的过程。比如迈瑞推出的 MEC – 509 多参数监护仪，主要的零配件从美国引进，而外壳则在中国制造，迈瑞只是把英文显示进行汉化并在显示上加以创新改进。迈瑞通过模仿创新降低了研发风险，满足了市场需求，也积累了一定的技术和生产经验，为之后的自主创新奠定了坚实基础。

境外风险投资基金的成功引入使公司如虎添翼，5 年间，迈瑞在注重保持研发实力、拓展市场销售网络的基础上赢得了各项财务指标的稳步成长，在国内行业中确定了领先地位。

自主创新是迈瑞发展战略当中的重头戏。徐航就迈瑞的"自主创新"进行了阐释："研发和做考题一样，不是从最难的开始。中国还没有出现革命性的创新，中国更需要渐进性的创新。迈瑞固然希望做革命性的创新，但并不符合迈瑞的短期目标。"简单来说，自主创新是指依托现有技术生产中档产品，并以此为跳板进行更多革命性创新。

1997 年，迈瑞引入了美国华登、日本软库等风险投资机构的 800 万美元参股，这些资金后来全部用于研发。除此之外，迈瑞每年基本都要拿出当年销售额 10% 以上的资金投入研发，虽然迈瑞的规模当时还不算很大，但研发投入的占比已经达到了发达国家大型企业的水平。当然，作为一个企业而非研究中心，迈瑞对其创新项目有很高的风险控制要求。迈瑞有一个已成文的约定，即三年内不见效益的项目要严格控制开发投入，这是和当时阶段公司的发展规模、经济实力相匹配的，也是实践中总结出来的经验。

在研究团队的艰苦奋斗下，迈瑞在 1998 年推出了经过两年自主设计研发的 PM 9000 便携式监护仪，在系统设计、软硬件平台、基本参数模块、电源系统、产品外形与结构等方面进行了大胆创新，摈弃过时的老产品，很快赢得了市场，成为迈瑞产品发展史上的明星产品。

接着迈瑞把监护产品取得的收益适时投入医学检验产品和数字超声产品的研发中，不断拓宽产品线。1998 年 7 月，迈瑞推出中国首台准全自动三分群血液细胞分析仪，一举将国内临床检验的主流市场从二分群推向准全自动三分群的技术高度，并以性能稳定、操作方便等优点赢得广大用户的一致赞誉，这也使得国外二分群血球仪很快退出了中国市场。之后，迈瑞持续投入 5 年时间，攻克了许多难关研发出 BC – 300 全自动生化分析仪，结束了国外品牌在国内市场的垄断历史，开启了中国生化分析领域的新篇章。2006 年，迈瑞在国内和国际市场上成功推出了第一台由中国企业拥有自主知识产权的全数字彩色超声影像设备（彩超）DC – 6；产品推出后，市场的积极反应大大超过了迈瑞的预期。

二 拓展创新边界：产学研合作助力

高新技术的创新需要精英人才，为此，迈瑞从 1997 年开始就与清华大学开展人才联合培养计划，并逐渐增加合作院校，培养出多名优秀研究生。

2002 年中国加入 WTO 后，为打破技术堡垒、促进行业进步、发展和创造具有自主知识产权的精密医疗设备，国家科技部依托作为国家重点高新技术企业的迈瑞，组建了"国家医用诊断仪器工程技术研究中心"。在科技部下达的组建任务书的指导下，迈瑞带头建立了工程化、规范化、专业化的研究开发体系，构建了医用诊断仪器研发的技术平台和服务平台，为行业提供了适用产品和配套的先进技术规范，逐步将中心建成"成果一流、效益一流、技术领先"的科技成果集散地和研发技术人才的培养基地，并在生命信息监护领域、临床检验领域、数字超声诊断成像领域完成了多项关键核心技术研发。

作为设备提供商，迈瑞与很多国内一流的有临床资质的三甲医院在产品的临床、先期前沿的技术研究方面进行密切合作，并将各国科研机构、教学医院、高校联系在一起，确保医疗解决方案的实用性。紧密的产学研合作，拓展了内部创新的边界，为迈瑞的发展注入了动力。

三　客户中心型创新：为客户提供用得起的高质量产品

在自身技术水平不如国际先进企业的情况下，为了打破垄断局面，迈瑞选择走低成本战略之路，通过提供性价比更高的产品来提高市场占额。徐航自豪地说："我们可以保证一点：在同一个价位，全世界买到最好的产品一定是我们的；在同一个质量层次，一定是我们的产品价格最便宜。"

20多年来，迈瑞确实把中国很多医疗设备的采购价从天花板降到了地板。比如迈瑞的生命监护仪，现在在全球算是比较有品牌的产品线，但迈瑞头两年在做类似产品代理的时候，一台监护仪的价格是现在的5—8倍，而功能和性能大概只有迈瑞现有产品的1/3。徐航曾表示："我们的产品要有奔驰、宝马的质量，但是只卖桑塔纳的价钱。如果能做到这一条，在全球任何市场都将战无不胜。"

四　布局全球研发中心

为了更快地提升技术水平，扩大产品线，打通海外分销渠道，迈瑞积极进行跨国收购与兼并。2008年，迈瑞斥资2.02亿美元收购了美国医疗器械商Datascope的生命信息监护业务，跻身全球监护领域第三大品牌。Datascope 监护业务的主要收入来自北美、欧洲市场，在美国和欧洲拥有强大的销售平台和服务网络，收购加速了迈瑞由中国本土企业向国际化企业的转型，收购没有出现大的波折，很大程度上归功于迈瑞"实事求是"的传统。海外企业习惯一切用业绩说话，迈瑞不重学历、不重出身、只重成果的取向与国外主流价值观是一致的。并购后迈瑞中国方面负责产品的研发和制造，每年推出 3—4 种新产品的研发高效率，进一步坚定了海外员工的信心。2013 年，迈瑞收购了美国高端彩超技术供应商 Zonare，跻身全球高端影像技术领导者阵营。同年，迈瑞收购了澳大利亚医疗服务供应商 Ulco，拓展澳洲市场。

除了在国内积极打造研发基地之外，迈瑞还在美国西雅图、新泽西，以及瑞典斯德哥尔摩设立研发中心。迈瑞成立以来申报以及被授权的 1100 多项专利中，有 200 多项属于国际专利。今天的迈瑞产品已经涵盖生命信息与支持、临床检验及试剂、数字超声、放射影像四大领域，而其在全球设立的 16 家子公司覆盖了欧美和亚非拉的主要国家，全系列产品销往美国、英国、德国、法国、意大利、西班牙、韩国、中国台湾等 190 多个国家和地区。

1992 年以来，迈瑞在生命信息与支持、临床检验及试剂、数字超声、放射影像四大领域推出 70 余项新产品，拥有全部自主知识产权及 960 余项专利技术，填补了国内科研、开发的空白，创造了多项中国"第一"。自国际扩张以来，迈瑞凭借着在全球市场上的卓越表现，赢得了诸多国际荣誉——"2006 年度全球监护市场渗透领袖奖""2007 年度全球监护市场卓越奖""2008 年度北美监护市场最佳客户价值奖""2010 年度欧洲监护全球化卓越奖"等。2009 年，迈瑞入选《环球企业家》最具全球竞争力中国公司 20 强。能够有如此飞速的成长和惊人的成绩，最根本的还是归功于迈瑞对创新的不懈追求。徐航将迈瑞的英文名"Mindray"诠释为智慧之光，也就是要用自己的智慧进行创新，掌握核心技术，从而占领市场。

第六节 展望创新

作为连续28年GDP总量领跑全国第一的重要省份，广东势必将成为一个不断壮大的创新来源，凭借创新来满足庞大的、消费者主导的市场需求。同时也成为本地市场、新兴市场乃至世界各地的国际企业开展研发、对新创意进行商业化的首选之地。此外，广东的低成本快速创新模式可应用于中国乃至全世界，并有望给一系列行业带来颠覆性影响。

三家典型案例企业——立白、潮宏基、迈瑞，无一不在坚持走自主创新的道路，它们是广东民营企业创新的缩影。立白每年都投入巨资研究和开发新技术、新工艺，引导日化行业不断向节能减排的方向发展；在国内珠宝首饰行业陷入同质化泥淖时，潮宏基率先走上差异化创新的道路，坚持高薪聘请精英设计师进行原创设计、斥巨资做品牌建设；在部分创始人坚持设备代理业务的情况下，迈瑞仍把重心放在产品研发和技术攻坚上，从模仿创新开始，一步一个脚印向自主创新过渡，成为全球领先的医疗设备供应商。

在新常态背景下，广东民营企业面临着创新和未来发展的机遇与挑战。先知先觉的广东在省委、省政府带领下，加快推动结构调整、转型升级、创新驱动发展，实施"双转移""双提升"战略。广东民营企业可以在多方面采取行动、加快创新，包括：（1）加速测试、学习和完善周期。要达到中国的创新速度，广东民营企业还有待压缩将客户反馈及其他数据转化为新功能或新产品的时间。（2）充分利用开放创新生态系统。不断壮大的外包服务生态系统能帮助企业完成设计、原型制作和生产，还能降低成本，将创新流程缩短数月。（3）培养优秀的创新人才队伍。

对广东而言，创新早已不是抽象的概念——它印证了中国经济的日渐崛起和迈向成熟。在未来10年，创新将成为广东提升生产率与维持经济增长的重要手段，也将是中国保持并提升全球市场竞争力的关键所在。与此同时，中国有可能跻身于全球创新中心，迅速敏捷的中国创新模式在全球得到广泛传播。10 年后，广东和中国创新产生的效应有望获得世界的广泛认可。

第 六 章

互联网先锋

　　2017 年 9 月 13 日，波士顿咨询公司、阿里研究院、百度发展研究中心、滴滴政策研究院在北京联合发布《中国互联网经济白皮书：解读中国互联网特色》。报告指出，中国已经成为全球互联网经济的先锋，并与美国一起成为驱动全球互联网发展的双引擎，中国互联网经济发展今后将从应用驱动型创新迈向技术驱动型创新。[①] 中国的互联网经济从无到有，从美国互联网商业模式的模仿者、追随者转变为引领创新的先锋。在中国互联网高速发展的过程中，网易的丁磊、腾讯的马化腾、唯品会的沈亚、聚美优品的陈欧等一批批雄心勃勃的企业家纷纷投身于互联网创业大潮，从广东走向全国乃至世界，共同演绎了一场波澜壮阔的伟大变革。

　　奥地利学派的经济学家熊彼特曾经以"永不停止的狂风"和"创造性的破坏"来形容现代商业革命。而站在互联网浪潮尖端的这一批广东民营企业家在改变自己命运的同时，也参与了这场互联网商业革命的历程，它壮观、曲折，充满了种种不确定性。他们富有创新的企业家精神及其企业所开创的商业模式深刻地影响了中国社会的方方面面，也塑造了一代中国青年。

---

　　① 《中国成为全球互联网经济先锋》，2017 年 9 月 16 日，人民日报图文数据库（http：//paper. people. com. cn/rmrb/html/2017 - 09/16/nw. D110000renmrb_20170916_6 - 03. htm）。

第一节 腾讯帝国的王者之路

2017 年 11 月 9 日，微信在腾讯全球合作伙伴大会上发布了《2017 微信数据报告》。报告指出，微信日活跃用户达到 9 亿人，较 2016 年增长 17%；微信支付每月线下支付次数比 2016 年增长 280%。[①] 2017 年 11 月 21 日，据《福布斯》实时富豪榜资料，马化腾身家最高涨至 483 亿美元，超越谷歌两名创办人佩奇（Larry Page）和布林（Sergey Brin），在全球富豪榜中排名第九，跃升为华人首富，这是首次有中国亿万富翁进入《福布斯》全球前 10。[②]

在今天的中国，微信、QQ、王者荣耀家喻户晓，几乎成了中国互联网时代的符号，而腾讯也成为中国最大的互联网综合服务提供商和中国服务用户最多的互联网企业。从 1998 年开始创业到成为世界级互联网巨头，腾讯以即时通信工具起步，逐渐进入社交网络、互动娱乐、网络媒体、电子商务等领域，在超高速发展的互联网时代不断探索，其从模仿到创新的发展路径，亦是中国互联网企业成长的缩影。为什么是腾讯，而不是其他互联网公司，成为当今中国互联网企业的巨头？腾讯的发展壮大之路又能为中国互联网企业的创业及成长提供何种借鉴？深入探析腾讯如何紧随互联网时代趋势，抓住用户需求进行本土化创新，将有利于我们更加深刻地认识和了解腾讯的成长历程，也便于中国互联网企业更好地借鉴和学习腾讯的成功之处。

一 互联网时代的企鹅梦（1998—2004 年）

1998 年，被称为中国互联网的元年。也正是在这一年，中国许多互联网公司开始创建并建立了最初的商业雏形。与改革开放初期那批

---

① 《腾讯发布〈2017 微信数据报告〉日活用户数达到 9 亿》，2017 年 11 月 9 日，搜狐网（http://www.sohu.com/a/203331545_99972665）。

② 《马化腾升为华人首富》，2017 年 11 月 22 日，新浪网（http://mil.news.sina.com.cn/2017 - 11 - 22/doc - ifypapmz3725343.shtml）。

创业者所不同，互联网时代的创业者大都是大学本科及以上学历。他们在这一时期的集体出现，极大地改变了中国互联网经济的走向。

腾讯帝国的掌舵者马化腾，生于 1971 年，籍贯广东汕头潮南。1984 年，年仅 13 岁的马化腾跟随父母从海南搬到了深圳。这时的深圳刚刚开始经济特区的试验，是一个百业待兴、充满希望和机遇的城市。马化腾到深圳后转入深圳中学就读，并于 1989 年考入了深圳大学就读计算机系。1993 年，马化腾从深圳大学毕业，进入深圳润迅公司，成为一名软件工程师，专注于寻呼软件的开发。1998 年，在润迅工作了 6 年的马化腾萌生辞职创业的想法，与好友张志东、陈一丹、许晨晔及后来加入的曾李青组成了早期的创业团队，并且将公司命名为"腾讯"（Tencent）。公司成立初期计划主打的产品为"无线网络寻呼系统"，即将互联网和寻呼机联系在一起，实现在呼机中接收到来自互联网端的呼叫，并接收新闻和电子邮件等功能。

腾讯 1998 年刚成立之时，正是中国互联网的"门户时代"，搜狐、网易、新浪"三巨头"称霸中国互联网的时期。也正是这一年的 6 月，刘强东在中关村创办代理销售光磁产品的京东公司；10 月，软件工程师周鸿祎创办了"3721"网站。1999 年 3 月，马云创办了专门为中小外贸公司服务的阿里巴巴网站；6 月，沈南鹏和梁建章创办了携程网；11 月，李国庆和妻子创办了从事网络图书销售的当当网；年底，硅谷搜索技术专家李彦宏回国创办百度公司。在中国企业史上，出现于 1998 年至 1999 年的这些互联网创业群体是前所未见的一代，他们组成一条喧嚣而璀璨的星河，隔出了一个新的企业家世代。①

在互联网创世纪的星河中，腾讯并不起眼。1998 年之后，移动手机逐渐普及，腾讯所主打的寻呼服务及产品也因传呼机的被遗弃而失去市场。然而，腾讯一款模仿以色列人所开发的 ICQ 所推出的 OICQ 软件却意外获得了用户的青睐。虽然此时国内还存在一大批同类型的通信软件：PICQ、TICQ、GICQ、新浪寻呼、雅虎即时通……但 OICQ

---

① 吴晓波：《腾讯传：1998—2016》，浙江大学出版社 2016 年版。

凭借着一系列的本土化创新，如用户资料存储于云服务器，离线消息发送功能，隐身登录功能等，迅速在同类型软件中杀出重围。1999 年 2 月 10 日，OICQ 的第一个版本首次上线。注册用户两个月内就达到了 20 万，到 11 月，已经突破百万。到 2001 年，因与 ICQ 知识产权诉讼更名后的 QQ，注册用户已达 5000 万。尽管用户数不断增长，但此时的腾讯并未发掘出流量变现的赢利模式，前景也并不为投资者所看好。而飞涨的用户也给初创期的腾讯带来了巨大的维护成本，资金的匮乏几近导致 QQ 易主。在弹尽粮绝之际，ICQ 被如日中天的美国无线以 4 亿美元高价收购，看到 QQ 前景的国际风投机构 IDG 和盈科随即决定向腾讯提供 220 万美元的风险投资，2001 年南非的 MIH 投资集团战略入股腾讯，腾讯得以获得喘息的机会。

早期的互联网企业如雅虎通过服务免费获取客户流量的模式大获成功，后期大部分互联网企业均跟随这一模式，力图通过"烧钱赚流量"及"流量变现"在竞争中突围。因此，如何获得流量以及流量的变现效率将在很大程度上影响互联网企业的赢利能力和市值表现。① 2000 年 12 月，中国移动正式推出了"梦网"创业计划，正式向 SP（增值服务提供商）打开大门。这一移动增值服务的推出及背后的利润分成模式为包括腾讯在内的一大批互联网企业带来了发展契机。腾讯所推出的"移动 QQ"迅速占领了市场，并为腾讯掘得了第一桶金。到 2001 年底，腾讯实现营业收入 2907.6 万元，净利润 1021.6 万元。此后，腾讯推出了自己的门户网站，开始涉足门户型 SP 服务。2002 年，移动增值业务给腾讯带来了 2 亿元的收入，占其总收入的 76%。

这一时期，腾讯并未止步于模仿，而是将所擅长的本土化创新一直持续。按照"小步快跑，快速迭代"的指导思想，腾讯不断发布新版本的 QQ 供下载，以满足用户的多样化需求。例如，腾讯于 2002 年 8 月发布 QQ 新版本，增加了 QQ 群、手机通讯录、好友手机绑定等功能。通过不断发布新版本，迅速迭代和增加新功能，QQ 获得了用户

① 《帝企鹅的顶层设计》，《新财富杂志》2014 年第 1 期。

的青睐，迅速转型成为火爆的社交网络平台，而 QQ 号也成为网络社会个体的名片之一。2003 年以后，QQ 推出 QQ 秀形象、群相册、QQ空间等功能，这些功能符合中国文化情境下个体的交往准则，并进一步满足了用户的深层次社交需求，获得了广大用户尤其是青少年的喜爱。①

　　2004 年 4 月，腾讯的用户数量宣布突破 3 亿，而此时的 Facebook还只是一个在哈佛校园内刚刚上线的照片评分网站。2004 年腾讯在香港挂牌上市，发行价 3.7 港元，是第一家在香港主板上市的中国互联网企业。腾讯的《招股说明书》显示，腾讯的主要赢利被划分为了三部分，即移动及电信增值服务（包括移动聊天、语音聊天、短信铃声等）、互联网增值服务（包括会员服务、社区服务、游戏娱乐服务）和网络广告。上市后的腾讯开始了"第二次创业"——布局 Web2.0。即以 QQ 和 QQ.com 为战略核心，展开"一横一竖"的业务模式，将无线增值服务、互联网增值服务、互动娱乐服务、网络内容服务及电子商务服务融入两大平台，将传统线下生活搬到线上，打造"在线生活"，一个庞大的企鹅帝国正在形成。

二　出击与逆袭（2005—2009 年）

　　上市后的腾讯凭借着巨大的 QQ 用户群及客户黏性，开始了一系列的战略扩张，不断推出自有产品，力图进入互联网的各个领域，并通过强势的渠道资源、品牌效应和良好的用户体验来迅速扩大市场份额。在社交平台打造上，腾讯于 2005 年推出了 QQ 空间。用户通过QQ 空间，不仅可以实现类似博客功能的信息发布，还可以展现自主设定的虚拟形象、音乐、空间装饰等个性化设置。凭借庞大的 QQ 用户，QQ 空间的用户量轻松过亿，迅速成为青少年最为喜爱的社交平台。到 2008 年 3 月，QQ 空间的单月活跃用户也已经过亿，遥遥领先

---

　　① 《执着的本土化创新，腾讯克服列强的武器》，2014 年 1 月 8 日，观察网（http://www.guancha.cn/BanRuoCaiZhi/2014_01_08_198203_s.shtml）。

于新浪和校内网（后更名为人人网）等，而日后风光无二的 Face-book，此时活跃用户数才达到 6700 万。

在网络游戏领域，腾讯的扩张也同样迅猛，逐步从休闲游戏扩展到更具对抗性和付费意愿更强、价值空间更大的大型网络游戏和竞技游戏上，相继推出了"QQ 幻想""QQ 宠物""QQ 音速""QQ 三国"。到 2007 年，腾讯在游戏领域的根基已成。2008 年推出的"穿越火线"和"地下城与勇士"两款游戏，更是在日后表现出了惊人的赢利能力。通过代理、自研、收购多管齐下，腾讯的游戏业务逐渐成熟，来自游戏业务的盈利也为腾讯在其他领域的战略扩张提供了资金。

在搜索业务上，腾讯打造了 QQ 浏览器，并与 SOSO 合作，试图打造自己的搜索业务以抗衡百度。在电子商务领域，腾讯推出了与阿里巴巴类似的拍拍网，以抢夺市场份额。然而腾讯在搜索和电商领域的扩张并不如意。除了进入的时机晚，战略上的迷失和执行层面的失误外，也和这两个领域的领先者同样强大有关。阿里巴巴和百度在各自领域的用户体验、技术实力、用户习惯培养、数据积累、产业布局和生态企业培养等多个方面遥遥领先于腾讯，并且牢牢占据住了各自领域的流量入口。[①]

2006 年，腾讯启用新标识，标志着腾讯成为一家集即时通信、新闻门户、在线游戏、互动娱乐等于一体的综合性互联网公司。正如《世界经理人》杂志 2006 年所言：八年前，马化腾开始做 IM（即时通信），现在用户数量第一；在三年前开始做门户，现在流量第一；做休闲游戏，将业界老大联众取而代之；进入网游后成长势头凶猛，让盛大、网易开始警惕；一年前开始电子商务，在拍卖和在线支付上一出手，让马云、王志东等前辈紧张万分。在中国互联网业，做到横跨多个业务线的企业并不少，却没有一家互联网公司能像马化腾这样在多条业务线上同时做到领先。[②] 到 2009 年，经过 10 年发展的腾讯，已

---

① 《帝企鹅的顶层设计》，《新财富杂志》2014 年第 1 期。
② 郑祥琥：《聊出来的企鹅帝国：马化腾与腾讯管理模式》，武汉大学出版社 2009 年版。

经从一个小型企业成长为市值中国第一、全球第三的互联网巨头。此时，在 QQ 即时通信软件这个已经突破 6 亿活跃用户的肥沃土壤上，长出了数棵盈利的参天大树，而腾讯的核心商业模式也基本成型。

正是在腾讯四处出击，开辟疆土的时候，其"紧盯市场动态，以最快的方式复制成功者模式，利用 QQ 用户优势进行后发超越"的战略受到了业界的质疑。"模仿而非创新""以天下为敌"和"拒绝开放"成为业界评价腾讯的"三宗罪"。

三　打开未来之门（2010 年至今）

以庞大 QQ 用户为基础的腾讯，凭借快速的市场反应能力和庞大的客户基础，不断进入互联网各个领域，成为各个细分领域的变革者。2010 年 1 月，腾讯的股价突破 176.5 港元，市值达到 2500 亿港元，一举超越雅虎，成为继谷歌、亚马逊之后的全球第三大互联网公司。古人有云：木秀于林，风必摧之。一路狂奔的企鹅帝国对步步临近的危机并未有敏锐的察觉。2010 年 9 月至 11 月，"3Q 大战"爆发。

周鸿祎的奇虎 360 公司于 2006 年 7 月推出主打互联网安全的"360 安全卫士"免费杀毒软件，不到一年就以迅雷不及掩耳的速度占领了 PC 桌面安全市场，让金山毒霸、瑞星杀毒等公司基本奄奄一息，成为国内最大的安全软件。以该客户端为基础，360 延伸出免费杀毒软件、浏览器等产品，均获得了成功。腾讯公司看到了这个市场的重要性，在 2010 年 5 月 31 日，将原来查杀盗号木马的小工具 QQ 医生升级至 4.0 版并更名为"QQ 电脑管家"，强势进入桌面安全领域。此外，新版软件还将 QQ 医生和 QQ 软件管理合二为一，增加云查杀木马、清理插件等功能，涵盖了 360 安全卫士所有主流功能，且用户体验也与 360 类似。由于腾讯强大的实力和巨大的用户规模，它进入安全市场参与竞争，这让 360 公司如临大敌。2010 年 9 月 27 日，为了实现对抗腾讯的目的，360 发布直接针对 QQ 的"隐私保护器"工具，宣称其能实时监测曝光 QQ 的行为，并提示用户"某聊天软件"在未经用户许可的情况下偷窥用户个人隐私文件和数据，引起了网民对于

QQ 客户端的担忧和恐慌。① 2010 年 10 月 29 日，周鸿祎推出了 360 扣扣保镖，屏蔽了腾讯 QQ 上的广告等功能。2010 年 11 月 3 日，腾讯公开信宣称，将在装有 360 软件的电脑上停止运行 QQ 软件，倡导必须卸载 360 软件才可登录 QQ。2010 年 11 月 5 日，工信部、互联网协会等部门介入调停，"3Q 大战"结束。

虽然后来腾讯在法律诉讼中胜诉，360 被判赔偿损失，但由于当时腾讯深陷各种抄袭指责，360 公司又是以弱势身份出现，并且号称为用户着想，所以社会舆论大部分是倒向了 360 公司。这次"3Q 大战"也让马化腾重新思考腾讯的平台策略及未来战略方向，此后的腾讯也逐渐从封闭、孤傲的企鹅王国转向了构建开放、创新、合作、共享的生态链系统。从某种意义上说，正是这次"3Q 大战"为腾讯打开了一扇门，这扇门后面，是一个更广阔的未来。

2011 年腾讯制定了"开放平台战略"——建立开放、共享的互联网新生态，并成立了腾讯产业共赢基金。为了进一步巩固平台，加大了对微信、微博、电子商务、搜索、网络安全、网络视频和海外扩张等战略性的产品领域的投资，开发了涵盖通信、社交、网页浏览、游戏、新闻和音乐等领域的应用软件，同时专门提供给移动终端享有的新产品功能，提高了移动终端用户的活跃度。也就是在这一年，腾讯推出了具有划时代意义的产品——微信。为应对雷军的小米公司所开发的跨平台即时通信软件——米聊，微信于 2010 年 10 月立项，由原 QQ 邮箱团队的负责人张小龙带着一支 10 人的小分队进行产品开发。同时腾讯有另一支研发团队也在开发类似的"Q 信"，这也是腾讯"内部赛马"制度的独特性。张小龙团队所开发的"微信"取得了领先优势，并迅速推出市场以占领移动互联网时代的入口。2011 年 1 月 21 日，微信正式发布。2012 年 3 月 29 日，距离上线仅 433 天，微信用户突破 1 亿。在互联网史上，微信是迄今为止用户增速最快的在线

---

① 《3Q 大战》，搜狗百科（http：//baike. sogou. com/v29295837. htm？fromTitle = 3Q% E5% A4% A7% E6% 88% 98）。

通信工具。QQ 花了将近 10 年，同时在线用户突破 1 亿，而 Facebook 和 Twitter 分别用了 5 年半和 4 年。此后，微信逐渐增加朋友圈、视频聊天等功能，提高了用户的黏性。并不断加入游戏中心、表情商店、小程序，引入京东购物，并为用户提供充值、理财通、出行、生活缴费、电影票、微信红包、吃喝玩乐、同程旅游、公益等多方位的生活服务。经过无数次迭代更新，如今的微信已经超越了一个通信工具，而是移动互联网时代的生活方式。

微信的巨大成功似乎掩盖了腾讯其他领域的突破。实施"开放平台战略"后的腾讯，主要做两件事：一件是连接器，目标是连接一切，将人和人、人和内容、人和服务、人和设备连接起来；另一件则是内容产业。如果将连接器、内容、其他业务和外围生态进行简要划分（见图 6—1），就可以一窥腾讯大战略的思路。

其中处于最核心的是 QQ/微信两个以关系链为中心的社交服务，然后则是 QQ 空间、朋友圈和微云三款用户私有内容构成的堡垒，可以说关系链和私有内容共同构成了腾讯整个生态的核心。在这个核心之外，则是腾讯广泛布局的内容服务，包含腾讯网、腾讯游戏、腾讯视频、腾讯动漫、QQ 音乐、阅文集团、微信公共号以及广泛投资的外部内容公司，这些内容均为公有内容，共同构成了腾讯的强大竞争力。除此之外，腾讯还通过投资和自行培育构建起包括线上服务、线下服务和企业级服务三大部分的服务业务。[①]

2013 年 11 月 11 日，腾讯创业 15 周年，马化腾发表主题演讲，首次提出了"连接一切"和"互联网＋"的新主张。腾讯开始与垂直领域的领先公司，如大众点评、京东和搜狗分别在本地生活服务、电子商务和搜索方面达成战略合作，并在 2014 年剥离了电商等长链业务，做出了回归核心业务的举动，以专注于"连接"策略：将用户与内容、服务及硬件连接起来，不断完善平台，加大对"内容"投资，搭

---

① 崔世娟、李郁君、谢佩珊：《腾讯公司：业务逻辑和战略布局》，中国管理案例共享中心案例库，2016 年 10 月 8 日。

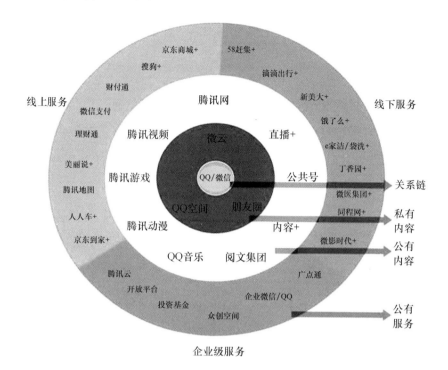

图6—1 腾讯业务逻辑

资料来源：《腾讯的战略盲点与两大危机》，2016年5月5日，汇金网（http：//caijing.hui-jindi.com/html/189082.shtml）。

建生态系统，并为其用户提供优质独特的服务。为完善其生态内容，腾讯开始进行紧密的投资布局，腾讯的投资并购部门圈定了生活消费类四大垂直行业：O2O、医疗健康、旅游、电商。2014年5月腾讯入股四维图新，成为其第二大股东。2015年10月腾讯与京东推出"京腾计划"，双方将拿出最强资源和产品打造名为"品商"的创新模式生意平台。此外，围绕四大垂直行业：O2O、医疗健康、旅游、电商，腾讯均进行了大量的投资（见图6—2）。

2015年马化腾在《给合作伙伴的一封信》中提到，"企业再大，能力都是有限的。很多行业都有很深的专业性。只有开放协作，才有可能创造出共赢的未来"。这表明腾讯对合作伙伴的重视，将其视为腾讯生态组织的第三条生命线。腾讯希望利用腾讯既有的亿级优秀产品——微信、QQ、浏览器、应用宝、地图作为连接力，为创业型企业

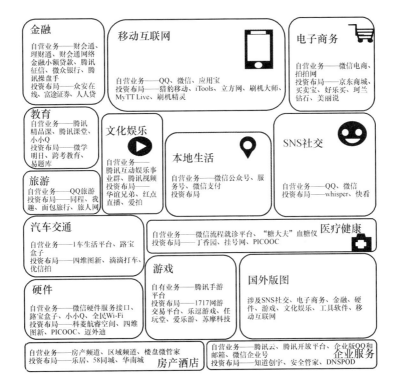

图6—2 2015年腾讯业务版图

资料来源:《腾讯公司:业务逻辑和战略布局》,中国管理案例共享中心案例库,2016年10月8日。

提供商业服务,帮助合作企业拓展延伸力。马化腾还提到,合作伙伴是生态型组织里的第三条生命线。腾讯并不希望成为一家传统意义上的大公司,而更渴望生长进化成一个共享共赢、没有边界的生态型组织。

2015年中国IT领袖峰会上马化腾站在"未来——下个风口在哪儿"的高端回想过去说,"过去确实很多不放心,不信任,出于本能,很多事情百分之百自己做,包括搜索、电商等。现在我们真是半条命,我们把另外半条命交给合作伙伴了,这样才会形成一种生态"。此时的腾讯已经在对自身业务进行"扬弃",充分释放内部资源,专注于平台的核心优势,同时通过持有合作伙伴的相当股权而继续从相关行业的增长潜力中获益。2016年9月5日,腾讯股价达209.40港元,市值达 1.982 万亿港元，不仅领先于阿里巴巴集团，也首度超过中国移动，成为亚洲市值最高的公司。未来腾讯将以科技创新为主导，不断提高自身研发能力，对资源进行充分整合，脚踏实地深耕用户需求，做更受尊敬的互联网企业。

四 结语

钱德勒在研究美国早期工商企业的发家史中，提出过著名的"成长四阶段"论，即积累资源、资源的合理化利用、持续增长和对扩展中的资源的合理利用。回顾腾讯 20 年的成长史，我们清晰地看到了这一演进的轨迹：（1）从产品模仿到应用创新；（2）从赢利模式探索到本土化创新；（3）从封闭到平台开放；（4）从连接与协作到构建生态系统。这一演进轨迹不仅清晰诠释了企鹅帝国的建立、发展及扩张，也将在未来相当长一段时间内指导中国互联网企业的发展。概而论之，从腾讯二十年的成长壮大之路中，我们总结了以下三点宝贵的经验：

第一，把握用户需求，执着于本土化创新，小步快跑，快速迭代。中国的互联网用户既有与美国等西方用户相同的需求与使用习惯，也有迥异于西方的用户行为。腾讯的成功恰恰在于善于探索并发掘中国用户独特的需求与消费行为，同时在应用工具上进行本土化的创新。与此同时，立足于用户需求的"小步快跑，快速迭代"策略，则是互联网商业竞赛中抢占市场先机的重要一环。这一策略在一定程度上容许互联网首发产品的不完美，但强调了客户反馈机制以及持续的研发与快速的迭代，这也是与传统制造企业竞争策略的显著差别。

第二，内部赛马机制。在腾讯 20 年发展史上，决定其命运的几次重大产品创新，如 QQ 秀、QQ 空间及微信，都不是最高层调研决策的结果，而来自中基层的自主突破，这一景象得益于腾讯的内部赛马机制。腾讯内部形成了与工程师文化相交融的产品经理制，"谁提出，谁执行""一旦做大，独立成军"成为内部不成文的规定，这一模式也无形中造就了"赛马机制"。正如马化腾在演讲中所言："其实在腾讯内部，先后有几个团队都在同时研发基于手机的通信软件，每个团队的设计理念和实现方式都不一样，最后微信受到了更多用户的青睐……没有竞争就意味着创新的死亡……并非所有的系统冗余都是浪费，不尝试失败就没有成功，不创造各种可能性就难以获得现实性。"[①]

第三，连接、开放、协作、共享。这八字方针既是互联网的本质，也是腾讯开放平台下战略理念的体现。经历"3Q大战"后的腾讯，在这一思路指引下，最大限度地扩展协作，以股权投资、风险投资等形式将许多恶性竞争转化为协助型创新，并利用已有平台优势，广泛进行合作伙伴间横向或纵向的合作，构建了一个协作型的生态系统。未来的互联网企业必然是具备开放、共享特征的组织，只有在"合作性竞争"原则指导下，聚焦于打造某一价值链条中具备竞争优势的一环，才能在整个生态系统中成长、壮大。

腾讯大事记

1999　OICQ发布

2005　QQ战胜MSN，重新定义即时通信；推出QQ空间

2002　Q币诞生

2010　3Q大战

2007　成立腾讯公益慈善基金会

2001　成为中国首家盈利互联网公司

2000　获得IDG与盈科的投资，估值550万美元

2009　"开心农场"上线

2016　市值突破2000亿港元，成为亚洲市值最高的公司

1998　腾讯公司创立

2017　腾讯入股永辉超市、唯品会

2003　腾讯网上线；QQ秀成为一款革命性的收费产品

2008　腾讯游戏元年

2012　提出"泛娱乐战略"

[①] 吴晓波：《腾讯传：1998—2016》，浙江大学出版社2016年版。

2013　提出"连接一切"和"互联网＋"新主张

2015　提出未来专注做两件事——连接与内容

2006　推出财付通

2011　微信发布；发布"开放平台"战略

2014　微众银行获批筹建民营银行；推出腾讯理财通

2004　在香港联交所上市

第二节　垂直电商唯品会的平民之道

2017 年 12 月 18 日，国内整个电商界都在被一条消息刷屏：京东和腾讯与唯品会达成合作，拟将向其投资总计约 8.63 亿美元。随后，唯品会 CEO 沈亚发布内部信：唯品会跟腾讯和京东达成战略合作伙伴关系，三家公司将进行资源互换。未来通过腾讯完善的生态关系，将会为唯品会提供流量和内容支持，同时唯品会也将帮助提升腾讯的电商变现能力。双方合作的内容包括腾讯将为唯品会提供微信钱包入口，并与唯品会在微信平台上以及更多更广泛的领域展开战略合作。京东将为唯品会在京东 APP 首页和微信朋友圈京东入口首页提供入口。沈亚表示，这次三方合作，为的是建立一个共赢合作生态圈，未来是属于生态的，只有开放合作才能共赢。唯品会将继续保持作为一个独立的电商平台运营。[①]

作为国内垂直电商的代表，唯品会（VIPS）为何能获得腾讯和京东两大巨头的青睐？其又是如何从群雄并立的电商市场中分得一杯羹的？其商业模式又有何特点？通过剖析后起之秀唯品会的发展历程及其独特的商业模式，可以为国内垂直电商的发展提供可借鉴的经验。

---

① 《唯品会 CEO 内部信：和腾讯京东达成战略合作伙伴关系》，2017 年 12 月 18 日，凤凰网（http：//tech. ifeng. com/a/20171218/44808638_0. shtml）。

一　从奢侈品电商转型品牌特卖（2008—2011 年）

唯品会成立于 2008 年 8 月，总部设在广州，旗下网站于同年 12 月 8 日上线成立。与许多电商企业的创始人所不同，唯品会的创始人沈亚和洪晓波并非技术出身。在创立唯品会之前，沈亚已有多年的经商经验，主要是在通信器材外贸领域。沈亚在国内组织通信器材货源，并协调厂商，而洪晓波则负责联络欧洲的渠道商和代理商。2007 年沈亚到长江商学院读书，随后洪晓波也到了长江商学院，两人不仅期望进一步提升专业能力，也希望商学院的平台和人脉能为企业经营提供帮助。[①]

一次偶然的机会，洪晓波看到妻子在一家法国电商网站（Vente privee）上购买打折的名牌服装。该网站主要是采用限时抢购的模式销售各种世界名牌，上面的名牌种类繁多，且多有折扣。随后，洪晓波与沈亚交流了这一商业模式的运营特点。基于中国巨大的市场以及消费升级的趋势，沈亚认为这一模式在中国会有长远的发展和较大的利润空间。两人一拍即合，经过三个月的调研，租下了信义会馆 1200 平方米的办公室，正式创立唯品会。2008 年 12 月，经过精心策划和多方筹备，唯品会网站正式上线，以品牌特卖为特色的电商就此在中国诞生。上线之初，唯品会与"中华保险"达成战略合作，联合推出"正品保险"，提供了网上购物的安全方案，这也开创了电商为商品购买保险的先河。

唯品会成立之初，沈亚和洪晓波致力于将法国 Vente privee 的模式进行本土化改造，力图迎合国内市场奢侈品需求不断扩大的现状，线上销售奢侈品。当时的团队只有 25 个人，沈亚甚至亲自飞往欧洲采购商品。然而，由于消费文化和发展阶段的差异，国内消费者尚未形成网上购买奢侈品的习惯，网购千元以上的消费者极少。另外，顶级奢

---

① 沈亚：《百亿不掩初心》，2014 年 6 月 11 日，搜狐网（http://business.sohu.com/20140611/n400681480.shtml）。

品对网络渠道授权谨慎、假冒奢侈品充斥线上渠道，早期奢侈品业务难有起色。因此，唯品会上线后，客户订单非常少。

三个月后，唯品会果断地进行战略转型：第一，放弃了奢侈品网络 B2C 销售这一模式，转向中高档大众时尚品牌，将奢侈品只作为其中的一个频；这一模式转变无疑是非常正确的，相对于国外奢侈品，此时国内的消费者更熟悉耐克、阿迪达斯等二三线品牌，价格接受能力也更强。第二，不仅销售服饰，并将销售范围也扩展到家纺、皮具、饰品等相近行业。第三，改变了以往的库存方式。创业初期，唯品会是采取"买断"的方式将货品积压在仓库里，这种重资产运营模式对资金、仓储、物流等要求更高。后期唯品会转型大众时尚品后，便开始采用"寄售"的方式，销售不完可以退还给供应商，这大大缓解了其现金压力。

唯品会的这一模式不仅受到广大品牌商家的欢迎，也迎合了消费者的需求。相比欧美等城市零售市场，我国流通环节参与的层级多，分配效率低，多层代理分销模式推高了终端零售价格。根据中信证券的测算，中国一般服饰类商品流通环节加价占终端标价的50%—60%（见图6—3），高加价透支消费者钱包的同时造就了巨额库存市场。

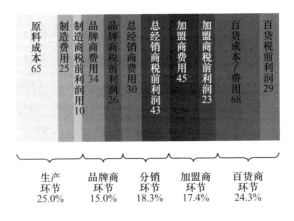

图6—3　百货店国内中高档品牌服饰加价路径

资料来源：《唯品会：尾品垂直电商路》，《中信证券》2014年4月10日。

　　因此，唯品会的线上打折销售模式不仅能够帮助品牌商家消除库存，还去除了原来冗长的代理流通环节，直接让利给消费者。随着消费升级的不断深入，用户购买打折货的动力长期存在。根据淘宝网《2012年县域网购发展报告》，目前我国网购市场的特征是三四线地区网购的增长速度、购买次数、人均花费均高于一二线城市。这主要是由于经济增长带来的消费升级需求和网购弥补了三四线地区实体店少、购物不便的缺点。而唯品会低至五折的品牌购物迎合了多数消费者品牌与优惠兼得的心理，尤其是满足了三四线消费者购买打折名牌的需求。唯品会的战略调整收到了良好的效果，销售迅速增长，交易额翻番，团队也从25人增加至3000多人，仓库也由当初的80平方米，经历5次搬迁扩张至十几万平方米。

　　2009年，唯品会打造的"精选品牌＋深度折扣＋限时抢购（'闪购'）"的正品特卖模式获得了市场认可。到2010年交易量也随之攀升，其将全部精力集中于限时抢购上。至此，源于法国而又本土化后的营利模式初见雏形。唯品会的迅速崛起，得到了美国两大风险投资机构红杉资本和DCM的关注，其分别于2010年10月和2011年5月各获得一次2000万美元和5000万美元的投资。自此，唯品会的特卖模式初步确立，为国内电子商务的发展注入了新的活力。

　　分析唯品会为何能够在竞争激烈的电商市场崛起，那就必须对其他两个电商巨头天猫和京东的商业模式进行对比。随着唯品会的崛起，中国的电商市场出现天猫、京东、唯品会三分天下的格局。三者各自的模式特征分别为天猫的集市平台模式、京东的传统B2C模式以及唯品会的特卖＋模式，三种模式几乎瓜分了国内B2C超过一半的市场份额。

　　天猫平台是轻资产运营模式的代表，其不需要囤积货物再销售，而是通过搭建平台，将买卖双方的需求整合，并从中获取利润。天猫的轻模式获取客户的成本较低，也容易大规模扩展，因此，几年时间天猫就成为电商市场的第一大平台。与天猫的运营模式所不同，京东从传统的B2C在线零售企业可以进入电商，其平台网站不仅有自营商品，也吸引商家入驻，属于轻重并进的商业模式。除了自营模式的重资产特征外，京东还投入巨资到物流环节，构建封闭的物流体系，如仓储、配送、营销等。京东这种从消费者购买商品到配送到家的"一站式"服务，使其在消费者群中积累了良好的口碑，也成为众多消费者购物选择京东的理由。不过，为了与天猫竞争，吸引更多的商家入驻，京东之后又对外开放其电商平台，这一商业模式的转变，也使得京东开始接受商品质量的严峻考验。以特卖+模式为代表的唯品会，采用的是自营货品、自营仓储以及自营物流的重模式。为实现自营仓储的目标，唯品会与多家航空公司达成战略目标，建立航空货运的专属舱位。此外，唯品会还有遍布国内外的 4 个保税仓，11 个前置仓以及 12 个海外仓。在物流建设上，唯品会自主购买土地、自主设计和投资，同时在物流上采取自主运营的方式配送到户。在这些严密的措施之下，唯品会的商品复购率高达80%，建立了高黏度的用户群体。与此同时，唯品会还推出了十重保障的正品保障链条，其商品品质也得到了有力保障。可以看出，唯品会的重模式取得了良好的成效。①

二 "流血上市"到"柳暗花明"（2012—2016 年）

2011 年前后，服装行业爆发库存危机，同期受益于互联网流量红利，国内 B2C 服装电商业务规模迅速扩大。随着进一步发展，唯品会的留存现金却显示出严重不足，因此开始了赴美上市之路。2012 年 2 月 17 日，唯品会正式向美国证券交易委员会提交 IPO 申请文件，2012 年 3 月 23 日成功登陆纽约证券交易所，高盛和德意志银行担任主承销商，是华南首家在美国纽交所上市的电子商务企业。唯品会董事长兼 CEO 沈亚表示，此次融资将用于增加 IT 系统和物流配送方面的支出。但是，6.5 美元的发行价远远低于之前公布的发

---

① 《评测：天猫、京东、唯品会的模式对比》，2017 年 10 月 30 日，中国电子商务中心（https://www.sogou.com/link? url = DSOYnZe-CC_pU7BdXLb79Fr7ScRNzWGJSVvp5NuTlCXYAiu-MfJNAIw63mlRzfPLR2）。

行价格区间 8.5—10.5 美元，上市首日开盘价为 5.99 美元，最终以 5.5 美元收盘，开盘即破发令人不忍直视。唯品会在资本市场上的首次亮相并没有得到广大投资者的青睐，一些新闻媒体和报纸杂志将此次上市称为"流血上市"，从中也折射出美国投资人对中国电商的未来缺乏信心。此次上市唯品会募集到了 7150 万美元，远低于原计划中 1.2 亿美元的融资额度。

2012 年 4 月 4 日，唯品会的股价更是降到了 4.12 美元，较之前的发行价已跌去 36.6%。唯品会上市后股价的惨烈表现让沈亚、洪晓波以及红杉资本等投资者都不甚满意，也给国内的电商当头泼了一瓢冷水。2012 年 9 月，唯品会此前一直不温不火的股价开始蠢蠢欲动，逐渐呈现出上扬的态势。2013 年，唯品会的股价更是近乎疯狂，逐渐走出了"流血上市"的阴影。之后，唯品会的商业模式逐渐为消费者所认可，净利润稳步攀升，在一些电子商务公司为实现盈利目标苦苦挣扎时，唯品会在电商行业中独树一帜。在 2013 年第四季度其实现净营收 6.510 亿美元，净利润 2540 万美元的优异业绩，市值超过网易，是新浪 2 倍、搜狐 3 倍，是老牌电商当当的 7 倍。[①]

沈亚和洪晓波作为唯品会的联合创始人，对唯品会商业模式的定位和发展轨迹有着重要影响，同时也付出了巨大努力。然而，像唯品会这样一个快速发展的商业组织，需要更多优秀人才的共同奋斗。表 6—4 给出了唯品会部分高层管理者的信息，汇集了公司财务、技术、营销、物流等各个部门的精英。其中，包括沈亚和洪晓波等高层管理者的年龄基本上都在 40—50 岁，有相当一部分人士有国内外知名企业的工作经验，他们既有一定的实际经验又具备旺盛的精力，推动着唯品会这艘巨船不断向前航行。

---

① 詹夏瑞、吴文清、张海红：《贵以示人，平以近人——奢侈唯品会的平民之道》，中国管理案例共享中心案例库，2014 年 12 月 9 日。

表6—1 唯品会高管简介

姓名	简介
沈 亚	公司共同创始人之一，担任董事会主席兼CEO，拥有超过18年的国内及海外市场消费类电子产品销售经验，曾任广州NEM进出口有限公司董事长
洪晓波	公司共同创始人之一，担任董事会副主席，拥有超过12年的海外市场消费类电子产品销售经验，曾任法国欧亚销售公司董事长
杨东皓	担任公司CFO，在多个上市和私人公司担任过高级行政及管理职位，其中包括圣元国际公司、泰森食品公司、维蒙特工业公司、中国五矿巴西控股有限公司
高遵明	担任公司CTO，拥有在中、美领先的电子商务和互联网公司超过16年的工作经验，曾经任eBey公司网站运营和质量工程总监、Acellops公司中企业架构师，还与他人合作创立了易传媒有限公司
蒋 泾	担任公司主管商业智能和客户关系管理（CRM）副总裁，拥有超过20年的中国零售业经验，包括超过5年的中国电子商务行业经验，曾经成立E-象咨询有限责任公司并担任董事，出任过当当网副总裁和中国华润万家有限公司高级主管
洪美娟	担任公司负责营销的副总裁，拥有超过20年的零售业营销经验，曾任君太百货副总裁、南京大洋百货总经理、台北太平洋崇光百货部门经理和重庆太平洋百货经理
唐倚智	担任公司负责物流的副总裁，拥有超过10年的物流经验，曾任贝斯特物流科技有限公司运营总监、特易购物流部门负责人和当当网物流部门高级主管
蔡险峰	担任公司上海分公司总经理，曾在IGA Distribution Pty. Ltd. 工作超过18年
马晓辉	担任公司副总裁，负责市场营销，曾任走秀网营销副总裁、新浪公司总编辑，在中国多家著名媒体和通讯社也有工作经历

资料来源：詹夏瑞、吴文清、张海红：《贵以示人，平以近人——奢侈唯品会的平民之道》，中国管理案例共享中心案例库，2014年12月9日。

唯品会从上市之初的惨淡经营到后来的突飞猛进，给投资者留下了深刻的印象，提高了其品牌知名度，获得了供应商的认可。起初，沈亚和洪晓波为了拿到货源大费周折，经常需要亲自登门拜访知名品牌商，在电脑旁等待随时都有可能达成的合作邮件。而上市之后唯品会的优秀表现，让一些知名品牌商开始主动发起联系，沟通合作事宜。唯品会这些年走过的道路并不平坦，既有"山重水复疑无路"的艰难和困惑，也有"柳暗花明又一村"的欣喜与成就，是什么成就了唯品会的辉煌业绩呢？

第一，买手团队及直采议价能力。在唯品会的商业模式中，买手团队是其重要一环。唯品会招聘了一批熟悉服饰库存规律及流行潮流的买手团队，2013 年末公开的数据显示，买手团队为 881 人，占公司总人数的 10%。目前，公司买手已超过 1000 人。这些买手以《瑞丽》、《昕薇》等时尚杂志的编辑以及百货行业的女装买手为主，每年两万场的特卖使其对商品采购时点、流行风尚、消费者需求有较强的经验，确保挑选的品牌符合潮流和消费者的欣赏角度。顾客也可以在网站上提建议想要买到的品牌，公司再去检查落实。每次举办闪购前考虑历史数据、流行趋势、季节和顾客反馈。收集、分析、使用顾客行为交易数据，通过顾客关系管理和智能商务系统，也向品牌商提供部分信息。另外，线下渠道并没有对唯品会如此低折扣销售品牌产品而产生不适，正如洪晓波解释的那样，唯品会采取的限时抢购，一个品牌每年差不多 4—5 次销售，一次销售持续8—11 天，对传统渠道的冲击很小。同时，唯品会帮助其供货商处理了尾货，解决了它们的库存难题，供应商又何乐而不为呢？此外，通过品牌直采、低价采购、低预付可退货模式降低售价及成本。公司合作品牌数和独家合作品牌数量均连年快速增长。规模效应集聚了大量如耐克、真维斯、七匹狼、金利来、森马等大众品牌，同时也拓宽了低价商品选择范围，先发优势明显。

第二，物流及仓储优势明显。2010 年下半年，拥有丰富电商及物流公司经验的唐倚智出任唯品会副总裁，主管仓储物流建设。上任之后，唐倚智引入了全球领先的曼哈顿物流系统，采用"干线 + 落地配"的物流模式。具体来讲，就是将同一地区的订单打包交给一家大宗物流公司送达目标中心城市，然后再由当地的物流公司将商品配送至消费者手上，将自建物流的一大笔支出节省了下来。一张用户订单往往有好几件商品，如果从品牌商直接发货需要每件商品都要有一个独自的物流过程，而唯品会选择由仓库统一发货完成一份合单，大大降低了配送的费用，为企业的毛利率做出了巨大贡献。唯品会在起步阶段采用了租赁仓库的模式，因为自建仓库的一次性投入非常高，占用了本来就吃紧的流动资金。2013年底，唯品会在北京、上海、广州、成都四地的仓库总面积达40万平方米，其中租赁面积达到了30万平方米。① 此外，唯品会注重消费者体验，所有售卖商品由中国太平洋财产保险公司进行正品承包，同时提供7日无条件免费退货等。在配送方面目前主要采用落地配公司完成"最后一公里"，与顺丰、宅急送、EMS、FedEx等合作。未来提升配送质量，唯品会不断提升落地配运费补贴标准。目前，国内电商网站中，唯品会和京东的物流体系已经成为公司的重要竞争优势。表6—2是唯品会自营物流及京东自营物流对比。

表6—2   唯品会自营物流及京东自营物流对比

分类	京东	唯品会
物流仓储建设	截至2017年第三季度末，京东在全国范围内拥有7大物流中心，运营了405个大型仓库，总仓储面积约900万平方米，覆盖全国范围内的2691个区县	国内已形成覆盖全国的5大分拨中心，前置仓数量已达14家，总仓储面积约240万平方米，直营站点近4000家；国外方面，公司在首尔、东京、悉尼、米兰等国际主要城市筹建仓储物流基地，铺设网点，境外业务仓储面积达到约2.3万平方米

① 詹夏瑞、吴文清、张海红：《贵以示人，平以近人——奢侈唯品会的平民之道》，中国管理案例共享中心案例库，2014年12月9日。

分类			京东	唯品会
配送	配送方式		2015 年末，已满足98%的自营商品配送	2017 年第三季度，实现98%的订单由自营物流配送
	配送时段		支持夜间配送（19：00—22：00）	配送时间为8：30—19：00
	配送时效	日内送达	"211 限时达"：在全国至少23 个城市内，当日11：00 前提交的现货订单（部分城市为10：00 点前），当日送达；当日23：00 前提交的现货订单，次日15：00 前送达	"212 服务"：在 6 个城市（天津、苏州、上海、广州、武汉及成都）内，在 0 点到12 点支付成功的，在当日24 点前送达；12 点到 24 点支付成功的，在次日 16 点前送达
			"极速达"：北京、上海、广州、成都等部分城市可实现 2 小时内配送	
		次日送达	覆盖全国大多城市	覆盖北京、上海、广州、武汉、长沙、成都等直辖市或集中于江沪浙、广东地区的共计 16 个城市
		一般配送	北京、上海、广州地区一般次日送达，其余地区配送时间为1—7 天	北上广深及江沪地区一般2—3 天，一般地区 7 天之内，部分偏远地区需10—14 天
	其他		可选择 7 天内 3 个时间段的预约配送、2 小时/波次的精准送达服务"京准达"和配备专属包装、人员服饰及汽车的高端配送服务"京尊达"等	会员的订单如未能在承诺配送时效内送达，唯品会将为此拿出 20—30 个唯品币作为补偿
退货	售后上门		支持 7 天内无条件或 15 日内因质量问题需退货的商品，在京东自营配送范围内提供免费上门取件服务；其中一般会员申请 7 天无条件退货需支付运费	支持 7 天无理由退货，且大约72%的客户退货由唯品会自营物流上门取货；且商品返仓后将得到 1000 个唯品币（价值10 元）的运费补贴

资料来源：《从唯品会业务变迁看国内服饰电商发展》，长江证券研究所，2017 年 12 月。

正是唯品会的以上两大优势支撑了其快速发展。然而，由于单一商品的份额提升有限，市场容量受限，而电商的导流成本和仓储物流成本又较为昂贵；因此，垂直类电商在该领域做到第一后，往往会充分利用现有资源，将这一模式扩展到其他品类，以此提高客单价或购买频率，获取新的利润增长点。2014 年 2 月 14 日，唯品会宣布以 1.325 亿美元收购乐蜂网 75% 股份。母公司东方风行（Ovation）同意排他性地提供其品牌下的化妆品、服装、护发产品、食品和其他消费品给唯品会和乐蜂网。2014 年 2 月 21 日，唯品会继续投资对乐蜂网的持股达到 80.75%。为了实现产品多样化，唯品会推出了团购频道，卖家具、卫浴用品等的居家特卖，卖儿童产品的亲子特卖。在乐蜂网上也提供多样的产品和服务，包括品牌化妆品、服装、健康产品、食品和其他消费品。唯品会收购乐蜂网后，公司 CFO 杨东皓称，未来公司仍将专注于闪购领域，并坚持服装、鞋包为主要经营品类。①

财报显示，唯品会 2016 年全年毛利润 136 亿元，较 2015 年同期增长 37.4%；受益于公司运营能力的不断升级，按照非美国通用会计准则（Non-GAAP）计量，唯品会年度运营利润同比增长 32.4% 至 34.9 亿元，2016 年全年归属于股东的净利润达到 28.7 亿元，同比增长 30.4%。此外，唯品会全年活跃用户数同比劲增 42%，达到 5210 万名；全年总订单量同比增长 40%，达到 2.698 亿单。

三 新起点，新征程（2017 年至今）

2017 年 6 月初，唯品会将沿用了多年的定位语：一家专门做特卖的网站升级为"全球精选，正品特卖"，全新品牌定位在特卖的基础上，更着重强调全球精选、正品保证，着力于为用户带来除低价之外的优质体验，亮出"全球""精选""正品""特卖"四大撒手锏。②

---

① 《唯品会百亿市值解读：前接微信后扩品类》，2014 年 3 月 11 日，腾讯科技（http://tech.qq.com/a/20140311/001907.htm）。

② 《穗 2016 零售 30 强榜单揭晓 唯品会成增幅最大电商》，2017 年 6 月 30 日，新华网（http://www.gd.xinhuanet.com/2017-06/30/c_1121243362.htm）。

全球：全球品牌，海外直采。唯品会目前合作品牌已经突破20000家，其中2200家为全网独家合作，过去两年唯品会已经布局11家海外公司，为用户持续引入更多全球好货。同时，唯品会通过遍布全球的9大仓储系统，对于海外商品进行源头直采，借由全球12大海外仓和国内11大保税仓直接输送至国内，保证全球优质。

精选：专业买手，智能推荐。唯品会在全球范围内甄选1600名专业买手亲身体验，更有2000名自有客服专人专线，通过大数据及智能分析，为近3亿名用户精选品质好货。唯品会将全面拥抱过去三年在美国硅谷研发中心孵化的大数据能力，确保上线的产品都是精挑细选的好货优品。

正品：全程自营，正品直达。唯品会为每一件商品购买了正品保险，坚持全程自营——自营货品、自营仓储、自营物流，过去几年投入巨资搭建自有物流团队，强化与品牌的直接合作，从入货源头到派送的最后一公里，将正品直达用户。

特卖：特别的商品，特别的价格。特卖，是唯品会独一无二的商业模式。此次升级将进一步深化唯品会的特卖模式，通过更多的新品首发、唯品独家、每日上新为用户带来最优好货，更通过深度折扣、最高性价比，为用户创造最大的价值。

2017年8月，美国权威财经杂志《财富》（中文版）发布了"2016中国500强"榜单，2017年上榜门槛继续提升，首次突破年营收百亿元大关。作为中国第三大电商、特卖行业领头羊的唯品会2017年是连续第4次入榜，并由2016年的146名上升至115名，并位列B2C电商第三。而在《财富》杂志同期发布的"2017年中国500强净资产收益率（ROE）最高40家公司"榜单中，唯品会凭借35.53%的净资产收益率位列第三名，稳居互联网行业第一。[1]

2017年12月18日，唯品会发布公告，已经与腾讯和京东集团签

---

[1] 《〈财富〉500强：唯品会ROE连续3年超33%稳居互联网行业第一》，2017年8月7日，人民网（http://it.people.com.cn/n1/2017/0807/c1009-29455125.html? from = groupmessage&isappinstalled=0）。

署联合投资协议。根据协议,腾讯和京东将分别斥资购买 6.04 亿美元和 2.59 亿美元的唯品会 A 类普通股。购买价格为每股 A 类普通股65.4 美元,相当于每份唯品会美国存托股份(ADS)13.08 美元。该交易将在近期完成,届时腾讯和京东将分别持有唯品会 7% 和 5.5% 的股份,其中包括之前已经拥有的唯品会股份。京东此前持有 2.5% 的唯品会股份。这一合作也被解读为三者联手对抗阿里。

目前国内电商网站市场份额占据前三的分别为淘宝、天猫以及京东。从产品品类来看,京东主攻 3C 标品,而天猫则是以服饰、女装、鞋类等非标品为其特长。从战略扩张意图来看,京东一直都有扩充商品线,进军时尚服饰类的战略规划。而唯品会和京东有着相似的运营模式:高占比的自营业务,且双方都非常重视时尚领域的拓展;京东与唯品会的具体合作商,商品品类和用户结构方面极强的互补性:唯品会 3 亿名会员中女性会员超过 80%,服饰穿戴和美妆是唯品会的核心优势;京东以 3C 数码品类起家,男性用户占比较高。①

近年来,消费者逐渐对名牌打折和抢购模式失去新鲜感,转而追求新品、首发款。唯品会也越来越意识到了危机感。在未来合作中,京东将与唯品会进行流量合作:京东将为唯品会在 APP 首页和微信朋友圈京东入口首页提供入口,并帮助唯品会在京东平台上完成一定的销售目标。对于此次联手,腾讯总裁刘炽平表示,"腾讯十分高兴成为唯品会的战略投资者和伙伴,期待借着用户流量、市场推广和支付方案等合作方式,助力唯品会为中国崛起的中产阶层提供品牌服饰以及其他产品类别。腾讯用户对在我们的应用里搜索、讨论及购买品牌服饰的需求正在上升。我相信把我们的用户跟唯品会的优质商品深度对接,将丰富他们的线上购物体验,并同时为唯品会提升价值。凭借在营销、支付、机器学习等方面的技术积累,腾讯将促进构建一个贯

---

① 《腾讯京东入股唯品会,谁才是最大的受益者?》,2017 年 12 月 20 日,新华网(ht-tp://www.xinhuanet.com/fashion/2017 - 12/20/c_1122138510.htm)。

通线上线下、健康而多元化的零售生态系统"①。

四 结语

唯品会的发展历程本身即是中国服饰电商业务的发展缩影。2011年左右，服装业爆发库存危机，电商渠道因其高效、低成本的优势成为服装企业去库存的重要渠道。2012—2013年，在国内B2C服饰电商业务迅速发展的背景下，经营品牌特卖的唯品会收入端保持着约120%的高增长。2014—2016年，唯品会凭借独特的商业模式、自建物流和良好的口碑增强用户黏性，市场份额获得了快速增长。步入2017年以来，国内电商双强格局稳固，阿里、京东合计占有B2C市场近80%份额。而唯品会产品销售结构仍以服饰为主，故其迫切需要通过品类扩张以及引入高效流量等方式应对赢利压力及市场竞争，这也间接推动了唯品会和京东、阿里的战略合作。

在互联网流量红利逐步消失，行业竞争格局日渐稳定的背景下，各大线上平台一方面需通过提升消费体验增强平台黏性；另一方面在线上线下寻求效率与成本新平衡的过程中，通过积极入股线下实体渠道寻求用户流量的更高效转化。作为独辟蹊径，探索出了垂直电商新出路的唯品会，是否能在未来继续保持高速增长态势，还需要我们拭目以待。

---

① 《腾讯京东向唯品会投8.63亿美元 京东增唯品会入口》，网易科技（https://www.sogou.com/link？url＝a8xlm0X2uvf4XltGpS3KJ3oGOdCraSpzYNhmjUU7sxmw0qaI——u9OLttD6o6KF5O-0ztd7q5nl6o）。

第七章

独 角 兽

实施创新驱动发展战略是复兴之道、强国之举，正在引领中国悄然发生着根本性变化。而自 2014 年开始中国大力推进的大众创业、万众创新，也为众多初创企业营造了良好的创新发展环境。作为创业创新的热土，近年来岭南大地不断浮现一批批"明星"企业，它们凭借着独有的核心技术或颠覆性的商业模式，深入挖掘新经济中的巨大机遇，迅速成长为让众多创投基金和投资人趋之若鹜的"独角兽"企业。

所谓"独角兽"（Unicorn），实为西方神话中虚构的动物，是高贵、高傲和神秘的象征。"独角兽"形如白马，额前有一个螺旋角，有的还长着一双翅膀。"独角兽"的概念，最早由风投基金的创始人 Aileen Lee 在 2013 年提出，指那些具有发展速度快、稀少、投资者追捧的创业企业。衡量一个企业是否成为"独角兽"常用的标准有两条：一是成立不超过 10 年，接受过私募投资的初创企业。二是企业的估值超过 10 亿美元。其中，估值超过 100 亿美元的企业又被称为"超级独角兽"。近年来"独角兽"一词迅速流行于硅谷，并且出现在《财富》封面上。现在人们常用"独角兽企业""独角兽公司"等衍生词来形容发展前途大好的初创企业。

根据美国风险投资数据公司 CB Insights 公布的全球独角兽榜单，2009 年以来，截至 2018 年 2 月底全球独角兽俱乐部共有 230 家企业，总市值达到 8019 亿美元，分布在 23 个国家，有 7 个国家拥有 3 个及以上的独角兽。其中 113 家独角兽企业位于美国，达到全球独角兽企业总数的 49%，中国以 62 家独角兽企业紧跟其后。排名第三和第四的英国和印度分别为 13 家和 10 家，与美国和中国差距较大。[①]

2017 年 12 月 21 日，胡润研究院首次发布《2017 胡润大中华区独角兽指数》(*Hurun Greater China Unicorn Index 2017*)，在大中华范围内收录共计 120 家独角兽企业，整体估值总计超 3 万亿元人民币。该机构在独角兽指数调研过程中，收集近 800 家高成长型非上市企业数据，结合资本市场独角兽定义筛选出有外部融资，且估值超 10 亿美元（70 亿元人民币）的新兴行业优秀企业。榜单排名前 10 的企业共有 12 家，囊括了 8 家超级独角兽企业。其中，互联网金融行业蚂蚁金服以 4000 +估值高居榜首，超级独角兽企业滴滴出行位列第二，小米、新美大并列第三。今日头条、宁德时代、陆金所都以 1000 +估值排名第五，飞行机器人大疆紧随其后。并列第九的是来自互联网服务行业的口碑、饿了么，物流服务行业的菜鸟网络，以及又一个互联网金融翘楚京东金融。其中，北京成为大中华区独角兽企业最多的城市，合计有 54 家企业上榜，占上榜企业总数的 45%；上海和杭州分列第二、三位，独角兽企业数量分别达到 28 家、13 家。如表 7—1 所示，广东共有 15 家企业上榜，其中广州 3 家，深圳 10 家，珠海 1 家，东莞 1 家。[②]

表 7—1　　　　　　　**2017 胡润独角兽指数广东上榜企业**

项目 名次	企业名称	企业英 文名称	企业估值 范围 * （亿元人民币）	掌门人	总部	行业	部分投资机构
8	大疆	DJI	800	汪滔	深圳	机器人	Accel、红杉资本、麦星投资

① 安信证券研究报告：《全方位解码"独角兽"——新经济研究系列之二》，2018 年 3 月 3 日。

② 《胡润研究院发布〈2017 胡润大中华地区独角兽指数〉》，2017 年 12 月 21 日，胡润百富（http：//www. hurun. net/CN/Article/Details？num = 5602F6026D18）。

项目 名次	企业名称	企业英文名称	企业估值范围 * （亿元人民币）	掌门人	总部	行业	部分投资机构
9	菜鸟网络	Cainiao	500	童文红	深圳	物流服务	GIC、淡马锡、春华资本
13	微众银行	WeBank	400	顾敏	深圳	互联网金融	淳永投资、横岗投资、光汇石油
16	魅族	Meizu	300	黄章	珠海	硬件	天音控股、阿里系、海通开元
16	优必选	Ubtech	300	周剑	深圳	机器人	启明创投、科大讯飞、鼎晖投资
22	大地影院	Dadi Digital Cinema	200	刘荣	深圳	文化娱乐	阿里系
22	柔宇科技	Royole	200	刘自鸿	深圳	硬件	中信产业基金、基石资本、IDG
22	乐信集团	Lexin	200	肖文杰	深圳	互联网金融	华晟资本、共建创投、京东集团
35	土巴兔	Tubatu	100	王国彬	深圳	互联网服务	红杉资本、经纬中国、58 同城
35	团贷网	TDW	100	唐军	东莞	互联网金融	民生资本、盈生创新、黄山海慧
70	房多多	FangDD	70	段毅	深圳	房产服务	嘉御基金、光速安振、鼎晖创投
70	碳云智能	Icarbonx	70	王俊	广州	医疗健康	中源协、天府集团、鑫根资本
70	要出发	Yaochufa	70	丁根芳	广州	互联网服务	众信旅游、金鼎投资、中信建投
70	辣妈帮	Lamabang	70	金赞	深圳	互联网服务	经纬中国、险峰华兴、晨兴创投

续表

名次\项目	企业名称	企业英文名称	企业估值范围*（亿元人民币）	掌门人	总部	行业	部分投资机构
70	卷皮	Juanpi	70	黄承松	广州	电子商务	天图资本、招银国际、浙江金控

注：＊企业估值范围前 10 名均代表相应的数字以上，如 500 亿元代表 500 亿元以上；400 亿元代表估值范围 350 亿—450 亿元；300 亿元代表估值范围 250 亿—350 亿元；200 亿元代表估值范围 150 亿—250 亿元；100 亿元代表估值范围 100 亿—150 亿元；70 亿元代表估值范围 70 亿—100 亿元。

资料来源：笔者根据《2017 胡润大中华区独角兽指数》整理。

在广东的 15 家上榜独角兽里，其中深圳大疆排名第 8，估值达 800 亿元以上，主要从事机器人行业；深圳的菜鸟网络排名第 9，估值 500 亿元以上，主要从事物流服务；再如广州的碳云智能，估值 70 亿元以上，主要从事医疗健康行业；广州的要出发，估值 70 亿元以上，主要从事互联网服务。来自广东的独角兽比较多集中于服务行业，比如"菜鸟网络"属于物流服务业，"房多多"属于房产服务业，"要出发""辣妈帮""土巴兔"等均属于互联网服务业。①

"独角兽"作为近年来涌现的新经济现象，代表了全球创新不断深化的趋势。② 广东地区良好的创新创业生态为"独角兽"的出现提供了成长壮大的环境，成为"独角兽"大量涌现的基础。以大疆为代表的一批"独角兽"在技术创新和商业模式变革中发挥出重要作用，也直接或间接推动了广东的产业转型与升级。从经济发展来看，"独角兽"成为经济发展的推动力，在自身较大规模的基础上保持快速成长，推动经济发展。以微众银行为例，它定位于服务个人消费者和小

---

① 《南方日报》2017 年 12 月 22 日。

② 《新经济中的"独角兽"现象》，2016 年 6 月 22 日，搜狐网（http://www.sohu.com/a/85271155_169409）。

微企业客户，为个人消费者和小微企业客户提供优质金融服务，倒逼传统金融加速改革，推动经济发展。从行业创新来看，许多"独角兽"已经成为引领行业创新的领袖，推动行业变革，激发经济活力。以菜鸟网络为例，它在现有物流业态的基础上，建立一个开放、共享、社会化的物流基础设施平台，打通了覆盖跨境、快递、仓配、农村、末端配送的全网物流链路，从而推动物流行业创新发展。

在岭南大地成长起来的老一代"独角兽"都有着生不逢时，历经艰辛的传奇创业故事，任正非 2 万元起家，做第一款产品就面临倒闭，不断在"冬天论"的自我警醒中做到全球第一。马化腾 5 万元买了 6 台电脑拉着一班同学起步，最困难的时候一度想将公司 300 万元卖掉却四处碰壁，迫不得已咬牙坚持，反而成就了今天的腾讯。广东新一代的"独角兽企业"，是新技术的变革因子，很大程度上起到了"旗帜""标杆"的作用，代表了未来趋势。这些企业面对着巨大的时代机遇，享受着优越的创业环境，有成熟的资本市场加持。它们所肩负的是代表中国企业在人工智能和信息技术革命的新时代引导全球经济发展的重任。

第一节　携梦起航的大疆创新

"它是首个在全球主要的消费产品领域成为先锋者的中国企业。"这是《华尔街日报》对这家中国科技公司的赞誉，能够得到挑剔的美国人如此高的评价，足见其在行业中的地位非同小可。

它的产品，闯进好莱坞，出现在《权力的游戏》和最新一部《星球大战》电影的拍摄现场，赢得众多明星粉丝；众多硅谷大佬对它的技术赞不绝口；在国内它更是频频登上新闻头条，科技、影视、农业、救灾、军事……它的身影无处不在。

它，就是无人机领域的"独角兽"——深圳大疆创新科技有限公司（DJI，以下简称大疆）。大疆，以"The Future of Possible（未来无所不能）"为主旨理念，是目前全球领先的无人飞行器控制系统及无人机解决方案的研发和生产商，从最初的二十几个人，到现在的 12000 人；从仓库创业，到全球 7 个国家的 17 间办公室，遍布全球 100 多个国家的销售网络，大疆在 2017 年销售额达到 180 亿元，占据了全球消费级无人机 70% 以上的市场份额。截至 2016 年，大疆创新在全球已提交专利申请超过 1500 件，获得专利授权 400 多件，涉及领域包括无人机各部分结构设计、电路系统、飞行稳定、无线通信及控制系统等。大疆的傲人之处还在于，与阿里或小米等巨头的成长立足于中国人口福利和巨大消费市场所不同，大疆的营业收入 70% 来自亚洲以外。因此，大疆也被誉为中国引领全球技术变革的企业之一。探索大疆的成长与崛起，了解创始人及团队的创业历程，不仅可以激发年青一代的创新创业热情，也可以为国内创新型企业发展提供可借鉴经验。

一　学生时代的飞行梦

大疆的创始人汪滔，生于 1980 年，在杭州长大，自小就对天文有浓厚兴趣尤其是对与航模有关的读物更是爱不释手。16 岁那年，汪滔的父母奖励了他一架梦寐以求的遥控直升机。然而，他不久便将这个复杂的东西弄坏了，几个月后才收到从香港发来的用于更换的零部件。"我对直升机有很多美好的想象，以为直升机可以停在空中不动，想让它飞到哪里就飞到哪里。"汪滔坦言他很早就想做一个能够自动控制直升机飞行的东西。

高考后汪滔进入上海一家师范大学的电子系，但上到大三时却决定退学，希望能到斯坦福和麻省理工等世界一流的大学学习，但申请信均被拒绝。唯独香港科技大学的电子及计算机工程学系给汪滔发来了录取通知书，使得汪滔得以到香港继续学习。在香港的四年时间，汪滔除了完成学业外，还投入大量的时间研究无人机。只要市面上新出了一款无人机，汪滔总要想方设法买回来研究。2005 年，在确定毕业论文选题时，汪滔更是将遥控直升机的飞行控制系统作为毕业论文的主要研究方向。然而，毕业演示由于飞机出了故障，课题并未取得理想的分数。但这丝毫没有影响汪滔的钻研热情，经过几个月的努力，终于在 2006 年 1 月做出第一台样品。他试着把产品放到航模爱好者论坛上卖，竟然接到了订单。[①]"通过惯性测量单元 IU、测加速度和角速度的传感器、GPS 和电子指南针，取得飞机的姿态角和速度的准确数据，根据数据控制飞机舵机的反馈运动，使飞机可以自动悬停在空中。"时隔多年后，汪滔还是可以用极快的语速阐述背后原理。大疆无人机的雏形，就是来自汪滔的本科毕业设计成果。

2006 年，汪滔获得了在香港科技大学继续攻读硕士研究生的机会，导师是研究机器人技术的李泽湘教授。李泽湘教授是汪滔创业路上第一位贵人，也是大疆的早期顾问及投资者，后来成为大疆公司董事会主席，持有 10% 的股份。正是在导师的支持下，汪滔开始把自主悬停技术商业化。同年，他和当初一起做毕业课题的两位同学筹集到 200 万元港币，在深圳正式创立大疆，研发生产直升机飞行控制系统。汪滔回忆说："我当时也不知道市场规模究竟会有多大。我们的想法也很简单：开发一款产品，能养活一个 10—20 人的团队就行了。"由于创业早期远景不明，加之汪滔完美主义的个性，公司内部纷争不断，员工流失，最初每个月也只能销售约 20 套飞行控制系统；2006 年末，大疆创新资金吃紧，在接受了天使投资人约 9 万美元投资后，最终才算渡过难关。[②]

在通向天空这个市场的路上，大疆像刚学会走路的孩子，蹒跚起步。相比于今天蜂拥而出的 PPT 创业者，对技术创新毫不妥协、对梦想始终坚持的汪滔也在大疆的官网上透露出其期待："我常常在想，皇帝穿着所谓最美的新衣游街，却只有孩子敢指出真相。而现在的社会有那么多的问题，却连敢大声指责的孩子都没有了。事实上，没有不需要埋头苦干就能获得的成功，没有只靠 PPT 就能得到的财富，没有从天而降的高科技。追求卓越，需要无数苦思冥想的深夜，需要连

---

① 汪滔：《大疆无疆》，《名人传记（财富人物）》2016 年第 6 期。

② 马翊华、郭立甫：《大疆无人机占领国际市场的成功经验与启示》，《对外经贸实务》2016 年第 1 期。

续工作 72 小时的执着，更需要敢于大声说出真相的勇气。"①

　　创业初期，大疆的主要精力集中在直升机飞行控制系统这一小众市场之上。2007 年，大疆推出直升机飞控 XP 2.0，大疆飞控第一次达成了超视距飞行。2008 年，大疆在成立不久便完成了核心技术的突破，飞行控制和图像传输技术在当时已经成型；2009 年，大疆开发出第一架自动化电动无人直升机 EH－1，成功研发出直升机飞控系统 XP 3.1 第三代产品，实现了直升机在无人控制情况下在空中的自动悬停功能，公司也依靠这一产品迎来了发展的曙光。2010 年，XP3.1 地面站诞生，拥有精准定位悬停、高控制精度、半自主起降和智能时空保护等特色功能的无人直升机飞控系统 ACE ONE 发布，其销售量猛增，大疆创新开始享誉国际。② 汪滔儿时的"天空梦"正一步步地实现。

二　迭代创新，携梦起航

　　在大疆创立之初，无人机主要应用于军事领域，民用无人机市场基本处于空白状态，消费级无人机行业并不存在。2008 年前后，随着电池、电机、飞控、传感器技术的快速提高，各主要零部件成本降低并向精度高和小型化方向发展，无人机民用化开始有了基础。汪滔依据无人机的特点，把无人机的稳定性、清晰度和传输距离三个技术问题作为主攻方向，此后大疆的产品线和技术优势正是这三点：云台、航拍摄影以及传输系统。"以前，无人航空器在操作体验方面存在很多不便，把大量的普通消费者挡在了门外。我们认为，凭借大疆的技术积累，能够推出一款高度集成化的产品，一举解决这个痛点，并且创造价值。Phantom 系列的成功，证明我们的决定是正确的。"汪滔告诉《第一财经日报》记者。大疆随即着手研发云台系统，即通过机载加速器在摇晃的飞行中调整方向，以便拍摄出的视频画面能够保持稳

---

① 悦云天：《大疆创新：打造天空之城》，《中国工业评论》2016 年第 4 期。
② 大疆创新官网（https：//we.dji.com/zh－CN/djistory#history）。

定。① 2010 年，大疆从新西兰的一位代理商得知，90% 购买了云台的用户会将云台悬挂到多旋翼飞行器上；相较于每个月智能售出几十套的直升机飞控系统，多旋翼飞行器每个月可以卖出 200 多个。②

"当时公司内部做了两道选择题。第一道是：大疆继续卖配件还是做整机？第二道是：如果是做整机，是做固定翼，还是直升机，或者多旋翼？"大疆公关总监王帆如是说。创始人汪滔最终拍板，大疆把在直升机飞控系统上积累的技术运用到多旋翼飞行器上，公司的发展开始走上了快车道。③

2012 年，大疆科技在软件、螺旋桨、支架、平衡环以及遥控器等技术上分别取得重要突破。换句话说，只需要将这些元素组合，大疆就能够推出具有知识产权的无人机了。2013 年初，大疆发布了全新一代 Phantom 1，该产品也是全球民用领域第一个一体化的航拍飞行器。到了 2013 年底，大疆研发了 Phantom 2 Vision，是全球民用领域里第一个自带相机的一体化航拍飞行器。换句话讲，这个 Phantom 2 Vision，顾客买到手，不用组装不用加相机，不需要任何形式的 DIY，是一款真正意义上经由高度技术集成、"到手即飞"的航拍飞行器。"Phantom"系列产品点燃了非专业无人机市场，在全球范围内刮起一阵旋风，最后销售业绩比预估高出了 4 倍。"我们当时想做一款有成本效益的，不需要玩家自己组装就能随时起飞的产品。当时主要考量就是这款产品能够先于我们的对手进入低端机市场，并没有想要赚钱。"汪滔在接受媒体采访时曾表示。大疆的这一举措拓展了消费无人机的市场空间，很快在销量上超过了大疆其他专业级设备成为明星产品。

"大疆的成功在于其开创了非专业无人驾驶飞行器（UAV）市场，所有人都在追赶大疆的脚步。在大疆之前，无人机都是应用在专业领域，产品专业化程度高、对操作要求门槛高、产品价格昂贵，导致无

---

① 张焱：《大疆汪滔谈创业：当初只想做好 20 人的团队》，《商学院》2015 年第 11 期。
② 梁爽：《大疆创新占领天空》，《商界：评论》2015 年第 10 期。
③ 马钺、汪滔：《世界笨得不可思议》，《中国企业家》2016 年第 18 期。

人机无法普及。大疆把无人机扩展到了普通消费者的层面，迅速地创造出了一个全新的市场。"弗若斯特沙利文全球合伙人兼大中华区总裁王昕博士对《第一财经日报》记者说。到现在为止，这款产品以及后续的系列被销往全世界，在大疆科技的总营收当中，美国、欧洲和亚洲三个地区各占30%，剩余10%则由拉美和非洲地区贡献。这恰恰是让汪滔感到骄傲的地方。"中国人总认为进口产品的质量一流，而中国制造的产品质量一般。好像我们自己的东西总是二流产品。我对整个市场环境感到不满意，想要做些事情来改变这种状况。"日后汪滔回应说。①

在多旋翼无人机领域，大疆的创新之处并非产品的"高级化""专业化"，而恰恰在于让产品变得更加"普适化"。由于将受众定位为航模或者航拍爱好者，过去的无人机大多需要用户自己组装。而大疆则改变了打法，用"一体机"取代"组装机"，大幅拓宽了用户范围，将触手伸到大众消费市场中，推出"到手即飞"的精灵系列。除了操作上的"普适化"，大疆在价格上亦实现了"普适化"。随着无人机的大批量生产和研发上的加强，大疆在外壳设计上用工业塑料替代德国碳纤维，将无人机价格由数千美元降低至数百美元，却依然保证了超高的飞行质量②。

2013年度，大疆销售额达到1.30亿美元，是2012年销售额的3倍以上。③借助于"Phantom"系列产品，大疆将之前局限于航模爱好者的专业市场扩展到大众消费市场，从而引爆了整个无人机市场的需求。跟欧美的同类产品相比，大疆同时拥有普通人也可以接受的价格和业内领先的飞控系统稳定性和操控性。凭借其高超性价比，大疆行销全球，迅速占领市场份额，大疆拥有了自己的"天空之城"。

---

① 搜狐网（https://www.sogou.com/link? url = 58p16RfDRLsKc40Ys1prwQ6iPDdbJeRTAkjk-dk6SY_aKQ – dRBYEcG9M7Xe6uZ5eq）。

② 梁爽：《大疆创新占领天空》，《商界：评论》2015年第10期。

③ 《外媒看大疆公司：中国从廉价制造转向创新模式的代表》，2016年4月23日，搜狐网（http://www.sohu.com/a/71172157_148329）。

此外，随着互联网的日益普及，大疆也强调互联网对企业发展的重要作用，不仅追求产品的简约与极致体验，并重视流量经济，实现线上和线下的无缝对接。具体来说，实现了四种联动的模式：线上宣传线上售，线上宣传线下售，线下体验线上售，线上体验线下售。在线上，大疆官网、天猫、京东均设置了销售入口。与此同时，大疆重视媒体的宣传作用，无论是新闻八卦、影视娱乐还是各类体育赛事，大疆的无人机频频现身亮相，获得媒体广泛关注。而在线下，大疆的做法则是以强调用户体验为主，在深圳、上海、中国香港和韩国首尔等国家和地区陆续投资打造了线下实体旗舰店，在各大商场均随处可见大疆创新的授权体验专区，在欧美等海外市场，更是举办了多场精彩的路演活动，凭借着强大的线上和线下的攻势，大疆在销量方面取得了优秀的成绩。①

2014 年，大疆创始人汪滔入选《福布斯》"中美十大创新人物"。2015 年 8 月，《福布斯》杂志公布全球科技界富豪 100 强名单，汪滔以 36 亿元的身价上榜，排名第 54 位，成为无人机行业第一个亿万富翁。在 2016 年胡润百富榜中，汪滔以 240 亿元财富排名第 77 位。2016 年 9 月 1 日，汪滔更是成为深圳市"市长奖"最年轻的获奖者，这个留着一小撮胡子的年轻人，被誉为"无人机之王"。在发表获奖感言时，他说道："如果说我们的成功有什么秘诀的话，那我觉得就是永远追求卓越。经过改革开放 30 多年的发展，我们具备了完善的产业链，融入了全球消费市场，并且培养了大量的科技人才。但是，我们鲜有能够打动世界的科技产品，多数企业仍是追随者、模仿者，乐意通过'价格战'来获得市场份额。大疆即使在这样最困难的环境（之下），也从来没有降低过对自己的要求。作为全球无人机的开创者，我们一直依靠技术积累，打破人们观察世界的边界。更重要的是，不管是生产 50 台（产品），还是 5 万台（产品），我们已经不习惯去

---

① 邱灿辉、操时磊：《大疆创新：让世界爱上中国造》，中国管理案例共享中心案例库，2017 年 5 月 11 日。

做一个二流产品。"

三　行业领袖，中国"智造"

对于行业领跑者来说，创新意味着超越自我。自 2009 年起，大疆每年都有新产品问世（见表 7—2）。到 2015 年，大疆精灵 3 推出时，其高清数字图像传输系统可实现 2 公里内的图像传输，内置的视觉和超声波传感器可让飞行器在无 GPS 环境中实现精确定位悬停和平稳飞行。2016 年，大疆推出全球首款具备"视力"和"智力"的新一代消费级航拍无人机——大疆精灵 4。精灵 4 将"计算机视觉"与"机器学习"技术首次引入消费级无人机，具备"障碍感知""智能跟随""指点飞行"三大创新功能，将无人机引入"机器视觉"时代。[①] 2017年 5 月，大疆推出了"晓"Spark 系列无人机——首个可以通过手势控制的无人机。Spark 是一款从用户手掌中起飞的微型摄像头无人机。这得益于大疆创新的 3D 视觉传感器技术，以及机器学习和计算机视觉的使用。新的视频和图片编辑工具增强了照片和视频的分享功能。2018 年 1 月，大疆推出了"御"Mavic Air——一款带有摄像头，可以拍摄 4K 高清画面，通过一个三轴的框架设计用以改善稳定性，大约可以飞行 21 分钟的无人机。根据零售咨询公司 NPD 的数据，按收入衡量，大疆占到了美国无人机市场的 2/3。

"如果要分析大疆成功的原因，最重要的，是它始终专注于产品的态度。"大疆公司副总裁邵建伙说。与中国众多没有自主知识产权的生产制造企业所不同，大疆科技已经掌握了飞控系统、机架、云台等知识产权，研发和生产都掌握在自己手里。为保证产品质量，大疆有一套严格的质检和试飞标准，对物料和产品进行全面、严格的可靠性分析。更重要的是大疆出品的每一套产品，均由专业的测试工程师

---

① 《大疆发精灵 4 无人机 8999 元起可跟随感知障碍》，2016 年 3 月 2 日（http://digi.tech.qq.com/a/20160302/016072.htm）。

经过 100% 真实环境飞行测试，从而确保产品出厂的品质。①

专利是用来衡量技术创新产出的合适指标，通过国家知识产权局的专利检索数据库，以"无人机"为关键词，总共检索得到 6270 条专利，在 2010 以前，每年的专利数均不足百条，而从 2010 以后，有关"无人机"领域的专利数呈现指数型增长。如果将关键词设为"深圳市大疆创新科技有限公司"，则可以发现从 2006 年至今，大疆创新一共申请了 675 条专利，其中发明专利 236 件，实用新型 304 件，外观设计 135 件，特别值得一提的是，在 2015 年国内企业 PCT（Patent Cooperation Treaty）申请受理量排名榜单中，大疆创新位居第 10 位。②由此可见，大疆创新的技术领先优势是建立在对无人机行业核心科技的掌握上。

表 7—2   大疆创新全系列产品

航拍飞行器	个人航拍	MAVIC；PHANTOM4PRO；PHANTOM4；PHAMTOM3 系列
	专业航拍	INSPIRE2；INSPIRE2；CRYSTALSKY
影像系统	空中影像系统	X5S；X4S；X5R；X5
	专业手持	RONIN MX；RONIN M；RONIN；DJI FOCUS
	个人手持	OSMO MOBILE；OSMO +；OSMO PRO/RAW；OSMO
行业应用	整机方案	MG – 1S；MG – 1；M600 PRO；M600
	系统模块	飞行控制器；云台；图像传输；动力系统
	飞行平台	SPREADING WINGS S1000 +；SPREADING WINGS S900
	开发者平台	MATRICE 100；GUIDANCE

从大疆创新的官网上，我们可以看到大疆的产品线已经十分丰富，在航拍飞行器方面有个人航拍与专业航拍这两个大类，包括了其旗舰机产品 Phantom 系列以及 Inspire 系列；在影像系统方面则有空中影像

① 《大疆创新一夜成名的背后是什么?》，《人民日报》2015 年 5 月 4 日（http://mil.huan-qiu.com/aerospace/2015 – 05/6336607.html）。

② 邱灿辉、操时磊：《大疆创新：让世界爱上中国造》，中国管理案例共享中心案例库，2017 年 5 月 11 日。

系统、专业手持以及个人手持这三个大类、超过数十款产品；在行业应用方面，大疆创新的产品也是无可挑剔，包括了整机方案、系统模块、飞行平台与开发者平台这四大板块共十二款主打产品，可以说在某种程度上，汪滔实现了他多年来的一个夙愿：做打动世界的产品，在接受《人民日报》的专访时，汪滔表示希望通过大疆对产品的精益求精，让中国制造贴上高质量、高品位的标签，如今看来，大疆创新不辱使命！

除了在消费级无人机领域占领绝对优势外，大疆还积极扩展，寻找更有发展潜力的市场。尤其是在2016年的行业寒冬里，日益加剧的行业竞争和持续变动的监管环境让大疆对市场有了新的思考，决定进入下一个战场：工业级无人机。2016年3月21日，大疆宣布在中、日、韩三地发售MG-1农业植保机，标志着大疆正式进军工业级无人机市场。① 大疆选择这一步棋是经过深思熟虑的，因为农用无人机有着广阔的市场前景。中国是农业大国，耕地面积约有20.25亿亩，若1/3的土地全部应用无人机植保，那么无人机植保服务市场规模将达200亿—800亿元。同时，作为中国实现智慧农业的重要一环，在政府的推动之下，植保无人机将迎来红利期。2017年9月，多部门发布通知，宣布选择浙江等6省市开展植保无人机补贴试点，这意味着植保无人机将纳入国家农机补贴，迎来高速发展。同时，大疆加快在农业植保无人机应用上的步伐，推行四大措施，打造完整的农业植保无人机生态链。"大疆不仅为用户提供了优秀的产品，更搭建了从技术、金融到售后的全产业链服务体系。我们希望每一台MG-1都能造福一个家庭，带动一片地区，将科技转化为财富。"大疆公关总监王帆说。②

随着大疆发展步入高速期，汪滔等高管均开始思考如何进一步打

① 《大疆MG-1农业植保机震撼上市：52999元！》，2016年3月22日（http://www.so-hu.com/a/65047845_223127）。

② 郭名媛、胡彦芳：《大疆：知识产权战略护航自主创新》，中国管理案例共享中心案例库，2018年1月3日。

造无人机行业的生态链，利用大疆的竞争优势占据链条的关键位置，良性循环，更快实现企业战略发展目标。基于这一战略目标，近年来大疆开始改变过去的"飞行控制系统及无人机解决方案的研发和生产商"定位，转向于打造为"各个行业提供无人机飞行平台的平台公司"。换言之，未来大疆将致力于打造平台，为广大相关利益方提供机会与舞台，分享大疆的经验与创新成果，为广大无人机技术开发者、普通用户以及潜在的创业者提供多维度的支持。这一平台战略的实施通过以下重要举措来实现：

第一，利用外部来源挖掘创意。"从大疆的发展来看，公司高速发展的瓶颈，并不是市场，也不是资金，而是我们面对太多的发展机会和蓝海市场，却缺少能够把问题看清楚、想明白、执行出来的人，具有真知灼见和创新求真精神的人才在我国已经成为极为稀缺的资源。"大疆创始人汪滔在"RoboMasters 全国大学生机器人大赛"颁奖典礼上这样阐述他的想法。而大疆，正在积极利用外部来源，挖掘创意和发现人才，形成适应科技创新的全新人才生态圈。RoboMasters 2015 全国大学生机器人大赛共吸引了来自北京、哈尔滨、成都、武汉、上海、西安六大赛区 150 余所高等院校的 240 支机器人战队参与角逐。为了这场比赛，大疆准备了两年之久、耗资 5000 万元重金承办，可谓不计回报。[1]"这个几乎没有办法用财务逻辑来推演"的决定初衷，在于让后起之秀浮出水面，让工程师也可以成为万众瞩目的明星。[2] 时至今日，RoboMasters 机器人大赛已运作了三年，成为大疆挖掘和培养工程技术精英的平台。

第二，利用开放创新生态系统。针对无人机同业，大疆率先推出 SDK 软件开发套件，向后来的开发者开放大疆已有的核心技术，使得无人机领域的后来者可以站在大疆这个巨人的肩膀上，以更低的人力和时间成本，更加便捷有效地创造出丰富的应用体验。基于软件开发

---

① 毕小菊：《大疆创新汪滔：怀揣理想才能走得更远》，《中国职工教育》2015 年第 12 期。
② 《大疆创新为什么能够成为大疆创新》，《现代营销（经营版）》2016 年第 12 期。

套件 SDK 平台，大疆已连续举办了三届"DJI 开发者大赛"，其冠军团队分别开发了将无人机用于高速公路交通事故取证、电力系统线路自动巡检和灾后空中监测及搜救幸存者的应用程序。

第三，在用户层面，大疆投资打造了航拍图片社区——天空之城（Sky Pixel），借此提升用户黏性。在天空之城社区里，用户可以分享自己的航拍图片和视频，与其他无人机同好们交流与分享经验，大疆也会定期地在社区内举办各类比赛，邀请航拍达人以及技术专家为广大会员提供专属的攻略与支持，通过这种网络社区的形式，大疆创新不仅吸引了一大批用户的关注，同时也为将来转型为内容提供商留下了空间。

第四，在无人机生态建设方面，大疆与国外著名的投资机构 Accel 共同推出了全球首个无人机基金 Sky Fund，成为无人机行业的投资者。大疆希望通过此举为后来的创业者提供资金、技术等全方位的支持，共同将无人机这个市场做大。

作为一家以技术创新为核心竞争力的科技企业，大疆多年来的努力赢得了国内外用户的认可。2014 年，美国《时代》杂志发布了 2014 年度十大创新工具，其中，大疆的 Phantom 2 Vision + 入选，排名全球第三。[1] 2015 年，美国权威商业杂志《快公司》评选出 2015 年十大消费类电子产品创新型公司，大疆创新科技有限公司是唯一一家中国本土企业，在谷歌、特斯拉之后位列第三。[2] 2017 年，大疆入选《麻省理工科技评论》"2017 年度全球 50 大最聪明公司"榜单，这份榜单是《麻省理工科技评论》对未来会成为行业主导公司的预测。[3] 同年，大

---

① 《大疆无人机入选〈时代〉年度十大创新工具》，2014 年 12 月 8 日（https://www.lei-phone.com/news/201412/uiMRJ9kccYRzb694.html）。

② 《把"飞翔梦"做到完美》，2015 年 5 月 26 日（http://finance.ifeng.com/a/20150526/13731323_0.shtml）。

③ 《〈麻省理工科技评论〉发布 2017 年度全球 50 大最聪明公司：中国上榜 9 家》，2017 年 6 月 27 日（http://www.cnbeta.com/articles/tech/626367.htm）。

疆还获得了中国商标金奖的创新奖。①

四 结语

"独角兽"代表企业界的新生势力，往往还是巨头的前世。每一个"独角兽"的崛起，无不是在布满荆棘的创业过程中突破种种"死亡陷阱"。腾讯研究院发布的《2017 中国创新创业报告》显示，2017年"死亡"的创业企业样本数为 150 家。其中有 70 家企业成立于2013 年，达到总样本量的 46.67%。成立于 2012 年的企业有 26 家，占比 17.33%；成立于 2014 年的死亡企业有 19 家，占比为 12.67%。以 150 家死亡样本企业来看，智能硬件、教育、房产、汽车、O2O 等是死亡率较高的创业领域。② 大疆作为中国新一代"独角兽"当中的佼佼者，其成长壮大过程无疑对众多创业企业具有典范作用。概而论之，从大疆的成长壮大之路中，我们总结了以下三点宝贵的经验：

第一，把握战略先机，发现蓝海，先发制人。大疆从直升机飞行控制系统这一小众的市场切入，迅速拓展到云台、相机和图像传输设备，并于 2013 年 1 月发布了面向大众用户的消费机无人机。这也是全球民用领域第一个一体化的航拍飞行器，从而将之前局限于航模爱好者的专业市场扩展到大众消费市场，引爆了整个无人机市场的需求。近年来随着消费机无人机市场的饱和，大疆又率先往工业级无人机进行突破，进一步占领战略高地。

第二，以大量的研发投入寻求技术突破，以技术突破支持产品的创新。与众多中国制造企业的"模仿式创新""市场为王"的营销主导策略所不同，大疆从一开始创立即强调以技术领先优势来支撑产品创新。自 2009 年起，大疆每年都有新产品问世。到 2015 年，大疆精灵 3 推出时，其高清数字图像传输系统可实现 2 公里内的图像传输，内置的视觉和超声波传感器可让飞行器在无 GPS 环境中实现精确定位

---

① 《2017 年中国商标金奖出炉》，2017 年 6 月 30 日（http://www.ccn.com.cn/330/951651.html）。

② 搜狐网（http://www.sohu.com/a/201680042_470057）。

悬停和平稳飞行。2016 年，大疆推出全球首款具备"视力"和"智力"的新一代消费级航拍无人机。由此可见，大疆的成功正是建立在持续不断的技术创新和产品创新之上。

第三，产品未动，专利先行。支撑大疆崛起的，不仅是其对无人机的深度技术挖掘，还有其对知识产权的高度重视。大疆从创立之初就非常重视专利保护，以专利布局为自主研发技术保航护驾。2013 年大疆申请专利 144 件，是 2012 年的 3 倍；2014 年申请专利达到 833 件。截至 2017 年 10 月 19 日，大疆共申请专利 3028 件，涉及领域包括无人机各部分结构设计、电路系统、飞行稳定、无线通信及控制系统等，建立了相对全面的专利攻击和防御体系。[1]

从"独角兽"发展成为真正的行业巨头，还有很长的一段路要走。目前全球共有 500 多家无人机公司，行业竞争已进入白热化阶段，工业级无人机领域尽管前景无限，但囿于其市场发育有限，始终未能形成爆发式增长。而消费级无人机领域日趋激烈，国外无人机巨头 3DRobotics 和 Parrot 虎视眈眈，试图抢夺大疆市场第一的宝座，国内互联网企业小米、腾讯等纷纷下场，试图在无人机市场分得一杯羹，无人机领域的这场大战在所难免。[2] 未来大疆能否继续推出革命性的产品，能否将现有竞争优势继续维持，能否在工业级无人机领域再创辉煌，市场仍充满着期待。

第二节　创造未来生活方式的柔宇科技

电影《碟中谍4》中，不识路的汤姆·克鲁斯用手指轻轻一点，汽车挡风玻璃马上变成了显示屏，不仅能够实时显示数字地图，还能感知前方各种障碍物，"触摸屏座驾"也成为一大亮点。电影中的情

---

[1] 郭名媛、胡彦芳：《大疆：知识产权战略护航自主创新》，中国管理案例共享中心案例库，2018 年 1 月 3 日。

[2] 邱灿辉、操时磊：《大疆创新：让世界爱上中国造》，中国管理案例共享中心案例库，2017 年 5 月 11 日。

节正一步步成为现实，柔性显示、柔性传感等技术的日新月异加快了这一进程。相比传统的显示技术，柔性显示具有众多优点，例如轻薄、可卷曲、可折叠、便携、不易碎等，而且便于进行新型设计。柔性显示技术将革命性地改变消费电子产品的现有形态，让大量的潜在应用成为可能，可广泛应用于消费电子、智能交通、智能家居、运动时尚、建筑装饰及教育培训、机器人、健康医疗等领域，对未来的人机交互方式带来深远的影响。①

2018 年 5 月 25 日，德国总理默克尔首次访问深圳，在短短 5 小时的深圳之行中，默克尔和德国联邦经济与能源部国务秘书鲁斯鲍姆、广东省委书记李希、广东省省长马兴瑞、深圳市委书记王伟中、中国驻德国大使史明德一同为德国工商会深圳创新中心揭幕。揭幕仪式上的三个深圳黑科技"名片"也特别醒目，分别是柔宇科技的 3D 移动影院 Royole Moon、大疆无人机和优必选机器人。

柔宇科技，2012 年在美国硅谷、中国深圳及香港同步创立，五年内先后获得国内外知名风险投资机构的多轮共同投资，目前拥有柔性显示屏、柔性触摸屏、移动影院三大核心技术，已经成为全球柔性科技的引领者。在 2017 年胡润独角兽榜单中，柔宇科技名列第 22，估值 200 亿元人民币。2017 年 3 月，柔宇科技的创始人刘自鸿更是成为深圳第一位被世界经济论坛评为"全球青年领袖"的年轻人，论坛对其评语是：他所创立的柔宇科技是全球柔性显示、柔性传感、虚拟现实显示及相关智能设备的领航者，是全球成长最快的独角兽科技创业公司之一。柔宇科技不仅是创造了一款产品，它更可能是创造了一种未来的生活方式。柔宇科技颠覆了传统电子产品的使用形态，使智能穿戴更舒适、更易被人接受，给人们带来耳目一新的感觉。

一 超级学霸的创业之路

柔宇科技的创始人刘自鸿出生于 1983 年，2000 年以江西抚州高

① 《柔宇科技：将"柔性+"融入各行各业》，2017 年 8 月 27 日（http://www.360doc.com/content/17/0827/10/30255661_682448724.shtml）。

考理科状元的身份被清华大学电子工程系录取，此后又以优异成绩保送就读研究生。23 岁时，刘自鸿赴美国斯坦福大学电子工程系攻读博士学位。在显示技术的发展方向上，一直存在两个不同的发展方向：一是便携性，二是高清大屏。但这两者在本质上一大一小，有着不可调和的矛盾。博士就读期间，刘自鸿把精力投入人机交互和柔性显示技术的研发上，期望解决这一长久以来的难题。功夫不负有心人，经过将近三年的努力，刘自鸿完成了博士论文课题，其中就包括对于柔性晶体管等核心部件和材料的研究。博士毕业后的刘自鸿萌生了创业的想法，但 2009 年美国仍然处于金融危机后的修复时期，饱受重创的新经济仍未恢复往日生机。显然，此时并不是创业的好时机。于是，刘自鸿进入 IBM 从事研发工程师的工作。

2011 年，美国逐渐走出了金融危机的泥潭，不甘寂寞的刘自鸿又开始了自主创业的谋划。在刚开始寻找资金的过程中，刘自鸿屡屡碰壁。原因在于，当时的他只有手中关于柔性技术的几篇发表的论文和博士论文，一个可以适度弯曲的电子墨水 demo。仅凭这几样东西，显然难以说服投资者。不少投资人对这一技术的可实现性产生了怀疑。咨询显示面板行业的专家，得到的回答都是"这就是一个科幻的东西，至少 30 年或 50 年之后再去看吧"。寻找资金的过程持续了大半年，最终国内的松禾资本和深创投决定投入资金。松禾资本创始合伙人厉伟的逻辑是，"我们当时就觉得，他肯定能做得出来，因为这人的背景真的很强"。此后，错过柔宇科技也成为众多投资人的遗憾，真格基金创始人徐小平就是其一。"（柔宇科技）是我做投资以来，一个真正错失的项目。"徐小平说，"每次看到他们的好消息，都心如刀绞。作为天使投资人的骄傲，被碾轧得粉碎。什么是天使投资人的骄傲呢？投到柔宇科技这样的项目就是最大的骄傲，而不是什么估值、风险和轮次"①。

2012 年 3 月，刘自鸿正式从 IBM 辞职，并力邀 IBM 的同事余晓军

---

① 王雷生：《柔宇科技："黑科技突围"》，《创酷》2018 年 6 月 15 日。

加入，开始组建创业团队。余晓军，毕业于清华大学材料系，本科四年成绩一直是全系第一，后来到斯坦福攻读了材料和电子两个学位后进入 IBM 工作。刘自鸿的商业计划和技术产品成功打动了余晓军，他同意加盟。另外一个联合创始人魏鹏，毕业于清华大学化学系，之后同样在斯坦福做研究，与刘自鸿同在一组，彼此非常了解。由此，有着相同背景的三人创始团队正式成型。

2012 年 5 月，柔宇科技在美国硅谷和中国深圳同步成立。深圳公司的办公室只有不到 100 平方米，位于深圳留学生创业园内。随后，柔宇科技开始了人员的招募。出于对新技术的保密，招聘并未大张旗鼓进行，更多的是通过朋友介绍的方式来招募。面试者也不清楚公司到底是干什么的，而只是被告知与显示技术有关。正是以如此低调、务实的方式，三位清华学霸开启了创业之路。

二 柔性显示屏问世，一鸣惊人

创业公司成立后，成员大部分的时间均投入艰苦的技术研发中。刘自鸿常用"在豆腐上盖大楼"来形容柔性显示屏的研发，从基础材料到工艺，一切都与传统显示面板不同。功夫不负有心人，2013 年，柔宇成功研发出了柔性显示的关键部件——柔性背板，并于当年获得了 IDG 资本、深创投、松禾资本 B 轮数千万美元融资。2014 年柔宇在全球第一个发布了国际业界最薄、厚度仅 0.01 毫米的全彩 AMOLED 柔性显示屏，并成功与手机平台对接。完整的柔性显示屏的厚度仅约为 0.01 毫米（10 微米），几乎是头发丝的 1/5。由于其超薄的厚度，柔性显示屏的弯折半径可以小到 1 毫米，甚至比笔芯更小，而且，在弯折 5 万—10 万次后依然可以实现高质量的显示效果。

一鸣惊人后，柔宇忽然间成为明星企业，各类投资机构、产业资本和企业蜂拥而至。C 轮融资时，有四五十家机构联系了柔宇。2015 年 7 月，柔宇科技获得了约 11 亿元人民币的 C 轮融资。除了前三轮加入的 IDG、深创投、松禾资本等机构外，还有包括中信资本、基石资本、华尔街骑士资本等众多新的资本方加入。2017 年 8 月，在柔宇科技成立五周年之际，刘自鸿在业界首次提出了"柔性＋"的设想和概念，提出将柔性电子打造为平台性技术，应用到各行各业，链接包括智能交通、智能家居、教育培训、健康医疗、建筑装饰、消费电子、机器人等多个行业。有了这样的技术平台，加上越来越多的合作伙伴与客户，自然会形成一个生态。2017 年 9 月，柔宇科技宣布完成 D 轮融资。其中，股权融资约 2.4 亿美元，参与方包括 WARMSUN Holding Group、汉富资本、浦发银行、中海晟融、檀实资本等；债权融资约 5.6 亿美元，参与方包括中信银行、中国农业银行、中国工商银行、中国银行、平安银行等。

三 回应质疑，产品说话

然而，与鲜花掌声一同到来的，还有来自业界的质疑。由于 2014 年推出柔性显示屏后的两年，市场上仍未见到量产的产品，不少业内人士对柔宇的柔性显示技术的应用和量产产生了怀疑。与此同时，国内其他厂商如京东方等也开始大笔投资柔性面板这一风口。来自国际权威机构的最新市场研究报告预计，到 2027 年，全球印刷和柔性电子产品市场规模将达到 3300 亿美元，其中，柔性显示屏将成为主要的细分市场，而柔性显示屏的出货量到 2024 年，预计会实现 43.7% 的复合年增长率。[1]

回应质疑最好的方式就是用产品说话。成立六年以来，柔宇一直致力于开发适用于大规模生产的新型柔性显示技术。多年来，柔宇科技已经积累了数千件知识产权与专有技术，实现了一系列技术上的突破，覆盖了柔性显示制造的各个方面，包括材料、工艺、器件、电路、电子系统、显示模组以及终端产品和系统等领域的设计和开发。随着技术上的突破，柔宇科技将业务分成了柔性显示屏、柔性传感器和智能终端三个单元。前两者为企业级客户提供相应产品和解决方案，而智能终端则开发消费级产品。2015 年 9 月，柔宇发布全球首款可折叠

---

① 柔宇科技公司官网（http://www.royole.com/flexible – display）。

式高清智能移动影院 Royole – X。Royole – X 采用折叠式设计，共有 315 种零件、1126 个元器件，融合了柔宇现有专利中的近 100 项。"折叠式是我们的首创，也是最难的地方。"此外，如何让人能舒适佩戴、自由调控，人体工学、控制系统也是研发的重点。2017 年 1 月，柔宇在美国国际消费电子展（CES）上发布可卷曲穿戴手机原型 FlexPhone™。FlexPhone™ 是柔宇首款可搭载柔宇科技柔性显示屏和柔性传感器的柔性可卷曲穿戴手机原型，可缠绕在手腕上随身佩戴，也可拉直成传统手机，最终获得了由 CTA（美国消费技术协会，CES 的所有方及主办方）评选的国际级创新技术奖项——CES 2017 创新大奖（CES 2017 Innovation Awards Honoree）。

2018 年 6 月 6 日，深圳柔宇国际柔性显示基地人潮涌动，总投资约 110 亿元的柔宇科技全球首条类六代全柔性显示屏大规模量产线成功点亮投产。① 刘自鸿和柔宇科技顶住了压力，以出色的产品回应了质疑者。与照搬日韩曲面显示技术路线的传统面板厂商动辄投入几百亿元的代工产线相比，柔宇完全自主研发的全柔性显示屏量产线良率更高，投资成本更低，产品的柔性和显示性能更加优越，是真正从 0 到 1、从 1 到 N 的自主科技创新的最好证明。刘自鸿在产线点亮投产后的内部信息中表示："这个世界有些人因为相信而看见，有些人因为看见而相信。但人类社会的进步，永远都需要前者。未来任重道远，但志在必得。让我们勿忘初心，砥砺前行，一起创造更多的美好和奇迹！"②

2018 年 1 月 15 日，被誉为"华南经济界奥斯卡"的 2017 年广东年度经济风云榜揭晓典礼在广州举行。柔宇科技董事长兼 CEO 刘自鸿博士等 10 位企业家荣获 2017 年广东年度经济风云榜"风云人物"称号。主办方评价："柔宇科技是新技术、新产业的典型代表，推出各种独特的柔性显示新技术和新产品，实际上进入了一个商业的'无人

---

① 柔宇科技公司官网（http：//www. royole. com/flexible – display）。
② 柔宇科技公司官网（http：//www. royole. com/Dynamics？ id =363）。

区'，引领了全球柔性显示行业的新潮流。"刘自鸿在揭晓典礼上表示："通过柔性显示、柔性传感等柔性电子技术，可以将人们畅想的未来变为现实，最重要的是打破了物理空间的限制，使原本没有生命力的皮革、布料等材质'活'起来。柔性电子正在改变人们生活的方方面面，新的人机交互方式将由此产生。"①

四 结语

自 2012 年创立，柔宇只有不到 6 年的时间，仍然是一家非常年轻的初创企业，与数十年甚至上百年的国际电子巨头如三星等公司相比，无论是技术专利积累、资金优势还是管理经验，都还有所欠缺。而柔宇所涉及的柔性显示与柔性传感器领域，属于高技术密集型与高资本密集型行业，对于技术研发和资本的要求都很高。未来柔宇需要不断推进技术研发并开发出足够优秀的产品，需要引进更多资金或者及时实现销售现金流回笼来推进产品的更大规模量产，对于任何一家年轻的科技创业公司而言，压力自然不小，但对应的潜力和价值也是不言而喻的。总体而言，柔宇未来的发展还需要思考以下两个难题：

第一，提升技术，降低成本，落地"柔性＋"。柔性技术日新月异，众多巨头及新兴创业公司均在这一领域投入巨资，期望实现技术领先优势。柔宇虽然已经具备一定的技术优势，但是仍需在研发技术上加大投入，建立高壁垒。此外，还应致力于降低各类柔性产品的成本，让终端产品能够为更广泛的客户所接受。最后，如何落实"柔性＋"，构建更大的柔性生态系统，将决定柔宇科技未来能够走得多远。

第二，解决资金难题，实现稳健经营。柔性显示屏产业是烧钱的行业，动辄几百亿元的投资对于新兴创业公司而言，是一个巨大的资金压力。虽然柔宇已经进行了 D 轮的债权和股权融资，但未来大规模量产的过程仍然需要持续的资金投入。如何在多轮融资中保证控制权

---

① 柔宇科技公司官网（http：//www. royole. com/Dynamics？id＝306）。

不旁落，实现稳健经营，也是柔宇科技管理团队需要思考的难题。此外，柔宇量产后能否实现快速销售回笼资金，公司的解决方案与 C 端产品能否为公司持续贡献现金流，以维持一家规模越来越大、资金需求越来越大的公司的持续运转，将考验柔宇管理层的运营和管理能力，包括原材料管理、物流管理、库存管理，以及人员管理、生产线技术工人管理等。①

创业往往意味着九死一生，任何一家伟大公司的成长总要越过各种障碍，突破瓶颈，实现凤凰涅槃。自 2012 年创立至今，柔宇在技术上取得了重大突破，商业模式初具雏形，团队越加稳健。然而，商业世界变幻莫测，独角兽最终能否驰骋江湖，取决于企业的技术与管理实力，以及清晰的战略定位与独特的商业模式。未来，我们也期待柔宇科技能够在柔性科技上取得重大突破，构建"柔性＋"生态系统，实现可持续成长。

第三节　颠覆传统家装的土巴兔

随着互联网和信息技术的不断进步及其在全行业领域应用普及，除了像以大疆为代表的技术创新型"独角兽"之外，还有一些新兴企业凭借着商业模式的创新而成为行业的颠覆者。例如，基于移动互联网技术应用，苹果公司从没有生产过一张音乐 CD 却迅速成为最大的音乐零售商；优步公司不拥有一辆出租车却在短短五年内将租车应用服务扩张到全球 51 个国家的 230 个城市；Airbnb 没有建造过一栋酒店却在短短六年内拥有的酒店房间数量就超越了洲际酒店和希尔顿等全球顶级酒店集团。而在中国的家装行业，土巴兔正是这样一家通过商业模式的创新，颠覆传统行业格局的"独角兽"。

全国 250 个城市分站、27 家落地分公司；汇集 1 万多家优质建材

---

① 《硬件领域创业 5 年，估值超 200 亿，柔宇是如何做到的?》，2017 年 10 月 11 日，虎嗅网。

家居厂商、7 万多家正规装修公司、95 万名专业室内设计师；日均独立访客 400 万、日均装修订单超 3 万份、累计服务超 1600 万中国家庭——这是互联网家装平台土巴兔如今的核心数据。[①]

这家始创于 2008 年的装修网站，其名字蕴含着怎样的哲理呢？土字寓意是脚踏实地；巴就是说整个团队黏结在一起，巴在一起有凝聚力，指哪儿打哪儿；兔就是要动如脱兔，速度非常快，土巴兔这个名字非常形象地说明了公司的三个精神特征。

作为国内传统家装行业的颠覆者，土巴兔如何能在短短 10 年内成长为估值达 100 亿元的"独角兽"？在家装行业的蓝海竞争中，土巴兔又是如何杀出重围的？通过剖析土巴兔的发展历程及其独特的商业模式，可以为后来者的发展提供借鉴经验。

一　二次创业，磨炼与成长

王国彬，江西抚州黎川人，1982 年出生。早在中学时期，王国彬就对计算机技术情有独钟，投入了大量时间学习计算机，还曾代表学校参加计算机奥林匹克竞赛并获奖。2000 年，年仅 18 岁的王国彬虽然还是一名学生，但从当时流行的计算机热中发现了商机，迅速开办了一所电脑培训学校。王国彬不仅自编课程教材，还亲自给学员授课，培训学校规模最大时竟超过了 1000 人。王国彬从学员的报名课程中发现，广告和室内设计最为热门，于是他又创办了一家广告公司和装修公司。

2005 年，随着搜索引擎公司百度在美国纳斯达克上市，全国上下兴起了互联网热潮。此时王国彬的电脑培训学校已运营五年，步入了正轨，但王国彬并不满足于此，仍探索着新的创业模式。百度上市的消息刺激了王国彬的创业神经，王国彬决定南下深圳，投入互联网行业的创业热潮，于是将培训学校委托给了别人代为管理。到了深圳后，

---

① 《市场营销智库，流量超过全行业：这家互联网独角兽是这样做营销的》，2017 年 4 月 26 日，搜狐财经（http://www.sohu.com/a/136500439_160576）。

经过一番调查，王国彬将目光集中到了3C数码产品的垂直搜索引擎上。通过这款引擎，在搜索某数码产品时，能够自动将产品的评测报告、评论、全网价格、购买渠道等推送给搜索者。在开发了这款产品后，王国彬又迅速将类别扩展到汽车、图书、餐饮等领域。然而，由于经验不足，快速复制又导致后台服务跟不上，公司出现了种种问题。在苦撑两年半后，王国彬无奈选择了将公司关闭。

垂直搜索引擎创业的失败也使得王国彬开始反思过度重视技术思维，却忽略产品思维的教训。在此后的半年时间里，王国彬一直谋划着重新选定创业领域，实现东山再起。对于自己的第三次创业，王国彬设立了三个标准：一是产业容量足够大；二是痛点足够多；三是市场格局尚未形成。一番梳理，再结合自己之前创办电脑培训学校、装修公司和互联网的经历，他决定再下深圳，做互联网装修。正如王国彬对媒体采访所言："互联网对产业传统产业的改变是由轻到重的，最先改变的传媒，出现了新浪、搜狐等，进而改变的是人们的购物习惯，这是电商。而未来，互联网将改变更重的产业，比如服务链更长的装修、房地产等行业。"[1]

两次创业的磨炼让年轻的王国彬逐渐成熟，也逐渐明白口碑、产品思维和用户思维的重要性，也为其今后在互联网家装行业的成功打下了根基。

二 三次创业，转战家装

2008年7月，26岁的王国彬在深圳这片创业热土开始了第三次创业。与第二次创业追求豪华的做法不同，这次王国彬为了节约成本，将办公室租在小区的民宅里。与大多数草根创业相同，王国彬创业团队的成员主要是他拉来的几个同乡，以及从家具建材零售等行业招来的几个技术和设计人员，总共15人。

---

[1] 《历经八年蜕变的土巴兔告诉你，家装行业的独角兽是怎样炼成的？》，2016年10月25日，中国企业家网。

　　组建创业团队后，王国彬的目标是打造一个可供家装行业的设计师和有装修需求客户的网上对接平台，公司则通过广告和收取设计师会员费赢利。2009 年 6 月，土巴兔第一版网站上线。然而，刚上线的土巴兔在业内丝毫没有知名度，也没什么设计师将作品在这一平台分享。王国彬灵机一动，将之前江西开办电脑培训班所培训的设计师作品都放在了网上，创业团队成员四处出击，引入外部设计师作品。随着入驻设计师的不断增加，另一个棘手的问题也浮现出来。在当时的家装行业，业主对设计风格并不敏感，也并未形成向设计师付费的需求。相反，大部分业主最紧迫的需求是装修施工环节。

　　在家装行业中，装修是一个核心的环节，也是行业的痛点所在。因为装修的链条长，涉及环节多、所需要的专业知识也是繁杂多样，从设计、辅料、电线、板材，再到瓷砖、地板、卫浴、洁具、照明、软装、家具，极为复杂。传统的家装行业，由于施工环节复杂，设计的材料也多种多样，而业主与装修公司之间信息严重不对称，因此家装行业被称为纠纷最多的行业之一。不仅如此，家装行业的行业集中度很低，装饰施工的龙头企业也才 30 多亿元的营业收入，上百亿元规模的企业几乎没有，而下游的家具建材制造企业，规模最大的也不超过 50 亿元。而在美国，专注建材的 Home Depot，市值已经达到了1800 亿美元。基于中国巨大的消费市场及可预见的城镇化趋势，家装行业可谓是充满了发展潜力和机会。在看到行业的这一痛点之后，2010 年土巴兔开始向业主与装修公司对接的平台转型，同时设计师平台也继续发展。毫无疑问，这一转型是极为重要和及时的。到 2010 年下半年，进入平台的装修公司不断增加，设计师注册量也达到了 22 万人。从 2008 年到 2010 年初创的这三年中，土巴兔极为关注口碑。"没赚钱，就要赚口碑，"王国彬说，"做流量不要净想着靠什么 SEO 的技巧，而是要稳扎稳打，踏踏实实地做好用户价值和产品体验"。长时间的用户积累和数据沉淀能够形成口碑，不断地带来新的用户。与此同时，王国彬认为花钱买用户和流量并没有什么不对，但前提一定是产品品质和服务体验必须好，否则补贴一旦停止，用户和流量就会流失，没有任何沉淀。重视产品品质和服务，强调口碑的土巴兔迅速在家装行业内声名鹊起。2011 年，土巴兔的 PC 端 UV（独立访客）已经达到了日均 10 万。

2011 年开始，国内刮起了一阵 O2O（Online to Offline）的互联网风，国内知名风投经纬创投通过扫描行业状况发现，整个互联网家装市场广阔，但巨头并未产生，这意味着其中有诞生大公司的机会，家装领域的 O2O 可能是下一个风口，于是四处寻找有潜力的互联网家装企业。已具备一定客户基础和业内知名度的土巴兔迅速进入经纬创投的视野。2011 年春节前，经纬创投合伙人肖敏主动拜访了王国彬和土巴兔。在交谈当中，王国彬把土巴兔的业务、自己对装修行业的认识和未来布局向肖敏做了详细介绍，王国彬清晰的战略思维和战略布局给肖敏留下了很深的印象。有一个细节更是让肖敏受到触动。当时土巴兔客服、销售等与客户交流的时候，王国彬都要求全部现场录音。等到夜深人静，他一个一个去听，然后总结沟通技巧。"既看大局又顾细节，我觉得还是蛮踏实的。"肖敏说。临走前，肖敏对王国彬说，土巴兔的网站域名还没有注册下来，为了以后的发展域名还是趁早拿到手里比较稳妥。等到第二天经纬方面再次和王国彬联系的时候，就得知域名已经注册完成，这种执行力令肖敏他们既惊讶又欣赏。最终，经纬创投在 A 轮投资了土巴兔数百万美元。

在这次 A 轮的融资过程中，值得一提的是王国彬的底气很足，这也使得他在与投资人谈判的过程中很"硬气"。谈判之初，经纬创投出于风控的角度，要求对土巴兔的财务共同监管，但这一要求遭到王国彬的拒绝，他认为公司的运营和财务这一核心资源和信息应该牢牢掌握在创业团队手中。出于对土巴兔发展的认可，经纬创投也并未在这一点做过多纠缠。双方谈判达成的另一项协议是，王国彬给予了经纬一项特权——在 B 轮融资之前，经纬可以享有一次追加投资，这也是 2013 年 6 月经纬追投土巴兔 A＋轮的由来。

三　推出"装修保"，变革家装行业

虽然在获取经纬创投 A 轮数百万美元融资后，土巴兔步入快速发展的通道，但从土巴兔的商业模式来看，仍然是聚焦于充当装修公司与业主之间的信息平台。这一服务模式无法解决传统家装行业装修公司与客户的种种纠纷，一旦客户在装修过程中产生不满意，也自然而然将不满部分归因于土巴兔这一中介平台。为了进一步解决装修质量问题，起初土巴兔采取自建监理团队的方式，对工地进行监督。然而这一方式却存在种种弊端，一来随着工地数量的增加，土巴兔的监理团队无法对每一工地均实施细致检查；二来装修公司并不配合监理，即便监理团队发现问题时，一些装修公司轻则搪塞敷衍，重则威胁动手，矛盾日益深化。原有商业模式的缺陷也使得王国彬不断思考，如何才能更好地服务客户，并让装修公司重视工程质量和客户满意度。

苦思冥想的王国彬最终将目光瞄准了阿里巴巴的支付宝第三方模式。他决定模仿支付宝的模式，建立家装行业的支付宝，即"装修保"。2012 年 5 月，土巴兔正式推出"装修保"服务。其模式是：业主通过土巴兔平台筛选并确定装修公司，签订装修合同后，装修款项托管在土巴兔平台，在 4 个节点（水电、泥木、油漆、竣工）的工程确认达到要求后，土巴兔再按照一定比例将装修款转给装修公司，工程竣工后 1 个月，经土巴兔监理平台验收及业主满意签字确认，土巴兔再将剩余保障款转付给装修公司。"装修保"的推出一下子扼住了装修公司的喉咙，引起了剧烈的反弹和质疑，也让这家创业公司经历了自成立以来最严重的一次危机。

首先发难的是内部销售人员，他们觉得这一模式很难让装修公司配合，于是部分销售人员在公司内部消极抵制装修保。而土巴兔平台的许多装修公司更是直接采取了终止合作的态度，只有几家装修公司愿意尝试。此时，心意已决的王国彬并没有退缩，坚持认为"装修保"是解决行业痛点及土巴兔发展困境的最佳办法。于是，王国彬先说服几家公司做出尝试。尝试过后发现，这些采纳"装修保"的装修

公司因为提升了客户满意度反而更受欢迎，客户咨询量和订单量不断增长。有了先行者的榜样，两三个月后，原本退出的装修公司陆陆续续返回了土巴兔，并且之后以每月新增一二百家的速度扩张。自从推出"装修保"模式后，2012—2014 年三年里，土巴兔的销售业绩翻了几番，在互联网家装行业树立了良好的口碑。

土巴兔"装修保"模式的推出，不仅改变了产业的交易方式，让用户和装修公司之间，有更平衡的话语权，逐渐开始建立整个产业的信用体系，也倒逼了整个装修产业去提升质量、完善服务体系，让用户体验变得更好。

2014 年，出于公司进一步发展的需要，土巴兔开始了第二轮的 B 轮融资。此时的土巴兔已经慢慢打响了业内的知名度，行业发展的巨大空间也为各路资本所觊觎，愿意加入 B 轮投资的风投也很多。在进行了详细的比较和交流后，王国彬选择了业内知名的红杉资本作为合作方。但在谈判初期，双方由于价格分歧，进展缓慢。甚至有一次，在红杉的办公室，王国彬拒绝了报价后直接奔向机场。而他刚到机场，红杉资本就追了上来，修改了报价。在经历几轮谈判后，双方终于达成协议。2014 年 2 月，土巴兔宣布红杉领投、经纬跟投的 B 轮上亿元融资的消息。一年之后，2015 年 3 月，土巴兔的第三轮 C 轮融资如期进行，获得了 58 同城、红杉和经纬 2 亿美元融资，此时土巴兔的估值已达到 10 亿美元，正式步入独角兽行列。2015 年 8 月初，土巴兔宣布一口气拿出 10 亿元用于做广告时，所有竞争对手和投资人投来了错愕目光。此时的土巴兔迅速在品牌推广上开始发力，签约汪涵，独家冠名北京卫视《暖暖的家》，轰炸般地在地铁、电视、网络、楼宇等投放广告。即便不关心装修的人，也或多或少记住了说着"装修就上土巴兔"的汪涵和他手里的卡通兔子。① 近 30 天内的数据显示，各大互联网装修品牌无论是整体搜索指数还是移动搜索指数，土巴兔的百度

---

① 《〈中国企业家〉独家专访土巴兔：独角兽如何炼成？》，2016 年 10 月 26 日（http：//news. to8to. com/article/128063. html）。

指数都遥遥领先（单日峰值达到了 28000），甚至超越了行业词"装修"。这意味着土巴兔的搜索热度和媒体关注度竟然比其所在的行业热词"装修"还高。[①]

四 新起点，新征程

深耕多年，获得巨额融资之后，土巴兔已经成为互联网家装行业的领头羊。此时的王国彬开始对整个家装产业的未来产生了更多的思考。经过多年的发展，互联网家装行业已经形成了上下游紧密协作、比较完善的产业链。从互联网家装产业链构成来看，产业链包括上游的家装建材供应商（如地板、瓷砖等）、中游的互联网预订与交易平台（主要包括综合性购物网站如京东商城、天猫等家装频道，平台式和自营式垂直家装电商平台，还包括传统家装企业线上业务），以及下游的流量入口环节。目前，互联网装修服务平台类别众多，竞争激烈。一种是信息中介服务平台式互联网家装电商，例如土巴兔、齐家网，这类模式主要帮助线下装修公司快速找到装修业主；也有爱装修、新居网、家装 e 站等自营式互联网装修电商平台；还有就是传统家装企业线上业务，如红星美凯龙传统家居连锁企业开始转向装修服务。[②]可见，互联网装修行业已经成为一片"拼杀的红海"，再加上互联网家装行业自身的特殊性，土巴兔正面临着前所未有的巨大挑战和机遇。

步入 2018 年以来，土巴兔进一步利用自身入口及流量优势，将价值链条进一步往前后端延伸。从前端看，土巴兔与银行机构合作，面对装修前急需资金的业主提供装修贷款等金融服务。从后端看，土巴兔为业主提供装修主材购买的服务，利用其庞大的用户量为业主提供质优价廉的装修主材。而在装修施工阶段，继续提供"装修保"和"免费监理"等服务。在装修工程结束之后，土巴兔也可以为业主提供家居装饰等产品的购买服务。全产业链的发展模式不仅进一步拓宽

---

① 2017 年 4 月 26 日，搜狐财经（http://www.sohu.com/a/136500439_160576）。

② 程贵孙：《土巴兔，如何实现商业模式三级跳?》，中国管理案例共享中心案例库，2016年 7 月 26 日。

了土巴兔的利润增长点，也进一步增加了顾客黏性，为未来土巴兔的智能家居发展提供了顾客基础。但与此同时，全产业链的运营也不可避免地对管理团队和服务人员提出了更高的要求。

五 结语

近年来，随着我国城镇化步伐的加快，首次置业需求和改善性住房需求旺盛，也带动了家装建材行业的迅猛发展。不仅如此，随着国内经济发展水平的提高，用户的需求也日趋多元化，对个性化、定制型的家装需求已经远远超过大规模、批量化的装修需求。从对硬装施工到包括家具、家电、布艺、软饰等在内的整体家居环境的要求也在不断提高，这既给行业内的企业提供了巨大的发展机遇，也对企业的技术创新、模式创新和内部管理提出了更高的要求。尤其是随着智能终端的广泛普及，以及移动互联网的迅猛发展，家装行业实现O2O的技术环节已经成熟。纵观土巴兔的成长历史，正是一个互联网O2O改变传统"重"产业的经典案例。其成功秘诀，可归结为"三个改变"：

第一，改变了用户和装修企业的连接方式。土巴兔抓住了传统装修企业的营销"痛点"，通过互联网线上服务平台改变了传统装修企业的营销方式。简而言之，让家装行业的企业专注于装修环节，而将营销环节放在了土巴兔的平台上。业主在土巴兔平台登记电话号码，土巴兔智能匹配引擎可以安排三家跟用户需求匹配的公司让用户挑选企业，匹配后企业可提供给用户"免费量房""免费设计"等体验。土巴兔推出了装修保服务，这是一种类似于支付宝的服务：业主将装修款打入装修保，在装修完成并完全满意后再支付。

第二，改变了传统家装行业的交易方式。装修是属于频率低，单次金额高的需求。业主与提供服务的装修企业信息严重不对称，造成行业整体满意度低下。土巴兔通过借鉴支付宝的模式，推出了装修保服务，将合同金额打入土巴兔平台，工程分阶段施工验收后付款。这一重要举措增加了用户的话语权，也开始促进整个行业信用体系的建立。不仅如此，装修保服务还倒逼装修企业注重口碑，提升质量，完善服务，从而极大地提高了人们对装修服务的满意度。

第三，改变装修、设计企业的生产方式。通过土巴兔的云装修平台，装修企业可以充分利用先进的设计软件及信息化管理系统，迅速为客户提供优质的设计服务。同时，土巴兔还为装修公司提供优质的材料供应链，装修公司可以得到标准化的材料供应链服务。此外，未来土巴兔平台上的大数据还将可以指导家装企业依据客户需求变化，迅速调整研发方向，指导生产计划和运输方式等。

总体来说，土巴兔的成功恰恰反映了在互联网和信息技术应用为主导的时代，新创企业在缺乏关键资源和能力条件下往往能通过借助商业模式设计实现跨界竞争，改变甚至重塑行业价值。颠覆性已成为新兴企业成长的重要属性。因此，未来以土巴兔为代表的这类新兴企业，应当进一步借助新兴技术的应用，以极低成本大范围接触潜在的顾客和供应商，从以组织资源和能力为核心转变为以跨越组织边界的组织间合作与协同为主导，在短时间内创造性地跨界整合资源改变行业价值创造流程、要素和逻辑，从而实现可持续成长。

第 八 章

集群生长

著名学者迈克尔·波特在 1990 年《国家竞争优势》一书中正式提出"产业集群"概念，用以描述一群在地理上临近、存在关联性的企业通过分工与协作、共享市场、技术外溢等机制创造可持续竞争优势。改革开放 40 年来，广东经济表现出来的强大市场活力和生命力与产业集群的大力发展和迅速崛起是分不开的。自 20 世纪 90 年代以来，广东出现了大批经济规模超过十亿元、几十亿元甚至百亿元的产业相对集中、产供销一体化、以镇级经济为单元的新型经济形态，这就是以专业镇为依托的产业集群。广东产业集群的主体正是无数的民营企业。它们创新的集群生长模式已成为广东经济的特色和优势之一，有力地支撑了广东乃至全国经济的发展，成为打造中国企业竞争优势的主导力量之一。

第一节　产业集群与专业镇

为何企业会呈现地理集中性？迈克尔·波特曾形象地描述为："对于产业而言，地理集中性就好像一个磁场，会把高级人才和其他关键要素吸引进来。"[①] 按照波特的产业集群理论，产业集群建立在区域产业体系网络之上，是外部经济和规模经济的缔造者。首先，在产

---

① ［美］迈克尔·波特：《国家竞争优势》，华夏出版社 2002 年版。

业集群内部，企业可以充分利用人才、信息、资金的集聚效应，以较低的成本获取生产要素，提高创新能力，促进竞争优势的形成。其次，产业集群内部，企业之间的复杂的竞合关系既形成了强大的竞争压力，也为企业的创新发展提供了源源不断的动力。最后，产业集群中存在较高技术外溢效应和学习效应，区域内的技术创新扩散和传播可以提高企业技术水平和创新能力。不仅如此，通过提高产业集群的创新能力和竞争力，还能够增强区域经济的持续发展。

与产业集群理论相一致，专业镇是广东20世纪90年代以来出现的新型经济形态，也是县域经济的重要支柱，在强省富民、带动区域发展和城镇化等方面发挥着重要作用。统计数据表明，广东专业镇经济总量约占全省的1/3，全省约80%的传统产业集中在专业镇，80%的中小型工业企业集中在专业镇，80%的加工贸易企业同样集中在专业镇。[1] 与此同时，专业镇也是广东省自主创新最为活跃的区域之一，已经成为区域创新体系不可或缺的重要部分。

珠三角是产业集群发展最为集中的区域，最先形成的产业集群基本都聚集在珠三角。王珺等[2]根据广东省科技厅的有关数据统计发现，从数量上看，在珠三角全部建制镇（街道）中，有122个镇拥有特色明显的产业集群，构成了经济发展的独特模式。表8—1为珠三角产业集群经济的行业分布特征。

表8—1　　　　　　　珠三角产业集群经济的行业分布特征　　　　单位：个，%

行业	数量	百分比	产业集群名称
纺织服装	20	16.3	南海西樵、盐步、平洲、里水，中山沙溪、三角，东莞大朗、虎门，佛山张槎，惠州黄埔，开平沙岗，禅城环市街道，顺德均安，新会罗坑，鹤山沙坪、桃源，惠东吉隆，博罗园洲，增城新塘，白云同德

　① 李朝庭：《广东专业镇转型升级的战略思考》，《科技管理研究》2013年第8期。
　② 王珺、丘海雄等：《珠三角产业集群发展模式与转型升级》，社会科学文献出版社2013年版。

续表

行业	数量	百分比	产业集群名称
机械五金	13	10.6	高要金利，江门蓬江，开平水口，新会大鳌，南海桂城、金沙，顺德伦教、大良，中山小榄、东凤，蓬江杜阮，鹤山址山，东莞横沥
电子信息	11	8.9	东莞石龙、石碣、长安，江门江海，中山南头，恩平恩城，斗门井岸，博罗罗阳，惠城惠环（街道），惠阳新圩，端州睦岗
陶瓷	2	1.6	禅城石湾、南庄
玩具	3	2.4	南海官窑，中山港口，惠城沥林
不锈钢	5	4.1	南山九江，佛山澜石，新会司前，高明更合，高要金渡
家电	6	4.9	顺德容桂、勒流、北滘，南海松岗，三水西南（街道），东莞寮步
家具	7	5.7	顺德龙江、乐从，中山大涌、东升、板芙、三乡，东莞厚街
建筑材料	4	3.3	南海大沥、高明荷城、明城，三水白坭
种植业	14	11.4	三水大塘，顺德陈村，中山民众，高明人和，惠东铁涌、梁化，惠城横沥、汝湖，龙门龙华，信宜镇隆，高要岘岗、禄步，广宁古水，德庆马圩
养殖业	7	5.7	高明更楼，台山上下川、斗山，斗门白蕉，新会沙堆、新会崖门，怀集闸岗
食品加工	3	2.4	中山黄圃，新会会城，东莞茶山
资源加工	1	0.8	怀集中洲
珠宝首饰、工艺品	2	1.6	端州黄岗，四会东城
灯饰	4	3.3	中山古镇，南海罗村，蓬江荷塘，惠城陈江
物流	2	2.4	东莞常平、沙田，花都花东
汽车配件	1	0.8	南海狮山
皮革皮具	1	0.8	花都狮岭
太阳能光伏	2	1.6	三水乐平、东莞企石

行业	数量	百分比	产业集群名称
旅游	6	4.9	三水芦苞，开平塘口，鼎湖凤凰、坑口，德庆官圩、封开河儿口
生物医药	2	1.6	金湾三灶，怀集冷坑
精细化工	2	1.6	中山阜沙，开平月山
游艇	2	1.6	金湾平沙，中山南朗
现代商贸服务	1	0.8	东莞樟木头
造纸	1	0.8	东莞中堂
合计	122	100	122个产业集群

资料来源：王珺、丘海雄等：《珠三角产业集群发展模式与转型升级》，社会科学文献出版社2013年版。

　　南粤大地上，这些星罗棋布的专业镇与产业集群又是如何形成的呢？梳理改革开放广东经济的发展史，可以发现产业集群的形成可细分为外源型与内源型两类不同的产业集群。外源型产业集群发端于改革开放初期，从事"三来一补"加工贸易的广东乡镇企业承接日本，中国台湾、香港等国家和地区的产业转移而形成。例如，改革开放后，珠三角地区便利的交通、低劳动力成本及税收优惠吸引了大批外资和海外订单，逐步形成了规模庞大的产业集群与专业镇。此类外源型产业集群包括东莞的石碣、清溪的电子工业，东莞的大朗毛纺织，里水的鞋业，官窑的玩具等。内源型产业集群则主要依托于广东各镇街充沛的民间资金、发达的专业市场及强大的民营经济活力，从本土发展起来的产业集群模式。典型内源型产业集群有石湾陶瓷、中山古镇灯饰、顺德家电、澄海玩具等。

　　除了市场力量之外，政府的积极引导也是产业集群与专业镇蓬勃发展、遍地开花的重要因素之一。例如，在2000年，广东在全国率先开展"专业镇技术创新试点"工作，核心内容是引导、帮助专业镇建设创新平台。至2005年，建立起各具特色的技术创新平台108个，专业镇技术创新试点技术人员42万人，为专业镇企业创新提供了技术支撑；试点专业镇科技投入达到54.26亿元，占全省科技投入的11.6%，专利申请23572件，专利授权9113件，并与中国科学院、清华大学等120多个大学和科研院所建立了合作关系，大大推动了自主创新能力的提高。2007年7月，广东省产业集群升级示范区建设工作会议，把提高产业集群自主能力、加快建立产业集群技术服务体系进一步提到重要的位置。珠三角一些地方政府在引入本地集群所需技术和设备时，不惜垫付资金购置关键性技术、设备来提高整个集群企业的技术开发能力。政府的努力进一步加大了企业从产业集群的收益，促进了处于产业集群的企业的技术创新水平提高。[1]

蓬勃发展的产业集群与专业镇经济孕育了一批批具有顽强生命力的民营企业，它们具有敏锐的市场触觉、雄厚的技术水平、卓越的管理团队，从广东走向全国乃至世界，成为"广东制造"的闪亮名片。

第二节　东方迪士尼——奥飞娱乐

一　澄海玩具产业概况

"全球玩具看中国，中国玩具看广东，广东玩具看澄海。"正如业界所言，汕头市澄海区的玩具产品驰名中外，已成为当地最具特色以及最具国际发展力的支柱产业。澄海玩具业是以内源型为主的产业集群。20世纪80年代中期，以家庭作坊式生产起步的传统玩具制造业开始在澄海兴起，随后文化相近的其他邻近潮汕市镇也纷纷涉足玩具制造业。随着全自动注塑机的大量引进和组合式动态玩具生产，玩具制造老大哥汕头澄海在2003年成为国内唯一的"中国玩具礼品城"。

澄海的玩具出口虽然一直占据中国玩具出口额极高的比例，然而多年来企业却一直处于产业链下游。澄海的玩具企业大多为海外品牌代工，附加值低，品牌力量薄弱，贴牌生产模式消磨了企业发展的自

---

① 张建琦等编著：《为天下之先：粤商家族企业创新三十年》，社会科学文献出版社2012年版。

主性和竞争力。从 20 世纪 90 年代开始，澄海玩具企业及时转型，走上了"自主设计、自主研发、自主生产"道路，致力于打造自主品牌。近年来，一些玩具产业集中的地区意识到了转型升级的重要性，纷纷开始走上打造自主品牌之路。有的企业还更进一步向上游动漫文化产业拓展，开发属于自己的 IP（智慧产权），提升产品创意和科技含量。目前，澄海玩具已形成了设计研发、模具制作、生产加工、印刷包装、展览贸易、货物运输等产业链，并逐步向动漫原创领域扩张。目前，澄海玩具品种、型号、规格数以万计，产品远销世界 100 多个国家和地区。

近五年来，澄海玩具产业以年均近 14% 的增速壮大，截至 2016 年，澄海有约 13000 家玩具礼品生产和配套企业，拥有年产值超亿元的玩具骨干企业 170 多家。目前该区拥有奥飞娱乐、星辉互动、骅威文化、群兴玩具、实丰文化 5 家玩具上市公司和 13 家新三板挂牌玩具企业。2016 年，该区玩具礼品行业产值达 443 亿元，玩具企业数，规模以上企业数，产业链配套，产值规模均远高于国内其他玩具生产基地。① 可以说，走向世界的"澄海玩具"已经成为独立词条，作为"集体商标"发挥品牌效应。

澄海强大的玩具产业也孕育出了许多明星企业，被誉为中国动漫第一股的奥飞娱乐正是诞生于此。奥飞娱乐股份有限公司（股票代码：002292）是中国目前最具实力和发展潜力的动漫及娱乐文化产业集团公司之一，自创立以来历经三次转型升级，成功打造了以 IP 为核心，集动漫、玩具、婴童、授权、媒体、影视、游戏等于一体的泛娱乐产业链系统，实现了从精品 IP 打造到全产业链变现的运作模式。

目前，奥飞囊括了国内数量众多、覆盖全龄段、拥有广泛知名度的 IP 群：面向儿童及青少年领域的"喜羊羊与灰太狼、铠甲勇士、巴啦啦小魔仙、超级飞侠、爆裂飞车、火力少年王"等 IP；面向全年龄

---

① 《IP 引领玩具产业提升"含金量"》，《经济日报》2017 年 12 月 11 日（http://www.ce.cn/xwzx/gnsz/gdxw/201712/11/t20171211_27190987.shtml）。

段人群的"十万个冷笑话、端脑、雏蜂、镇魂街、贝肯熊"等 IP。除了打造培育众多知名 IP 之外，奥飞积极进行泛娱乐全产业开发。受一系列精品 IP 驱动，奥飞玩具收入、单品销量屡创新高。同时，奥飞紧抓二胎经济、消费升级趋势，旗下拥有北美一线婴童品牌"Baby Trend"、国内领先的婴童品牌澳贝、德国新锐创新品牌 Micolor，集旗下的内容、媒体、消费品等产业，为全球用户打造一站式的婴童服务平台。近年来，奥飞在美国建立了动画研发中心、电影项目公司等，引入迪士尼、派拉蒙影业等好莱坞电影团队，使内容与消费品创意都提升至国际水平。[①] 图 8—1 为奥飞动漫发展历程，图 8—2 为奥飞发展里程碑。

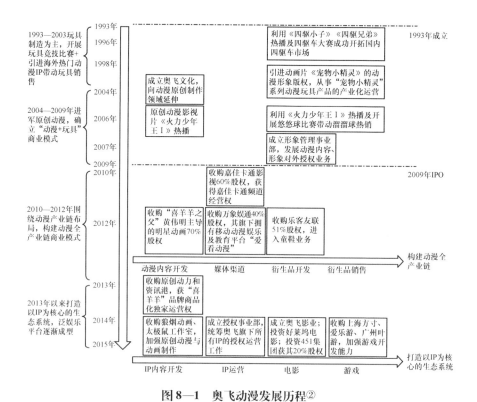

图 8—1 奥飞动漫发展历程[②]

---

① 奥飞娱乐官网（http://www.gdalpha.com/About/about_profile.html）。

② 《奥飞动漫——打造 IP 为核心泛娱乐生态，全面加速 IP 化、互联网化、国际化》，《广发证券研究报告》2015 年 4 月 23 日。

图 8—2　奥飞发展里程碑①

二　专注玩具（1993—2003 年）

奥飞娱乐董事长蔡东青，生于 1969 年 4 月，广东澄海市人。由于家中经济条件不佳，蔡东青初中毕业之后就辍学外出打工，其后萌生创业想法，开始投身于玩具行业。1992 年，23 岁的蔡东青在一次香港之行中，见识了当时风靡香港的日本玩具四驱车。四驱车具有一定技术含量，趣味性强，而且利润高。敏锐的蔡东青意识到这一产品在国内潜在的市场空间，决定在内地销售这种新潮玩具。1992 年，蔡东青成立了奥迪塑胶玩具厂，并于 1993 年更名为澄海奥迪玩具实业有限公司，正式树立起了奥迪玩具四驱车的旗帜。

1995 年，奥迪玩具和广东电视台"全国少年四轮驱车大赛"正式拉开筹备序幕。这次耗资 200 多万元的大型比赛，在全国 28 个城市举行，同时吸引了近 60 万人次参加。1995 年 10 月 1 日，来自全国各地的近百名驱动车选手聚集在广东省电视台演播大厅，进行最后的总决赛，比赛取得了圆满成功，奥迪也获得了空前的成功，玩具的收益也颇为丰厚。1996 年起，公司购买《四驱小子》《四驱兄弟》等日本热播动画片在全国各大电视台播放，并与国家体育总局、科委、共青团等 5 个部委联合举办全国青少年"奥迪杯"四驱车大赛，配合大量地

---

① 奥飞娱乐官网（http：//www. gdalpha. com/About/about_milestone. html）。

面推广活动，将全国四驱车市场推向高潮。

1998 年，奥迪玩具在行业内部率先引入了 ISO9000 质量管理体系，2000 年，奥迪玩具被国家玩具标准技术委员会指定作为唯一生产型企业成员单位，参加国家《玩具安全标准》的制定和编写工作。2004 年，奥迪公司更是获得了广东省三级计量保证体系认证以及产品"采用国际标准"的认定。而且奥迪玩具针对玩具产品不断创新的需求，1997 年，公司就成立了功能齐全的产品开发部。同时，公司利用香港地区玩具设计人才集聚，设计理念先进的优势，在香港成立了"迪锋设计公司"，开始了玩具产品的自主开发工作。2000 年，奥迪玩具又成立了产品创意设计部，聘请多位香港资深设计人员，全面统筹玩具形象设计，规范产品开发流程。企业每年投入的科研经费占销售额的 5%以上，仅 2004 年，公司就投入 1093 余万元进行玩具开发。

同时公司开始尝试动漫形象产业化运营，引进海外热门动漫形象版权，并在国内进行相关玩具产品销售。1998 年公司与日本任天堂、Tomy 合作，引进《宠物小精灵》动漫形象版权，并在国内从事"宠物小精灵"系列动漫玩具产品的产业化运营。公司还与日本最大玩具公司万代合作，开发、生产、销售电视剧《迪迦奥特曼》中人物、器械等动漫形象玩具产品，为公司在玩具和动漫融合方面积累了丰富经验。

2002—2003 年，奥迪玩具的销售额已经达到 26 亿元，几乎成为中国玩具四驱车的代名词。更重要的是，蔡东青认识到"动漫 + 玩具"的经营模式对于销售的巨大推动力量，整条产业链的整合能够创造出更大的效果，这是奥迪玩具成长历程中的一个关键节点，这种"产业链整合"和"品牌销售"的意识觉醒使得奥迪玩具领先于澄海甚至中国其他玩具制造企业，奥迪玩具逐渐开始积累上游产业的资源和品牌形象，并最终进入上游的动漫形象塑造、动画创作、动漫播放等产业。①

① 储小平等：《变革演义三十年——广东民营家族企业组织变革历程》，社会科学文献出版社 2012 年版。

三　确立"动漫＋玩具"商业模式（2003—2009 年）

蔡东青认为，将玩具与动漫相结合是有效的产业运营模式。缺乏动漫制作的经验，没有原创性的动漫品牌形象构成了奥迪玩具未来发展的"瓶颈"，只有拥有自主知识产权的动漫形象，才能重新创造奥迪的核心竞争力，把握企业发展的主动权。2004 年 10 月公司成立奥飞文化，开始向动漫原创制作领域延伸。自此，奥迪玩具拥有了专属的动漫制作公司，这也开启了奥迪玩具从玩具制造商向动漫产业链运营商转型的重要一步。

2006 年 3 月奥飞文化投资制作的动漫影视片《火力少年王 1》播出，配合在全国各地举办产品推介会、各销售网点和商业卖场的巡回表演、地方电视台悠悠球电视大赛、中央电视台合作组织全国悠悠球比赛等，与媒体结合进行立体式推广活动，极大地带动了火力少年王悠悠球热销。2007 年，奥飞动漫又推出《火力少年王 2》，作为动画片中主要的道具，奥迪玩具"悠悠球"系列产品的销售得到了很大推动，并很好地"区分"了公司产品和其他企业悠悠球产品的差异性（正版和盗版）。2008 年 2 月、4 月和 11 月，公司自主开发《战斗王EX》《巴啦啦小魔仙》和《闪电冲线》陆续播出，逐步掀起战斗王陀螺、巴啦啦系列产品以及闪电冲线遥控车的热销，其中《巴啦啦小魔仙》开创国内女孩动漫影视片之先河。2009 年公司分别推出《铠甲勇士》《战龙四驱》《电击小子》，取得良好收视效果。此阶段是公司原创动漫影视＋玩具商业模式确立期，同时是创作高峰期，公司推出动漫影视＋玩具组合：《火力少年王 1》＋悠悠球；《火力少年王 2》＋悠悠球,同时走向海外市场；《战斗王 EX》＋陀螺；《巴啦啦小魔仙》＋巴啦啦女孩玩具,开拓女孩市场；《闪电冲线》＋遥控车；《铠甲勇士》＋勇士装备；《战龙四驱》＋四驱车。在自主创作的动漫影视片宣传带动下，公司动漫玩具销售收入大幅增加，动漫玩具占公司销售收入比重大幅上升，由 2005 年的 8.4% 上升至 2006 年的 41.6%。加大原创动漫投入，确立"动漫＋玩具"商业模式。

公司还注意加强与国内外优秀动漫公司的互动与合作，逐步完善动漫玩具产品结构。2007 年 9 月公司与迪士尼合作，共同开发、生产和销售小熊维尼、米奇等形象的动漫玩具系列产品；2007 年 9 月与上海虹猫蓝兔合作，对《虹猫蓝兔七侠传》系列中动漫卡通形象进行产业化；2007 年 10 月与日本万代再次合作，开发、生产和销售"钢铁拯救队"系列动漫玩具产品；2007 年 10 月与中影集团旗下中影动画合作成立中奥影迪，共同投资拍摄具有中国特色的《淘气包马小跳》系列动画片，设计、开发动漫衍生品以及开展相关品牌授权业务。

此外，这一时期奥飞也努力拓展发展图书发行和形象授权业务。如 2007 年 9 月成立迪文文化进入动漫图文制作与发行市场；2007 年 10 月成立形象管理事业部，发展公司相关动漫内容和形象的对外授权业务。

四 成功上市，打造动漫全产业链商业模式（2009—2012 年）

对于蔡东青而言，上市的目的至少有三个，首先，提高奥飞在动漫影视制作中的能力与地位。作为一个"后来者"，奥飞需要加大动漫制作的投入。例如在上市募集资金项目中，奥飞计划投资 1 亿元用于动漫影视片开发制作，公司计划投拍 6 部动漫影视片。其次，公司需要获取建设动漫产业平台所需要的资金，例如在上市之后，奥飞在广东澄海开始建设动漫衍生品新生产基地，以及 2010 年收购嘉佳卡通，都需要大笔的资金。最后，公司需要塑造动漫第一品牌的形象，因此上市也是公司形象管理和形象塑造的重要一步。2009 年 9 月 10 日，奥飞动漫以国内"动漫第一股"的身份登陆深交所中小企业板。有了充裕的资金后，蔡东青对产业链的布局终于能施展开手脚了。①

---

① 储小平等：《变革演义三十年——广东民营家族企业组织变革历程》，社会科学文献出版社 2012 年版。

奥飞 2009 年上市后，依托资本平台，通过收购、入股和设立等方式进一步向动漫全产业链延伸。例如，在动漫内容开发环节，2012 年 6 月收购"喜羊羊之父"黄伟明主导的明星动画 70% 股权并获得《开心宝贝》项目；动漫影视线上线下渠道，2010 年 3 月收购嘉佳卡通影视 60% 股权，获得电视动漫频道嘉佳卡通经营权；2012 年 4 月收购专注动漫舞台剧演出的精合动漫 35% 股权；2012 年 6 月收购万象娱通 40% 股权，万象娱通旗下拥有移动端动漫娱乐及教育平台"爱看动漫"；在衍生品开发环节，2012 年 2 月收购乐客友联 51% 股权进入童鞋业务，增强衍生品开发环节能力。

相对于动漫制作企业而言，国内的电视台具有强势的垄断地位，特别是卫星电视，由于具有平台优势，它们给动漫制作公司的版权费用很低，如果仅仅依靠版权收入，高质量动画片连成本可能都难以回收。由于不拥有播放平台，奥飞动漫以往的策略采取向电视台"赠播"动漫作品的模式，以换取较为理想的动漫播放时段，以获取最好的播放效果。

虽然这种模式换来了奥飞动漫玩具产品的热销，但是"武器"掌握在别人手中毕竟没有掌握在自己手中那么放心。2010 年 3 月，奥飞动漫收购了全国五大少儿卫视之一的嘉佳卡通的运营权后，成为国内唯一拥有电视频道资源的民营企业。奥飞动漫这样解释收购嘉佳卡通公司的目的："动画片内容主要发行渠道是电视台，公司动画片曾经在嘉佳卡通卫视播出并取得较好的效果，本次投资控股经营后可以获得国内难得的媒体频道稀缺资源，为未来公司动画片发行创造有利条件。这次收购将能为公司打造内容、媒体、产业运营三者结合的新商业模式构建良好的基础，并可能为公司带来跨媒体跨内容跨平台的发展战略和机会。"（奥飞动漫重大事项说明，2010）从奥飞动漫的对外公告中可以发现奥飞动漫的收购目的如下：首先，获得动漫产品的媒体资源，为公司未来动漫产业的发展打造宣传平台；其次，公司未来会打造内容、媒体、产业的动漫产业整合平台，而嘉佳卡通卫视是其中重要的宣传平台。图 8—3 为奥飞全产业链运营商业模式。

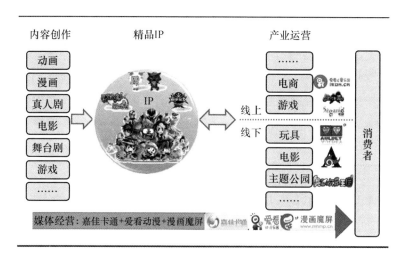

图8—3　奥飞全产业链运营商业模式①

五　以 IP 为核心，打造泛娱乐生态系统（2013 年至今）

从 2013 年开始，奥飞将战略定位调整为新时代的迪士尼，致力于构建以 IP 为核心的生态系统，打造符合全年龄段需求的泛娱乐产业链。迪士尼正是典型以 IP 为核心，通过影视、主题公园、媒体网络、品牌授权及衍生品、互动娱乐（游戏、虚拟世界等）产业链运作，多轮次释放 IP 价值，多环节提升 IP 势能，又借助积累的 IP 势能释放为动能，从而确立霸主地位。经过 20 多年发展，奥飞已积累并打造众多知名 IP，也积极布局产业链各环节，已形成以 IP 为核心，集动画片、电影、媒体、游戏、视频平台及社区、玩具、衍生品、教育、主题乐园等于一体的泛娱乐生态系统。表8—2 为奥飞 IP 运营情况。

---

① 《奥飞动漫——打造 IP 为核心泛娱乐生态，全面加速 IP 化、互联网化、国际化》，《广发证券研究报告》2015 年 4 月 23 日。

表 8—2　　　　　　　　　　　**奥飞 IP 运营情况**①

IP 类型	知名 IP	创立年份	动画片	真人剧	电影	舞台剧	漫画	玩具	游戏
动漫 IP	贝肯熊	2002	√		√				
	喜羊羊和灰太狼	2005	√		√		√	√	√
	火力少年王	2006	√	√			√	√	√
	电击小子	2008	√				√		
	巴啦啦小魔仙	2008	√	√	√	√	√	√	√
	雷速登	2008	√				√	√	√
	战斗王	2008	√	√			√	√	√
	铠甲勇士	2009		√	√	√	√	√	√
	战龙四驱	2009							
	开心宝贝	2010	√		√	√	√		
	超兽武装	2011	√						
	奇博少年	2012	√					√	√
	快乐小方脸	2012	√						
	幻变精灵之蛋糕甜心	2012	√				√		
	巨神战击队	2012		√			√		
	神魄	2013	√				√		
	翼空之巅	2013	√				√		
	超限猎兵凯能	2013	√				√		√
	太极鼠	2013	√						
	超级飞侠	2015	√					√	√
游戏 IP	怪物 X 联盟	2012							√
	喵将传	2013							√
	雷霆战机	2014							√
电影 IP	幽魂	2015			√				
	刺客信条	2016			√				√
	细胞分裂	2016			√				√

---

① 《奥飞动漫——打造 IP 为核心泛娱乐生态，全面加速 IP 化、互联网化、国际化》，《广发证券研究报告》2015 年 4 月 23 日。

　　奥飞在动漫、玩具、游戏等细分领域拥有成熟的运营团队，充分利用乘数效应实现 IP 价值最大化。奥飞基于"喜羊羊""巴啦啦小魔仙""铠甲勇士"等明星动漫 IP，通过影视（动画、电影）扩大 IP 知名度和影响力，通过相关线下衍生品（玩具、婴童服饰等）、线上互动娱乐产品（游戏等），及大电影，通过线上线下销售、流水变现、授权等方式实现 IP 的变现。动漫 IP 的超高人气是相关衍生品销售的直接保证，而动漫周边和游戏的火热传播又对公司品牌传播起到良好的促进作用，反哺公司品牌建设。具体而言，奥飞从以下几个方面打造泛娱乐生态系统。

　　第一，强化 IP 开发与运营能力。2013 年 9 月收购原创动力、资讯港 100% 股权，加强动画片的制作、发行，获"喜羊羊与灰太狼"等系列品牌商品化的独家运营权力；2014 年上半年收购狼烟动画、太极鼠工作室，加强原创动漫与动画制作；2014 年 6 月投资成立的合资公司奥飞贝肯（奥飞持股 45%），收购贝肯熊版权，公司拥有贝肯熊版权运营、衍生产品开发、生产、销售的优先权，以及贝肯熊项目投资合作（包括但不动画片、电影、游戏等）优先权。2015 年 8 月，奥飞收购"有妖气"母公司北京四月星空公司 100% 股权。截至 2017 年 12 月，已有两个"奥飞欢乐世界"开园（广州、成都）。奥飞欢乐世界涵盖游乐设施、舞台演出、超级飞侠、贝肯熊等动漫明星互动体验，每周六日拥有"动漫全明星巡游"。通过儿童体验＋线下商店＋灰太狼咖啡厅＋明星巡游打造全方位一体化亲子游乐方式，室内化、小型化迪士尼体验初具雏形。

　　第二，积极拓宽媒体渠道。2014 年 4 月收购壹沙 70% 股权，强化电视频道广告经营能力；2014 年 4 月收购魔屏 60% 股权，获得移动端漫画平台。

　　第三，积极开拓游戏领域。2014 年上半年投资广州叶游（持股 60%）、广州三乐（持股 40%），拓展游戏开发领域；2014 年 6 月收购上海方寸、北京爱乐游，游戏成为公司主业之一，同时成为 IP 变现重要模式之一。

第四，成立奥飞影业，与好莱坞合作，强化电影制作。2014年成立奥飞影业，统筹奥飞旗下所有品牌的电影相关业务；2014年10月投资3部好莱坞电影（《幽魂》《刺客信条》和《细胞分裂》）。

第五，强化电商业务。2014年10月成立奥飞网络科技，强化电商业务；目前电商已实现全网多级覆盖，包括与9大电商平台（天猫、京东、微信、唯品会、1号店等）合作+运营9家旗舰店等；2015年还推出玩具网购APP。图8—4为奥飞泛娱乐产业生态布局。

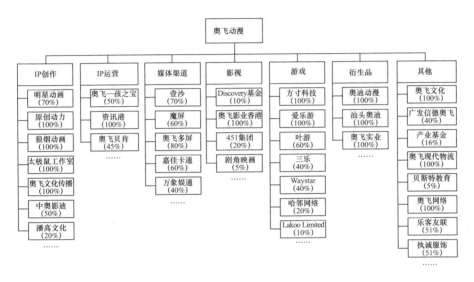

图8—4　奥飞泛娱乐产业生态布局①

此外，奥飞还从内容创意、消费品研发、形象授权、发行网络、销售网络、分支机构等方面进行了全方位的国际化战略布局。公司在美国建立了动画研发中心、电影项目公司、玩具国际设计和营销中心等，引入迪士尼、派拉蒙影业、梦工厂动画等好莱坞电影团队以及来自美泰玩具、费雪、万代（美国）等行业高端人才，使内容与消费品创意提升至国际水平。海外并购获得了拥有近30年历史的北美一线婴

---

① 《奥飞动漫——打造IP为核心泛娱乐生态，全面加速IP化、互联网化、国际化》，《广发证券研究报告》2015年4月23日。

童品牌"Baby Trend",以及婴童用品的国际领先创意、技术与渠道资源。动画发行网络已覆盖约 70 个国家与地区,衍生品营销网络也随之进一步扩大,并与沃尔玛、玩具反斗城、Target 三大零售巨头达成合作。公司整体泛娱乐产业国际化布局走在行业前沿,树立起中国文化"走出去"的先行者优势。[①] 未来,奥飞娱乐将继续推进"内容为王、互联网化、国际化、科技化"四大战略,聚焦"精品、变现、效率",加强公司的核心竞争力与可持续发展能力。

六 奥飞启示:拓展产业链,打破成长"天花板"

从 1993 年成立到 2018 年,奥飞娱乐呈现几何倍数的成长,从偏居一隅的汕头澄海,走向全国乃至世界。奥飞娱乐的成功不仅证明了广东本土民营企业家强大的市场把握能力和行动能力,也反映了改革开放 40 年来广东产业集群和专业镇强大的产业链条、技术外溢效应和学习效应对企业成长所起的重要作用。概而论之,奥飞娱乐也为众多扎根于专业镇的民营企业发展提供了如下启示:

第一,聚焦主业的同时,瞄准时机,开启前向/后向产业拓展策略。奥飞前期的经营策略主要是通过与国内外先进动漫制作企业合作的形式开发动漫产品,积累制作经验。在合作中逐步开始独立进行动漫开发和制作。后期奥飞娱乐依托奥迪玩具强大的玩具制造和销售能力,前向拓展到动漫影视制作领域,通过动画片来带动玩具的销售,依靠玩具销售为动漫的投入提供充足的资金。在动漫 IP 获得市场认可后,奥飞进一步拓展产业链,寻找新的利润增长点,即动漫衍生品的授权与开发。

第二,充分发挥企业核心竞争力,开启全产业链运营,进一步巩固行业壁垒和领先优势。和单纯的动漫制作公司不同,奥飞动漫影视作品很重要的目的就是动漫玩具产品的销售,因此奥飞的动漫玩具实际上是动漫作品的"内植广告",这就决定了奥飞的动漫产品从最开

---

① 《奥飞娱乐 2016 年上市公司年报》。

始的设计开发、动漫制作再到后期的影视播放、玩具产品推广等环节都要围绕一条"特定的"玩具产业链来进行。具体来看，奥飞动漫产业链的构成如下：首先，在动漫剧本设计阶段，奥飞娱乐就要考虑到玩具形象的内涵以及玩具的后续开发工作，把需要开发的动漫玩具"植入"动漫影视作品中。其次，在动漫影视作品的制作阶段，奥飞娱乐一方面进行动漫影视作品的开发，另一方面就需要开始进行"动漫玩具"的开发，并根据市场推广计划，组织生产备货。再次，在动漫影视产品完成之后，公司一边进行全面铺货，一边通过电视、报纸杂志、网络等媒体，进行针对性的动漫形象宣传，并举办各类活动和比赛，提高消费者的期待情绪。最后，当动漫影视片在全面播放的时候，公司配套密集的广告推广，进行玩具产品销售，由此产生巨大的动漫玩具销售收入，最终实现"动漫＋玩具"运营模式的利润最大化。正是这种全产业链的运营模式，不仅发挥了奥飞的核心竞争力，也为其他潜在竞争者的进入树立了牢固的行业壁垒，进一步扩大了领先优势。

第三，以 IP 为核心，打造泛娱乐生态系统。迪士尼是典型靠 IP 和原创内容起家，借助资本手段通过大型兼并收购进而发展成为全球领先的传媒娱乐帝国，其发展历程大致分为内容驱动、渠道拉升、内容拉升 3 个发展阶段。奥飞娱乐在实现全产业链运营后，主动对标迪士尼，以 IP 为核心，打造集动画片、电影、媒体、游戏、视频平台及社区、玩具、衍生品、教育、主题乐园等于一体的泛娱乐生态系统。此外，奥飞娱乐的这一战略定位也与近年来互联网全面渗透这一趋势相吻合。近年来，"互联网＋"成为趋势，BAT 纷纷布局内容产业链，加强内容与平台融合，打造以 IP 为核心的泛娱乐生态系统。"互联网＋"使动漫、影视、游戏、文学、音乐等不同内容产业跨界融和形成"泛娱乐"生态，为用户提供多层次、跨媒体、跨平台深度娱乐体验，同时大传媒产业间整合、互动、交融，提高不同内容形态产品附加值和市场竞争力。基于此，奥飞适应这一趋势，全面加速"IP 化、互联网化、国际化"，进一步强化精品 IP 优势和国内动漫领域优势，从而强化 K12 以上（青少年及以上）、互联网＋、国际化领域的实力，进一步巩固动漫领域的霸主地位。

诚然，企业经营如同逆水行舟，不进则退。奥飞娱乐产业链布局宏大，前景广阔，也具有强大的前期基础和实力，但是公司未来也需要注意以下问题：首先，宏大的计划，庞大的规模需要大量的投资和前期投入，而且过于"宽泛"的产业链可能牵涉企业过多的精力，甚至带来"范围不经济"。其次，虽然奥飞动漫建设了众多产业平台，但是未来更需要强化奥飞的核心竞争能力，即"动漫形象塑造者"以及"动漫内容供应者"。最后，作为从具有浓厚家族文化传统区域——澄海起家的民营企业，奥飞娱乐管理团队中大部分成员均具有"血缘、亲缘、地缘"的纽带，未来可能需要吸纳更多外部职业经理人，从而增强泛娱乐生态系统的掌控能力和运营能力。展望未来，市场期待奥飞早日成就"东方迪士尼"伟业！

第三节　南国陶都的明珠——新明珠集团

一　佛山陶瓷产业概况

自古以来，人们常用"景德瓷，石湾陶"来概括中国陶瓷的精髓。佛山石湾陶窑能够获得与江西景德镇瓷窑同样的赞誉，可见其在中国陶瓷业的非凡地位。由于石湾陶瓷的美誉，佛山也被称为"南国陶都"。

从地理位置看，佛山与广州同处在中国最具经济实力和发展活力之一的珠江三角洲经济区中部，得天独厚的地缘优势加快了佛山陶瓷产业的现代化发展。石湾镇是佛山的陶瓷发源地，石湾制陶技术已有几千年的历史，明清达到鼎盛，自古就有"石湾瓦、甲天下"的美誉。据史料记载，唐宋时期，石湾公仔已通过"海上丝绸之路"远销至日本、东南亚以及世界各地。历经千百年的传承和锤炼，石湾陶艺形成了独具特色的艺术风格，被列入首批国家级"非物质文化遗产"，在国内外享有盛誉。①

　　作为"南国陶都"的佛山，不仅以石湾公仔为代表的艺术陶瓷享誉全球，其建筑陶瓷更是近年来引领佛山发展的重要产业。20世纪70年代末，石湾生产的传统陶瓷产品，很多已经不适应市场的需要，市场需要的却限于设备能力而不能大量生产，部分企业因此而陷入困境。1984年10月，我国首条从国外引进的彩釉砖生产线在石湾利华装饰砖厂一次点火试产成功。这一事件，被誉为揭开了中国建陶工业与现代化、国际化接轨的序幕。一石激起千层浪。其后几年，釉面内墙砖、彩釉马赛克等自动化生产线，纷纷在佛山市各大陶瓷厂扎根。从此，佛山陶瓷产业开始进入规模化、产业化的阶段，发展速度不断加快，技术水平不断提高。1992年春天，邓小平南方谈话；10月，中共十四大确定建立社会主义市场经济的目标。政策松绑也极大地解放了佛山陶瓷行业的生产力。翻阅目前佛山生机盎然的陶瓷企业的发展历程，1993年、1994年创立的占了很大一部分。1998年9月、10月、11月三个月，佛山南庄镇把国有、集体性质的陶瓷企业作价11.81亿元全部出售给民营企业，佛山的陶瓷行业规模迅速膨胀，成就了一批巨头。

　　然而，短时间内大量资本流入陶瓷行业也带来了一些负面效应。2000年前后，大批陶瓷企业聚集在同一区域生产陶瓷，且产品雷同，缺乏特色，难以满足市场的多样化需求。再加上能源价格的急剧上升，使得高能耗的陶瓷生产企业利润急剧下降。2001年，部分佛山陶瓷企业看重四川天然气价格优势，相继在四川夹江及周边地区投资设厂。2003年，南海、顺德、高明、三水撤市建区，佛山陶瓷行业也开始进行结构调整，部分陶瓷企业开始第二轮的产业转移。2005年后，一批佛山陶瓷企业相继在清远、河源、恩平、肇庆等地投资建厂。

　　到2006年后，佛山的建筑陶瓷生产规模达到了顶峰，当时有陶瓷企业500多家，生产线1200多条，产能近15亿平方米/年，占当年全

---

① 佛山石湾：《"千年陶都"享誉世界》，《广东科技报》2016年7月1日。

国产量的近半壁江山。① 同时，随着佛山商业中心地位的提升，政府提出产业整治，迫于环保和成本压力，佛山陶瓷开始了第三轮产业转移，相邻广东的江西成为承接佛山陶瓷的热点地区，形成了今天我国建筑卫生陶瓷产业新格局。

早期的佛山陶瓷产业虽然产量高，但在装备和生产技术、成型及釉线装备方面比意大利、西班牙落后。许多陶瓷生产企业吝于投巨资在技术创新和生产线改革而缺乏自主研发能力，产品同质化严重，企业缺乏核心竞争力。随着企业家创新意识的崛起以及政府的因循利导，佛山陶瓷产业渐渐走上了自主创新之路，纷纷设立技术中心，投入大量经费到研发设计环节。目前，广东佛陶集团股份有限公司技术中心是目前我国陶瓷行业唯一的国家级技术中心，其他企业工程技术研究开发中心 14 个；高新技术企业 9 个；民营科技企业 45 个。② 由南庄镇政府与景德镇陶瓷学院合作的佛山市华夏建筑陶瓷研究开发中心，是目前我国唯一的国家级建筑陶瓷研发中心，以其为依托还建立了国家建筑卫生陶瓷生产力促进中心、国家日用及建筑陶瓷工程技术研究中心建筑卫生陶瓷分中心等公共创新平台。不仅如此，陶瓷产品质量监督及检测体系也逐渐完备，拥有国家陶瓷产品质量监督检验中心、国家级建筑卫生陶瓷检测重点实验室、国家日用陶瓷技术监督及检测中心佛山工作站、英国陶瓷研究协会华夏陶瓷检测中心等陶瓷产品质量监督及检测机构。总体而言，佛山陶瓷工艺技术水平不断提高，新技术、新产品层出不穷，企业竞争力不断增强。随着佛山陶瓷产业的不断发展壮大，相关配套产业也迅速发展起来，形成了专业化分工、产业化协作、集群化发展的格局。

到了今天，佛山陶瓷的抛光砖、仿古砖、微晶砖、内墙砖、外墙砖、广场砖、马路砖等品种一应俱全，出口世界 100 多个国家和地区，在国内的一级经销商达数万家。总产量约 20 亿平方米/年，总产值超

① 佛山市建材行业协会：《2017 佛山陶瓷（砖）行业发展报告》。
② 周伯源：《全球价值链视角下佛山陶瓷产业集群升级的案例研究》，硕士学位论文，中南大学，2007 年。

过 1000 亿元/年，产量占全国 30% 以上，出口量占全国 70% 以上。其中保留在佛山本土的规模以上企业 62 家，生产线 330 多条，从业人员超过 10 万人，形成了瓷砖生产、装备制造、化工制造、产品研发、物流运输等完整的产业链。[①] 目前，佛山陶瓷在产品质量、生产装备、市场营销、出口贸易、品牌建设、企业管理、环境保护、清洁生产、技术创新、产品设计、人才素质等方面都走在全国前列。庞大的产业链也孕育了蒙娜丽莎、东鹏、新明珠、宏宇、新润成、顺成、博德、简一、欧神诺、欧文莱等大批国内陶瓷知名企业。

二　"明珠"崛起（1998—2002 年）

叶德林，佛山隔巷村人，为人沉稳、踏实、低调，曾任南庄镇水电所所长。1991 年起进入陶瓷行业，出任南庄华雄陶瓷厂生产副厂长，由于勤奋钻研管理之道，经营有方，业绩斐然。1992 年底，镇政府决定筹建明珠一厂（新明珠集团前身），风华正茂的叶德林被任命为总经理。在筹建当中，叶德林就确立了奋斗的目标："办一流企业、创一流产品。"他带着几个人，亲自在工地一线奋战，先是平地基填鱼塘，后来又外出学习经验，边学边干，建起了 3 条陶瓷生产线，成立了明珠装饰砖有限公司。

1993 年 6 月，公司 3 条生产线正式投产，叶德林亲自参与设计了企业的 LOGO，推出冠珠品牌，并提出质量是企业生命的理念，站在行业品质高点起步，开始了成就明星陶瓷企业的创业征程。

1995—1996 年，很多陶瓷企业亏损倒闭，叶德林当时任厂长的冠珠陶瓷厂产品也出现严重积压，他背着瓷砖亲自到各地去推销，使企业在最艰难的时候也保持了不亏损的业绩。1998 年，由于部分陶瓷企业处在亏损边缘，镇政府决定将这些陶瓷企业进行拍卖，叶德林以 3.7 亿元拍到两家厂，一时轰动佛山。叶德林从此得到了施展拳脚的

---

① 2017 年 12 月 27 日，新浪网（http://news.dichan.sina.com.cn/2017/12/27/1253986.html）。

舞台，并以此为契机，由"小"变"大"。

"在 1998 年的时候，我们做了几件事。第一，迅速发展。这个发展不是用大的资金去投入，去买地，去建厂。而是用张瑞敏的方式：吃休克鱼。1997 年金融风暴以后，有很多企业面临倒闭，我们当时刚好处于良性发展时期，碰到了这些休克鱼，我们就去考察一番，把我们的管理、技术和模式搬过去，经过改善后，又可以盈利了。三年之内收购了 4 个企业。"从那以后，新明珠的生产变为专业化生产。一个企业专门生产一种产品、一种花色。"因为陶瓷跟其他行业不一样。如果你转花色，转规格，就要花很长的时间，窑炉也要停下来。转一转、停一停、调一调，出来的产品就完全不一样了。跟其他只有几条线的企业相比，我们就不需要转产。因此我们也在无形当中形成了专业化生产。"①

高效率、低成本，人员专业化、设备专业化，新明珠进入了快速发展的轨道，企业也从冠珠一个品牌，发展到十几个品牌。从 2000 年开始，新明珠的多品牌战略初露端倪，2000 年 10 月，萨米特品牌上市，标志着新明珠开始了多品牌战略的尝试。2001 年，建陶行业面临洗牌，陶瓷行业逐步意识到品牌的魅力，纷纷开始了品牌建设。就是这一年，新明珠推出了以英伦风情的绅士文化为基调的格莱斯陶瓷，仍然坚持严格的品牌文化区分。2003 年新明珠的多品牌战略开始强势发展，金朝阳、惠万家两个品牌同一年推出。次年，以专业仿古砖形象著称的路易摩登陶瓷面世。新明珠多品牌战略开始了专业产品为区隔的新的发展阶段。当 2005 年，路易摩登的"摩登主义　精英生活"的品牌主张获市场认可席卷大江南北时，建陶行业的品牌竞争已经转入了文化竞争、生活方式的售卖。② 路易摩登的出现，标志着多品牌战略在有意识地规避粗放型多品牌战略容易出现的弊病。而 2005 年，萨米特卫浴应运而生，冠珠瓷质仿古砖顺利面世，新明珠的品牌战略

---

① 《新明珠叶德林：吃"休克鱼"做大企业》，2008 年 12 月 9 日（http://www.newpearl.com/Article/xinmingzhuyedelinchi.html）。

② 《新明珠陶瓷集团迅速崛起的思考》，《中国建材报》2010 年 3 月 25 日。

模式开始向产品类别子品牌延伸，把新明珠的多品牌战略推向了复合型多品牌成熟运用阶段，同时也拉开了新明珠高中低品牌群细分战略的序幕。①

三　集约发展，创新成长（2003—2009 年）

多少年来，中国建陶企业在公众形象中，总是与脏、乱、差、污染环境等字眼联系在一起，佛山一带的陶瓷生产，大多饱受此类恶名。尤其是近年来政府对环保工作的重视，致使不少陶瓷企业感到无所适从，朝不保夕，总在想方设法逃脱被扼杀的命运。叶德林为此感到责任重大，他到世界陶瓷生产先进国家寻找答案。2003 年，叶德林曾先后六次率队前往意大利、西班牙等多个西方陶瓷大国考察。他发现，这些国家并没有限制陶瓷业发展，只是禁止那些达不到环保要求的陶瓷企业生产，大力倡导环保型清洁生产。于是，考察归来，构筑一个环保型陶瓷样板工业园区，将现代清洁生产与循环经济理念引入传统建陶业的战略开始在叶德林头脑中形成。在三水工业园的规划定位上，叶德林便以此作为蓝图的"根"，深深植入其中。

2003 年 12 月，叶德林开始投资建设第一个园区式基地——三水新明珠高技术建陶生产基地，标志着新明珠陶瓷集团由分散的工厂式建设，进入了规模化、专业化园区式集约发展的新时期。2004 年 2 月，时任佛山市委书记的黄龙云来到正在建设的三水生产基地视察工作，对新明珠提出了这样的发展思路："你们一定要按照循环经济的理念，走出一条传统产业升级的新型发展之路。"叶德林当时就承诺："我们有信心建设一个比意大利、西班牙更先进的、能与现代城市人居环境和谐共处的碧水蓝天、绿树成荫生态陶瓷基地。"为了做好清洁生产工作，新明珠专门成立了清洁生产领导小组，并亲自担任组长，抽调各厂区管理人员和技术人才组成清洁生产、节能降耗"专业队

---

① 《路易摩登仿古砖董事长叶德林访谈》，2011 年 8 月 31 日（http://www.newpearl.com/Article/luyimodengfangguzhua.html）。

伍"，通过技术创新、设施改进以及监督管理来促进节能减排工作的提升。在投入大量资金引入先进设备的同时，还自主创新研发了地下沉降式喷淋除尘除硫系统等环保设备。①

三水工业园整个厂区按国际 ISO14001 环境质量体系要求，在设计理念上，从行业被动减轻对环境的破坏变为主动改善和爱护环境，高起点定位，高技术建设。工厂、办公、科研、生活片区功能各异，以园林绿化将建筑和道路美化"包裹"起来，营造多个主题公园和一道道、一圈圈的绿化带，仅是员工生活区的"绿陶苑"，就投入近千万元进行绿化、环保配套建设。2004 年 6 月，新明珠三水工业园第一期建成投产。一条古老而清澈的小河，把厂区和生活区分割开来，只见小桥流水人家，鸟语花香清如画；四下恬静优雅，听不到一点机器声的嘈杂，找不到高耸的烟囱，更看不到一丝排放的黑烟、白烟……

2006 年 12 月，新明珠投巨资在肇庆市高要禄步镇发展了第二个园区式基地——广东禄步萨米特新型建材生产基地（专业制造抛光砖）。2007 年，新明珠禄步工业园第一期建成投产。新明珠用四年多时间，完成了两个 1000 亩以上工业园区的创建和布局设计，使产能迅猛提高，在行业中牢牢确立了大规模生产的行业领先优势。同时也标志着新明珠企业通过集约创新促使传统产业在转移中提升，走上了一条新型工业化的道路。在禄步工业园建设如火如荼的同时，新明珠又开始着手紧锣密鼓筹划"布局全国"的战役。2007 年江西新明珠高安建陶生产基地的签约与建设，标志着新明珠企业正式启动"面向广东、布局全国"的新战略。从工厂式建设到园区式集约化发展，从省内到省外，从单品牌到多品牌，从做多品牌到做强品牌，从做强品牌到如今思考怎样做优品牌，无不体现了企业在不同时期适应不同发展需要，为实现新明珠百年企业的理想夯实了根基。正如叶德林常说的那样，只有污染的老板，没有污染的企业。叶德林创造出了目前国内独一无二的省级清洁生产企业，为中国乃至世界建陶行业树立了一个

① 刘彦华、刘大鹏：《新明珠的 DNA》，《小康（财智）》2012 年第 11 期。

典范。新明珠通过集成创新促使传统产业在转移中提升，自觉地走上新型工业化的道路，站在了科学发展的新起点。

除了做大做强新明珠外，叶德林也积极承担社会责任，身体力行，从自己做起。他带头捐资、捐物兴建南庄镇敬老院；赞助主办南庄镇一年一度的龙舟赛；赞助并主办三水区白坭镇龙舟赛……

在三水工业园属地，叶德林第一个为当地农户设立养老金发放制度，给予60岁以上的老人生活终身保障，每人每月都可以领到一份敬老养老金；在肇庆禄步工业园属地的白土一村和二村，也同样设立养老金发放制度，每年发放金额达100多万元。2008年5月12日汶川发生大地震，叶德林心系灾区，立即在集团内成立赈灾募捐小组，向旗下各企业发出"同舟共济、携手同行"募捐倡议书，号召全体新明珠人踊跃向灾区父老乡亲伸出援助之手。17日，在捐款动员大会上，叶德林为鼓励员工多献爱心，承诺以个人名义，按全体员工捐款总额的2倍追加捐款。当天，向中国红十字会捐款320.9万元，其中，员工捐款40.3万元，叶德林个人捐款80.6万元，集团捐款100万元；当晚赈灾义演，叶德林还捐了价值100万元的陶瓷墙地砖，是当日佛山市陶瓷企业赈灾捐款最多的一家企业。

2007年8月29日，新明珠陶瓷集团正式启动"走出广东、布局全国"的新战略，在高安兴建了江西新明珠高安建陶生产基地，创新"销地产"发展新模式，开启了全国发展战略新布局，这使新明珠陶瓷集团踏上了做强做大的新征程。2008年6月，江西新明珠高安建陶生产基地成功试产，第一块德美瓷砖成功出炉，卫浴厂自主创新设计的第一条节水连体坐便器群式注浆线试产成功。

四　产业整合，迈向国际（2010年至今）

在夯实主业根基后，新明珠集团再次调整发展战略，向上、下游进行延伸。2009年进军地产领域，2010年出资控股拥有国家甲级设计资质的广东城建达设计院，正式踏上了争创产业链整合的新阶段，迈出了一条产业链高效整合、创新发展的新道路，基于陶瓷为主，整合产业链，为总部经济增加新的增长点，创建新的总部经济赢利模式，初步迈出由制造业向服务业转型，从而走向产业链高效整合的多元化经营战略新布局，实现了向产业链上下游拓展、延伸的新突破。

2011年5月13日，新明珠陶瓷集团荣获"中国轻工业陶瓷行业（瓷砖）十强企业"第一名的殊荣，十届全国人大副委员长顾秀莲亲自颁奖。19日，时任佛山市委书记陈云贤等人陪同时任广东省委书记汪洋和省长黄华华视察，汪洋书记赞叹冠珠仿古砖"格兰春天"："跟真的皮纹一样，实在太漂亮了，手感也像真皮。把陶瓷砖仿得比真皮还好，这实在了不起呀！"

2011年7月21日，新明珠陶瓷集团凭借良好的经营业绩排名广东省500强企业第99位，其子集团广东萨米特陶瓷有限公司排名2011广东省制造业百强企业第43位，是陶瓷行业唯一上榜企业。

2014年11月，丽珀卫浴品牌全球发布会暨营销中心开业典礼隆重举办，这是新明珠集团全新推出的高端智能整体卫浴品牌。

2015年9月，新明珠集团出征国际陶业"奥斯卡"——意大利博洛尼亚陶瓷展，与众多国际品牌同台竞相，这标志着新明珠正式开启了品牌国际化新征程。这一年，新明珠上榜2015中国制造业企业500强，名列第463位，也是陶瓷行业仅有的一家上榜企业。12月，新明珠入选年度国家知识产权优势企业，是广东省39家入选企业中唯一一家陶瓷企业。

2017年，新明珠集团公司审时度势，提出"品牌重塑、绿色智能制造、互联网＋企业升级、企业文化与管理升级"为导向的"四轮驱动"发展战略。在不断苦练内功的同时，着眼于与国际一流的陶瓷装备公司、色釉料与研发公司、国际知名的设计公司合作，站在世界陶瓷制造与营销的前沿，建立长期共赢的战略合作，致力于打造一个以创新为驱动的国际化合作平台。

五　新明珠启示：从跟随者到引领者

光阴荏苒，岁月如梭。从1992年明珠装饰砖厂开始筹建，到如今新明珠陶瓷已经走过了 26 年的风风雨雨。新明珠看着前行者的身影，借鉴、模仿、学习，跟随正确的道路，避开错误的拐道。在边学习、边摸索的过程中，逐步发展壮大，从一个不起眼的小企业，成长为当今拥有中国陶瓷行业无数个第一的大型企业集团。新明珠的成长，也是佛山陶瓷行业众多企业发展的一个缩影，它们在"南国瓷都"美誉和源远流长的陶瓷文化中熏陶，在改革开放的时代背景下把握机遇占领先机，在"中国制造"崛起中规模化产生，在国际化潮流下走向世界。概而论之，新明珠也为众多扎根于产业集群与专业镇的民营企业发展提供了如下启示：

第一，规模化、专业化、集约化。早期新明珠在转制后，主要通过"吃休克鱼"的方式，采取兼并收购模式实现低成本扩张。当时的陶瓷行业群雄崛起，业内少有占绝对优势的企业，行业产品同质化严重，几乎没有技术壁垒，而主要采取规模化竞争。2004 年，新明珠又在错综复杂的市场信息中，抓住机会，决定由兼并、扩张模式向集约化生产发展，按照经济发展从发达地区向次发达地区转移的梯级规律，率先在行业内实施了产业升级转移，进行了规模化、专业化、集约化的园区式扩建，先后在佛山三水、肇庆禄步、江西高安投建了工业园区式的生产基地，全面启动了"走出广东、布局全国"的新战略，领先走上了新型工业化发展道路的新起点。"规模化、专业化、集约化"这一发展模式为新明珠的后期腾飞打下了坚实的基础。

第二，多品牌同步发展。多品牌是根据市场的需求去决定的，陶瓷企业在已有品牌的基础上推出新品牌走上多品牌之路，目的就是解决企业快速增长的产能，满足市场快速增长的不同需求。为了细分市场，为每一群体提供不同文化风格的产品，从而满足消费者的不同需求。回顾新明珠的品牌策略，可以发现其对多品牌战略的偏爱。冠珠、萨米特、格莱斯、惠万家、金朝阳、宾利等，新明珠企业发展至今，已经有了十几个品牌。新明珠企业的多品牌运作保留了自己生产管理精细化的特点，精耕细作、稳扎稳打，搞好了再发展。针对一品多牌、差异不大的毛病，新明珠企业根据本企业的特点和需要，将旗下品牌分为高档化、大众化、个性化三大类，每个品牌既有产品区隔，又有品牌文化的差异化，形成一种互补共荣的局面。新明珠集团的多品牌战略成功覆盖了高中低端市场，各个品牌也逐步完成从主品类产品到子产品品牌的布阵，品牌群分战略的成功运作，使新明珠各品牌得以最大限度地和谐共进、共赢共荣。

第三，创新引领发展。在产品同质化、品牌仿制化相当严重的陶瓷行业，创新是企业可持续发展的原原动力。新明珠向来不吝于创新的投入，早期就投入巨资成立倡导环保与创新为主题的两家陶瓷研究所——北京新明珠绿色陶瓷研究所和新明珠创新研发中心，双管齐下，成为行业内首家同时拥有两大陶瓷研究所的企业。此外，还聘请著名的技术权威专家以及材料科学专家负责，配备具有较高资历的硅酸盐工程师、机械工程师、自控工程师，配置了现代先进的科研设备，加大新产品、新技术的研发力度，特别是将建筑卫生陶瓷以及绿色环保陶瓷的研究开发作为重点投入的目标导向。新明珠陶瓷集团通过不断革新，推出超越市场预期的新产品。从明珠玉到"IN－MAX·酷色"再到名石品相的微晶石全新系列等新产品的先后推出，引发了一轮又一轮的消费潮流。新明珠的产品创新以实效为导向，每一个创新都迅速形成新的销售力，如自 2010 年"明珠玉"正式投入市场后，当年就占到同类别产品8%以上销售额。

正如新明珠集团董事长叶德林所言："没有夕阳的产业，只有夕阳的技术。"改革开放 40 年，中国城镇化进程不断加快，作为传统制造行业的建陶企业获得了巨大的发展空间，也培育了如新明珠等一大批明星企业。随着经济发展方式的转变以及未来城镇化进程的放缓，陶瓷行业如何建立现代化产业体系，以新明珠为代表的企业能否以科技进步推动自主创新，以高科技、新思维、信息化推动传统产业的升级发展，获取更加宽广的发展空间？我们拭目以待。

第 九 章

职业经理人与民营企业

改革开放以来，广东民营企业随着改革开放的步伐迅速发展，而如何提高发展的质量，使企业能持续成长，就是企业家关注的重要话题。彭罗斯在《企业成长理论》中提出，企业成长受制于现有管理资源能达到的企业扩张极限、吸纳新管理能力的数量和速度[①]。企业成长过程中，对有经验的管理者资源的需求越来越大，仅从内部培养和选拔远远不能满足这一需求，因而需要通过从外部有效地引进管理者来获得，有经验的管理者的可获得性便成为企业在任何时期计划并实施企业扩张的制约因素。然而管理资源这种对企业发展至关重要的人力资本却是很多民营企业成长的束缚[②]。可以说，如何有效吸纳融合职业经理人，以突破企业成长中的管理资源瓶颈是一个世界性的难题，由此形成各国企业不同的成长路径、管理模式和组织能力。广东民营企业成长过程中融合职业经理、突破管理资源瓶颈也是充满矛盾，其中一些优秀的民营企业却能不断突破局限，有效吸纳优秀的职业经理人，组建高素质的管理团队，成长为国内外有影响的大企业。本章首先将对学者有关职业经理与企业成长之间关系的研究做一梳理评述。其次对美的、创维、碧桂园等有典型意义的广东民营企业吸纳融合职业经理的实践过程做较为细致的案例剖析，以揭示民营企业成长的历程。

---

① ［美］彭罗斯：《企业成长理论》，赵晓译，上海人民出版社 2007 年版。
② 储小平：《职业经理与家族企业的成长》，《管理世界》2002 年第 4 期。

第一节 职业经理人发展历程

一 职业经理人的概念界定

1841 年，美国马萨诸塞州铁路发生了一起两列客车迎头相撞的事故，造成很大的伤亡。社会公众对铁路企业的业主缺乏管理能力深表愤怒，在州议会的主持下，铁路企业发起了一场管理制度的变革，并选出真正拥有专业知识和管理能力的人来担任管理者，世界上第一批职业经理人就这样诞生了。

从此以后，职业经理人渐渐发展成为一个全球的特定职业从业者。1954 年，彼得·德鲁克在《管理实践》① 一书中将职业经理人这一角色定义为"对其他人的工作负有责任的人"，提出职业经理人的职能是"创新"，即致力于发现新问题，提出新思想并不断进行创新。1987 年，美国企业史学家钱德勒提出，职业经理人是以管理作为其终身职业并已经成为负责经营大型多单位企业的人。哈佛大学教授约翰·波特将职业经理人的基本特征概括为"发起变革，设计变革和组织实施变革"，并认为职业经理人必须首先具备"创新精神"，即创新意识和创新能力两个方面。同时他还补充职业经理人还需具备战略眼光、洞察力、领导统率力。显然，这些学者的观点未能把企业家与职业经理两个概念明确区分。

在我国，真正意义上的职业经理人是在改革开放以后才出现的，并从 20 世纪 90 年代开始作为一个新兴的职业领域被人们普遍接受。张维迎提出，职业经理人是以企业经营管理为职业的社会阶层，运用全面经营管理知识和丰富的管理经验、独立对一个经济组织（或一个部门）开展经营或进行管理。② 在上海市劳动与社会保障局制定的《职业经理人职业标准》中，职业经理人被定义为：通过自身专业的

---

① ［美］彼得·德鲁克：《管理实践》，中国工人出版社 1989 年版。
② 张维迎：《企业家与经理人的信任博弈》，《管理》2003 年第 10 期。

经营管理知识与经验，有能力对一个经济组织或部门独立开展经营或管理的个人。这些界定对职业经理概念内涵与企业家概念有明显的区别。

二 职业经理人与企业家的区别

职业经理人与企业家的职能有重叠之处：两者都是企业的管理者；两者都拥有创新的职能。可是，企业家与职业经理人有本质上的不同：首先，两者是雇佣与被雇佣关系。其次，所有权与控制权的不同。企业家对企业拥有所有权与剩余控制权，而职业经理人只拥有少量的企业所有权与部分经营管理控制权。最后，两者承担的企业风险不同。企业一旦失败，企业家的出资、资产将化为乌有，其在企业中所占股份越多，承担的企业风险越大。然而职业经理人一般并不承担企业创业所必需的投资，因而不必承担企业风险。当然，随着股权激励等形式的兴起，职业经理人与企业家所承受的企业风险和收益会在一定程度上捆绑起来。

三 我国职业经理人发展的各个阶段

我国的职业经理人发展经历了以下三个阶段：

第一个阶段，从1978年到90年代初，中国经济体制从计划体制向市场经济体系进行转变，中央提出要"有准备有步骤地改变党委领导下的厂长（经理）负责制"，而乡镇企业、民营企业在创业与成长阶段也逐步产生对职业经理的需求。在这阶段，企业的管理制度虽然发生了变化，但是仍然没有形成阶层的职业化的管理人员。

第二个阶段，从1993年至2000年左右。随着中央《关于建立社会主义市场经济若干问题的决定》《中华人民共和国公司法》的相继颁布，1997年党的十五大重申建立以产权清晰、责权明确、政企分开、管理科学为特征的现代企业制度。职业经理人职权开始拥有明确的界定，职业经理人开始迎来快速发展的机遇。一大批有经验的管理者的自然流动，尤其是从国企向外企和私企的流动，在一定程度上成为社会热点。此后一批工商管理学子被社会所认识，被企业所发现，开始了职业化的历程。

第三个阶段，从 2001 年我国加入 WTO 后开始。伴随着大量的外资企业进驻本土市场和"海归派"回国实现梦想、实现价值，中国的经理革命初见雏形，职业化的高层经理人开始为越来越多的企业所接受，大型国企也开始向社会招聘职业经理人，中国职业经理人这一社会阶层逐步形成①。

第二节　华人企业融合职业经理人更为困难？

关于华人企业中职业经理人发展的话题，学者进行了广泛而深入的探讨。美国学者福山②把华人企业的发展分为三个阶段。第一个阶段是由一个有权威、创新冒险精神的创业者创办了一个企业；第二阶段，企业的创始人将要退休，而他的子女们为接班问题发生争执，有的企业就此四分五裂，有的企业找到了继承者，进入了第三个阶段；第三个阶段进入了管理的职业化阶段，即由职业经理人对企业进行控制管理。福山认为，华人社会是一个低信任度的社会，华人企业家只信任与自己有血缘关系的人，所以职业经理人阶层难以形成，导致中国的经济增长多依靠企业数量的增加，而非大企业的形成。

早在 1914 年，马克斯·韦伯在《世界宗教的经济理论：儒教与道教》中就论述了这样的观点：在儒教伦理的影响下，中国难以发展出理性的近代资本主义。根植于儒家信仰上的亲戚关系阻挠了借债、工作纪律以及工作过程的理性化，同时也妨碍了职业经理人的发展。而中国古代根深蒂固的"人治"思想也在企业发展中造成了负面影响。在中国传统人文理念的影响下，创业企业家对企业或多或少地包含着

---

① 李霖：《浅谈职业经理人的产生与发展》，《中华工商时报》2016 年 1 月 12 日第 008 版。

② Fukuyama, F., *TRUST: The Social Virtues and the Creation of Prosperity*, New York: the Free Press, 1995.

"家长"的感情，将企业的管理、控制交由他人并非易事。创业企业家将"家长"角色和"企业家"角色一体化，将企业管理当作家族管理，把与职业经理人的委托授权关系"类化"为上下身份等级关系，使得职业经理人即便与企业家建立了信任，也难以获得有效授权[①]。不愿授权和专权作风的威权领导的文化根源是中国传统社会的父权制传统[②]。在父权下，父亲的权威远远高于其他家庭成员，在家庭中决策说一不二、独断专行。而在这样的处境下，职业经理人受制于创业企业家，难以对企业进行实质上的管控。

1986 年，余英时对马克斯·韦伯的论点做了回应，他在《中国近世宗教伦理与商人精神》一文中认为，儒家思想作为明代人所遵从的道德哲学，作用在个人的层面，产生了中国特有的商人精神。中国有着自己的商人伦理，与西方的新教伦理不同，带给商人的影响也无法与新教伦理等量齐观，但是它有着自身的脉络。而这样的商人精神，在职业经理人的发展中也得到了一定的体现。

显然，学界对于中国的历史传统、文化环境及其对民营企业是否能有效吸纳融合职业经理人以促进企业的成长发展有不同的看法，因而，有必要结合广东民营企业 40 年的发展实践，分析探讨其吸纳融合职业经理人，以突破管理资源瓶颈历程中的问题与特点。

第三节　广东民营企业融合职业经理人的过程与进展

千禧年前后，外部环境急剧变化，局势激荡。2001 年 12 月 11 日，中国正式加入世界贸易组织（WTO），成为 WTO 的第 143 个成员。加入世界贸易组织，不仅标志着中国的改革开放进入了全新的

---

① 朱沆、何轩、陈文婷：《企业主集权：边界理论的新观点》，《南开商业评论》2011 年第 5 期。

② 樊景立、郑伯埙：《华人组织的家长式领导：一项文化观点的分析》，《本土心理学研究》2000 年第 13 期。

阶段，给中国的民营企业带来了机遇，同时也预示着中国企业将会面临进一步开放所带来的外界冲击，民营企业也面临挑战。这一时期，广东民营企业中家族制管理弊端、雇主诚信不足、信息分享过于封闭、职业经理人的职业素养不高等问题，依然困扰着民营企业的成长。

随着改革开放深入发展，欧美、日本企业先进的管理理念的引进与传播和加入世贸组织的压力，让珠三角的许多企业掀起了一场"管理层持股"的浪潮。外部的压力也带动着内部的突破与蜕变。民营企业越来越多地从社会招聘管理人才，体现出企业主突破企业用人家族制的倾向越来越明显。随着改革开放纵深发展，越来越多的民营企业主意识到，企业毕竟不是家族，而充满商业竞争和一定程度市场化的现代社会，也不是传统的家族社会。因而，在用人上必然要向注重人才的素质、技术和受教育水平等各种普遍主义的标准发展，将亲情、忠诚和才能三者结合起来，将逐渐成为私营家族企业最重要的融合社会人力资本的手段①。例如广东顺德的碧桂园的创始人杨国强不断总结其创业和管理的实践经验和教训，突破企业成长过程中的管理资源瓶颈。一方面，他引入家族成员，特别是二代家族成员进入董事会和管理层，保持家族成员在企业股权中占有主导地位；另一方面，他也大力从外界吸收优秀的职业经理人力量，掌控公司的运营管理、合伙人制度和组织结构改革。这样的双管齐下，使碧桂园从 2007 年的低迷期逐渐抬头，一跃成为世界 500 强企业。除了企业主的"家长权威"逐步退让于科学的人才管理外，广东越来越多的民营企业家也意识到了树立自身诚信和实行长期激励制度的重要性，他们借助改革开放的春风，学习欧美等发达国家的企业职业化管理，在困境中不断突破，40 年的发展，广东涌现了一大批在全国名列前茅的民营企业。

在广东民营企业发展的实践中，一方面，企业不断吸纳融合职

---

① 储小平：《职业经理与家族企业的成长》，《管理世界》2002 年第 4 期。

业经理人，打造素质越来越高的管理团队；另一方面，职业经理人的素质也在不断提升，职业经理阶层逐步形成。改革开放、加入世界贸易组织的外部环境变化与民营企业家观念的转变，为职业经理人提供了大展身手的空间，令民营企业的发展更进一步。实践表明，福山和韦伯的观点并非定论，虽然华人社会中低信任度、家族主义的特点仍然存在，但广东民营企业和职业经理人正在为实现所有权与经营权的优化组合而努力。欧美企业成长过程中融合职业经理人，构建组织能力的路径于我们有借鉴意义，但各国文化传统差异很大，突破管理资源瓶颈、构建组织能力的模式也各具特点。下面将对广东几家典型的民营企业成长过程中吸纳融合职业经理人的实践过程做案例分析。

第四节　美的：人才的赛马场

一　集团概况

美的于 1968 年成立于中国广东省佛山市顺德区，迄今为止已建立全球平台。美的在世界范围内拥有约 200 家子公司、60 多个海外分支机构及 12 个战略业务单位，同时为德国库卡集团最主要股东。

作为一家消费电器、暖通空调、机器人与自动化系统、智能供应链（物流）的科技集团，美的提供多元化的产品种类。美的坚守"为客户创造价值"的原则，致力创造美好生活。美的专注于持续的技术革新，以提升产品及服务质量，令生活更舒适、更美好。[①]

二　发展历程

改革开放前夜，在计划经济的夹缝中，珠三角地区孕育出一批勇于探索、勇于实践、勇于突破的创业者，以满腔热情投身创业大潮中。

---

① 《集团概况》，2018 年 6 月 15 日，美的官网（http://www.midea.com/cn/about_midea/Group_profile/？mtag＝40005.1.2）。

1968 年春夏之交，何享健和 23 位居民一起，筹集 5000 元创办了"北滘街办塑料生产组"，从此走上创业之路。在 20 平方米的生产场地里，大家一同生产塑料瓶盖、玻璃瓶盖、皮球等产品。

"没有改革开放，就没有美的今天。"改革开放的大潮给美的带来崭新的发展机遇。在最初的十余年里，塑料生产组经历了"塑料金属制品厂""汽车配件厂"，不断发展壮大自身的实力。1980 年，汽车配件厂再次转型，自行研发试制了第一台金属台扇"明珠"，进入家电领域。1981 年，工厂正式注册"美的"商标，美的从此诞生。

接下来的十余年里，美的成长为家用电器公司，设立空调设备厂，开始学习国外技术和管理经验，取得自营进出口权，产值过亿元，开始在全国招聘人才，实行股份制改造，最终在 1993 年的冬天于深交所挂牌上市，由乡镇企业蜕变为国内最大的家电企业之一，1996 年主营业务收入已经突破 25 亿元关口。

随后，美的继续发生着质变。从内部的事业部制改革、管理层融资收购，到向外收购安徽芜湖丽光空调厂、合肥荣事达、无锡小天鹅等，美的一步步完善自己的组织架构，优化管理，拓展生产基地和影响力辐射面积。到 2010 年，美的销售收入跨越千亿元大关，实现了 10 年增长 10 倍的辉煌业绩。21 世纪的美的已经拥有了越南、白俄罗斯、埃及、巴西、阿根廷、印度等多个海外生产基地。2012 年 8 月，何享健卸任美的集团董事长，由职业经理人方洪波接任，这标志着美的完成了企业创始人和职业经理人的交接棒，开创了中国现代企业传承的先河，也被传为民营企业的佳话。

方洪波治下的美的，面对新时代的挑战继续打磨着自己。方洪波继任后，美的开始打造扁平化的敏捷型组织，同时全面开展文化再造，构建"顾客至上、以人为本、持续创新、卓越执行"的核心价值观，以及"一个美的、一个体系、一个标准"的文化理念。2013 年 9 月，美的集团实现整体上市，随后制定了一系列战略规划，集团希望通过多品类产品升级逐步成为系统集成服务方案的解决商。

未来，美的将秉承"为人类创造美好生活"的企业理念，为消费者提供更优秀的产品服务，努力打造全球化友爱型集团公司。①

三 美的人才观

何享健曾说："宁愿放弃 100 万元销售收入，绝不放过一个有用之才。"对于企业家来说，科技创新是推动企业发展的杠杆，人才就是其中最为关键的支点。可是直到 20 世纪 90 年代初，我国的民营企业依然很难招到象征着"高素质、能力强"的大学生。每天看着工人们用铁锤叮当作响地敲打空调，何享健便不由得紧锁眉头：企业发展过程当中最突出的矛盾是人才。何享健打破传统观念，做出决定：公开招聘人才，并且许以重金。与国企相比，民营企业只有不断"栽好梧桐树"，才有机会"引得凤凰来"。

1991 年夏天，《光明日报》头版头条发表了一篇通讯《博士马军在乡镇企业"搏"得带劲》。27 岁的马军在华南理工大学热能工程专业毕业，拿到博士学位。他放弃了学校提供的优厚待遇，走进了美的的大门，由此成了顺德乡镇企业中第一个博士，第一个拿着 600 元月薪就日夜加班的博士"打工仔"。3 个月之后，他就设计出国内一流的高效节能空调器样机，给美的带来了可观的经济效益，企业订单突破 1 亿元，而马军的月薪连翻数倍，升至 2000 多元，年底还拿到了 14000 元的奖金。

由于当时没有大学生想到乡镇企业去工作，更何况还是一位博士，因此，马军在美的的故事在社会上引起强烈反响。一时间，"博士在乡镇"成为人们茶余饭后的热门话题，马军成为明星人物，美的集团凭借冲破传统樊篱的先锋精神，招贤纳才、尊重知识的名声很快被人们熟知。

何享健说："当时最大的效应来讲是美的重视人才，我对马军是非常重视的，从待遇、福利、工作，方方面面都很用心。""美的重视

---

① 《美的历史》，2018 年 6 月 15 日，美的官网（http://www.midea.com/cn/about_midea/history.shtml）。

人才"的观念已经深入人心。后来更被总结出一个金句："20 世纪 60年代用北滘人，70 年代用顺德人，80 年代用广东人，90 年代用全国人，21 世纪要用全世界的人才。"①

黄健就是受到马军的故事感召的年轻人之一。黄健当年应聘的是美的电饭煲公司，两年后，何享健提拔黄健为美的集团总裁办主任。2003 年，美的家庭电器事业部变革，黄健借此机会负责电饭煲事业部，并由此脱颖而出，后来一直做到美的日电集团总裁的位置。黄健回忆说："我当时在湖南省湘潭市的一个大型国有企业工作，超过 3 万人的国有企业，看到《马军博士在美的》的文章十分震撼，很多人就是因为读了这篇文章，改变了观念，重新审视乡镇企业，去发掘乡镇企业的价值，我就是在这个滚滚潮流中下海的。"

方洪波是另一位受马军影响而加盟美的的年轻人。他在评价自己与顺德、与美的一同成长的经历时，说了这样一段话："我 1992 年来顺德，顺德热火朝天，我很年轻，一下子被吸引了，产生了冲动。美的工业园成规模，很漂亮。"凭借扎实的文字功底，方洪波进入美的总裁办，负责出版《美的》企业报。他借此平台认真研究美的，逐渐开始参与公司的宣传、推广等工作，先后出任公关科副科长、科长、广告部经理、市场部经理。1997 年，方洪波被破格擢升为空调事业部国内营销公司总经理。此后，他一路升迁，如今已成为美的电器董事局主席，并兼任总裁，他因此被业界称为"坐火箭上来的职业经理人"。

方洪波认为，何享健独特的企业家魅力与企业家精神，是激励职业经理人内心创造精神和发展潜能的一股动力。"老板放权给我们，我们的压力就更大，就更进一步改革。"他说，"美的有很好的机制，不是家族式的发展。它的放权机制、培养机制、激励机制、约束机制等都非常完善，培养了一大批职业经理人。因此 90 年代就实现了人才

---

① 《品牌历史》，2018 年 6 月 15 日，美的官网（http://www.midea.com/cn/about_midea/brand_strategy/history/index.shtml）。

的国际化，职业经理人的发展，又带动了美的的发展壮大。"①

四　事业部制与职业经理人

到 20 世纪 90 年代中期，公司发展速度减缓，1996 年，美的空调从行业前三下滑到第七。1997 年，美的在 1996 年突破 25 亿元之后大幅下跌到 20 亿元左右，而当年的经营性利润只来自一些投资收益。经过分析，公司领导发现，原有的管理体系已经越来越不适应公司的发展，在实际中出现了不少问题，产销部门完全独立，彼此没有直接利益关联，双方均直接对集团负责，事情都要通过集团高层来计划协调，权力过于集中，效率下降，造成了集团在生产经营上的被动局面。何享健认识到："企业大了，整个体制不适应，也是'大企业病'，体现了高度集权，没有效率，下面没动力，也没压力，没激情。"

市场竞争这么激烈，如果整个公司管理效率低下，势必会在市场竞争中被淘汰出局，因此，必须要主动变革。何享健带领公司高管几次到港澳、新加坡和欧美、日本等地区和国家的大企业进行考察，看看它们是如何管理大型企业集团的。经过考察，发现海外或国外的大企业大多实行事业部制管理，高管们深受启发。返回后，美的决定从1996 年下半年开始，启动集团经营体制改革。改革方案的主要目标是使各产品经营单位成为经营主体和利润中心，通过按产品、按业务划分资产经营单位，实行授权式经营，各个产品经营单位独立核算。1996 年 7 月，公司制定《经营体制改革方案》，成立了集团体制改革小组，在改革策略上，采用循序渐进的思路，先对电机、电饭煲、小家电实行事业部制，空调、风扇保持不变。通过几个相对小的经营单位的改革试点，积累相关经验。

尝试实行事业部制管理，就要把很多权力下放到各个事业部。可是，下放权力后，是否会出现管理失控的现象呢？从很多国有企业改革的情况看，放权—失控—收权，反复震荡，成了普遍现象。何享健

---

① 陈润：《生活可以更美的：何享健的美的人生》，华文出版社 2010 年版。

和高管们认为要特别慎重。好在经过企业改制后，何享健和高管们也拥有一定的股份了，这个企业已经是民营主导了，企业经营好坏，跟高管们的利益息息相关了。

事业部制管理的重要特点是授权经营。为了防止授权后的失控，公司领导们觉得有的权限还是要由集团总部来控制的，如财权和管理队伍的任命权等。于是，进行了以下的组织变革：

（1）在财务系统方面，集团总部组建结算中心。为提高集团内部资金利用效益，新的具有内部银行功能的集团结算中心将作为财务会计系统改革的重头戏。美的集团与ORACLE中国公司正式签订MRP II项目及实施服务合同，这是管理提升的重要一步。当时，国内的企业还很少实施这种管理软件系统。

（2）在人事系统方面，集团总部负责总部员工和产品经营单位副部级以上人员管理，产品经营单位科级以下的人员管理由各产品事业部自行负责。总部总不能把什么事务都抓在自己手中。

（3）在营销系统方面，原来的国内市场部、广告公司、销售公司合并，组成新的销售公司，负责空调、风扇、小家电的销售。产品经营单位和销售公司属代理关系，经营单位与销售公司共同制定年度营销政策和产品价格。但电饭煲销售业务改由电饭煲公司自行负责。这也为后面把产品经营单位以利润中心的形式运作积累了经验。

1997年7月美的集团全面推行事业部制改造，以产品为中心划分事业部，事业部集研发、采购、生产、销售、服务于一体，集团成为投资、监控和服务中心，形成了"集权有道、分权有序、授权有章、用权有度"内部授权模式。经过改革，公司成立了空调、电风扇、电饭煲、小家电、微电机五个事业部。

集团对营销体系进行全面改组。集团总部成立了市场部，负责集团整体形象的推广和市场策划；各事业部成立市场推广和出口经营部门，负责本事业部产品销售；撤销各异地分公司，改设区域商务代表处，具体负责各产品的销售业务。同时进一步对财务体系进行改革，加快财务结算中心的建设，提高集团资源调配能力和资金使用率。美的 1997 年组织架构如图 9—1 所示：

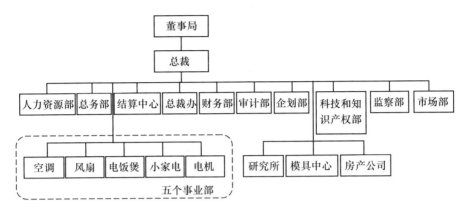

图 9—1 美的 1997 年组织架构

改革后，集团高层从大量的具体事务中解脱出来。原来，总裁一天到晚忙得焦头烂额，原材料没有了，找总裁；产品次品，找总裁；客户投诉了，找总裁，总裁成了"大保姆"。改革后，高层干部从日常工作中出来，他们有了思考企业文化、生存与发展空间、经营方针、增长方式、组织发展、管理机制、产品方向、市场定位等战略问题的时间。

改革后，各事业部由原先单纯的"生产型企业"变成了"市场型企业"，在市场经营中主动出击，快速反应。事业部制后，最直接的变化就是由过去"要我做"变成了"我要做"，不再是像以前那样，集团总部推一下，下面才动一动，于是，企业整体的竞争动力大大增强。几个独当一面的事业部总经理成长得非常快。为了更好地激励人才的成长，公司高层设计了工资等级级差大、重业绩高奖金的激励制度。在美的集团，机会面前人人平等，员工的薪酬根据业绩来确定，有能力就会获得机会，有业绩就会得到相应的回报。何享健善于给职业经理人制定富有挑战性的高绩效目标，并确定合理的利益预期边界，职业经理人一旦达到预先确定的绩效目标，何总便会舍得分利，讲信用兑现奖励，于是，公司里的员工朝气蓬勃，很多年轻才干纷纷脱颖而出。

何享健说："大家不是靠领导的认同，不是看老板、看上级，而是都有一个明确的目标、方向、理念——把企业做好，把自己的事情做好，为企业创造价值，为股东创造价值。"①

五 职业经理人制度发展

（一）战略性培养

"人才是美的第一资源""没有人才，就没有美的的过去、现在和未来。"何享健对职业经理人的战略性培养思想始于 1996 年。如今，美的集团 95% 以上的职业经理人来自内部培养。美的为新员工制订了明确的培训计划和职业发展计划，并从各方面发展员工的能力。美的鼓励员工加强继续教育，支持员工考取硕士、第二学位，并给予经济奖励，而且每年都甄选重点员工前往日本和欧洲进行学习和培训。此外，美的还通过专门的员工轮换制度和后备干部培训制度，积极培养具有领导技能的领导者②。

（二）依实情选择

20 世纪 60 年代和 70 年代，美的集团成立和发展初期，引进职业经理人并不是美的的重中之重。80—90 年代，集团发展迅速，此时的美的需要引进来自世界各地的职业经理人。此时，美的在一定程度上打破了"血、亲、地"三缘的概念。进入 21 世纪，美的集团进一步突破发展，除了接收大量来自全国各地的大学毕业生外，还招募了数量相当大的海归人才和外国专家，在人才结构和职业经理人结构的国际化方面迈出了重要的一步③。

（三）构建完善分权与约束机制

吸纳大批职业经理人并授权经营，如何保证分权放权而又不失控，

① 《品牌历史》，2018 年 6 月 15 日，美的官网（http://www.midea.com/cn/about_midea/brand_strategy/history/index.shtml）。

② 冯悦：《美的集团的职业经理人制》，《企业管理》2011 年第 9 期。

③ 同上。

是管理中的大难题。美的制定的"集权有道、分权有序、授权有章、用权有度"的 16 字方针和《分权手册》是"葵花宝典"。《分权手册》明确了整个行政管理过程中所有重要决策权的归属，为美的分权提供了制度保障，其中，列举了目标管理和投资管理等 170 项功能，如提案、裁决、审计、备案等，面面俱到。这些规定使集团能够在分权和集权之间寻求有序和制衡。通过建立一个完善的分权制，美的突破了管理的瓶颈，各事业部的主要产品都要做到全国行业前 3 名，在这个过程中，许多优秀的职业经理人都在逐步成长。

"只要把激励机制、分权机制和问责机制建立好了，自然会有优秀的人才来帮你管理。"所以，除了建立完善的分权授权机制之外，美的集团还构建了完善的约束机制，主要体现在四个方面：一是目标约束，二是审计约束，三是纪律约束，四是法律约束。这四个方面的约束通过组织体系的完整构建、制度体系的完善来实现，进而建立严格的约束机制。美的集团拥有比较完善的财务预算组织体系、审计组织体系、纪律监察组织体系，这三个组织体系构筑了非常强大的约束组织机制。这不仅能防止权力过度集中，而且能消除权力下放后的权力滥用和失控。

依据《美的集团管理员工行为规范指引及美的集团职业经理人管理办法》规定，对公司职业经理人约定的行为规范，"六条红线"是职业经理人职业操守"底线"[①]：

红线一，做假账欺骗股东；

红线二，利用职权为自己或亲友谋取利益；

红线三，未经许可投资与公司构成竞争或配套关系产业；

红线四，超越权限行使职权致公司利益严重受损；

红线五，泄露公司商业机密或内部敏感消息；

红线六，阻碍正常监督审查或包庇违法乱纪行为。

何享健从一人掌权、带队单打独斗，到分权授权，和职业经理人

---

① 《美的集团：核心管理团队持股计划》，2017 年。

一起合作运营管控企业，体现了他坚持共同创造事业、共享效益的理念。这样做，一方面，有利于美的充分调动和发挥职业经理人的智慧和积极的工作投入，提高企业的经营管理效率，促进公司发展壮大；另一方面，有利于职业经理人实现自身价值，从而实现美的集团与职业经理人的共赢[①]。

（四）建立完善激励与考核体系

要想职业经理人有更高的工作投入，就得构建有效的激励机制。进入 21 世纪，美的采用了年功工资和能力工资双轨并行的过渡政策，对有能力的专业人员进行破格提拔，委以重任，给予高薪。但纯粹的奖金奖励过于注重短期绩效，导致了部分经理人为了眼前目标而牺牲企业长期发展的后劲。所以，在引入战略投资者高盛的同时，美的集团公布了酝酿已久的股权激励草案，授予高管 5000 万份股票期权，占总股本的 7.93%，行权价格仅为 10.80 元。股权激励对象完全是职业经理人，并不包括何氏家族成员。这被认为是 A 股市场有史以来最慷慨的高管激励方案。另外，除了物质激励和股权激励之外，美的还注重员工的精神激励和自我价值的体现。例如，美的创立了一个"人才科技月活动"，并已举办了十几届。通过举办这个活动，斥巨资奖励贡献突出的先进单位、项目和个人，充分肯定了员工的劳动成果，有效地激励员工最大限度地发挥才能。

美的集团注重业绩，每年都会与职业经理人签署一份绩效考评书，指标包括盈利水平、市场占有率、营业额、基金管理风险控制能力、经理人管理能力等。另外，美的集团每年都与各事业部（子公司）签订目标考核责任书。如果经理人达不到预期目标，做得不好，就要辞职。但在这样的压力下，却鲜有人抱怨。公开透明的考核制度让大家在公平的环境中竞争，公司营造的良性竞争绩效导向文化，让员工都乐于为目标不断奋斗。

此外，何享健还有一项基本原则：能力越强的经理人会不断被赋

---

① 冯悦：《美的集团的职业经理人制》，《企业管理》2011 年第 9 期。

予更大的权力和管理范围。这不仅不会因为他权力过大留下隐患，相反会令他全力以赴去开展工作。在美的内部，人们早已习惯了这种绩效导向的企业文化，这种机制与美的之前的"用人准则"一起被称作"先相马后赛马"，美的"处处都是赛场"。各职业经理人之间、各事业部的员工之间甚至同一个事业部的员工之间，都形成了一种良好的竞争态势。何享健说："只要你是美的'赛马机制'赛出来的'好马'，就不分国籍，不论出身，唯才是用。"这种"赛马机制"极大地激起组织内部的潜能和热情①。

（五）管理创新实现职业化管理

在制度创新方面，1992年，何享健抓住了顺德市股份制改革的机遇。利用股份制的改造突破资金不足这个发展的瓶颈，也为美的集团的职业化管理打下了基础。在组织创新方面，美的集团于1997年开始进行事业部改革，2000年又进一步全面推进了事业部制公司化及事业部管理下的二级子公司运作模式，并且实施MBO，从而在一定程度上解决了美的集团的体制问题，并走上了职业经理人治理的道路，进一步促进了美的集团职业化管理。

由此可见，美的集团的制度创新、人才创新和组织创新在很大程度上促使美的集团实现了职业化管理。"在美的，任何一个高管离开都不会影响公司运营，因为它实行的是所有者与经营者分离的现代企业制度。"方洪波曾如此评价美的的职业化管理，而何享健也毫不掩饰自己对这支管理队伍的赞赏之情。他曾经表示，美的的职业经理人培养制度不会改变，并逐步实现股东、董事会和经营团队的"三权分立"，将来家族只是一个股东，不是经营者，管理层则在董事会做出决策后负责执行②。

美的的发展吸引了职业经理人团队，企业的发展又推动了顺德家电产业的发展，给顺德其他企业带来示范效应，美的也由此在中国成

---

① 冯悦：《美的集团的职业经理人制》，《企业管理》2011年第9期。

② 同上。

为标杆。有明晰条规，有激励体系，有"赛马"文化，有成长标杆，职业经理人在这样一个乡镇企业出身的集团里如鱼得水，是美的成就了他们，他们同样也成就了更好的美的。

第五节　创维：突破管理资源
瓶颈的坎坷历程

1988 年，创维实业公司在香港成立。四年后，创维集团成立。目前，创维的总部坐落在具有创新"硅谷"之称的深圳高新技术产业园，以研发制造消费类电子、智能电视、空调、冰箱、洗衣机、网络通信、半导体、3C 数码、LED 照明等产品为主要产业，同时向智能电视平台内容运营、用户价值延伸。创维集团董事会、集团管理团队下分设各产业公司，包括多媒体产业、智能电器产业、智能系统技术产业和现代服务业。[①]

创维的使命是"全心全意为人类提供美妙的健康科技生活"，有着"成为全球消费电子产业领导者"的愿景，并认为"诚信和共赢是创维生存与发展的基础"。在企业发展中，创维企业经营的八大理念，覆盖了从产品到人才再到关爱的各个方面，包括"专注用户体验，做彻底的产品主义者"的产品理念，"做人谦虚，做事执着；追求卓越，永争第一"的第一理念，"五湖四海，人尽其才；进步靠学习，晋升靠业绩"的人才理念；"因为难，所以成功；宁做痛苦的人，不做快乐的猪"的成功理念；"持续不断地改进，永不停顿地创新"的创新理念；"艰苦奋斗，务实高效，管理简单化"的务实理念；"关爱员工，公平公正"的关爱理念；以及"稳健经营，持续增长，品牌致胜，全球发展"的增长理念。[②]

创维的发展大致可以分为创始期（1988—1993 年）、创业期

---

① 《创维简介》，2018 年 5 月 15 日，创维官网（http://www.skyworth.com/introduce.html）。

② 同上。

（1993—1996 年）、快速成长期（1996—2000 年）、变革期（2000—2004 年）和第二创业期（2004 年至今）五个阶段，而这五个阶段的每个重要节点，也与职业经理人在创维企业里曲折发展息息相关。

一　创始期 & 创业期（1988—1996 年）

1988 年，黄宏生辞去了令人羡慕的中国电子进出口公司副总经理的职务，在香港创办了创维公司，进行电子产品出口代理的业务。然而由于对香港的贸易缺乏了解，公司货物滞销，连续亏损。黄宏生对公司的业务进行了调整，尝试进行电视遥控器、丽音解码器的生产，却都因为成本、渠道等问题无人问津。痛定思痛，黄宏生决定进军彩电行业，却因为技术与国际先进技术相去甚远而销量不佳。面对逆境，黄宏生选择了坚持，而机会也在等待中出现了。

1991 年，香港讯科集团发生内讧。看中了讯科集团的彩电专家的价值，黄宏生出让公司 15% 的股权将这批开发骨干引入创维。而正是这批专家的加入，使得创维获得了强大的技术支持，从而走出困境。1992 年，黄宏生与中国深圳彩电总公司、中国电子器件总公司合资成立了深圳创维 RGB 电子有限公司。同年，黄宏生的弟弟黄培升加盟公司，负责生产采购和物料管理工作；一年后，黄宏生的妻子林卫平也加入了创维，担任海外采购总监。此时的创维是一个以家族成员进行管理的企业。然而随着企业的发展，依靠家族内部成员的管理模式跟不上组织发展的速度，创维开始引进职业经理人。

对于职业经理人而言，吸引他们的不只是创维的高薪和共创事业，还有黄宏生的个人魅力，而他们的加入也为创维的发展打下了坚实的基础。例如，丁凯与黄宏生从深圳创维 RGB 电子有限公司成立便开始合作，二人都对彩电事业有着极高的热情。丁凯深得黄宏生的信任，从 1994 年开始的 10 年间一直担任公司的总经理，负责生产管理。另一位职业经理人储秀菊 1993 年从国营进出口公司跳槽到创维，担任销售总经理。在她的管理下，三年内创维的销售收入翻倍。

二 企业家与职业经理人之间的冲突（1996—2000 年）

1996 年，彩电行业进入企业洗牌行业重组期，由长虹公司发动的价格战影响了其他企业的运营。受到价格战的影响，创维竞争压力增大，此时黄宏生两次赶赴上海游说陆强华加盟创维，希望陆强华能在 5 年内使创维的销售额前进到行业前 5 名。陆强华担任中国区销售总部总经理后，根据创维的现状对营销策略进行了大调整，在其出任第二年就实现了进入行业前 5 名的目标。同时，在陆强华任职期间，创维的坏账率控制在 1% 以内，在行业内实属罕见。

然而职业经理人与企业家之间关于权力、管理理念以及利益方面的冲突使得陆强华仅仅在创维持了 5 年，就带领着 100 余名销售骨干转投另一家彩电企业高路华。陆强华在创维营销系统实行高度集权制的营销模式，财务、物流都由总部管理，各办事处只管销售而不管盈亏，销售越多，获得的费用就越多。但是黄宏生认为这种模式导致各办事处完全依赖总部，灵活不足且导致了较高的费用，希望能够改变营销模式。黄宏生提出，让陆强华担任创维中国区总裁，销售总经理一职由杨东文担任。而陆强华认为黄宏生的目的是将自己架空，于是拒绝出任总裁，二人的关系就此陷入僵局。随后，在陆强华不在场的情况下，创维集团召开发布会宣布陆强华"下课"。2000 年 11 月，陷入愤怒的陆强华与创维决裂，带着营销团队跳槽到高路华，使创维陷入了危机。双方的关系越发恶劣，甚至还向媒体互揭短处，最终对簿公堂。

一般认为，华人民营企业家在企业发展初期亲力亲为、投入精力与心血，对企业有着很高的心理所有权，难以将权力下放给职业经理人。同行有人称黄宏生是一个典型的中国商人，集权情结重，事无巨细都要过问，甚至还变得越来越抠门，中层发放奖金超过 1 万元都要他亲自审批。正是黄宏生对于权力的难以放手导致了创维管理层的变动异常频繁，职业经理人难以融入创维。同时，创维的用人制度也有待完善。通过聘用高管，再由高管招聘骨干、重用"自己人"，在对职业经理人的管理不健全的情况下，可能会形成企业的山头，加大集体跳槽的风险[①]。

三　向"职业经理人模式"转变（2000—2004 年）

"陆强华事件"导致了黄宏生对职业经理人的不信任感增强，选择将权力更多地集中在自己手里，而权力空间缩小后，更易引发职业经理人的动荡。继陆强华之后，陈矩添（创维数码总裁）、郭腾跃（执行董事）、任健（创维集团副总裁）、杨东文（销售总经理）、刘辉阳（创维数码副董事长）先后离开创维。在 2003 年杨东文离开创维自己创业后，黄宏生终于认识到了问题的关键在于权力的划分，决定将经营权和决定权分离，创建合理的分权模式。

黄宏生从日常经营管理中抽身，不再担任创维集团总裁，只负责企业的重大决策。同时，为了给予职业经理人更大的自主权，整个集团被拆分成 6 个相对独立的产业公司，企业主仍保留着最高决策监督权。2003 年，创维改组董事会，成立了经营管理委员会，公司重大决策和战略决策由经营管理委员会集体决定。

除了建立一套相对完整的管理制度外，对于创业元老的安置也得到了黄宏生的重视。随着黄宏生退出日常经营管理，作为创维元老级人物的丁凯也主动选择退出管理层，开始自己的第三次创业。黄宏生为丁凯创业提供平台，帮助丁凯的安防公司克服技术难题。

而由于之前空降经理人对企业造成的影响，使得黄宏生更加重视内部职业经理人的培养。黄宏生开始重用张学斌、杨东文等在创维工作多年的员工，并对管理层进行系统的培训，完善内部提拔任用制度，同时从股权和分红的方面激励管理层。

四　职业经理人助创维度过危机（2004—2012 年）

2004 年 11 月，在香港廉政公署名为"虎山行"的行动中，黄宏

---

① 钟孟光、余莉娜：《创维：制度防护》，《管理》2005 年第 2 期。

生和他的弟弟黄培生等数名高管突然被捕，被指控于 2001 年 1 月至 6 月，串谋其母罗玉英，从子公司账户中盗窃公司 50 万港元。另外，黄宏生兄弟被控于 2000 年 11 月至 2004 年 10 月，与罗玉英及王鹏串谋，分别窃取上市公司资金 221 万港元和 4838 万港元。为了减轻创始人被捕对企业经营的负面影响，创维进行了组织人事调整。黄宏生的家族成员均辞去在创维集团的职务，黄宏生改任非执行董事，同时，相关涉事高管也相继辞职。

随着管理层的辞职，创维陷入了凝聚力涣散、人心不稳的混乱状态。此时急需解决的问题是，寻找一位有经验的领导人接替黄宏生。在深圳市政府和黄宏生的力邀下，赛格集团前董事长王殿甫出任创维集团董事局主席。2005 年，杨东文回归创维，出任执行董事。同时，创维决定重用张学斌等职业经理人，并组建独立委员会，加强对企业的监督①。

尽管退出了决策和经营，黄氏家族仍保留着监督权，密切关注着创维集团的发展。在黄宏生入狱后，他的妻子林卫平进入了创维数码董事局，出任了创维集团的副总裁。作为大股东代表，她出色地平衡了与职业经理人之间的关系。而身陷囹圄的黄宏生也在关注着创维，曾 3 次写信给创维数码董事局，指出创维发展过程中存在的问题。在其中一封信中，黄宏生表达了对管理层的不满，认为创维"病了而且病得不轻"，要管理层通过大幅裁员来降低成本。

2012 年底，创维集团宣布张学斌辞任公司董事会执行主席及执行董事，由林卫平接任董事会主席。消息传出，引发了业界的广泛讨论。有观点认为，这次人事变动意味着创维可能退回家族化管理，黄氏家族回归创维的进程已经明朗。业界也有不同看法，认为张学斌的离开是个案，让太太出任董事局主席是过渡期选择。而创维内部员工则认为，黄宏生重掌创维是不可能的，因为创维内部已经建立了完善的职

---

① 《黄宏生入狱后创维更强背后：职业经理人文化》，2009 年 8 月 14 日，《世界企业家》（http://31.toocle.com/detail - -4740243.html）。

业经理人机制。事实正如创维内部员工所料，2013 年，杨东文接替张学斌出任创维总裁。

五　现阶段发展（2013 年至今）

杨东文接过张学斌的总裁职务后，带领创维稳扎稳打，规避风险，一举成为中国彩电市场的前 3 名。虽然杨东文从 2013 年起就掌控创维的大局，但实际上企业家并没有将创维完全放手给职业经理人，创始人黄宏生的夫人林卫平一直在创维集团董事局中身居要职。

2017 年 3 月，创维数字发布公告，称董事长杨东文提交了辞职报告，并将于 2018 年 4 月离职，辞职后将不再担任公司任何职务。与杨东文一起递交辞呈的还包括董事刘小榕和监事会主席郭利民。有分析认为，杨东文的离职是因为创维业绩低于市场预期，业绩增速放缓。真实情况是否真的如此，外人无从得知，但值得注意的地方是，在杨东文离职的同时，创维数码还加入了一位新的执行董事，这位执行董事正是创维创始人黄宏生的儿子林劲。2012 年，黄宏生出狱后首次公开亮相时曾表示，家电业技术更新换代很快，儿女传承并非必要，并且提到儿子无意接班。但外界纷纷揣测，这次林劲进入创维的目的是为了接班黄宏生，一步步坐上"太子"之位。

作为与改革开放一同发展起来的民营企业，创维在吸纳职业经理人、授权与集权的过程中不太顺利，充满着波折，一方面，可以看到职业经理对创维的贡献，特别是在 2004 年黄宏生等高管身陷囹圄或退出管理层，企业面临重大危机的时刻，职业经理人团队在政府的支持下，能稳定局面，保证企业顽强地生存。另一方面，如何构建有效的制度和机制，凝聚价值观共识度，促进企业主、股东与职业经理人更有效地融和，仍是创维未来发展的大课题。

第六节　碧桂园：管理资源瓶颈的重大突破

碧桂园集团，即碧桂园控股有限公司，自 1992 年由创始人杨国强创办后，已经成为中国目前最大的房地产住宅开发商之一，2007 年成功上市。2017 年销售约 5508 亿元，纳税额超 300 亿元。总部位于广东佛山顺德，业务包含物业发展、建安、装修、物业管理、物业投资、酒店开发和管理等，入围世界 500 强企业之列。

据碧桂园最新的官网介绍，作为拥有超 10 万名员工的企业，碧桂园以"给您一个五星级的家"的理念，来满足高品位追求者的居住生活梦想。

碧桂园相比其他房地产开发商，其建造"森林城市"的城市生态理念也让人耳目一新。碧桂园是中国新型城镇化进程的身体力行者，是全球绿色生态智慧城市的建造者，不仅为超过 400 个城镇带来现代化的城市面貌，提升当地人民的居住条件和生活品质，还在新加坡旁以当今世界先进的城市设计理念首建立体分层现代城市——森林城市。①

碧桂园自从成立开始，便有着浓重的家族企业色彩。水泥工出身、事必躬亲的杨国强，从拿地、产品规划、施工到销售，几乎每个环节都参与，加重了碧桂园浓重的中央集权色彩②。根据《福布斯》发布的《中国现代家族企业调查报告》，企业所有权或者控制权归家族所有，且至少两名家族成员实际参与了经营管理即为家族企业。在 2007 年上市之前，碧桂园一共有 5 个自然人股东，杨惠妍（代表杨国强）占股 70%，杨二珠占股 12%，苏汝波、张耀垣、区学铭三人各占 6%。这也成为此后维持了很长一段时间的股权格局，通过离岸公司，5 位股东间接持有"碧桂园控股"的所有股权③。所以，在 2010 年引进莫斌等职业经理人前，碧桂园可以说是个不折不扣的家族企业。

---

① 《公司简介》，2018 年 6 月 15 日，碧桂园官网（http：//www. bgy. com. cn/about. aspx？type = 3）。

② 梅东：《碧桂园：成败去家族化》，《中国房地产业》2013 年第 4 期。

③ 张晓玲：《碧桂园：家族企业的另类生存》，《21 世纪经济报道》2016 年 5 月 9 日第 007 版。

2008 年是碧桂园关键的转折时刻。彼时金融危机席卷全球，地产市场走跌，碧桂园的产品普遍区位较偏，销售乏力，加上当时碧桂园大本营所在广州市推出经济适用房，种种因素导致其"一下子完全卖不出去了"[①]。在市场的风浪面前，碧桂园承受着上市不久后业绩放缓等一系列问题，家族企业的弊端也显露得更加明显：一是领导者的经营哲学很难进行根本性的转变，固有的领导经验会有意或无意地阻碍企业转变升级；二是现有领导队伍的能力不足以构建一个能够适应环境变化、不断调整的学习型组织；三是缺乏民主性、科学性的决策，使得"个人决策，集体承担"[②]。

2010 年，杨国强将莫斌引入公司，就任总裁。来自中建五局的莫斌，曾担任多个高级职位，离职前为董事及总经理，对房地产开发、建筑业务、施工管理、市场营销、成本控制、企业管理等多个范畴拥有超过 20 年的丰富经验，在建筑工程和质量管控、成本控制上表现出色。而中建五局为中国建筑工程总公司旗下企业，在建筑行业口碑甚佳。在莫斌入职碧桂园的短短一两年便证明该选择是正确的。他运用自己出色的管理能力，让碧桂园成功脱离险境，业绩稳步上升。2014年 4 月碧桂园从中海挖角吴建斌接替伍绮琴，出任碧桂园执行董事兼首席财务官。伍绮琴之前受雇于香港交易及结算所有限公司，工作十多年，离职时为上市科高级总监。她还曾在德勤—关黄陈方会计师行工作十几年，在会计咨询方面经验非常丰富。之后，她又于 2003 年加盟恒隆地产出任助理董事—财务，并于 2005 年获委任为执行董事，负责管理财务及行政，是恒隆地产四十几年来唯一一位女执行董事。有了这几位外面的得力干将，当年，碧桂园在海外融资的利息从 10% 多直接降到了 8% 左右。到 2016 年，销售收入达 2000 亿元，突破规模瓶颈。

碧桂园发展的历史，是一部家族企业的另类生存史。尽管在 2017

① 梅东：《碧桂园：成败去家族化》，《中国房地产业》2013 年第 4 期。

② 刘祯、苏国燕：《因变而生——碧桂园高成长启示》，《企业管理》2017 年第 6 期。

年的年报中，碧桂园现有的 9 名执行董事中，莫斌、宋军、梁国坤、苏佰垣与谢树太等职业经理人占有五席，已超半数，杨氏家族成员及创业元老席位的比例仅占四席；[①] 但不可忽视的事实是，2017 年，杨氏家族——主要是大女儿杨惠妍仍然控制着碧桂园 57.93% 的股份；同时不可忽视的是，职业经理人莫斌等人，在碧桂园也掌控要职，主导了公司的管控体系和内部合伙人制度的改革，以及主导一线城市的各类业务，这也是碧桂园重用职业经理人的体现。杨国强用他巧妙的平衡术，为家族企业淡化家族化开辟了一条另类的道路——一方面，扶持二代接班人，传承家族企业的家族命脉；另一方面，用开阔的胸襟引进职业经理人，让碧桂园稳步成长。

近年来，碧桂园的高层也时有变动，如表 9—1 所示。

表 9—1　　　　　　　碧桂园近年主要高管变动情况

序号	名称	原职位	加入碧桂园时间	变动后情况	变动时间	变动原因
1	莫斌	中建五局局长	2010 年	碧桂园集团 CEO	—	—
2	朱荣斌	执行董事及联席总裁（分管一线事业部）	2013 年	离职	2017 年6 月 1 日	一线事业部成立近两年来，业绩不达预期
3	吴建斌	执行董事、财务委员会主席、执行委员会成员、首席财务官	2014 年	离职	2017 年 1 月	财务管理理念差异

① 《投资者关系》，2018 年 6 月 15 日，碧桂园官网（http://www.bgy.com.cn/investor.aspx? type = 23）。

续表

序号	名称	原职位	加入碧桂园时间	变动后情况	变动时间	变动原因
4	吴碧君	碧桂园副总裁、财务资金总经理，主要负责财务及资本管理	2014年4月	财务委员会主席及首席财务官	2017年4月1日	顶替吴建斌
5	杨惠妍	执行董事	2006年12月	副主席	2012年6月	协助杨国强管理公司
6	杨永潮	执行董事、营销中心总经理	2002年	离职	2014年6月	与公司授权机制、营销中心管理理念差异
7	程光煜	总裁助理、粤闽区域总裁	2007年	副总裁、营销中心总经理	2014年	顶替杨永潮管理营销中心
8	苏汝波	执行董事	元老	离职	2017年4月1日	退休
9	区学铭	执行董事	元老	离职	2017年4月1日	退休
10	苏柏垣	副总裁	2005年	执行董事，负责海外投资拓展	2013年2月	应对海外扩张战略，委任进行海外项目管理及投资
11	彭志斌	中粮地产人力资源部副总监	2010年	副总裁	—	—

注：碧桂园目前是三代管理者混合：第一代创业元老、第二代家族承继人和职业经理人。

一 积极扶持二代，股权稀释，但家族保持控股

杨国强在培育二代接班人的问题上态度十分明确。其女儿杨惠妍从美国大学毕业后，2005 年便加入了碧桂园集团，担任采购部经理；2006 年 12 月即获委任为碧桂园执行董事，并兼任碧桂园集团若干成员公司的董事。自 2007 年碧桂园上市后，杨国强的女儿杨惠妍就以当时"最年轻女首富"的称号成为镁光灯的焦点。2007 年 4 月 20 日，碧桂园在香港上市，持有 70% 股权（95.2 亿股）的最大股东杨惠妍一跃成为内地新一代首富，身价估计达到了 692 亿港元。2012 年 3 月被委任为公司董事局副主席，主要负责参与制定集团的发展策略。在 2011 年，年仅 23 岁的杨家三女儿杨子莹被碧桂园委任为公司执行董事①。而 2015 年中国平安的入股，第一次改变了碧桂园过于集中的家族控股。2015 年中期报表显示，公司实际控制人、董事会副主席杨惠妍的持股比例为 53.6%，中国平安以 9.9% 的持股比例成为碧桂园的第二大股东。2017 年，杨惠妍通过旗下必胜有限公司持股，仍然占据了 57.93% 的股份，中国平安作为第二大股东，拥有 10.51% 的股份。②所以，从股权比例来讲，碧桂园还是一个家族成员把握大权的家族企业。

二 突破管理资源瓶颈，大刀阔斧改革

碧桂园自从上市后，就面临着各种由于单一领导、家族企业治理导致的问题，业绩连年不见起色。这也是碧桂园引入职业经理人去家族化的重要动因。

（一）招贤纳才：用 30 亿元招 300 个人

碧桂园深知外聘职业人才对于企业未来发展的重要性。2013 年，

---

① 张歆晨：《碧桂园掌门人杨国强的平衡术》，《第一财经日报》2012 年 11 月 16 日第 C03 版。

② 《投资者关系》，2018 年 6 月 15 日，碧桂园官网（http://www.bgy.com.cn/investor.aspx? type=23）。

杨国强跟中国平安保险集团董事长马明哲在一场高尔夫球赛的交流中得到启发，决心用高薪资高待遇来吸引优秀的人才来到碧桂园，提出了"用30个亿招300个人"的豪言壮语。同时，在2013年，碧桂园也启用了"未来领袖计划"，在全球广泛募集名校博士，给这些人才以高薪高待遇和良好的职业发展前景。直到2016年底，入职碧桂园的博士人数已经超过400人。他们为碧桂园带来了不同的价值观、理念和技术知识、管理能力等财富，不少人已经成为企业的重大项目负责人、区域负责人等，比如碧桂园澳洲区域总裁胡国韬，就是英国帝国理工大学毕业的博士；曾在世界银行工作的森林城市首席战略官于润泽博士，加入碧桂园两年多[1]。在知识经济的时代下，杨国强把握住了时代的脉搏，建立起了高素质的人才队伍，对管理人才也是出手大方，莫斌等职业经理人的年薪达五六百万元，甚至赶超了杨惠妍等家族成员的薪资。此外，外聘人才也在无形中给原有员工施加一种压力，而压力可能转换为危机意识，激发斗志和潜能，从而产生鲇鱼效应，相互竞争，立起标杆而共同进步。这些人共同成为碧桂园跨越千亿元规模的关键角色，为碧桂园的发展贡献了不小的力量。

（二）内部合伙人制度

除了利用高薪资高待遇吸引优秀人才外，2012年碧桂园推出"成就共享计划"，力图留住人才。该计划是在不涉及集团股权重大调整的前提下，通过高额奖励让公司员工实现利益共享，风险共担。2014年，在共享计划的基础上又推出了"同心共享计划"，基本确立了合伙人制度。每个新项目可进行不超过15%权益的跟投，合伙人制度将员工与企业绑成一个利益共同体，从雇佣关系走向伙伴关系[2]。这样一来，伙伴关系的双方都不会轻易更换对方，会从长远的角度看待双方的关系。合伙人制度转变了传统利益分配模式，削弱了股东、管理

---

[1]　刘祯、苏国燕：《因变而生——碧桂园高成长启示》，《企业管理》2017年第6期。

[2]　同上。

层和员工自上而下的命令和分配关系，使员工变被动为主动，直接与成果关联，上下级之间的单向管理消极作用减弱。这使得员工更愿意为与自己收益直接相关的事业付出，在一定程度上也增强了管理执行力。

（三）从塔形结构到环形结构

曾经家族企业色彩浓厚的碧桂园采取纵向矩阵式的职能管理结构，形成了"大总部小地方"的管理体系，某一地方的职能部门直接管理属下领域，而同一地区的几个项目也会指派项目经理，所以常常会出现直线领导权模糊的状况，激励体制也不够强劲。

2010 年莫斌进入碧桂园高层后，大刀阔斧进行组织结构改革，将其改为更为扁平化的环形结构，形成"总部—区域—项目"的环形组织结构，强化总部和项目之间的责任和权力。此外各个节点通过信息化相互连接，避免由于信息不对称而造成不必要的浪费，有助于各节点的协同行为，进而提升组织效率。这意味着过去一切由总部全权进行决策的管理机制发生了重大变化，碧桂园的组织结构逐渐形成一个相互连接的环形，组织工作将以满足客户的需求为真正目的[1]。

公司治理结构上，碧桂园仍然不能与万科这样的职业经理人公司，或者阿里那样的合伙人企业相比，但是相比于"广东五虎"中的其他地产企业，其治理模式已经有了长足的进步。恒大与雅居乐仍然是老板的"一言堂"。根据香港交易所 2016 年的数据，恒大董事长许家印持有权益的股份占恒大地产已发行股本的 74.33%。而这一比例在 2017 年有所下降，约占 73.9%；2016 年雅居乐董事长陈卓林家族持股数则占雅居乐已发行股本的约 63%[2]，2017 年底也斥资约 1 亿港元增持了部分股份，达到了 63.33%。相比之下，杨国强巧妙的平衡术，让其在家族企业把握企业股权大头、逐渐使股权结构多元化的同时，也大胆放权，从招聘、管理、改革结构三方面，让职业经理人成为企

---

① 刘祯、苏国燕：《因变而生——碧桂园高成长启示》，《企业管理》2017 年第 6 期。

② 张晓玲：《碧桂园：家族企业的另类生存》，《21 世纪经济报道》2016 年 5 月 9 日第 007 版。

业的合伙人，而不仅仅是企业的雇员。碧桂园的另类，让这家公司随着股权制度的改善和合伙人制度、招聘制度和环形结构的不断成熟，可能冲向一个全新的高度。

第七节　总结与展望

作为我国改革开放发展的领头羊和前沿阵地，广东的外资和民营企业中最先出现了一批职业经理人，职业经理队伍也逐渐形成一个阶层。民营企业主与经理人之间的接纳、磨合、矛盾冲突、利益博弈等贯穿在民营企业成长过程中。那些善于学习、能力境界不断提升的企业家不断突破自身和企业的狭隘，不断吸纳融合职业经理人，即使付出很高的代理成本，也能不断总结经验，设计并完善制度和利益激励机制，因而能持续成长。纵观这一过程，仍有诸多问题需要深入探讨。

一　如何有效降低委托代理的成本，激发代理能力

中小民营企业要成长壮大，必然要不断吸纳职业经理人，以突破管理资源瓶颈。但职业经理人进入企业以后，能否真正融入，企业主、股东与职业经理人之间能否达成共同的利益目标就成为至关重要的难题。如果双方之间达不成共同的利益目标，相互之间缺乏信任，职业经理的素质不高，那么由于职业经理人的不尽职、不负责任、偷懒、甚至私下做手脚，化公为私，同时又由于信息严重不对称，企业主难以追究职业经理的失职和败德行为，就会使企业主和股东们蒙受代理成本，企业成长会受到严重阻碍。

究竟如何能够更有效地降低委托代理成本？提升企业主和股东与职业经理人之间的信任至关重要。储小平[①]指出：真正制约家族企业成长的是信任资源的不足。许多职业经理人之所以难以有效融入企业，往往是企业主和股东们在聘任和任用职业经理的过程中，不愿或难以

---

① 储小平：《职业经理与家族企业的成长》，《管理世界》2002 年第 4 期。

给予职业经理人更多的信任。贾涛（2013）通过对历史上晋商的成功进行总结发现，建立企业主与经理人的互相信任机制，才能使企业不断发展壮大。姚清铁等[①]也通过对近代典型中国家族企业进行研究，得出对称信任条件下代理人的努力水平高于非对称信任条件下的努力水平的结论，并将其原因归纳为对称信任这一非正式契约机制使得代理人会降低机会主义行为的动机，双方相互信任的程度越高，委托人与代理人之间利益的一致性就越强。

二 企业家与职业经理人的诚信提升

诚信是企业主和职业经理人的重要必备的特质。民营企业的所有者在选择经理人时的一个基本准则通常是职业经理人是否可信。如果不可信，那么职业经理人的经营管理能力越强，可能对于企业所有者造成的损害也就越大。反之，企业主如果自身诚信不足，而且在引进职业经理人后对其处处设防，对经理人施加诸多不必要的束缚，也会失去经理人的信任。高层无法达成一致，对企业发展的不利影响可想而知。因此，职业化管理队伍形成的关键是企业家与职业经理人之间的相互信任。当年创维兵变震惊业界，让众多转型中的企业绷紧了弦。职业化管理是每个民营企业成长之路上不可回避的路径，但也是充满艰难险阻的关卡。

资产所有者与职业经理人之间存在着信任博弈，本可以是双赢的结果，却因为不诚信导致最终的结果是"囚徒困境"下的两败俱伤。如何建立信任机制？简而言之，契约精神、法律机制、诚信档案、职业道德等都是关键要素。除此之外，信任的维系更多地应当与情感、信誉挂钩，将偏好内在化，在自己的效用函数中加入他人利益，把他人的利益考虑在自己的行动策划中，也将合作的长期收益纳入考虑，由此才更有可能健全信任体系。

---

① 姚清铁、郭萍：《近代典型中国家族企业继承模式探讨：基于委托—代理的分析》，《上海经济研究》2012 年第 12 期。

三　企业家与职业经理人的利益共享机制优化

人与人之间的关系是多维的，而利益对维系人际关系有着相当重要的作用，这中间又包括经济利益与非经济利益。在利益共享机制中，每一个利益主体都有自己的权利和义务，通过鼓励各利益主体追求自己的利益，激发各利益主体的生产积极性，从而促进企业整体绩效的不断增长，使整个社会达到一种新的均衡与和谐[1]。殷俊明等[2]认为，目前我国职业经理人薪资结构不合理，薪资激励的依据大多是短期绩效；而职业经理人的精神需求未得到满足，社会满足感、企业成长带给经理人的发展机会等非货币性因素也应当被纳入经理人的利益范畴内；职业经理人缺乏与企业之间的精神共同感，当企业高层成员大多是家族成员时，职业经理人融入企业就变得不那么容易。而对于企业主来说，企业的发展是最主要的利益需求。因此，建立健全利益共享机制，可以从统一职业经理人的激励与企业发展入手，利用股权激励等措施将经理人薪酬与长期绩效挂钩，让职业经理人和企业主心往一处想，劲往一处使。当经理人和企业主之间能形成有效的利益兼容机制，形成合力，提升整体组织能力也就水到渠成。

组织是由怀着不同目标动机的成员构成的，那么如何使组织中不同利益目标的成员能够有效地协调工作？人们都是带着自己的目标动机进入一个组织的，不仅各自的目标往往不一致，而且各自的目标也可能与组织的整体目标不一致，但组织的有效运作与持续成长有赖于形成各类成员的利益目标兼容机制。这应是组织管理，特别是企业管理最为核心的内容。综观海内外的优秀企业，之所以优秀，是因为比较好地构建了组织成员的利益目标兼容机制。

---

[1]　黄华：《我国现代企业制度建设的实践、失衡与重构》，《宁夏社会科学》2017年第5期。

[2]　殷俊明、王思、戴安娜：《家族企业职业经理人激励制度的改进》，《经营与管理》2018年第3期。

四　企业主与职业经理人之间需要提高组织认同

组织认同是指组织活动过程中寻求一致性的心理过程和行为倾向。普通员工尚需要提高组织认同，从而更好地服务于企业，职业经理人作为管理层与创新者，更需要达到极高的组织认同，要与企业主之间就企业的价值观、愿景与目标达成高度的认同。

如何使组织成员认同组织和组织目标？诺贝尔奖得主西蒙在《有限理性模型》[①] 中说：组织认同成为雇员为组织目标主动工作的一种激励[②]。早在《管理行为》（写于 1941—1942 年，1947 年版）一书中西蒙就指出：认同过程，就是个人以组织目标（服务目标或生存目标）去代替个人目的（《管理行为》，1947 年版，第 211 页）。要使企业主、股东与职业经理人之间达到高度的组织认同，需要双方之间的诚信及共同付出努力。

当前，世界 500 强中有 100 多家中国企业，可喜的是，民营企业已有 10 多家。腾讯、阿里、碧桂园的名字在 2017 年首次出现在 500 强名单上。北大发展研究院名誉院长林毅夫表示，这一数量会快速增加，预计到 2035 年可能有 40 多家，到 2050 年时世界 500 强可能有 150 家左右为中国企业，其中民营企业占一半左右[③]。这当然是一个很乐观的预期。在 2017 中国民营企业 500 强名单中，广东省的企业占前 50 名的 11 席，前 20 强中更是占到了 7 席。由此说明，韦伯、福山等人关于华人社会信任度低，企业主不愿授权给职业经理人，因而企业做不大的论断，是有历史时代局限性的。

我们可以预测，广东将会有更多民营企业大步迈进，登上世界经济顶端的舞台，与欧美日企比肩抗衡。

---

① Herbert A. Simon：《有限理性模型》，麻省理工学院出版社 1982 年版，1997 年再版。

② 赫伯特·西蒙：《西蒙选集》，黄涛译，首都经济贸易大学出版社 2002 年版，第 465 页。

③ 林毅夫：《2050 年中国民企世界 500 强数量有望与国企持平》，《21 世纪经济报道》2018 年 4 月 28 日（http://money.163.com/18/0428/22/DGGVIIKV002580S6.html）。

第八节　附录

案例相关大事件记录

时间	创维	美的	碧桂园
1990—1995 年		1991 年，美的向社会公开招聘人才，华南理工大学博士生马军进入美的，引起社会热议； 1992 年，方洪波、黄健进入美的。	
1995—2000 年	1996 年陆强华担任销售部总经理； 1997 年公司高层储秀菊带领一批中高层员工出走乐华； 陶钧、刘辉阳和郭腾跃等中高层员工陆续辞职； 陆强华 2000 年辞职； 杨东文 1998 年就任创维集团中国区域财务总监，两年后升为中国区域营销总部总经理、创维彩电事业部副总裁、集团执行董事。	1995 年方洪波在美的集团市场部担任美的广告公司经理； 1996 年方洪波被任命为市场部部长，负责全面的广告、营销和销售工作； 1997 年起何享健开始事业部制改革； 1997 年方洪波就任美的集团空调事业部国内营销总经理； 1997 年 12 月，美的制定了第一版《美的集团主要业务分权规范手册》； 2000 年，方洪波就任美的集团空调事业部总经理。	
2000—2005 年	2001 年张学斌加盟，任创维集团中国区域总裁； 后与 TCL 彩电掌门史万文、康佳彩电掌门匡宇斌被并称为华南彩电新三剑客； 2004 年黄宏生被拘，张学斌出任创维数码控股有限公司执行董事、CEO，创维集团总裁。	2003 年方洪波就任美的制冷家电集团 CEO； 2012 年 8 月，何享健卸任美的集团董事长； 2012 年方洪波就任美的集团董事长； 2013 年至今，方洪波就任美的集团董事长兼总裁。	2003 年，崔健波加入碧桂园集团，任集团公司总裁及执行董事； 2005 年，杨惠妍加入碧桂园集团担任采购部经理，2006 年 12 月即获委任为碧桂园执行董事。

续表

时间	创维	美的	碧桂园
2005—2012年	2007年，张学斌就职创维集团董事局主席； 2012年，张学斌辞任董事会执行主席及执行董事。	2006年，美的推出股权激励草案，授予高管5000万份股票期权，占总股本的7.93%，行权价格仅为10.80元。股权激励对象完全是职业经理人，并不包括何氏家族成员。	2007年，碧桂园在香港上市，持有70%股权（95.2亿股）的最大股东杨惠妍一跃成为内地新一代首富，身价约为692亿港元； 2008年股权结构变动，杨惠妍增持股票，杨二珠等元老减持股票达2.2亿元； 2010年，崔健波辞去公司总裁职务，碧桂园引入中建五局的莫斌担任执行董事、总裁。
2012年至今	2016年，赖伟德出任董事局主席，刘棠枝任创维总裁； 2017年杨东文辞任创维数码控股有限公司CEO、创维集团总裁职务。		2012年，碧桂园委任杨惠妍为公司董事局副主席； 2013年，朱荣斌加入碧桂园，任执行董事及联席总裁； 2014年，吴建斌出任碧桂园首席财务官； 2015年中国平安入股并成为其第二大股东。

第 十 章

民营上市公司的发展现状

第一节 多层次资本市场与
广东民营企业上市

在纽约博物馆众多收藏品中，有个不引人注目的藏品——新中国第一张股票，这是一张 1983 年 7 月 8 日由深圳市宝安县联合投资公司向社会公开发行的"原始股"。这张股票，不仅催生了改革开放后第一个股份制企业——深宝安，更让作为国家金融改革试点城市的深圳领全国风气之先，掀起轰轰烈烈的金融改革与创新。

1982 年，深圳市宝安县初建，资金短缺，百业待兴。时任中共中央总书记胡耀邦来深圳视察特区建设，了解到特区建设面临资金难题，说起当年陕甘宁边区困难时凭着一个凭证（救国公债券）募集资金。这番话给当时宝安县政策决策者指出了一条明路：通过发行股票的形式向社会募集资金。①

1983 年 7 月 8 日，这一天注定成为中国经济史上值得大书特书的一天。这一天，深圳市宝安县联合投资公司向社会公开发行了新中国第一张股票，每股人民币 10 元，并提出实行入股自愿、退股自由、保本付息、盈利分红的先进理念。这一天，距离中国最早的证券交易平台上海证券交易所的正式投用仍有 7 年半的时间；而距离深圳证券交

① 《新中国第一张股票：深宝安》，《海南日报》2009 年 9 月 19 日（http：//finance.if-eng.com/money/wealth/story/20090919/1259627.shtml）。

易所的正式投用则有 8 年时间。

深圳证券市场的起步最早可以追溯到 1986 年。当时一些企业为了摆脱经营中的困境，进行了股份制改造。1988 年 4 月 1 日，深圳发展银行在特区证券公司的柜台上开始了最早的证券交易。随后深圳市国投证券部和中行证券部相继开业，万科、金田、安达、原野（世纪星源的前身）等也陆续发行了股票并上柜交易。"老五家"股票在"老三家"证券部的柜台交易，构成了深圳证券市场的雏形。与此同时，诸如国农科技、深振业、深天地、中国宝安、康佳集团、沙河股份等一系列企业紧跟股份制改造的脚步，通过改革创新参与到证券交易的市场当中，为早期深圳证券市场的起步及后来的蓬勃发展做出了巨大贡献。[①] 1989 年 12 月 1 日，深圳证券交易所（以下简称深交所）正式成立。

深交所以建设中国多层次资本市场体系为使命，全力支持中国中小企业发展，推进自主创新国家战略实施。2004 年 5 月，中小企业板正式推出；2006 年 1 月，中关村科技园区非上市公司股份报价转让开始试点；2009 年 10 月，创业板正式启动，多层次资本市场体系架构基本确立。

深交所在改革开放、特区建设和"姓氏"争论中孕育诞生，开创了新中国证券集中交易的先河。先后设立中小企业板和创业板，开辟出一条有中国特色的多层次资本市场体系建设道路，其资本市场的功能作用，也在改革开放和现代化建设实践中不断得到检验。

深交所的成立极大地激发了广东民营企业的上市热情，民营企业开始在资本市场寻找做大做强的机会。步入 21 世纪，深交所中小板和创业板的设立，更是带动了一批批广东的中小民营企业走向前台，积极拥抱资本市场，实现跨越式发展。相较于利用资本市场融资，民企上市更为重要的意义是借上市建立规范的现代企业制度，突破家族式

---

① 《深圳柜台交易曾经的疯狂》，2011 年 8 月 9 日，FT 中文网（http://www.ct66.com/zhxw/502.html）。

管理的局限，推动民营企业"健体强身"，打造百年老店。另外，优质民企尤其是具备良好市场前景的优质中小民企的上市，也是中国资本市场持续健康发展的现实需要，更是提升民企经营管理水平、实现民营经济新一轮跨越的必然选择。

广东民营企业中的一大批佼佼者从 20 世纪 90 年代开始，率先登陆境内外资本市场，并充分利用资本市场融资功能，扩大经营，树立品牌，逐渐成长为推动广东产业转型和经济高速发展的生力军。它们包括但不限于下述企业：地产业的万科、富力、雅居乐、碧桂园、恒大、合生创展；家电制造业的美的、格力、格兰仕、TCL、康佳、科龙、创维、志高；互联网及电商行业的腾讯、唯品会、梦芭莎、顺丰速运；汽车制造业的比亚迪。2017 年在全国工商联合会发布的中国民营企业 500 强榜单中，广东省上榜企业共 60 家，2016 年营收超千亿元的企业共 9 家。① 2017 年，境内广东上市公司总数（569 家）和新上市企业数量（98 家）双双位居全国第一，民营上市公司更是已经成为主体，并且今后这种趋势只会加强，不会削弱。那么，自中国资本市场建立以来，广东民营上市公司上市时间、行业分布、地域分布等呈现何种规律呢？本章将基于中国上市公司数据库，筛选出广东民营上市公司数据，对广东民营上市公司的行业分布、地域分布、上市时间等基本情况进行概述，以期描绘出广东民营上市公司的概貌。

第二节　民营上市公司的可操作性定义

国内学者对于如何定义中国民营上市公司具有不同的观点。一部分学者认为，中国的上市公司主要集中于家族企业，因而对中国民营上市公司的研究应将家族上市公司作为主要的研究样本，通过最终控制权是否能追踪到自然人或家族，以及最终控制者直接或间接持有的

① 《2017 年中国民营企业 500 强榜单》，2017 年 8 月 28 日，搜狐网（http://www.sohu.com/a/167859009_500666）。

公司是不是被投资上市公司第一大股东来判定该企业是否为民营上市公司①。另一部分学者则认为，应通过上市公司的实际控制人性质来判断上市公司是属于国有企业还是民营企业②。本书参照第二种民营上市公司的定义和操作方式，通过判断该上市公司的实际控制人是国有企业还是民营企业、自然人来判定本书中的民营上市公司，如果企业的实际控制人是民营企业或自然人，则将该企业判定为民营企业，反之则将该企业判定为国有企业。

现举例如下，美的集团（股票代码：000333）作为一家在深圳上市的民营企业，其前五大股东中，美的控股有限公司为境外非国有法人，占总股本的比例为 33.60%；香港中央结算有限公司为境外法人，占总股本的比例为 9.61%；中国证券金融股份有限公司为国有法人，占总股本的比例为 3.76%；方洪波为境内自然人，占总股本的比例为 2.08%；高瓴资本管理有限公司——HCM 中国基金为境外法人，占总股本的 1.64%（见图 10—1）。从上述数据可以看出，美的控股有限公司作为美的集团的前五大股东之一，其占公司总股份的比例超过了前五大上市公司中另外四家上市公司之和，也超过了另外前四大股东中中国证券金融股份有限公司这一国有法人的股权占比，由此可得出，美的控股有限公司为美的集团的实际控制人，因而本书将与美的相类似的企业认定为民营上市公司。

本书根据中国上市公司发展报告（2017）提供的上市公司数据库进行分析，该数据库获得了截至 2017 年 5 月 1 日的 A 股上市公司的样本，该样本剔除了 ST 类股票，包括 2012—2016 年的年报数据，研究数据主要来自万得资讯金融研究终端，广告投入数据来源于同花顺 iF-inD 资讯终端，专利申请和专利有效性数据、技术人员持股情况来源于国泰安数据库，数据处理和排名计算采用 R 软件进行。

---

① 张远飞、贺小刚、连燕玲：《"富则思安"吗？——基于中国民营上市公司的实证分析》，《管理世界》2013 年第 7 期。

② 唐建新、陈冬：《地区投资者保护，企业性质与异地并购的协同效应》，《管理世界》2010 年第 8 期。

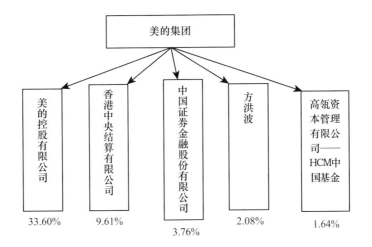

图 10—1　美的集团前五大股东占比

第三节　广东民营上市公司的行业分布

基于上述民营企业的筛选标准，本书从中国上市公司发展报告（2017）提供的上市公司数据库（截至 2017 年 5 月 1 日）中，共筛选出广东民营上市公司 310 家。广东民营上市公司的行业分布如下（见图 10—2、图 10—3），金融类民营上市公司共有 2 家；地产类民营上市公司共有 10 家；传媒类民营上市公司共有 4 家；电器设备类民营上市公司共有 12 家；电子类民营上市公司共有 69 家；纺织服装类民营上市公司共有 11 家；公用事业类民营上市公司共有 5 家；国防军工类民营上市公司共有 2 家；化工类民营上市公司共有 19 家；机械设备类民营上市公司共有 15 家；计算机类民营上市公司共有 30 家；家用电器类民营上市公司共有 19 家；建筑材料类民营上市公司共有 4 家；建筑装饰类民营上市公司共有 10 家；交通运输类民营上市公司共有 7 家；农林牧渔类民营上市公司共有 8 家；汽车类民营上市公司共有 7 家；轻工制造类民营上市公司共有 25 家；商业贸易类民营上市公司共有 5 家；食品饮料类民营上市公司共有 4 家；通信类民营上市公司共有 10 家；生物类民营上市公司共有 23 家；有色金属类民营上市公司共有 5 家；综合类民营上市公司共有 4 家。

从行业分布来看，广东民营上市公司主要集中在电子、轻工制造、生物、化工及家用电器行业。而这部分行业是政府管制少，进入壁垒低，也是市场化程度较高的行业。而进入金融行业的民营上市公司最少，也恰恰与国家的金融管制政策和行业壁垒高等因素密切相关。

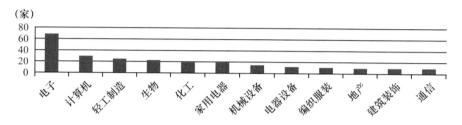

图 10—2　民营上市公司的行业分布（1）

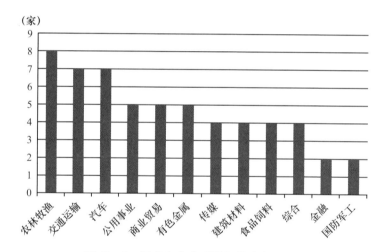

图 10—3　民营上市公司的行业分布（2）

第四节　广东民营上市公司的区域分布

广东民营上市公司的区域分布如下（见图 10—4、图 10—5），潮州的民营上市公司共有 4 家；东莞的民营上市公司共有 15 家；佛山的民营上市公司共有 22 家；广州的民营上市公司共有 45 家；惠州的民营上市公司共有 5 家；江门的民营上市公司共有 7 家；揭阳的民营上市公司共有 5 家；茂名的民营上市公司共有 1 家；梅州的民营上市公司共有 4 家；清远的民营上市公司共有 1 家；汕头的民营上市公司共有 18 家；韶关的民营上市公司共有 2 家；深圳的民营上市公司共有 150 家；台山的民营上市公司共有 1 家；云浮的民营上市公司共有 1 家；湛江的民营上市公司共有 2 家；肇庆的民营上市公司共有 3 家；中山的民营上市公司共有 10 家；珠海的民营上市公司共有 14 家。

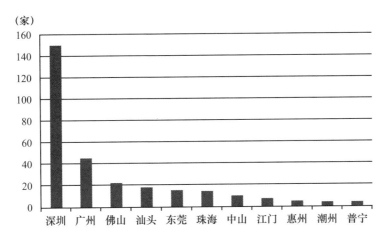

图 10—4 民营上市公司区域分布（1）

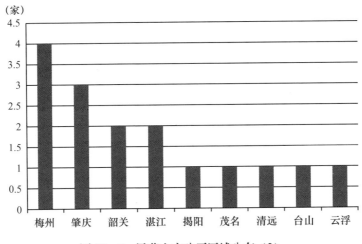

图 10—5 民营上市公司区域分布（2）

从广东民营上市公司的区域分布来看，大部分上市公司集中在了珠三角9市，粤东西北地区上市公司数量较少，部分地市只有1家民营上市公司，由此也反映了广东省区域经济发展的不平衡。从各个城市的民营上市公司数量来看，深圳的龙头效应明显，共有150家民营上市公司，远超第二名的广州2倍多，深圳的民营经济发展活力可见一斑。这也得益于深圳发达的融资环境和多层次的资本市场。值得指出的是，在粤东西北不足50家的上市公司中，汕头异军突起，拥有18家民营上市公司，超越了以制造业著称的东莞。由此可见，汕头的民营资本力量远远强于各市，民营企业家善于利用证券进行市场融资和解决资金短缺、融资难、成本高等问题。

第五节 广东民营上市公司的 上市时间分布

广东民营上市公司的上市时间分布如下（见图10—6、图10—7），1990年上市的民营企业共有1家；1991年上市的民营企业共有4家；1992年上市的民营企业共有7家；1993年上市的民营企业共有11家；1994年上市的民营企业共有9家；1995年上市的民营企业共有4家；1996年上市的民营企业共有7家；1997年上市的民营企业共有6家；1998年上市的民营企业共有7家；1999年上市的民营企业共有1家；2000年上市的民营企业共有5家；2001年上市的民营企业共有13家；2002年上市的民营企业共有5家；2003年上市的民营企业共有7家；2004年上市的民营企业共有11家；2005年上市的民营企业共有4家；2006年上市的民营企业共有9家；2007年上市的民营企业共有14家；2008年上市的民营企业共有9家；2009年上市的民营企业共有21家；2010年上市的民营企业共有49家；2011年上市的民营企业共有38家；2012年上市的民营企业共有21家；2013年上市的民营企业共有1家；2014年上市的民营企业共有14家；2015年上市的民营企业共有 28 家；2016 年上市的民营企业共有 3 家。①

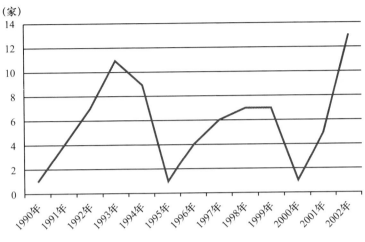

图 10—6　民营上市公司时间分布（1）

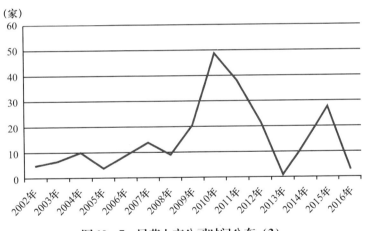

图 10—7　民营上市公司时间分布（2）

第六节　广东民营上市公司的行业创新能力比较

由上述分析得出，电子类民营上市公司、计算机类上市公司、轻

---

① 中国上市公司发展报告（2017）的数据来源为 2012—2016 年的年报数据，为保持与此数据库的统计口径相一致，2017 年上市的企业没有被统计入内。

工制造类民营上市公司、生物类民营上市公司、化工类，以及家用电器类民营上市公司，得益于各自行业受政府管制少，进入壁垒低，以及市场化较高的行业特点，其在广东民营上市公司中占据较大比例，为此，本书将分析这些行业间的创新能力差异，以进一步明晰广东省民营企业行业间的差异。

现有研究多以创新投入、创新研发、创新生产、创新产出、创新营销，以及创新管理等指标来反映企业的创新能力[①]。2017年上市公司蓝皮书选取了创新投入、创新产出、创新效率与创新资金这四个一级指标，构建了创新能力评价体系的多个二级指标，并通过层次分析法计算了各种指标对企业创新能力的影响系数，最终计算得出了每家企业的创新能力。本书基于上述上市公司蓝皮书中的创新能力数据库，对广东民营上市公司的行业创新能力进行比较（见表10—1）。

表10—1 　　　　　　　　　　　创新与研发评价指标

行业	类别	创新能力与战略资源
所有行业	创新投入	研究经费投入强度
		新产品开发
		人力资本投入
		员工持股计划
		技术人员占总员工比例
	创新产出	专利申请数量
		无形资产（扣除土地使用权）
		专利有效数量
	创新效率	核心业务增长率
		劳动生产率
		市场占有率
		超额收益率

---

① 徐立平、姜向荣、尹翊：《企业创新能力评价指标体系研究》，《科研管理》2015年第1期。

续表

行业	类别	创新能力与战略资源
所有行业	创新资金	内部融资能力
		资产担保比例
		资产质押比例
		政府补贴

资料来源：中国上市公司蓝皮书（2017）。

通过数据计算和分析发现，广东省民营上市公司分布最多的六个行业中，生物类上市公司创新能力的得分为 5.09 分，排名第一位；轻工制造类上市公司创新能力的得分为 4.93 分，排名第二位；家用电器类上市公司创新能力的得分为 4.90 分，排名第三位；电子类上市公司创新能力的得分为 4.87 分，排名第四位；化工类上市公司创新能力的得分为 4.89 分，排名第五位；计算机类上市公司创新能力的得分为 4.86 分，排名第六位（见图 10—8）。

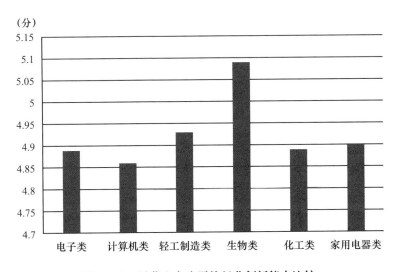

图10—8 民营上市公司的行业创新能力比较

第七节　广东民营上市公司的估值与
成长性比较

　　与上述研究相一致，本书也将分析广东省民营上市公司分布最多的六个行业间的估值与成长性差异，以进一步探究广东省民营企业估值与成长性的差异。

　　现有研究多以赢利能力状况、资产运营状况、偿债能力状况、投资报酬状况，以及发展潜力状况等指标来反映企业的估值与成长性[①]。2017 年上市公司蓝皮书选取了价值指标、成长性指标、稳定性指标这三个一级指标，构建了估值与成长性评价体系的多个二级指标，并通过层次分析法计算了各种指标对企业估值与成长性的影响系数，最终计算得出了每家企业的估值与成长性。本书基于上述上市公司蓝皮书中的估值与成长性数据库，对广东民营上市公司的行业创新能力进行比较。

　　2017 年上市公司蓝皮书对 28 类上市公司设立价值指标、成长性指标和稳定性三类指标，并对之进行定量指标计算，通过层次分析法计算出了上述指标对企业估值和成长性影响的系数，最终计算出了我国各上市公司的估值与成长性的评价值。本书依据该蓝皮书中广东省各上市公司的估值与成长性的评价值，分行业对广东省各上市公司的估值和成长性进行评价（见表10—2）。

表10—2　　　　　　　　　　　估值与成长性评价指标

行业	类别	估值与成长性指标
所有行业	价值指标	基于一致预期的市盈率
		扣除非经常性损益的市盈率
		市净率

---

　　① 李延喜、巴雪冰、薛光：《企业成长性综合评价方法的实证研究》，《大连理工大学学报》（社会科学版）2006 年第 3 期。

续表

行业	类别	估值与成长性指标
所有行业	成长性指标	营业收入增长率
		净利润增长率
		海外业务收入比率
	稳定性指标	股价收益率稳定性
		盈利稳定性
		非经常性项目频率

资料来源：中国上市公司蓝皮书（2017）。

通过数据计算和分析发现，广东省民营上市公司分布最多的六个行业中，生物类上市公司估值与成长性的得分为 5.16 分，排名第一位；电子类上市公司估值与成长性的得分为 5.07 分，排名第二位；计算机类上市公司估值与成长性的得分为 5.04 分，排名第三位；化工类上市公司估值与成长性的得分为 5.03 分，排名第四位；家用电器类上市公司估值与成长性的得分为 5.02 分，排名第五位；轻工制造类上市公司估值与成长性的得分为 5.03 分，排名第六位（见图 10—9）。

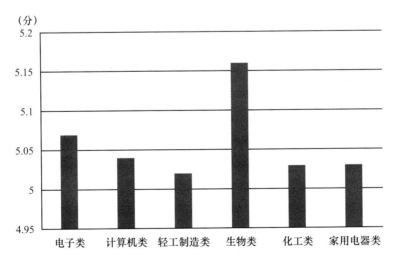

图10—9　民营上市公司的行业估值与成长性比较

第八节 结论

民营经济作为国民经济重要组成部分已在全社会形成共识，社会各界也高度评价民营经济重要作用。党的十八大以来，党中央、国务院出台有关政策文件，确立平等市场主体地位，为民营经济发展创造公平的环境。《中共中央关于全面深化改革若干重大问题的决定》指出"国家保护各种所有制经济产权和合法权利，保证各种所有制经济依法平等使用生产要素，公开公平公正参与市场竞争，同等受到法律保护"，"坚持权利平等、机会平等、规则平等，废除对非公有制经济各种形式的不合理规定，消除各种隐性壁垒，制定非公有制企业进入特许经营领域具体办法"。

广东是中国民营经济[①]最发达的省份之一。改革开放以来，民营经济对广东省 GDP 的贡献一直在全国名列前茅。2017 年，广东民营经济占全省地区生产总值的比重为 53.8%，比 2016 年提高 0.2 个百分点；对全省地区生产总值增长的贡献率为 57.5%，同比提高 0.6 个百分点，拉动全省地区生产总值增长 4.3 个百分点。[②] 改革开放 40 年来，民营企业的转型升级，更是直接推动了广东的产业结构从"珠江水、广东粮"到"岭南服、粤家电"，再到现代服务业，会展金融业，IT 簇群发展、五金物流、玩具珠宝等产业的发展。民营企业对广东经济增长的贡献，不仅在于它们借改革开放的"先行先试"政策优势和毗邻港澳的区位优势来先人一步地攫取市场机会，更在于它们在这短短的 30 年间，利用西方先进的科学技术进行创新，更利用前沿的经营管理思维来创新商业模式、重构企业管理制度以促进企业可持续发展。

---

① 自 2012 年起，《广东统计年鉴》中民营经济统计范围调整为集体企业、股份合作企业、集体联营企业、其他联营企业、私营企业、其他企业、个体工商户，以及国有与集体联营企业、其他有限责任公司、股份有限公司、"三资"企业中的集体控股、私人控股、其他控股部分。

② 《2017 年广东民营经济增加值占比 53.8%》，2018 年 2 月 12 日，广东统计信息网（http：//www.gdstats.gov.cn/tjzl/tjkx/201802/t20180212_380827.html）。

　　本章借助上市公司数据库对广东民营上市公司的发展现状进行概述。研究发现，从行业分布来看，电子类、计算机类以及轻工制造类行业是广东省民营企业分布最为集中的三个行业。从区域分布来分析，深圳、广州以及佛山是广东省民营企业分布最为集中的三个区域。从民营企业的上市时间来分析，2010 年、2015 年是民营企业上市较为集中的年份。从创新能力来分析，广东省民营公司分布较为密集的三类行业中，生物类、轻工制造类以及家用电器类上市公司是创新能力较强的三类行业。从估值与成长性来分析，广东省民营公司分布较为密集的三类行业中，生物类、电子类以及计算机类上市公司是估值与成长性较强的三类行业。

第十一章

民营上市公司财务治理与成长

"当潮水退去，才知道谁在裸泳。"近年来，国内民营企业巨额亏损、债务违约、企业家"跑路"等现象屡见不鲜，富贵鸟、神雾环保、中安消、凯迪生态、盾安集团等企业的财务危机频繁被媒体报道。而民营企业普遍采取了相互担保的借贷方式和非正式融资渠道。一旦某家企业发生财务危机，关联企业不得不为危机企业提供信贷资金或者银行担保，这导致关联企业也陷入了困境，从而引发行业巨震。这一系列财务危机的出现，既有宏观环境的原因，但更多的是与民营企业内部缺乏一套行之有效的财务治理体系密切相关。换句话说，财务治理机制的有效性和稳健程度已经成为影响中国民营企业可持续成长的关键因素之一。本章首先分析民营企业财务危机类型及其影响，其次阐述民营企业财务治理的重要性，最后将通过上市公司数据，对广东民营上市公司的财务治理状况进行梳理、比较和评价。

第一节 民营企业财务危机类型及其影响

自进入新常态以来，我国经济发展仍然保持着长期向好的发展趋势，但是也面临着生产成本不断上升、资本边际效率下降等结构性问题，因此必须推进去产能、去库存、去杠杆的供给侧结构性改革。供给侧结构性改革的过程实际上是企业淘汰低端产能，不断转型升级，重构产业竞争格局，提升产品品质，促进经济增长的过程。作为市场经济中的重要主体，民营企业在供给侧结构改革这一背景下，面临着激烈的市场竞争，财务风险加剧。部分民营企业未能将企业财务风险控制在合理的范围内，从而导致爆发财务危机。从民营企业近年出现的财务危机来看，主要有以下四个类型：①

第一，爆发突发事件导致企业经营状况迅速恶化。例如，珠海中富产品需求集中度太高，主要客户的需求突然回落最终导致企业盈利持续恶化，公司原实际控制人又是财务投资者，对公司支持力度有限，最后导致公司债务出现违约。这类事件反映了民营企业的外部融资极为脆弱，自身经营恶化往往会导致银行快速抽压贷引发流动性危机，最终导致违约风险快速暴露。此类危机事前往往难以预料，破坏性极大。

第二，投资过于激进导致现金流入不敷出。与国有企业相比，利润最大化是民营企业的终极目标，因此在投资规模和扩张战略上也显得更为激进。而民营企业的战略投资决策权往往集中在少数创始人或高管手中，缺乏科学、有效的决策制定程序，从而增加了企业激进扩张的可能。激进的扩张也常常导致企业陷入财务危机。例如，圣达集团原主业为水电业务，经营相对稳定，但从 2009 年集团开始收购制动鼓业务并持续扩张，本想以此消化公司的焦炭和生铁产量，但制动鼓业务开展之后盈利状况远不及预期，原业务中生铁和焦炭行业景气度也开始出现下滑，最后导致内部现金流出现枯竭。

第三，实际控制人风险。民营企业的建立与发展往往与公司的实际控制人以及高管息息相关，企业成长的过程中也会深深地刻上实际控制人的鲜明特色，民营企业的实际控制人的变动往往会引发财务危机。例如，亚邦投资发布公告称公司董事长许小初因个人原因应相关部门要求协助调查导致部分银行抽压贷，雨润董事长祝义才被执行指定居所监视居住，华通路桥董事长王国瑞被带走协助有关部门调查也

---

① 覃汉：《信用的潮汐：烟花易冷，违约难料》，2018 年 5 月 10 日，国泰君安（https：//wallstreetcn. com/articles/3307702）。

均导致企业外部融资出现收缩，这些案例中，实际控制人风险均是企业最后违约的直接导火索。

第四，担保互保引发危机。民营企业担保互保现象盛行，风险连带加大。民营企业融资渠道整体弱于国有企业，而且民营企业多处于竞争较为激励的下游企业，轻资产非周期性行业居多，利用抵押融资的难度也相对较大，这一特点促使了很多民营企业采取互保的方式进行融资，从而使得民营企业的信用风险出现连带效应。典型案例如谷神生物。谷神生物主营业务是以大豆精加工为主，属于非周期性行业，经营状况整体相对稳定。但公司的对外担保企业中澳控股出现银行贷款逾期使得谷神生物的代偿风险有所加大，从而引发银行对公司抽压贷致使资金面突然收紧，从而最终陷入偿债困境。

第二节　民营企业财务治理及其影响

作为防范财务风险的一个重要系统，财务治理是一种企业财权的安排机制，借以实现企业内部财务激励与约束过程，其目的在于有效解决经济利益冲突，协调利益相关者的财务关系。相较于国有企业，民营企业管理者相对较不重视财务管理的重要作用和存在的价值，将企业的财务管理简单作为对企业资金的管理，从而导致了财务内控体系的不完善。主要体现在以下两个方面：第一，企业通常仅将内控制度限定在企业是否进行了会计控制，即是否具有健全的会计制度和严格的审批检查制度，而往往会忽视企业的管理控制，即企业是否具有明晰的制度来保证经营方针、决策的贯彻执行，促进经营活动经济性、效率性、效果性以及经营目标的实现有关的控制。第二，民营企业创始人及其家族成员对企业的控制使得内部控制制度难以在民营企业内部得到有效执行。在民营企业内部，"人治"往往大于"法治"，民营企业创始人的个人决策在企业的经营管理过程中往往具有决定性的作用，这通常会导致企业内控制度难以被有效推行。例如，曾经的餐饮界明星、真功夫创始人蔡达标在家族纷争中，被控职务侵占罪、挪用资金罪以及抽逃注册资本罪 3 项罪名，最终获刑 14 年。因此，民营企业财务治理的顺利开展，将具有以下几个方面的重要影响：

第一，有助于提高民营企业的财务管理意识。一方面，民营企业财务治理活动的开展会为企业的高层管理者补充相应的财务管理理论知识，使其更加重视财务管理对于企业生存和发展的重要作用。另一方面，民营企业财务治理活动的开展有助于培养企业重视财务管理的氛围，使企业的财务管理工作得以在企业的各部门顺利开展。比如，许多企业的成功都得益于其充分重视在企业生产运营的各个环节对资产的盘活，以最大限度地降低企业的成本。

第二，能够帮助企业创始人深化对内部控制的重视，从而建立起更完善的内控制度，使得企业既重视会计控制，又重视管理控制，从而促进企业的可持续成长。

第三，有助于促使企业通过人力资源战略的实施来帮助企业招聘相应的财务人员，优化配置财务部门的相应人员，并建立起规范的财务制度，以为民营企业的成长壮大提供制度保障。首先，与国有企业或外资企业相比，民营企业对财务人员的吸引力相对有限，导致企业相对难吸进高素质的财务人员，因而会引致一人多岗、岗位设置简单的问题存在。其次，民营企业创始人为便于获取企业财务的第一手信息，通常会在财务部门安排自己的亲戚或朋友，这往往不便于财务负责人对其进行管理，因而也不便于财务工作的开展。最后，民营企业的财务制度也通常存在着可进一步优化的空间，多数财务制度是在企业的发展过程中逐渐建立起来的，因而其规范性仍存在着一定的不足，各相关财务制度的灵活性不足，不适应企业在新阶段的发展。

第三节　广东民营上市公司财务治理状况评价

一　财务治理衡量指标的选取

研究财务治理问题的最终目标就是提高公司的财务治理效率，而财务治理效率核心的问题在于公司财务绩效（周晓珺和陈清华，2014）。现有研究多以每股收益、净资产收益率、主营业务收入增长率、净资产增长率等财务绩效核心指标来反映上市公司的财务治理效率，这类财务指标能够综合反映企业在筹资、投资和经营全过程中的财务状况。

2017年上市公司蓝皮书对28类上市公司设立了不同财务指标，其在设立的过程中采用了定量的指标计算，并通过层次分析法计算了各种指标对企业财务状况的影响系数，并分行业对上市公司财务状况进行评估和排名。基于这些指标和评估，本章对数据进行进一步筛选，以期对广东民营上市公司的财务状况进行评价。此外，2017年上市公司蓝皮书考虑到银行业、证券行业以及保险行业财务报表与其他行业存在显著不同，以及房地产行业在国民经济中的特殊地位，对这四个行业设立了与其他一般性行业不同的财务指标，本章也利用上述所计算的该四个行业的财务指标评估值来衡量这四类广东民营上市公司的财务状况（见表11—1）。

表11—1　　　　　　　　　　　　财务状况评价指标

行业	类别	财务指标
银行业	收入驱动力	净利息差
		生息资产扩张速度
	收入结构	非利息收入占比
	资本水平	资本充足率
		不良贷款率
	资本质量	拨备覆盖率
证券行业	规模	净资本
	赢利能力	净资产收益率（ROE）
	营运能力	资产周转率
	偿债能力	杠杆率
	收入驱动力	经纪业务市场份额
		融资融券业务市场份额

续表

行业	类别	财务指标
保险行业	赢利能力	净资产收益率
		给付率
	营运能力	退保率
		费用率
	偿债能力	资产负债率
房地产行业	财务安全性	短期风险头寸
	战略理性	财务安全底线—净借贷资产比
	营运效率	营业利润率
		存量资产周转率
其他行业	现金流动性能力	流动比率
		速动比率
		现金到期债务比
		现金流动负债比
	长期偿债能力	资产负债率
		产权比率
		利息保障倍数
	营运能力和财务弹性	应收账款周转率
		存货周转率
		营业周期
		全部资产现金回收率
		现金满足投资比率
	赢利能力和盈利质量	销售净利润
		销售毛利润
		净资产收益率
		销售现金比率
		现金运营指数

资料来源：中国上市公司蓝皮书（2017）。

二　广东民营上市公司财务治理的分析和比较

2017 年上市公司蓝皮书共筛选出了全国 56 家金融类 A 股上市公司，其中银行类上市公司 16 家，证券类上市公司 25 家，保险类上市公司 4 家,多元金融类上市公司 11 家。在全国 16 家银行类上市公司中,有 2 家企业来自广东,分别为招商银行和平安银行,但没有广东民营银行类上市公司。在全国 25 家证券类上市公司中,有 4 家企业来自广东,分别为国信证券、广发证券、招商证券、锦龙股份。其中,国信证券和锦龙股份为广东民营银行类上市公司,国信证券在全国 25 家证券类上市公司中排名第 1 位,总体得分为 5.68 分,财务指标得分为 5.77 分,位居广东省民营金融类上市公司排名第一位。锦龙股份在全国 25 家证券类上市公司中排名第 8 位,总体得分为 5.27 分,财务指标得分为 6.16 分,位居广东省民营金融类上市公司排名第二位。(见表 11—2)

表 11—2　　　　　　　　　广东民营金融类上市公司财务状况

代码	公司名称	总得分	财务指标	财务指标排名
002736. SZ	国信证券	5.68	5.77	1
000712. SZ	锦龙股份	5.27	6.16	2

资料来源:根据中国上市公司蓝皮书(2017)整理得出。

以上数据清晰表明,广东两家证券类民营上市公司在全国 25 家证券类上市公司中具有较强的竞争力,国信证券的整体得分高于锦龙股份,但锦龙股份在其财务状况上的表现强于国信证券。在全国 4 家保险类上市公司中,有 1 家企业来自广东,为中国平安,但尚没有广东民营保险类上市公司。此外,在全国 11 家多元金融类上市公司中,也没有来自广东的民营多元金融类上市公司。由此可见,未来广东民营企业仍有较大的上升空间。

(一)地产类上市公司财务状况的比较

2017 年上市公司蓝皮书共筛选出了全国 121 家地产类 A 股上市公司,其中来自广东的地产类上市公司共有 25 家,其中包括 10 家民营企业,15 家国有企业。这 10 家民营企业分别为世联行、绿景控股、金地集团、粤泰股份、香江控股、万泽股份、粤宏远 A、世荣兆业、世纪星源，以及皇庭国际（见表11—3）。

表11—3　　广东民营地产类上市公司行业内财务状况的比较

代码	公司名称	总得分	财务指标	财务指标排名
600383. SH	金地集团	5. 36	5. 53	1
002285. SZ	世联行	5. 44	5. 22	2
600393. SH	粤泰股份	5. 12	5. 19	3
000502. SZ	绿景控股	5. 37	4. 89	4
600162. SH	香江控股	5. 19	4. 77	5
000534. SZ	万泽股份	5. 02	4. 49	6
002016. SZ	世荣兆业	4. 86	4. 35	7
000573. SZ	粤宏远 A	4. 92	4. 24	8
000056. SZ	皇庭国际	4. 64	3. 91	9
000005. SZ	世纪星源	4. 74	3. 84	10

资料来源：根据中国上市公司蓝皮书（2017）整理得出。

金地集团在全国121家地产类上市企业中排行第11位，总体得分为5.36分，财务指标得分为5.53分，位居广东省民营地产类上市公司排名第一位。世联行在全国121家地产类上市企业中排行第5位，总体得分为5.44分，财务指标得分为5.22分，位居广东省民营地产类上市公司排名第二位。粤泰股份在全国121家地产类上市企业中排行第41位，总体得分为5.12分，财务指标得分为5.19分，位居广东省民营地产类上市公司排名第三位。绿景控股在全国121家地产类上市企业中排行第10位，总体得分为5.37分，财务指标得分为4.89分，位居广东省民营地产类上市公司排名第四位。香江控股在全国121家地产类上市企业中排行第47位，总体得分为5.19分，财务指标得分为4.77分，位居广东省民营地产类上市公司排名第五位。万泽股份在全国121家地产类上市企业中排行第65位，总体得分为5.02分，财务指标得分为4.49分，位居广东省民营地产类上市公司排名第六位。世荣兆业在全国121家地产类上市企业中排行第93位，总体得分为 4.86 分，财务指标得分为 4.35 分，位居广东省民营地产类上市公司排名第七位。粤宏远 A 在全国 121 家地产类上市企业中排行第 85位，总体得分为 4.92 分，财务指标得分为 4.24 分，位居广东省民营地产类上市公司排名第八位。皇庭国际在全国 121 家地产类上市企业中排行第 116 位，总体得分为 4.64 分，财务指标得分为 3.91 分，位居广东省民营地产类上市公司排名第九位。世纪星源在全国 121 家地产类上市企业中排行第 107 位，总体得分为 4.74 分，财务指标得分为3.84 分，位居广东省民营地产类上市公司排名第十位。

（二）传媒类上市公司财务状况的比较

2017 年上市公司蓝皮书共筛选出了全国 72 家传媒类 A 股上市公司，其中来自广东的传媒类上市公司共有 6 家，其中包括 4 家民营企业（见表11—4），2 家国有企业。4 家民营企业分别为全通教育、中青宝、奥飞娱乐和星辉娱乐。全通教育在全国 72 家传媒类上市公司中排名第 33 位，总体得分为 5.08 分，财务指标得分为 5.23 分，位居广东省民营传媒类上市公司排名第一位。中青宝在全国 72 家传媒类上市公司中排名第 27 位，总体得分为 5.14 分，财务指标得分为 5.20 分，位居广东省民营传媒类上市公司排名第二位。奥飞娱乐在全国 72 家传媒类上市公司中排名第 21 位，总体得分为 5.30 分，财务指标得分为5.17 分，位居广东省民营传媒类上市公司排名第三位。星辉娱乐在全国 72 家传媒类上市公司中排名第 12 位，总体得分为 5.46 分，财务指标得分为 4.87 分，位居广东省民营传媒类上市公司排名第四位。

表11—4　　　广东民营传媒类上市公司行业内财务状况的比较

代码	公司名称	总得分	财务指标	财务指标排名
300359. SZ	全通教育	5.08	5.23	1
300052. SZ	中青宝	5.14	5.20	2
002292. SZ	奥飞娱乐	5.30	5.17	3
300043. SZ	星辉娱乐	5.46	4.87	4

资料来源：根据中国上市公司蓝皮书（2017）整理得出。

（三）电气设备类上市公司财务状况的比较

2017 年上市公司蓝皮书共筛选出了全国 149 家电气设备类 A 股上市公司，其中来自广东的电气设备类上市公司共有 12 家，且这 12 家广东电气设备类上市公司全部为民营企业。12 家民营企业中排名前十位的企业分别为英威腾、易事特、长园集团、科士达、大洋电机、奥特迅、科陆电子、雄韬股份、赫美集团、深圳惠程（见表 11—5）。

表 11—5　　广东民营电气设备类上市公司行业内财务状况的比较

代码	公司名称	总得分	财务指标	财务指标排名
002334. SZ	英威腾	5. 22	5. 56	1
300376. SZ	易事特	5. 71	5. 54	2
600525. SH	长园集团	5. 27	5. 53	3
002518. SZ	科士达	5. 45	5. 50	4
002249. SZ	大洋电机	4. 96	5. 02	5
002227. SZ	奥特迅	5. 12	4. 92	6
002121. SZ	科陆电子	5. 23	4. 90	7
002733. SZ	雄韬股份	4. 97	4. 85	8
002356. SZ	赫美集团	5. 37	4. 84	9
002168. SZ	深圳惠程	5. 07	4. 83	10
002441. SZ	众业达	4. 52	4. 74	11
002218. SZ	拓日新能	4. 91	4. 47	12

资料来源：根据中国上市公司蓝皮书（2017）整理得出。

英威腾在全国 149 家电气设备类上市公司中排名第 54 位，总体得分为 5.22 分，财务指标得分为 5.56 分，位居广东省民营电气设备类上市公司排名第一位。易事特在全国 149 家电气设备类上市公司中排名第 12 位，总体得分为 5.71 分，财务指标得分为 5.54 分，位居广东省民营电子设备类上市公司排名第二位。长园集团在全国 149 家电气设备类上市公司中排名第 46 位，总体得分为 5.27 分，财务指标得分为 5.53 分，位居广东省民营电子设备类上市公司排名第三位。科士达集团在全国 149 家电气设备类上市公司中排名第 27 位，总体得分为

5.45 分，财务指标得分为 5.50 分，位居广东省民营电子设备类上市公司排名第四位。大洋电机在全国 149 家电气设备类上市公司中排名第 82 位，总体得分为 4.96 分，财务指标得分为 5.02 分，位居广东省民营电子设备类上市公司排名第五位。奥特迅在全国 149 家电气设备类上市公司中排名第 67 位，总体得分为 5.12 分，财务指标得分为 4.92 分，位居广东省民营电子设备类上市公司排名第六位。科陆电子在全国 149 家电气设备类上市公司中排名第 51 位，总体得分为 5.23 分，财务指标得分为 4.90 分，位居广东省民营类上市公司排名第七位。雄韬股份在全国 149 家电气设备类上市公司中排名第 81 位，总体得分为 4.97 分，财务指标得分为 4.85 分，位居广东省民营电子设备类上市公司排名第八位。赫美集团在全国 149 家电气设备类上市公司中排名第 34 位，总体得分为 5.37 分，财务指标得分为 4.84 分，位居广东省民营电子设备类上市公司排名第九位。深圳惠程在全国 149 家电气设备类上市公司中排名第 71 位，总体得分为 5.07 分，财务指标得分为 4.83 分，位居广东省民营电子设备类上市公司排名第十位。

（四）电子类上市公司财务状况的比较

2017 年上市公司蓝皮书共筛选出了全国 152 家电子类 A 股上市公司，其中来自广东的电子类上市公司共有 71 家，其中包括 69 家民营企业，2 家国有企业。69 家民营企业中排名前十位的民营企业分别为三环集团、纳思达、信维通信、全志科技、艾比森、依顿电子、大族激光、蓝思科技、顺络电子、立讯精密（见表 11—6）。

表 11—6　广东民营电子设备类上市公司行业内财务状况的比较

代码	公司名称	总得分	财务指标	财务指标排名
300408. SZ	三环集团	6.15	7.04	1
002180. SZ	纳思达	4.75	6.26	2
300136. SZ	信维通信	5.87	6.07	3
300458. SZ	全志科技	5.95	6.06	4
300389. SZ	艾比森	5.53	5.71	5

续表

代码	公司名称	总得分	财务指标	财务指标排名
603328. SH	依顿电子	5.40	5.68	6
002008. SZ	大族激光	5.6	5.63	7
300433. SZ	蓝思科技	5.51	5.61	8
002138. SZ	顺络电子	5.43	5.57	9
002475. SZ	立讯精密	5.89	5.54	10

资料来源：根据中国上市公司蓝皮书（2017）整理得出。

　　三环集团在全国152家电子类上市公司中排名第1位，总体得分为6.15分，财务指标得分为7.04分，位居广东省民营电子类上市公司财务指标排名第一位。纳思达在全国152家电子类上市公司中排名第125位，总体得分为4.75分，财务指标得分为6.26分，位居广东省民营电子类上市公司财务指标排名第二位。信维通信在全国152家电子类上市公司中排名第8位，总体得分为5.87分，财务指标得分为6.07分，位居广东省民营电子类上市公司财务指标排名第三位。全志科技在全国152家电子类上市公司中排名第4位，总体得分为5.95分，财务指标得分为6.06分，位居广东省民营电子类上市公司财务指标排名第四位。艾比森在全国152家电子类上市公司中排名第19位，总体得分为5.53分，财务指标得分为5.71分，位居广东省民营电子类上市公司财务指标排名第五位。依顿电子在全国152家电子类上市公司中排名第32位，总体得分为5.40分，财务指标得分为5.68分，位居广东省民营电子类上市公司财务指标排名第六位。大族激光在全国152家电子类上市公司中排名第16位，总体得分为5.6分，财务指标得分为5.63分，位居广东省民营电子类上市公司财务指标排名第七位。蓝思科技在全国152家电子类上市公司中排名第21位，总体得分为5.51分，财务指标得分为5.61分，位居广东省民营电子类上市公司财务指标排名第八位。顺络电子在全国152家电子类上市公司中排名第27位，总体得分为5.43分，财务指标得分为5.57分，位居广东省民营电子类上市公司财务指标排名第九位。立讯精密在全国 152 家电子类上市公司中排名第 7 位，总体得分为 5.89 分，财务指标得分为 5.54 分，位居广东省民营电子类上市公司财务指标排名第十位。

（五）纺织服装类上市公司财务状况的比较

2017 年上市公司蓝皮书共筛选出了全国 73 家纺织服装类 A 股上市公司，其中来自广东的纺织服装类上市公司共有 11 家，且这 11 家广东纺织服装类上市公司全部为民营企业。这 11 家民营企业中排名前十位的企业分别为金发拉比、柏堡龙、富安娜、汇洁股份、歌力思、棒杰股份、搜于特、凯撒文化、孚日股份、星期六（见表 11—7）。

表 11—7　　广东民营纺织服装类上市公司行业内财务状况的比较

代码	公司名称	总得分	财务指标	财务指标排名
002762.SZ	金发拉比	5.61	6.34	1
002776.SZ	柏堡龙	5.38	6.25	2
002327.SZ	富安娜	5.53	6.18	3
002763.SZ	汇洁股份	5.51	6.12	4
603808.SH	歌力思	5.70	6.02	5
002634.SZ	棒杰股份	5.24	5.05	6
002503.SZ	搜于特	5.74	4.97	7
002425.SZ	凯撒文化	4.83	4.84	8
002083.SZ	孚日股份	4.96	4.69	9
002291.SZ	星期六	4.95	4.69	10

资料来源：根据中国上市公司蓝皮书（2017）整理得出。

金发拉比在全国 73 家纺织服装类上市公司中排名第 7 位，总体得分为 5.61 分，财务指标得分为 6.34 分，位居广东省民营纺织服装类上市公司财务指标排名第一位。柏堡龙在全国 73 家纺织服装类上市公司中排名第 16 位，总体得分为 5.38 分，财务指标得分为 6.25 分，位居广东省民营纺织服装类上市公司财务指标排名第二位。富安娜在全国 73 家纺织服装类上市公司中排名第 11 位，总体得分为 5.53 分，财务指标得分为 6.18 分，位居广东省民营类上市公司财务指标排名第三位。汇洁股份在全国 73 家纺织服装类上市公司中排名第 12 位，总体得分为 5.51 分，财务指标得分为 6.12 分，位居广东省民营电子类上市公司财务指标排名第四位。歌力思在全国 73 家纺织服装类上市公司中排名第 5 位，总体得分为 5.70 分，财务指标得分为 6.02 分，位居广东省民营纺织服装类上市公司财务指标排名第五位。棒杰股份在全国 73 家纺织服装类上市公司中排名第 23 位，总体得分为 5.24 分，财务指标得分为 5.05 分，位居广东省民营纺织服装类上市公司财务指标排名第六位。搜于特在全国 73 家纺织服装类上市公司中排名第 4 位，总体得分为 5.74 分，财务指标得分为 4.97 分，位居广东省民营纺织服装类上市公司财务指标排名第七位。凯撒文化在全国 73 家纺织服装类上市公司中排名第 48 位，总体得分为 4.83 分，财务指标得分为 4.84 分，位居广东省民营纺织服装类上市公司财务指标排名第八位。孚日股份在全国 73 家纺织服装类上市公司中排名第 37 位，总体得分为 4.96 分，财务指标得分为 4.69 分，位居广东省民营纺织服装类上市公司财务指标排名第九位。星期六在全国 73 家纺织服装类上市公司中排名第 42 位，总体得分为 4.95 分，财务指标得分为 4.69 分，位居广东省民营纺织服装类上市公司财务指标排名第十位。

（六）公用事业类上市公司财务状况的比较

2017 年上市公司蓝皮书共筛选出了全国 111 家公用事业类 A 股上市公司，其中来自广东的公用事业类上市公司共有 13 家，其中包括 5 家民营企业，8 家国有企业。5 家民营企业分别为宝新能源、深圳燃气、韶能股份、迪森股份、新纶科技（见表 11—8）。宝新能源在全国 111 家公用事业类上市公司中排名第 47 位，总体得分为 5.13 分，财务指标得分为 5.80 分，位居广东省民营公用事业类上市公司财务指标排名第一位。深圳燃气在全国 111 家公用事业类上市公司中排名第 41 位，总体得分为 5.19 分，财务指标得分为 4.97 分，位居广东省民营公用事业类上市公司财务指标排名第二位。韶能股份在全国 111 家公用事业类上市公司中排名第 56 位，总体得分为 5.04 分，财务指标得分为 4.89 分，位居广东省民营公用事业类上市公司财务指标排名第三位。迪森股份在全国 111 家公用事业类上市公司中排名第 56 位，总体得分为 5.04 分，财务指标得分为 4.93 分，位居广东省民营公用事业类上市公司财务指标排名第四位。新纶科技在全国 111 家公用事业类上市公司中排名第 79 位，总体得分为 4.83 分，财务指标得分为 4.33 分，位居广东省民营公用事业类上市公司财务指标排名第五位。

表11—8　　广东民营公用事业类上市公司行业内财务状况的比较

代码	公司名称	总得分	财务指标	财务指标排名
000690. SZ	宝新能源	5. 13	5. 80	1
601139. SH	深圳燃气	5. 19	4. 97	2
000601. SZ	韶能股份	5. 04	4. 93	3
300335. SZ	迪森股份	5. 24	4. 89	4
002341. SZ	新纶科技	4. 83	4. 33	5

资料来源：根据中国上市公司蓝皮书（2017）整理得出。

（七）国防军工类上市公司财务状况的比较

2017 年上市公司蓝皮书共筛选出了全国 31 家国防军工类 A 股上市公司，其中来自广东的国防军工类上市公司共有 2 家，且这 2 家国防军工类上市公司全部为民营企业。这 2 家民营企业分别为航新科技和中船防务（见表11—9）。航新科技在全国 31 家国防军工类上市公司中排名第 4 位，总体得分为 5.68 分，财务指标得分为 5.88 分，位居广东省民营国防军工类上市公司财务指标排名第一位。中船防务在全国 31 家国防军工类上市公司中排名第 26 位，总体得分为 4.75 分，财务指标得分为 4.89 分，位居广东省民营国防军工类上市公司财务指标排名第二位。

表 11—9　　广东民营国防军工类上市公司行业内财务状况的比较

代码	公司名称	总得分	财务指标	财务指标排名
300424.SZ	航新科技	5.68	5.88	1
600685.SH	中船防务	4.75	4.89	2

资料来源：根据中国上市公司蓝皮书（2017）整理得出。

（八）化工类上市公司财务状况的比较

2017 年上市公司蓝皮书共筛选出了全国 239 家化工类 A 股上市公司，其中来自广东的化工类上市公司共有 23 家，其中包括 19 家民营企业，4 家国有企业。这 19 家民营企业分别为新宙邦、道氏技术、天赐材料、兆新股份、诺普信、德美化工、茂化实华、光华科技、鸿达兴业、德联集团、乐通股份、广东榕泰、芭田股份、龙蟒佰利、银禧科技、西陇科学、金发科技、宏昌电子、美达股份。

新宙邦在全国 239 家化工类上市公司中排名第 29 位，总体得分为 5.48 分，财务指标得分为 5.49 分，位居广东省民营化工类上市公司财务指标排名第一位。道氏技术在全国 239 家化工类上市公司中排名第 18 位，总体得分为 5.56 分，财务指标得分为 5.47 分，位居广东省民营化工类上市公司财务指标排名第二位。天赐材料在全国 239 家化工类上市公司中排名第 8 位，总体得分为 5.71 分，财务指标得分为 5.36 分，位居广东省民营化工类上市公司财务指标排名第三位。兆新股份在全国 239 家化工类上市公司中排名第 66 位，总体得分为 5.26 分，财务指标得分为 5.24 分，位居广东省民营化工类上市公司财务指标排名第四位。诺普信在全国 239 家化工类上市公司中排名第 96 位，总体得分为 5.16 分，财务指标得分为 5.24 分，位居广东省民营化工类上市公司财务指标排名第五位。德美化工在全国 239 家化工类上市公司中排名第 68 位，总体得分为 5.25 分，财务指标得分为 5.20 分，位居广东省民营化工类上市公司财务指标排名第六位。茂化实华在全国 239 家化工类上市公司中排名第 142 位，总体得分为 4.99 分，财务指标得分为 5.14 分，位居广东省民营化工类上市公司财务指标排名第七位。光华科技在全国239家化工类上市公司中排名第65位，总体得分为5.26分，财务指标得分为5.1分，位居广东省民营化工类上市公司财务指标排名第八位。鸿达兴业在全国239家化工类上市公司中排名第44位，总体得分为5.37分，财务指标得分为5.09分，位居广东省民营化工类上市公司财务指标排名第九位。德联集团在全国239家化工类上市公司中排名第167位，总体得分为4.89分，财务指标得分为5.08分，位居广东省民营化工类上市公司财务指标排名第十位（见表11—10）。

表11—10　　　广东民营化工类上市公司行业内财务状况的比较

代码	公司名称	总得分	财务指标	财务指标排名
002224.SZ	新宙邦	5.48	5.49	1
300409.SZ	道氏技术	5.56	5.47	2
002709.SZ	天赐材料	5.71	5.36	3
002256.SZ	兆新股份	5.26	5.24	4
002215.SZ	诺普信	5.16	5.24	5
002054.SZ	德美化工	5.25	5.20	6
000637.SZ	茂化实华	4.99	5.14	7
002741.SZ	光华科技	5.26	5.1	8
002002.SZ	鸿达兴业	5.37	5.09	9
002666.SZ	德联集团	4.89	5.08	10

资料来源：根据中国上市公司蓝皮书（2017）整理得出。

（九）机械设备类上市公司财务状况的比较

2017年上市公司蓝皮书共筛选出了全国243家机械设备类A股上市公司，其中来自广东的机械设备类上市公司共有17家，其中包括15家民营企业，2家国有企业。这15家民营企业分别为广东明珠、南华仪器、赢合科技、南兴装备、伊之密、星徽精密、瑞凌股份、佳士科技、昌红科技、东方精工、南风股份、金明精机、科达洁能、智慧松德、达意隆（见表11—11）。

表11—11 广东民营机械设备类上市公司行业内财务状况的比较

代码	公司名称	总得分	财务指标	财务指标排名
600382. SH	广东明珠	5.42	7.17	1
300417. SZ	南华仪器	5.54	6.12	2
300457. SZ	赢合科技	5.92	5.91	3
002757. SZ	南兴装备	5.33	5.75	4
300415. SZ	伊之密	5.51	5.72	5
300464. SZ	星徽精密	5.29	5.47	6
300154. SZ	瑞凌股份	5.03	5.39	7
300193. SZ	佳士科技	5.05	5.29	8
300151. SZ	昌红科技	5.37	5.23	9
002611. SZ	东方精工	5.84	5.21	10
300004. SZ	南风股份	4.91	5.07	11
300281. SZ	金明精机	5.23	5.01	12
600499. SZ	科达洁能	5.23	5.01	13
300173. SZ	智慧松德	5.28	4.67	14
002209. SZ	达意隆	4.94	4.19	15

资料来源：根据中国上市公司蓝皮书（2017）整理得出。

广东明珠在全国243家机械设备类上市公司中排名第57位，总体得分为5.42分，财务指标得分为7.17分，位居广东省民营机械设备类上市公司财务指标排名第一位。南华仪器在全国243家机械设备类上市公司中排名第57位，总体得分为5.54分，财务指标得分为6.12分，位居广东省民营机械设备类上市公司财务指标排名第二位。赢合科技在全国243家机械设备类上市公司中排名第5位，总体得分为5.92分，财务指标得分为5.91分，位居广东省民营机械设备类上市公司财务指标排名第三位。南兴装备在全国243家电子类上市公司中排名第76位，总体得分为5.33分，财务指标得分为5.75分，位居广东省民营机械设备类上市公司财务指标排名第四位。伊之密在全国243家机械设备类上市公司中排名第33位，总体得分为5.51分，财务指标得分为5.72分，位居广东省民营机械设备类上市公司财务指标排名第五位。星徽精密在全国 243 家机械设备类上市公司中排名第 79 位，总体得分为 5.29 分，财务指标得分为 5.47 分，位居广东省民营机械设备类上市公司财务指标排名第六位。瑞凌股份在全国 243 家机械设备类上市公司中排名第 133 位，总体得分为 5.03 分，财务指标得分为 5.39 分，位居广东省民营机械设备类上市公司财务指标排名第七位。佳士科技在全国 243 家机械设备类上市公司中排名第 129 位，总体得分为 5.05 分，财务指标得分为 5.29 分，位居广东省民营机械设备类上市公司财务指标排名第八位。昌红科技在全国 243 家机械设备类上市公司中排名第 65 位，总体得分为 5.37 分，财务指标得分为 5.23 分，位居广东省民营机械设备类上市公司财务指标排名第九位。东方精工在全国 243 家机械设备类上市公司中排名第 8 位，总体得分为 5.84 分，财务指标得分为 5.21 分，位居广东省民营机械设备类上市公司财务指标排名第十位。

（十）计算机类上市公司财务状况的比较

2017 年上市公司蓝皮书共筛选出了全国 145 家计算机类 A 股上市公司，其中来自广东的计算机类上市公司共有 35 家，其中包括 30 家民营企业，5 家国有企业。30 家民营企业中财务指标排名前十名企业分别为赢时胜、兆日科技、四方精创、捷顺科技、浩云科技、方直科技、金证股份、新大陆、任子行、长亮科技（见表 11—12）。

表 11—12　　　广东民营计算机类上市公司行业内财务状况的比较

代码	公司名称	总得分	财务指标	财务指标排名
300377. SZ	赢时胜	5.26	6.25	1
300333. SZ	兆日科技	5.17	5.89	2
300468. SZ	四方精创	5.35	5.82	3
002609. SZ	捷顺科技	5.30	5.75	4
300448. SZ	浩云科技	5.4	5.69	5
300235. SZ	方直科技	5.34	5.63	6
600446. SH	金证股份	5.27	5.37	7

续表

代码	公司名称	总得分	财务指标	财务指标排名
000997. SZ	新大陆	5. 65	5. 29	8
300311. SZ	任子行	5. 24	5. 20	9
300348. SZ	长亮科技	5. 31	5. 04	10

资料来源：根据中国上市公司蓝皮书（2017）整理得出。

　　赢时胜在全国 145 家计算机类上市公司中排名第 44 位，总体得分为 5. 26 分，财务指标得分为 6. 25 分，位居广东省民营计算机类上市公司财务指标排名第一位。兆日科技在全国 145 家计算机类上市公司中排名第 60 位，总体得分为 5. 17 分，财务指标得分为 5. 89 分，位居广东省民营计算机类上市公司财务指标排名第二位。四方精创在全国 145 家计算机类上市公司中排名第 27 位，总体得分为 5. 35 分，财务指标得分为 5. 82 分，位居广东省民营计算机类上市公司财务指标排名第三位。捷顺科技在全国 145 家计算机类上市公司中排名第 36 位，总体得分为 5. 30 分，财务指标得分为 5. 75 分，位居广东省民营计算机类上市公司财务指标排名第四位。浩云科技在全国 145 家计算机类上市公司中排名第 25 位，总体得分为 5. 40 分，财务指标得分为 5. 69 分，位居广东省民营计算机类上市公司财务指标排名第五位。方直科技在全国 145 家计算机类上市公司中排名第 33 位，总体得分为 5. 34 分，财务指标得分为 5. 63 分，位居广东省民营计算机类上市公司财务指标排名第六位。金证股份在全国 145 家计算机类上市公司中排名第 43 位，总体得分为 5. 27 分，财务指标得分为 5. 37 分，位居广东省民营计算机类上市公司财务指标排名第七位。新大陆在全国 145 家计算机类上市公司中排名第 9 位，总体得分为 5. 65 分，财务指标得分为 5. 29 分，位居广东省民营计算机类上市公司财务指标排名第八位。任子行在全国 145 家计算机类上市公司中排名第 48 位，总体得分为 5. 24 分，财务指标得分为 5. 20 分，位居广东省民营计算机类上市公司财务指标排名第九位。长亮科技在全国 145 家计算机类上市公司中排名第 35

位，总体得分为 5.31 分，财务指标得分为 5.04 分，位居广东省民营计算机类上市公司财务指标排名第十位。

（十一）家用电器类上市公司财务状况的比较

2017 年上市公司蓝皮书共筛选出了全国 56 家家用电器类 A 股上市公司，其中来自广东的家用电器类上市公司共有 20 家，其中包括 19 家民营企业，1 家国有企业。19 家民营企业中财务指标排名前十名企业分别为地尔汉宇、华帝股份、美的集团、天际股份、奋达科技、万和电气、新宝股份、万家乐、奥马电器、海信科龙（见表 11—13）。

表 11—13　广东民营家用电器类上市公司行业内财务状况的比较

代码	公司名称	总得分	财务指标	财务指标排名
300403. SZ	地尔汉宇	5.55	6.11	1
002035. SZ	华帝股份	5.64	5.70	2
000333. SZ	美的集团	6.12	5.64	3
002759. SZ	天际股份	4.99	5.56	4
002681. SZ	奋达科技	5.62	5.41	5
002543. SZ	万和电气	5.37	5.27	6
002705. SZ	新宝股份	5.31	5.21	7
000533. SZ	万家乐	5.26	5.17	8
002668. SZ	奥马电器	5.39	5.08	9
000921. SZ	海信科龙	5.19	5.08	10

资料来源：根据中国上市公司蓝皮书（2017）整理得出。

地尔汉宇在全国 56 家家用电器类上市公司中排名第 8 位，总体得分为 5.55 分，财务指标得分为 6.11 分，位居广东省民营家用电器类上市公司财务指标排名第一位。华帝股份在全国 56 家家用电器类上市公司中排名第 6 位，总体得分为 5.64 分，财务指标得分为 5.70 分，位居广东省民营家用电器类上市公司财务指标排名第二位。美的集团在全国 56 家家用电器类上市公司中排名第 2 位，总体得分为 6.12 分，财务指标得分为 5.64 分，位居广东省民营家用电器类上市公司财务指标排名第三位。天际股份在全国 56 家家用电器类上市公司中排名第 32 位，总体得分为 4.99 分，财务指标得分为 5.56 分，位居广东省民营家用电器类上市公司财务指标排名第四位。奋达科技在全国 56 家家用电器类上市公司中排名第 7 位，总体得分为 5.62 分，财务指标得分为 5.41 分，位居广东省民营家用电器类上市公司财务指标排名第五位。万和电气在全国 56 家家用电器类上市公司中排名第 16 位，总体得分为 5.37 分，财务指标得分为 5.27 分，位居广东省民营家用电器类上市公司财务指标排名第六位。新宝股份在全国 56 家家用电器类上市公司中排名第 19 位，总体得分为 5.31 分，财务指标得分为 5.21 分，位居广东省民营家用电器类上市公司财务指标排名第七位。万家乐在全国 56 家家用电器类上市公司中排名第 24 位，总体得分为 5.26 分，财务指标得分为 5.17 分，位居广东省民营家用电器类上市公司财务指标排名第八位。奥马电器在全国 56 家家用电器类上市公司中排名第 15 位，总体得分为 5.39 分，财务指标得分为 5.08 分，位居广东省民营家用电器类上市公司财务指标排名第九位。海信科龙在全国 56 家家用电器类上市公司中排名第 27 位，总体得分为 5.19 分，财务指标得分为 5.08 分，位居广东省民营家用电器类上市公司财务指标排名第十位。

（十二）建筑材料类上市公司财务状况的比较

2017 年上市公司蓝皮书共筛选出了全国 64 家建筑材料类 A 股上市公司，其中来自广东的建筑材料类上市公司共有 5 家，其中包括 4 家民营企业，1 家国有企业。4 家民营企业分别为南玻 A、金刚玻璃、南山控股、深天地 A（见表 11—14）。

表 11—14　广东民营建筑材料类上市公司行业内财务状况的比较

代码	公司名称	总得分	财务指标	财务指标排名
000012. SZ	南玻 A	5.08	5.54	1
300093. SZ	金刚玻璃	5.15	5.15	2

代码	公司名称	总得分	财务指标	财务指标排名
002314. SZ	南山控股	4.95	4.71	3
000023. SZ	深天地 A	5.09	4.57	4

资料来源：根据中国上市公司蓝皮书（2017）整理得出。

南玻 A 在全国 56 家建筑材料类上市公司中排名第 36 位，总体得分为 5.08 分，财务指标得分为 5.54 分，位居广东省民营建筑材料类上市公司财务指标排名第一位。金刚玻璃在全国 56 家建筑材料类上市公司中排名第 29 位，总体得分为 5.15 分，财务指标得分为 5.15 分，位居广东省民营建筑材料类上市公司财务指标排名第二位。南山控股在全国 56 家建筑材料类上市公司中排名第 41 位，总体得分为 4.95 分，财务指标得分为 4.71 分，位居广东省民营建筑材料类上市公司财务指标排名第三位。深天地 A 在全国 56 家建筑材料类上市公司中排名第 35 位，总体得分为 5.09 分，财务指标得分为 4.57 分，位居广东省民营建筑材料类上市公司财务指标排名第四位。

（十三）建筑装饰类上市公司财务状况的比较

2017 年上市公司蓝皮书共筛选出了全国 76 家建筑装饰类 A 股上市公司，其中来自广东的建筑装饰类上市公司共有 10 家，且这 10 家广东建筑装饰类上市公司全部为民营企业。10 家民营企业分别为岭南园林、铁汉生态、方大集团、洪涛股份、文科园林、宝鹰股份、普邦股份、广田集团、瑞和股份、棕榈股份（见表 11—15）。

表 11—15　广东民营建筑装饰类上市公司行业内财务状况的比较

代码	公司名称	总得分	财务指标	财务指标排名
002717. SZ	岭南园林	5.70	6.05	1
300197. SZ	铁汉生态	5.74	5.81	2
000055. SZ	方大集团	5.66	5.68	3
002325. SZ	洪涛股份	5.12	5.56	4

续表

代码	公司名称	总得分	财务指标	财务指标排名
002775. SZ	文科园林	5.43	5.47	5
002047. SZ	宝鹰股份	5.30	5.27	6
002663. SZ	普邦股份	5.01	4.88	7
002482. SZ	广田集团	4.93	4.69	8
002620. SZ	瑞和股份	4.92	4.47	9
002431. SZ	棕榈股份	4.86	4.30	10

资料来源：根据中国上市公司蓝皮书（2017）整理得出。

岭南园林在全国 76 家建筑装饰类上市公司中排名第 8 位，总体得分为 5.70 分，财务指标得分为 6.05 分，位居广东省民营建筑装饰类上市公司财务指标排名第一位。铁汉生态在全国 76 家建筑装饰类上市公司中排名第 6 位，总体得分为 5.74 分，财务指标得分为 5.81 分，位居广东省民营建筑装饰类上市公司财务指标排名第二位。方大集团在全国 76 家建筑装饰类上市公司中排名第 11 位，总体得分为 5.66 分，财务指标得分为 5.68 分，位居广东省民营建筑装饰类上市公司财务指标排名第三位。洪涛股份在全国 76 家建筑装饰类上市公司中排名第 33 位，总体得分为 5.12 分，财务指标得分为 5.56 分，位居广东省民营建筑装饰类上市公司财务指标排名第四位。文科园林在全国 76 家建筑装饰类上市公司中排名第 20 位，总体得分为 5.43 分，财务指标得分为 5.47 分，位居广东省民营建筑装饰类上市公司财务指标排名第五位。宝鹰股份在全国 76 家建筑装饰类上市公司中排名第 26 位，总体得分为 5.30 分，财务指标得分为 5.27 分，位居广东省民营建筑装饰类上市公司财务指标排名第六位。普邦股份在全国 76 家建筑装饰类上市公司中排名第 38 位，总体得分为 5.01 分，财务指标得分为 4.88 分，位居广东省民营建筑装饰类上市公司财务指标排名第七位。广田集团在全国 76 家建筑装饰类上市公司中排名第 41 位，总体得分为 4.93 分，财务指标得分为 4.69 分，位居广东省民营建筑装饰类上市公司财务指标排名第八位。瑞和股份在全国 76 家建筑装饰类上市公司中排名第 43 位，总体得分为 4.92 分，财务指标得分为 4.47 分，位居广东省民营建筑装饰类上市公司财务指标排名第九位。棕榈股份在全国 76 家建筑装饰类上市公司中排名第 45 位，总体得分为 4.86 分，财务指标得分为 4.30 分，位居广东省民营建筑装饰类上市公司财务指标排名第十位。

（十四）交通运输类上市公司财务状况的比较

2017 年上市公司蓝皮书共筛选出了全国 89 家交通运输类 A 股上市公司，其中来自广东的交通运输类上市公司共有 18 家，其中包括 7 家民营企业，11 家国有企业。7 家民营企业分别为深高速、恒基达鑫、华鹏飞、欧浦智网、飞马国际、普路通、怡亚通（见表 11—16）。

表 11—16　广东民营交通运输类上市公司行业内财务状况的比较

代码	公司名称	总得分	财务指标	财务指标排名
600548. SH	深高速	5.13	5.35	1
002492. SZ	恒基达鑫	5.17	5.09	2
300350. SZ	华鹏飞	5.10	4.88	3
002711. SZ	欧浦智网	5.28	4.69	4
002210. SZ	飞马国际	5.31	4.40	5
002769. SZ	普路通	5.17	4.39	6
002183. SZ	怡亚通	5.13	4.22	7

资料来源：根据中国上市公司蓝皮书（2017）整理得出。

深高速在全国 89 家交通运输类上市公司中排名第 38 位，总体得分为 5.13 分，财务指标得分为 5.35 分，位居广东省民营交通运输类上市公司财务指标排名第一位。恒基达鑫在全国 89 家交通运输类上市公司中排名第 32 位，总体得分为 5.17 分，财务指标得分为 5.09 分，位居广东省民营交通运输类上市公司财务指标排名第二位。华鹏飞在全国 89 家交通运输类上市公司中排名第 46 位，总体得分为 5.10 分，财务指标得分为 4.88 分，位居广东省民营交通运输类上市公司财务指标排名第三位。欧浦智网在全国 89 家交通运输类上市公司中排名第

22 位，总体得分为 5.28 分，财务指标得分为 4.69 分，位居广东省民营交通运输类上市公司财务指标排名第四位。飞马国际在全国 89 家交通运输类上市公司中排名第 21 位，总体得分为 5.31 分，财务指标得分为 4.40 分，位居广东省民营交通运输类上市公司财务指标排名第五位。普路通在全国 89 家交通运输类上市公司中排名第 31 位，总体得分为 5.17 分，财务指标得分为 4.39 分，位居广东省民营交通运输类上市公司财务指标排名第六位。怡亚通在全国 89 家交通运输类上市公司中排名第 37 位，总体得分为 5.13 分，财务指标得分为 4.22 分，位居广东省民营交通运输类上市公司财务指标排名第七位。

（十五）农林牧渔类上市公司财务状况的比较

2017 年上市公司蓝皮书共筛选出了全国 79 家农林牧渔类 A 股上市公司，其中来自广东的农林牧渔类上市公司共有 8 家，且这 8 家农林牧渔类上市公司全部为民营企业。8 家民营企业分别为温氏股份、量子高科、康达尔、海大集团、金新农、国联水产、星河生物、东凌国际（见表 11—17）。

表 11—17　广东民营农林牧渔类上市公司行业内财务状况的比较

代码	公司名称	总得分	财务指标	财务指标排名
300498.SZ	温氏股份	5.73	6.95	1
300149.SZ	量子高科	5.58	5.79	2
000048.SZ	康达尔	5.45	5.63	3
002311.SZ	海大集团	5.81	5.44	4
002548.SZ	金新农	5.06	5.04	5
300094.SZ	国联水产	5.05	4.91	6
300143.SZ	星河生物	4.59	3.91	7
000893.SZ	东凌国际	4.40	3.89	8

资料来源：根据中国上市公司蓝皮书（2017）整理得出。

温氏股份在全国 79 家农林牧渔类上市公司中排名第 4 位，总体得分为 5.73 分，财务指标得分为 6.95 分，位居广东省民营农林牧渔类上市公司财务指标排名第一位。量子高科在全国79家农林牧渔类上市公司中排名第8位，总体得分为5.58分，财务指标得分为5.79分，位居广东省民营农林牧渔类上市公司财务指标排名第二位。康达尔在全国79家农林牧渔类上市公司中排名第14位，总体得分为5.45分，财务指标得分为5.63分，位居广东省民营农林牧渔类上市公司财务指标排名第三位。海大集团在全国79家农林牧渔类上市公司中排名第3位，总体得分为5.81分，财务指标得分为5.44分，位居广东省民营农林牧渔类上市公司财务指标排名第四位。金新农在全国79家农林牧渔类上市公司中排名第40位，总体得分为5.06分，财务指标得分为5.04分，位居广东省民营农林牧渔类上市公司财务指标排名第五位。国联水产在全国79家农林牧渔类上市公司中排名第41位，总体得分为5.05分，财务指标得分为4.91分，位居广东省民营农林牧渔类上市公司财务指标排名第六位。星河生物在全国79家农林牧渔类上市公司中排名第65位，总体得分为4.59分，财务指标得分为3.91分，位居广东省民营农林牧渔类上市公司财务指标排名第七位。东凌国际在全国79家农林牧渔类上市公司中排名第76位，总体得分为4.40分，财务指标得分为3.89分，位居广东省民营农林牧渔类上市公司财务指标排名第八位。

（十六）汽车类上市公司财务状况的比较

2017年上市公司蓝皮书共筛选出了全国115家汽车类A股上市公司，其中来自广东的汽车类上市公司共有10家，其中包括7家民营企业，3家国有企业。7家民营企业分别为深中华A、特尔佳、鸿特精密、比亚迪、登云股份、猛狮科技、信隆健康（见表11—18）。

表11—18　　广东民营汽车类上市公司行业内财务状况的比较

代码	公司名称	总得分	财务指标	财务指标排名
000017. SZ	深中华A	5.12	5.59	1
002213. SZ	特尔佳	5.15	5.20	2

代码	公司名称	总得分	财务指标	财务指标排名
300176. SZ	鸿特精密	5. 36	4. 65	3
002594. SZ	比亚迪	5. 08	4. 58	4
002715. SZ	登云股份	4. 97	4. 39	5
002684. SZ	猛狮科技	5. 56	4. 37	6
002105. SZ	信隆健康	4. 73	4. 08	7

资料来源：根据中国上市公司蓝皮书（2017）整理得出。

深中华 A 在全国 115 家汽车类上市公司中排名第 47 位，总体得分为 5.12 分，财务指标得分为 5.59 分，位居广东省民营汽车类上市公司财务指标排名第一位。特尔佳在全国 115 家汽车类上市公司中排名第 43 位，总体得分为 5.15 分，财务指标得分为 5.20 分，位居广东省民营汽车类上市公司财务指标排名第二位。鸿特精密在全国 115 家汽车类上市公司中排名第 24 位，总体得分为 5.36 分，财务指标得分为 4.65 分，位居广东省民营汽车类上市公司财务指标排名第三位。比亚迪在全国 115 家汽车类上市公司中排名第 50 位，总体得分为 5.08 分，财务指标得分为 4.58 分，位居广东省民营汽车类上市公司财务指标排名第四位。登云股份在全国 115 家汽车类上市公司中排名第 65 位，总体得分为 4.97 分，财务指标得分为 4.39 分，位居广东省民营汽车类上市公司财务指标排名第五位。猛狮科技在全国 115 家汽车类上市公司中排名第 14 位，总体得分为 5.56 分，财务指标得分为 4.37 分，位居广东省民营汽车类上市公司财务指标排名第六位。信隆健康在全国 115 家汽车类上市公司中排名第 92 位，总体得分为 4.73 分，财务指标得分为 4.08 分，位居广东省民营汽车类上市公司财务指标排名第七位。

（十七）轻工制造类上市公司财务状况的比较

2017 年上市公司蓝皮书共筛选出了全国 87 家轻工制造类 A 股上市公司，其中来自广东的汽车类上市公司共有 26 家，其中包括 25 家民营企业，1 家国有企业。25 家民营企业中财务指标排名前十名企业分别为好莱客、邦宝益智、索菲亚、东风股份、劲嘉股份、高乐股份、易尚展示、松发股份、潮宏基、群兴玩具（见表 11—19）。

表 11—19　　广东民营轻工制造类上市公司行业内财务状况的比较

代码	公司名称	总得分	财务指标	财务指标排名
603898. SH	好莱客	6.10	6.86	1
603398. SH	邦宝益智	5.70	6.56	2
002572. SZ	索菲亚	6.19	6.23	3
601515. SH	东风股份	5.72	6.22	4
002191. SZ	劲嘉股份	5.70	6.13	5
002348. SZ	高乐股份	5.40	5.55	6
002751. SZ	易尚展示	5.02	5.30	7
603268. SH	松发股份	5.42	5.28	8
002345. SZ	潮宏基	5.20	5.24	9
002575. SZ	群兴玩具	5.22	5.23	10

资料来源：根据中国上市公司蓝皮书（2017）整理得出。

好莱客在全国 87 家轻工制造类上市公司中排名第 2 位，总体得分为 6.10 分，财务指标得分为 6.86 分，位居广东省民营轻工制造类上市公司财务指标排名第一位。邦宝益智在全国 87 家轻工制造类上市公司中排名第 7 位，总体得分为 5.70 分，财务指标得分为 6.56 分，位居广东省民营轻工制造类上市公司财务指标排名第二位。索菲亚在全国 87 家轻工制造类上市公司中排名第 1 位，总体得分为 6.19 分，财务指标得分为 6.23 分，位居广东省民营轻工制造类上市公司财务指标排名第三位。东风股份在全国 87 家轻工制造类上市公司中排名第 5 位，总体得分为 5.72 分，财务指标得分为 6.22 分，位居广东省民营轻工制造类上市公司财务指标排名第四位。劲嘉股份在全国 87 家轻工制造类上市公司中排名第 6 位，总体得分为 5.70 分，财务指标得分为

6.13 分，位居广东省民营轻工制造类上市公司财务指标排名第五位。高乐股份在全国 87 家轻工制造类上市公司中排名第 20 位，总体得分为 5.40 分，财务指标得分为 5.55 分，位居广东省民营轻工制造类上市公司财务指标排名第六位。易尚展示在全国 87 家轻工制造类上市公司中排名第 45 位，总体得分为 5.02 分，财务指标得分为 5.30 分，位居广东省民营轻工制造类上市公司财务指标排名第七位。松发股份在全国 87 家轻工制造类上市公司中排名第 19 位，总体得分为 5.42 分，财务指标得分为 5.28 分，位居广东省民营轻工制造类上市公司财务指标排名第八位。潮宏基在全国 87 家轻工制造类上市公司中排名第 31 位，总体得分为 5.20 分，财务指标得分为 5.24 分，位居广东省民营轻工制造类上市公司财务指标排名第九位。群兴玩具在全国 87 家轻工制造类上市公司中排名第 28 位，总体得分为 5.22 分，财务指标得分为 5.23 分，位居广东省民营轻工制造类上市公司财务指标排名第十位。

（十八）商业贸易类上市公司财务状况的比较

2017 年上市公司蓝皮书共筛选出了全国 84 家商业贸易类 A 股上市公司，其中来自广东的商业贸易类上市公司共有 9 家，其中包括 5 家民营企业，4 家国有企业。5 家民营企业分别为海印股份、深圳华强、天虹股份、人人乐、爱施德（见表11—20）。

表 11—20　广东民营商业贸易类上市公司行业内财务状况的比较

代码	公司名称	总得分	财务指标	财务指标排名
000861. SH	海印股份	5.21	5.60	1
000062. SZ	深圳华强	6.18	5.48	2
002419. SZ	天虹股份	5.14	5.15	3
002336. SZ	人人乐	4.56	4.51	4
002416. SZ	爱施德	5.18	4.48	5

资料来源：根据中国上市公司蓝皮书（2017）整理得出。

海印股份在全国 84 家商业贸易类上市公司中排名第 28 位，总体得分为 5.21 分，财务指标得分为 5.60 分，位居广东省民营商业贸易类上市公司财务指标排名第一位。深圳华强在全国 84 家商业贸易类上市公司中排名第 2 位，总体得分为 6.18 分，财务指标得分为 5.48 分，位居广东省民营商业贸易类上市公司财务指标排名第二位。天虹股份在全国 84 家商业贸易类上市公司中排名第 36 位，总体得分为 5.14 分，财务指标得分为 5.15 分，位居广东省民营商业贸易类上市公司财务指标排名第三位。人人乐在全国 84 家商业贸易类上市公司中排名第 77 位，总体得分为 4.56 分，财务指标得分为 4.51 分，位居广东省民营商业贸易类上市公司财务指标排名第四位。爱施德在全国 84 家商业贸易类上市公司中排名第 31 位，总体得分为 5.18 分，财务指标得分为 4.48 分，位居广东省民营商业贸易类上市公司财务指标排名第五位。

（十九）食品饮料类上市公司财务状况的比较

2017 年上市公司蓝皮书共筛选出了全国 71 家食品饮料类 A 股上市公司，其中来自广东的食品饮料类上市公司共有 7 家，其中包括 4 家民营企业，3 家国有企业。4 家民营企业分别为海天味业、汤臣倍健、佳隆股份、黑牛食品（见表 11—21）。

表 11—21　广东民营食品饮料类上市公司行业内财务状况的比较

代码	公司名称	总得分	财务指标	财务指标排名
603288. SH	海天味业	5.90	6.50	1
300146. SZ	汤臣倍健	5.79	6.26	2
002495. SZ	佳隆股份	4.98	5.12	3
002387. SZ	黑牛食品	3.93	2.95	4

资料来源：根据中国上市公司蓝皮书（2017）整理得出。

海天味业在全国 71 家食品饮料类上市公司中排名第 5 位，总体得分为 5.90 分，财务指标得分为 6.50 分，位居广东省民营食品饮料类上市公司财务指标排名第一位。汤臣倍健在全国 71 家食品饮料类上市公司中排名第 7 位，总体得分为 5.79 分，财务指标得分为 6.26 分，位居广东省民营食品饮料类上市公司财务指标排名第二位。佳隆股份在全国 71 家食品饮料类上市公司中排名第 37 位，总体得分为 4.98 分，财务指标得分为 5.12 分，位居广东省民营食品饮料类上市公司财务指标排名第三位。黑牛食品在全国 71 家食品饮料类上市公司中排名第 71 位，总体得分为 3.93 分，财务指标得分为 2.95 分，位居广东省民营食品饮料类上市公司财务指标排名第四位。

（二十）通信类上市公司财务状况的比较

2017 年上市公司蓝皮书共筛选出了全国 60 家通信类 A 股上市公司，其中来自广东的通信类上市公司共有 15 家，其中包括 10 家民营企业，5 家国有企业。10 家民营企业分别为世纪鼎利、高新兴、海能达、金信诺、盛路通信、宜通世纪、大富科技、新海宜、键桥通讯、日海通讯（见表 11—22）。

表 11—22　　　　广东民营通信类上市公司行业内财务状况的比较

代码	公司名称	总得分	财务指标	财务指标排名
300050.SZ	世纪鼎利	5.02	5.39	1
300098.SZ	高新兴	5.63	5.34	2
002583.SZ	海能达	5.54	5.23	3
300252.SZ	金信诺	5.50	5.20	4
002446.SZ	盛路通信	5.26	5.05	5
300310.SZ	宜通世纪	5.35	5.04	6
300134.SZ	大富科技	5.05	4.93	7
002089.SZ	新海宜	5.08	4.66	8
002316.SZ	键桥通讯	5.11	4.37	9
002313.SZ	日海通讯	4.69	4.32	10

资料来源：根据中国上市公司蓝皮书（2017）整理得出。

世纪鼎利在全国 60 家通信类上市公司中排名第 37 位，总体得分为 5.02 分，财务指标得分为 5.39 分，位居广东省民营通信类上市公司财务指标排名第一位。高新兴在全国 60 家通信类上市公司中排名第 7 位，总体得分为 5.63 分，财务指标得分为 5.34 分，位居广东省民营通信类上市公司财务指标排名第二位。海能达在全国 60 家通信类上市公司中排名第 10 位，总体得分为 5.54 分，财务指标得分为 5.23 分，位居广东省民营通信类上市公司财务指标排名第三位。金信诺在全国 60 家通信类上市公司中排名第 13 位，总体得分为 5.50 分，财务指标得分为 5.20 分，位居广东省民营通信类上市公司财务指标排名第四位。盛路通信在全国 60 家通信类上市公司中排名第 21 位，总体得分为 5.26 分，财务指标得分为 5.05 分，位居广东省民营通信类上市公司财务指标排名第五位。宜通世纪在全国 60 家通信类上市公司中排名第 18 位，总体得分为 5.35 分，财务指标得分为 5.04 分，位居广东省民营通信类上市公司财务指标排名第六位。大富科技在全国 60 家通信类上市公司中排名第 33 位，总体得分为 5.05 分，财务指标得分为 4.93 分，位居广东省民营通信类上市公司财务指标排名第七位。新海宜在全国 60 家通信类上市公司中排名第 32 位，总体得分为 5.08 分，财务指标得分为 4.66 分，位居广东省民营通信类上市公司财务指标排名第八位。键桥通讯在全国 60 家通信类上市公司中排名第 30 位，总体得分为 5.11 分，财务指标得分为 4.37 分，位居广东省民营通信类上市公司财务指标排名第九位。日海通讯在全国 60 家通信类上市公司中排名第 48 位，总体得分为 4.69 分，财务指标得分为 4.32 分，位居广东省民营通信类上市公司财务指标排名第十位。

（二十一）医药生物类上市公司财务状况的比较

2017 年上市公司蓝皮书共筛选出了全国 203 家医药生物类 A 股上市公司，其中来自广东的医药生物类上市公司共有 26 家，其中包括 23 家民营企业，3 家国有企业。23 家民营企业中财务指标排名前十名企业分别为信立泰、万孚生物、国农科技、翰宇药业、海普瑞、冠昊生物、维力医疗、嘉应制药、理邦仪器、丽珠集团（见表 11—23）。

表11—23　广东民营医药生物类上市公司行业内财务状况的比较

代码	公司名称	总得分	财务指标	财务指标排名
002294. SZ	信立泰	6.03	6.37	1
300482. SZ	万孚生物	5.77	5.85	2
000004. SZ	国农科技	5.89	5.82	3
300199. SZ	翰宇药业	5.48	5.59	4
002399. SZ	海普瑞	5.26	5.51	5
300238. SZ	冠昊生物	5.22	5.50	6
603309. SH	维力医疗	5.32	5.29	7
002198. SZ	嘉应制药	5.39	5.16	8
300206. SZ	理邦仪器	5.21	5.07	9
000513. SZ	丽珠集团	5.34	5.05	10

资料来源：根据中国上市公司蓝皮书（2017）整理得出。

信立泰在全国203家医药生物类上市公司中排名第3位，总体得分为6.03分，财务指标得分为6.37分，位居广东省民营医药生物类上市公司财务指标排名第一位。万孚生物在全国203家医药生物类上市公司中排名第8位，总体得分为5.77分，财务指标得分为5.85分，位居广东省民营医药生物类上市公司财务指标排名第二位。国农科技在全国203家医药生物类上市公司中排名第4位，总体得分为5.89分，财务指标得分为5.82分，位居广东省民营医药生物类上市公司财务指标排名第三位。翰宇药业在全国203家医药生物类上市公司中排名第36位，总体得分为5.48分，财务指标得分为5.59分，位居广东省民营医药生物类上市公司财务指标排名第四位。海普瑞在全国203家医药生物类上市公司中排名第71位，总体得分为5.26分，财务指标得分为5.51分，位居广东省民营医药生物类上市公司财务指标排名第五位。冠昊生物在全国203家医药生物类上市公司中排名第79位，总体得分为5.22分，财务指标得分为5.50分，位居广东省民营医药生物类上市公司财务指标排名第六位。维力医疗在全国203家医药生物类上市公司中排名第62位，总体得分为5.32分，财务指标得分为

5.29 分，位居广东省民营医药生物类上市公司财务指标排名第七位。嘉应制药在全国 203 家医药生物类上市公司中排名第 44 位，总体得分为 5.39 分，财务指标得分为 5.16 分，位居广东省民营医药生物类上市公司财务指标排名第八位。理邦仪器在全国 203 家医药生物类上市公司中排名第 82 位，总体得分为 5.21 分，财务指标得分为 5.07 分，位居广东省民营医药生物类上市公司财务指标排名第九位。丽珠集团在全国 203 家医药生物类上市公司中排名第 56 位，总体得分为 5.34 分，财务指标得分为 5.05 分，位居广东省民营医药生物类上市公司财务指标排名第十位。

(二十二) 有色金属类上市公司财务状况的比较

2017 年上市公司蓝皮书共筛选出了全国 94 家有色金属类 A 股上市公司，其中来自广东的有色金属类上市公司共有 7 家，其中包括 5 家民营企业，2 家国有企业。5 家民营企业分别为沃尔核材、东阳光科、格林美、领益智造、精艺股份（见表 11—24）。

表 11—24　广东民营有色金属类上市公司行业内财务状况的比较

代码	公司名称	总得分	财务指标	财务指标排名
002130. SZ	沃尔核材	5.59	5.85	1
600673. SZ	东阳光科	5.11	4.83	2
002340. SZ	格林美	5.45	4.78	3
002600. SZ	领益智造	5.52	4.73	4
002295. SZ	精艺股份	4.89	4.52	5

资料来源：根据中国上市公司蓝皮书（2017）整理得出。

沃尔核材在全国 94 家有色金属类上市公司中排名第 13 位，总体得分为 5.59 分，财务指标得分为 5.85 分，位居广东省民营有色金属类上市公司财务指标排名第一位。东阳光科在全国 94 家有色金属类上市公司中排名第 44 位，总体得分为 5.11 分，财务指标得分为 4.83 分，位居广东省民营有色金属类上市公司财务指标排名第二位。格林

美在全国 94 家有色金属类上市公司中排名第 18 位，总体得分为 5.45
分，财务指标得分为 4.78 分，位居广东省民营有色金属类上市公司财
务指标排名第三位。领益智造在全国 94 家有色金属类上市公司中排名
第 16 位，总体得分为 5.52 分，财务指标得分为 4.73 分，位居广东省
民营有色金属类上市公司财务指标排名第四位。精艺股份在全国 94 家
有色金属类上市公司中排名第 59 位，总体得分为 4.89 分，财务指标
得分为 4.52 分，位居广东省民营有色金属类上市公司财务指标排名第
五位。

（二十三）综合类上市公司财务状况的比较

2017 年上市公司蓝皮书共筛选出了全国 31 家综合类 A 股上市公
司，其中来自广东的综合类上市公司共有 5 家，其中包括 4 家民营企
业，1 家国有企业。4 家民营企业分别为华测检测、中国宝安、博信股
份、华控赛格（见表 11—25）。

表 11—25　　　广东民营综合类上市公司行业内财务状况的比较

代码	公司名称	总得分	财务指标	财务指标排名
300012. SZ	华测检测	5. 50	6. 37	1
00009. SZ	中国宝安	4. 92	5. 23	2
600083. SH	博信股份	5. 70	5. 13	3
000068. SZ	华控赛格	5. 55	4. 04	4

资料来源：根据中国上市公司蓝皮书（2017）整理得出。

其中，华测检测在全国 31 家综合类上市公司中排名第 7 位，总体
得分为 5.50 分，财务指标得分为 6.37 分，位居广东省民营综合类上
市公司财务指标排名第一位。中国宝安在全国 31 家综合类上市公司中
排名第 14 位，总体得分为 4.92 分，财务指标得分为 5.23 分，位居广
东省民营综合类上市公司财务指标排名第二位。博信股份在全国 31 家
综合类上市公司中排名第四位，总体得分为 5.70 分，财务指标得分为
5.13 分，位居广东省民营综合类上市公司财务指标排名第三位。华控

赛格在全国 31 家综合类上市公司中排名第 6 位，总体得分为 4.89 分，财务指标得分为 4.52 分，位居广东省民营综合类上市公司财务指标排名第四位。

第四节　结语

作为公司治理机制中的核心内容，财务治理通过合理配置剩余索取权和控制权，以形成科学的自我约束机制和相互制衡机制。民营企业的财务治理机制涉及面广，不仅反映了公司的内控制度和运营能力，还将影响到国家、投资者、债权人、经营管理者和公司员工等利益相关人的财务利益。本章通过中国上市公司数据，筛选出广东民营上市公司相应的财务指标，并借助财务治理机制评价模型对这些公司的财务状况进行评估及行业内比较。值得指出的是，由于财务治理机制衡量指标多，不同的模型与权重设置也可能导致不同的排名结果。此外，财务治理是一个动态的过程，企业也将在公司治理优化过程中不断地加以改进。因此，本章的描述性统计和排名只是部分反映了广东民营上市公司的财务治理现状，为公司及社会公众提供参考。未来学界和业界仍需对广东民营上市公司的财务治理进行深入分析与探讨。

第十二章

企业文化与民营企业

企业成长的过程和学者的研究表明：企业文化对企业长期经营业绩起着重要的作用，甚至是决定企业兴衰的关键因素。[①] 一般来说，创业期民营企业的文化处于一种不明晰、混沌无序的状态，但随着企业的发展和管理的推进，企业文化会逐渐成型、清晰和特色化。企业的规模越大，企业文化起到的导向、激励、凝聚、约束等功能越重要。本章旨在探讨企业文化与广东民营企业创立、管理和成长之间的关系。

第一节 企业文化研究的兴起

"二战"后短短 30 年内，日本的经济快速发展，经济总量增长高达 55 倍，尤其是在汽车、电器、钢铁等领域异军突起，对美国也构成了不容小觑的威胁。一个资源匮乏、基础薄弱的国家怎能发生如此快速惊人的增长？这个问题令美国的业界与学界均百思不得其解。为了寻找答案，大量的美国各界专家前往日本考察。在这里，他们看到了年工序列制、终身雇佣制、零库存……这些经典的在美国管理方法中看不到的内容，由此专家就着手探究日本管理特色背后的原因。

1981—1984 年，基于对美日管理模式的对比，一系列企业文化主题的专著《未来的企业》《Z 理论——美国企业如何迎接日本的挑战》

---

① [美] 约翰·科特、[美] 詹姆斯·赫斯克特：《企业文化与经营业绩》，李晓译，中国人民大学出版社 2004 年版。

《日本企业管理艺术》《成功之路——美国最佳管理企业的经验》《西方企业文化》等接连出炉，企业文化这个词语也从此走入大众视线，成为一个经久不衰的研究主题。

埃德加·沙因认为文化由以下三个相互作用的层次组成，既包括可以观察到的组织结构和组织过程的物质层，也包括战略、目标、质量意识、指导哲学等的支持性价值观以及基本的潜意识假定①。约翰·科特等认为，企业文化通常是指一个企业中各部门，至少是企业高层管理者所共同拥有的那些企业价值观和经营实践②。概言之，企业文化是在一定的社会历史条件下，企业生产经营和管理活动中所创造的具有本企业特色的精神财富和物质形态。它包括文化观念、价值观念、企业精神、道德规范、行为准则、历史传统、企业制度、文化环境、企业产品等，其中价值观是企业文化的核心。在本书中，我们不妨将企业文化理解为一种为企业所倡导的，为员工共同拥有的，与企业的战略、体系、制度、使命等各方面相一致的价值观念。

第二节　广东民营企业文化建设的来源

不同国家的企业文化往往有不同的特点，这是因为企业文化不完全是企业自身凭空构建的，其创建和形成与一国已有的各种文化因素有关，其中既有传统的文化惯习，也有各国交往中的文化渗透，更有当代政府主导的文化价值观等因素。只是不同的企业，特别是不同企业创始人及领导者的个性、偏好不同而对各种文化因素的取舍有所不同。由此观之，40年来，广东民营企业的企业文化构建因素大致有：中国传统深厚的商业伦理和家文化、中国港澳台的商业文化、欧美的市场经济观念与效率文化、日本的企业文化、毛泽东思想与领导艺术等。由于民营企

---

① ［美］埃德加·沙因：《组织文化与领导力》，章凯、罗文豪等译，中国人民大学出版社2011年版。

② ［美］约翰·科特、［美］詹姆斯·赫斯克特：《企业文化与经营业绩》，李晓译，中国人民大学出版社2004年版。

业家身份的特殊性和中国民营企业创立的后发性特点，中国民营企业文化的来源众多，相互交融。创业初期，"家文化"为民营企业家所利用并有效发挥。随着市场经济体系的发展，中国传统的商业伦理文化、西方的效率文化、日本的企业文化、毛泽东思想与领导艺术等都是民营企业文化的来源，只是不同的企业家有不同的选择和构建。让我们把视野聚焦到广东——南海之滨这片有着悠久商业历史的土地，广东的民营企业文化还深受粤商文化的影响。同时由于毗邻香港的独特区位优势，香港企业的文化也深深启发着广东的民营企业家。

一　"家文化"

改革开放初期，大多数民营企业家是"洗脚上田"的农民，在体制和意识形态上对民营企业还没有完全认同，民间的经营资源和人力资源极为有限，合作合伙办企业还缺乏信任和契约精神的环境中，创业者所能利用的资源大多是家庭、家族和乡缘资源，因而，企业的创办和经营管理具有浓厚的家族制色彩。

传统中国的家文化色彩特别浓厚，国家及社会的治理基本上是基于家族伦理规则而升华的纲纪，华人社会的家族规则是一套在经济的、社会的及文化的生活中以自己家族为重心的特殊心理内涵与行为倾向，此等内涵与倾向主要包含认知（或信念）、感情及意愿三大方面之稳定且相关关联的态度、思想、情感、动机、价值观念及行为倾向。国学大师钱穆说，"'家族'是中国文化一个最主要的柱石，我们几乎可以说，中国文化，全部都是从家族观念上筑起，先有家族观念乃有人道观念，先有人道观念乃有其他的一切"。

中国家文化之所以重要，是因为它不只是给家庭或家族提供一套规则，而是把它泛化到社会经济生活的方方面面。正因如此，国际上研究海外华人企业的著名学者雷丁[①]指出：海外华人家族企业"实质

---

　　① ［美］雷丁：《海外华人企业家的管理思想——文化背景与风格》，张道敬等译，上海三联书店 1993 年版。

上是一种文化产物"，"这种特殊的组织形式适用于它们的社会文化背景"，"其他类型的家族企业，没有支撑稳定的企业秩序的儒教，没有建立在长期家长制传统基础上的特殊形式的家长制，没有被中国式的责任与互惠观念加强了的信任纽带，没有相同的心理上的依托感，家族观念也不如中国人强烈……"

以血缘为纽带的家族是从夫妻亲子关系的家庭基础上发展出来的，中国的家也是一个经济事业单位。当民营企业的规模扩大到超过父子、夫妻等人的管理能力所能负担时，兄弟叔伯和姻亲等亲族往往集合在一个企业里。在企业主的眼里，亲戚是家人，靠得住。因此，在许多民营企业中，亲戚担任企业大部分重要职位，控制着企业的经营权和所有权，以家族血缘关系的强大聚合作用来实现对企业管理和运营的掌控。

二 西方企业文化

欧美各国的企业具有较长的发展历史，企业文化的建设较成熟。

首先，西方企业注重效率和规范。尤其是美国的企业，比较重视制定规则和标准，通过合理的组织系统和科学分工进行科学管理。制度是美国企业的精髓，不管做什么事，一定要先建立好制度和标准化作业流程，一旦有问题，先考虑是不是制度有弊端，然后再考虑人的因素。制度化管理主要表现在以下几个方面：尽量降低成本；把所有的业务都进行细致的分析；开除扰乱秩序的人，做任何事都要进行控制，讲究效率；认为只要加薪，给奖金，生产力就会提高，重赏表现杰出者；强调品质控制等。正因如此，美国企业的各种规章、标准、制度多如牛毛。[①]

其次，自20世纪70年代以来，西方企业逐渐重视人本管理。西方企业重视对人才的培养使用，以个体为着眼点，给人才充分的发展空间。一些大企业会对每一个员工的职业发展量身定做，进行职业生

---

① 李亚：《中国民营企业文化建设报告》，中国经济出版社2013年版。

涯规划。在员工福利方面也十分慷慨，注重对员工的激励，全方面关怀员工。

最后，自 70—80 年代以来，重视承担社会责任，也是西方企业的一大特点。尤其是自 2004 年以来，欧美一些国家开始强制推广 SA8000 标准认证，作为全球第一个社会道德责任认证标准，SA8000 标准认证要求企业在盈利的同时也要承担社会责任，在对工作环境、员工健康与安全、员工培训、薪酬等具体问题上，该标准都具有最低要求。西方企业文化理论推崇经济效益与社会效益的联姻，它要求企业在谋求经济利益最大化的同时，还要承担对公众的社会责任，降低企业对社会行为的消极影响。

三　日本企业文化

日本企业注重的不仅是厂房、机器和设备，更注重的是人。许多日本企业都有自己明确的信念和价值观，一些优秀企业的领导人十分注重人的作用和精神的作用，追求和创造一种文化精神，引导员工为企业的兴衰而努力工作。如著名的松下公司的领导人松下幸之助结合自己经营管理的实践，不断探索、总结和提炼，最终提出的 7 条松下精神：

1. 产业报国精神；2. 光明正大精神；3. 亲和一致精神；4. 奋斗向上精神；5. 礼节谦让精神；6. 顺应时势精神；7. 感恩报德精神。

在强烈的企业精神下，员工喜欢自称"松下人"，把松下当作自己的家，经营者扮演着家长的角色，努力保持家庭和睦团结。在很长时间内，松下公司创始的终身雇佣制和年功序列制被广为使用，几乎成为日本企业的象征。

日本企业具有强烈的"家"的观念，这种"家族化"跟一些华人企业的家族化不太一样。许多华人企业是企业家族化，而日本企业是家族企业化，日本企业领导人注重在企业中推广家的概念，强调企业是一个大家庭，是一个命运共同体，员工和管理者之间有一种亲属式的团结，强调员工对企业的忠诚。在不少日本企业中，上级经常抽时间与工人玩乐，总经理也常深入基层，与工人谈心和玩笑，共度业余时光。

四　香港企业文化

香港是一个中西方文化交融激荡的地方。这里是世界金融中心、曾经的英国殖民地，深受西方观念的影响，所以香港企业的文化注重实用，具有功利主义的特性。一个典型的例子就是香港企业高度重视制度文化建设。很多香港企业制定了详细的业务流程、工作标准和岗位职责，要求所有员工都严格遵守，甚至给合作伙伴也制定了详细的业务操作手册。

香港企业文化也承袭中国传统文化，沿用西方法治精神，并吸取欧美和日本的现代企业管理文化，加以综合提炼，逐步形成具有自身特色的体系。香港学术界和企业界，提出了"全面企业管理"的概念，把系统工程和行为科学的原理运用于企业管理，同时渗入我国古代的儒家忠恕之道和性本善的哲学思想整体配合的企业文化理念，强调领导者要统筹全局，实行分权管理，采取激励措施，发挥员工潜力和积极性，使得上下一心。在香港的写字楼里，经常能发现"诚"和"忍"的大条幅，用以引导全体员工以诚相见、相互谦让、团结一心、协作进取。

本书研究课题负责人在 2001 年上半年曾主持李嘉诚先生的讲座，李先生的一段话很能体现香港企业的文化特色。李先生说："我们公司的组织是：原则上是西方管理模式，但是我们好的地方，加入中国文化哲学。因为外国的管理模式都是讲效率的，中国人的文化就是有人情味，你要看看情况。"

五　粤商精神

粤商由广府商帮、潮汕商帮、客家商帮等许多地域性商帮组成，而这些小商帮又各自与其宗族势力密切联系在一起。有人将广东人的商业精神概括为"灵活变通"，并具体体现为四种经营风格：广府商人的"头脑灵活"、潮汕商人的"善于经营"、客家商人的"商文并重"和新客商的"开拓进取"。[①] 首先是海商与血缘为主的宗族势力的结合，再是海商与地缘为主的地方势力的结合，出现了众多具有浓厚血缘和地缘色彩的家族式、帮派式商业组织。这些商人家庭，同时分散在国内港口和海外，互相保持密切联系，进行家族式经营。广东海商这种重视血缘、地缘关系，对加强团结合作，获取社会资本，壮大集团势力起到很好的作用。但家族、宗族显现出较强的封闭性和排他性，在争夺经济利益等方面，不同家族、宗族之间的冲突在所难免。

粤商具有敢为人先的精神和历史传统。在历史上，广州十三行是清代唯一对外开放贸易的牙行，这也使得岭南人具有较开放先进的思想。粤商最典型的性格特征之一在于"敢"和"先"二字。勇于开拓、敢冒风险、善于变通、踏实肯干，他们很能适应各种环境，敢于冲破一个个传统禁区，"用好政策，用足政策"。所以改革开放的第一炮就在广东打响，而事实证明，粤商敢于闯荡和冒险的精神，伴随着政策春风的助力，推动着广东走入经济发展的前列，诞生和崛起了一批批民营企业。

第三节　民营企业文化的发展阶段与特点

广东民营企业的企业文化构建与管理随着改革开放的进程而呈现阶段性。其发展大致经历了以下三个阶段：

---

① 程宇宏、黄鹏燕：《粤商文化研究述评》，《广东商学院学报》2008 年第 5 期。

一 第一阶段：起步期（约 1978—1992 年）

在我国企业文化起步的阶段，企业创立、成长主要靠体制政策的松动、短缺经济环境的支持，创业者利用人口红利、政策红利或套利进行商机捕捉，属于创业初期的资本原始积累阶段，这个时期企业文化呈现明显的家族化色彩和政治意识形态的痕迹。如温氏集团的初创期，温北英创办养鸡场，其家人也自然地成为核心领导层。

二 第二阶段：中期（约1992—2001 年）

1992 年邓小平南方谈话和党的十四大进一步拉开了市场经济的序幕，民营企业迎来大发展，一大批体制内的精英纷纷下海经商，外商投资企业也大量进入。这时的民营企业一方面有浓厚的家文化色彩，另一方面也注重学习借鉴海外华商、欧美企业和日本企业的企业文化，一些企业出现了家族化管理与职业化管理的冲突。这个阶段传统文化、本土文化与外来企业文化相互交汇，逐渐形成有各具特色的企业文化，在一定程度上有比较明显的"泛家族化"特征，一些企业主渐渐注重对员工的情感关怀，逐步增强员工对企业的认同感和归属感。

三 第三阶段：后期（2001 年至今）

2001 年中国加入 WTO，中国的企业正式参与到世界市场的竞争中。信息化和网络高科技的浪潮催生了一批优秀的大企业。这个时期的民营企业文化进入多元化阶段。有的公司强调"狼性"文化，有的网络企业带有弹性、平等和自由的精英文化，而有的公司却依然弘扬着传统的"家"文化。

总体来说，在民营企业发展的 40 年中，传统文化和海外、国外的企业文化交融、碰撞、变革，形成了一批各有特色的企业文化。民营企业文化在借鉴和融合中多元发展，又不断调整、不断重新构建新的文化。不同地区，不同行业，不同要素密集程度，不同市场发展出的企业文化也各不相同。

　　下文选取在企业文化建设方面具有典型特征的广东民营企业进行分析，分别介绍华为、温氏股份、金蝶集团、东莞泰威四家企业的企业文化。这四家企业的企业文化特色不一，分别展现了以客户为中心，并以奋斗求生存发展；追求齐创共享；追求开放创新和侧重传统文化四种不同的企业文化现象，体现了高科技行业、农牧业、互联网、制造业等不同行业企业文化的不同特点和管理模式，对广东民营企业的企业文化建设有较好的借鉴意义。

第四节　华为——以客户为中心，并以 奋斗求生存发展的文化

　　1987 年，华为技术有限公司（以下简称华为）于中国深圳正式注册成立。从用户交换机（PBX）销售代理起家的华为，如今已经成为全球领先的信息与通信技术（ICT）解决方案供应商。华为专注于 ICT 领域，坚持稳健经营、持续创新、开放合作，在电信运营商、企业、终端和云计算等领域构筑了端到端的解决方案优势，为运营商客户、企业客户和消费者提供有竞争力的 ICT 解决方案、产品和服务，并致力于把数字世界带入每个人、每个家庭、每个组织，构建万物互联的智能世界。目前，华为约有 18 万名员工，业务遍及全球 170 多个国家和地区，服务全世界 1/3 以上的人口。

　　华为今日能够获得如此巨大的成功，与其对企业文化的重视与建设是分不开的。

　　早在华为创立之初，华为领导人任正非就曾说过：“华为公司就是要解决一个综合平衡问题，综合平衡最重要的基础就是文化”；十年之后，任正非又对企业文化的意义进一步阐述：“多年以来华为一直强调：资源是会枯竭的，唯有文化才会生生不息。一切工业产品都是人类智慧创造的。华为没有可以依存的自然资源，唯有在人的头脑中挖掘出大油田、大森林、大煤矿……”，“华为文化承载了华为的核

心价值观，使得华为的客户需求导向的战略能够层层分解并融入所有员工的每项工作之中"。对于企业文化的重视贯穿了华为的整个历史，在这一理念的指导下，华为不断发展、逐步形成了其独具特色的企业文化。

说到华为的企业文化特色，不少人都会提到"狼文化"。"狼文化"这一提法，实际上来自20世纪90年代初期任正非与美国某著名咨询公司女高管的一次会谈。会谈中，任总表示跨国公司是大象，华为是老鼠。华为打不过大象，但是要有狼的精神，要有敏锐的嗅觉、强烈的竞争意识、团队合作和牺牲精神。这是任正非第一次对华为的企业文化做出的阐述。1998年，任正非在《华为的红旗到底能扛多久》一文中对"狼文化"做了进一步的表述：企业就是要发展一批狼，狼有三大特性：一是敏锐的嗅觉；二是不屈不挠、奋不顾身的进攻精神；三是群体奋斗。企业要扩张，必须有这三特性。事实上，这位华为的领导人不喜欢甚至有点反感过分强调这个说法。他认为，用狼文化这个标签来概括整个华为文化，未免太过于简单了。实际上，"狼文化"只是华为文化在激烈的市场竞争中的一种行为文化体现，并不是华为文化的中心内涵。真正对华为企业文化的核心进行表述的应是任正非的下面这段话："是什么使华为快速发展呢？是一种哲学思维，她植根于广大骨干的心中。这就是'以客户为中心，以奋斗者为本，长期坚持艰苦奋斗'的文化。并不是什么背景，更不是什么上帝。"结合任正非的多次讲话，还可以看出"开放、妥协、灰度"是华为企业文化更高层面的管理哲学。

华为强调，公司要保持高度的团结和统一，靠的是有共同的价值观和认同观。①② 因此，新员工一入职，华为就会对员工进行文化洗脑，让员工在华为大学进行一个星期的入职培训。新员工的文化课程有四门，每门都很厚，包括各种文章和案例，有专门老师教授。每个

---

① 《华为总裁办公会议纪要》，1997年。

② 同上。

新员工到华为都要配一个导师，导师就是老员工，给新员工讲文化，讲传统，讲流程，解决思想问题和业务问题。除了繁重的课程内容，还有各式各样的奖惩规定。每天 6 点起来跑操，迟到不但要扣自己的分，还要扣同宿舍员工的分。考试 80 分及格，上课不守纪律、考试作弊、考试不及格次数超标者，一律开除。公司不能上外网，非吸烟区域抽烟罚款 1000 元，培训开会迟到者先交罚款，个人笔记本密码必须定时修改，打印与工作无关的材料每张罚款 50 元，办公主楼下班时要检查手提包，没有登记审批的笔记本不能带出办公大楼……①通过严格的入职培训，华为一方面在理论课程上宣贯了企业文化，另一方面在实际中培养了员工对奖惩机制的适应性和服从性，为后续绩效体系的运行和维护打下基础。

"我们要坚定不移地用经济杠杆来撬动公司的发展，用价值评价规律来牵引文化认同。"②华为将绩效考核和激励设置作为宣贯企业文化的重要手段。

绩效考核方面，华为的员工每个季度都要接受一次考评，考评结果分为 A、B、C、D 四个等级：A 为优秀，比重为 10%；B 为良好，比重为 40%；C 为正常，比重为 45%；D 为改进，比重为 5%。比如，一个三级部门有 100 人，一个季度该部门最多有 10 名员工可以获得 A 类的考评，最多有 40 名员工获得 B 类的考评，必须有 45% 以上的员工考评为 C 类，必须有不少于 5% 的员工考评为 D。强制分布的绩效评价方式断绝了"吃大锅饭"，和和气气的可能性，逼迫每个员工都为取得高绩效，不沦为落后分子而拼尽全力。

当然，华为向员工提供的激励和待遇也是与绩效紧密挂钩的。比如，增加工资、培养后备干部、任职资格提升，往往需要最近 4 个季度的考评不低于 2B2C。发放奖金、奖励员工股票，都要参考员工的季度考评成绩。华为还制定了"全员持股"的激励制度和政策，绩效优

---

① 魏龙祯：《解密华为文化》，《经营与管理》2018 年第 2 期。
② 《华为总裁办公会议纪要》，1997 年。

秀的员工可以获得可观的股权分红，有的员工的分红甚至达到其工资
的数倍。但是，最近一年的考评记录不达标的员工，就会失去购买华
为内部股票的机会。[①]（搜狐文化新闻，2017）

任何事都不可能一蹴而就，华为从没有什么文化可言的闷头赶路
期，到如今形成一套完善的高绩效文化，也经历了混沌期（1987—
1997年）、成长期（1998—2007年）、成熟期（2008年至今）三个阶
段的漫长历程。

一　混沌期（1987—1997年）：从无到有

创立之初，华为不过是一家生产用户交换机的香港公司的销售代
理，零起步的华为无论是资金还是竞争实力都无法与对手在大、中城
市参与竞争。但创始人任正非看到：县城以及农村更广阔的市场是国
外厂商尚未涉足的领域，这为华为带来了机会。1992年，华为开始研
发并推出农村数字交换机解决方案。农村包围城市的战役正式打响。
很快，华为培养起一支精良的营销队伍，成长起来一支研发团队。到
1995年，华为的销售额已经达到15亿元人民币，大部分来自中国农
村市场，取得了阶段性的胜利。

这个阶段，华为最初的企业文化大致可以表述为：有理想，有奋
斗精神，但没有明确的价值观。活下来是当时第一要务。拿合同，抢
市场，倡导狼性，呼唤个人英雄主义，游击战法等，这就是混沌初期
的文化。在激烈的市场竞争中奋斗，渐渐就出现了"压强文化"的说
法；以及员工在办公桌下面都放着一张床垫，加班晚了就地休息的
"床垫文化"。但这些文化都比较模糊，尚未形成明晰的成体系的企业
文化。

有感于此，任正非认为，是时候对华为过去的小胜和未来发展的
方向做一个阶段性总结了。任正非模糊地觉得，华为需要一个类似于

---

① 《做企业文化，华为公司的这3个重点很关键》（2017年7月26日），2018年5月7日，
搜狐文化（http://www.sohu.com/a/160038239_99891093）。

"香港基本法"的《华为基本法》，但是，这到底是一个什么样的东西？要回答什么样的问题？他还没有想明白。总裁办给的薪酬制度被任正非否定了，接着跟教授们在一起深入讨论。最后，任正非与起草者讨论了整整三天，终于破题：华为要走出混沌，必须弄清楚三个问题：第一，华为为什么成功；第二，支撑华为成功的要素是什么；第三，华为要取得更大的成功还需要哪些要素。

1997 年 3 月 27 日，历时三年，八易其稿，103 条的《华为基本法》最后一次审稿完毕。至此，改革开放以来，中国第一部企业管理大纲正式诞生。最终的《华为基本法》包含三方面的主要内容：一是对公司员工的规定，要求华为的员工必须时时刻刻都拥有超强的团队意识；二是提出对爱国精神的要求，强调时刻准备着的精神、爱国爱民和敬业齐家是华为公司凝聚力的强大源泉；三是提出对企业文化传承的理解，强调开放、灰度、妥协是华为公司企业文化的精髓。《华为基本法》的一个重要内容是为员工持股制度、打造全员利益共同体提供了理论依据。

《华为基本法》是华为历史上的一个里程碑，其正式发布标志着华为走过了混沌期，开始形成了自己的文化地基。

二　成长期（1998—2007 年）：削足适履

《华为基本法》成型之后，华为并未就此止步。起草《华为基本法》的三年中，密集的各层次的听证会或征求意见会，使得华为内部思想意识形成了统一。但是，要开拓国际市场，走向世界，还必须了解、懂得和遵守国际市场规则，掌握国际化企业的运营模式。

20 世纪 90 年代初期，曾经无比辉煌的 IBM 经营陷入困境，滑向倒闭的边缘。当时，媒体形容 IBM 公司是"一头笨拙的大象，再也跳不起来"。华为会不会盲目乐观，也导致困难重重呢？1997 年，当 IBM 重整雄风时，任正非率高管访问美国，希望得到这个问题的答案。回到国内后，任正非写下《我们向美国人民学习什么》，在之后不到半年，70 位 IBM 顾问入驻华为。

1998 年 8 月, 任正非宣布华为与 IBM 合作的 "IT 策略与规划" 项目正式启动, 内容包括华为未来向世界级企业转型所需开展的 IPD, ISC (集成供应链), IFC (财务管理系统) 等 8 个管理变革项目。项目期间, 华为也与埃森哲、HayGroup 等多个业界知名的咨询公司展开合作, 不断更新自己的管理系统和流程。

2007 年, 华为与 IBM 合作的 IPD (集成产品开发) 最后一名项目顾问离开。至此, 这个前后历经近 10 年的项目终于落幕。在项目中, 任正非的态度非常强硬: "我们是要先买一双美国鞋, 不合脚, 就先削足适履。" 在先照搬再调整的雷厉风行之下, 与外部咨询公司的合作与学习, 既为华为带来了西方先进的管理体系, 也帮助华为逐渐形成了以国际标杆为楷模, 按国际规范运作的高阶文化。

前文提及的员工培训、绩效考核、激励设置等机制, 也是在这一阶段逐渐形成的。

三 成熟期 (2008 年至今): 稳定完善

到 2008 年, 华为向西方的大规模学习阶段已经过去, 企业文化也基本稳定。不过, 华为并没有就此将企业文化这一课题束之高阁。

与学习期以向西方学习成熟的管理规则和机制为主相比, 成熟期的华为文化开始从更多的方面汲取养分。比如, 在 2009 年, 邓小平 100 百周年诞辰之际, 华为总裁办向全公司推荐学习《邓小平思想, 我们需要再领会》, 鼓励员工了解其既反左又反右, 在均衡中波浪式前进的政治哲学; 在 2011 年, 基于对西方政治体制的研究, 华为开始由 EMT 成员轮值担任 CEO, 既是培养接班人的实战方式, 又避免了个人长期执政带来的极端化和山头主义。华为还举办了 "华为文史哲" 系列讲座, 讲座主题从哲学、宗教、艺术、文学到医学无所不包, 各种不同的文化与思想均可在这里激荡碰撞。

元文化的积累为华为的成熟进步积蓄着力量。

2008 年, 华为公司向全球发布了华为的核心价值观讨论稿。历时三年, 华为的新核心价值观梳理完成: 业务领域, 我们以客户为中心;

人力资源领域，我们以奋斗者为本；财经领域，就是以价值为纲。

业务领域，以客户为中心，就是华为所有的业务战略、业务行动都要对准客户，要忠于本职工作，与客户共渡难关，将是不是"以客户为中心"作为评价业务是否成功的唯一标准。华为的生存和发展本身是靠满足客户需求，提供客户所需的产品和服务并获得合理的回报来支撑；客户是华为生存的唯一理由，是决定企业生死存亡、提供企业生存价值的唯一主题，更是发展之魂。①

人力资源领域，以奋斗者为本，就是要把奋斗者识别出来，评价其价值创造成果，并依据这个价值的评价进行相应的价值分配。华为多次强调，公司的价值体系要向奋斗者、贡献者倾斜，给火车头加满油。而所谓的"奋斗者""贡献者"，完全由其贡献大小和实现持续贡献的任职能力定义，与其学历、工龄、职称、内部"公关"乃至于劳动的辛苦程度都没有任何关系。创造了价值的劳动者，则会拥有高额的报酬，享受更多的机会。让奋斗者、贡献者有匹配的收获，同时让员工之间的待遇差异成为持续的动力，使得员工更加努力，拉动企业发展。

财经领域，价值为纲，就是要赚钱，要有长期有效的增长。现在有许多企业均以最大利润率作为追求，但华为公司的追求是相反的。利润最大化看起来虽然很美，却会榨干未来，伤害战略地位。深淘滩，低作堰。华为希望的是，按照其事业可持续增长的要求，设立每个时期足够高的合理的利润率和利润目标，赚取合理的利润，健康持续地生存。②

与源于《华为基本法》的原有核心价值观——成就客户、艰苦奋斗、自我批判、开放进取、至诚守信、团队合作——相比，华为新建立的核心价值观更为简洁精练，舍弃了实践层面的解读，将价值观回归到原则的高度；同时把核心价值观与公司的各个领域直接联系起来，

---

① 《华为公司的核心价值观》，2007 年。
② 任正非：《华为的红旗到底能扛多久》，华为向中国电信调研团的汇报，1998 年。

明确了每个领域的重中之重。

经过 30 年的变革与完善，可以说，如今华为的企业文化已经基本成熟，体现出一个世界级企业的泱泱气度，也有力地支持着华为在各个领域的进一步发展。要对华为的企业文化做全面的概括总结是不容易的，一则是华为文化是多元文化的融合；二则是其发展过程中文化内容有新的演变；三则是华为内部的文件、讲话及有关华为的专题研究资料很多，说法纷纭。"以客户为中心"是最基本的商业文化，华为对此的理解不仅极为透彻，而且在制度规则、机制流程和全员行动中做到了极致。提倡奋斗精神，勇于开展自我批评，领导者的自律，特别是 2005 年开始的《高管团队的自律宣誓》等内容既有共产党倡导的艰苦奋斗传统，也有中国儒家文化强调修养自律的文化基因。倡导"狼文化"，善于团队作战，勇猛狠，可能跟任正非的军人出身、军队文化有很大的关联。主张"拿来主义"、强制推行"削足适履"，与开放好学、兼容并蓄、古为今用、洋为中用等思想有直接联系。

不过，华为的企业文化也并非十全十美。进入 21 世纪，随着互联网、物联网、大数据、人工智能等技术的飞速发展，随着千禧一代新员工成为劳动力主体，如何把艰苦奋斗精神与员工的成就感幸福感结合起来？如何把"狼性团队"与员工个性独立、自主发挥结合起来？如何把核心价值观与多国多元文化平衡融合？如何把杰出领导者的个性风格、价值理念及在此基础上打造的组织整体的文化继承发扬，又能与时俱进，推陈出新？等等，都是未来华为企业文化建设和管理面临的挑战，也是需要深入探索和总结提升的大课题。

第五节　温氏股份——齐创共享的"大同"文化

1983 年，广东温氏食品集团股份有限公司（以下简称温氏股份），成立于广东云浮市新兴村。从勒竹鸡场起家的温氏，现已发展成一家以畜禽养殖为主业、配套相关业务的跨地区现代农牧企业集团，成为我国农业产业化龙头企业，拥有国家生猪种业工程技术研究中心、农业部重点实验室等重要科研平台。2015 年 11 月 2 日，温氏股份在深交所挂牌上市。2017 年底，温氏股份已在全国 20 多个省市拥有 262 家控股公司、5.54 万户合作家庭农场、5 万多位员工，实现总销售收入556.57 亿元。[①]

温氏股份的成功与其对企业价值观多年如一日的践行是分不开的。温氏股份的创始人温北英先生在创业之初就提出了"齐创共享"的理念，经历 30 多年的企业实践，从"七股八户"到全员股份合作制，从"公司 + 农户"模式到倍增计划等举措，这一理念已烙印在温氏人的基因之中。可以说，温北英在温氏有着巨大的影响力，因此要研究温氏的企业文化，首先要了解温北英其人。

温北英出生于广东云浮新兴村一个旧式地主家庭，深受新兴当地禅宗六祖文化和儒家文化的影响。在六祖文化的耳濡目染下，温北英对如"众生平等""心怀天下""自觉解放"等禅宗普世思想有了深刻的认识。出生于书香之家的他，从幼年开蒙起饱读四书五经等儒家经典。《礼记·礼运》中提到的"大道之行也，天下为公。选贤与能，讲信修睦。故人不独亲其亲，不独子其子，使老有所终，壮有所用，幼有所长，鳏寡孤独废疾者，皆有所养……"的大同社会在温北英的心里扎下了根，他认为大同社会就是一个共同富裕、平等和谐的社会。此外，温北英的大同思想的形成还与其人生经历有关。温北英初中时曾被土匪绑架，土匪要挟其父以钱赎人，而其父在与土匪周旋过程中惨遭杀害。幼年丧父的经历，使温北英觉得"是金钱害死了我父亲，我憎恶金钱，梦想人类应该是个平等和谐的大同社会"。在他的心中，人只是分有钱阶级和无钱阶级，只要大家都有钱，世界就太平了。[②]这是温北英从小萌生的大同梦，为了实现这个梦想，他将其实践到一生为之奋斗的温氏股份中，这个梦想也奠定了温氏企业文化的基础。

---

① 《集团介绍》，温氏集团网站（http://www.wens.com.cn/html/about/）。
② 胡荣锦：《读懂温氏文化之魂——〈温北英的"伊甸园"梦〉连载 9》，温氏集团网站（http://www.wens.com.cn/TheGardenOfEden/3231.html）。

根据胡荣锦所写的《温北英的"伊甸园"梦》一书，温氏企业文化的发展，可以大致分为混沌期（20 世纪 60 年代末到 80 年代初）、萌芽期（20 世纪 80 年代初到 90 年代初）、成熟期（20 世纪 90 年代初到 90 年代中期）、蜕变期（20 世纪 90 年代中期至今）四个阶段。

一　混沌期（20 世纪 60 年代末到 80 年代初）：带领养鸡创业，意愿共同富裕

温北英养鸡源于"文革"期间，由于家庭出身成分问题辞去教职，回到新兴乡间，为养家糊口，他决定在家养鸡补贴家用。在当时政策允许和当地公社领导的支持下，他不仅积累了丰富的养鸡经验，而且还帮助指导全公社 99 个生产队办起了 60 个养鸡场，大家都尊称他为"温师傅"。

1978 年 4 月，温北英被摘掉右派分子的帽子。此时拥有近 10 年养鸡经验的他，并没有选择回到教坛，而是决定继续养鸡，而且向村民逐步推广，以壮大养鸡的事业，实现心中的大同理想。1979 年，温北英进入新兴县食品公司工作，在此期间他全身心投入钻研养鸡业务，虽然培育出新品种"新兴杂"，也开发了新技术，但食品公司体制僵化，管理不佳的问题让温北英觉得无法在体制内实现自己的大同梦。当时，农村开始出现农民股份合作制企业，温北英受到启发，也逐渐萌发出放弃"铁饭碗"，创办养鸡场，带领乡亲走向富裕的想法。

1983 年，在温北英的牵头联系下，温北英、温鹏程两父子与严百草、温湛、温金长、温木桓、梁洪初、温泽星，一共"七户八股"，每人出资 1000 元，共集资 8000 元，并向银行贷款 100000 元，以温鹏程承包的勒竹镇养殖场为基础创办了新兴县勒竹畜牧联营公司。温北英的大同梦由此起航。

在这一阶段，温北英为实现大同梦进行小范围实践，他钻研养鸡业务并将自己的养鸡技术向其他养鸡户推广，为新兴养鸡业的发展做出了一定贡献。此时温氏的企业文化尚未形成，仅仅是温北英个人实现大同梦，带领乡亲致富的愿望；但这一简单朴素的初心却是温氏企

业文化发展的源头。

二　萌芽期（20 世纪 80 年代初到 90 年代初）：艰苦奋斗，构建命运共同体

创业总是艰难，公司缺乏资金购买饲料，员工每晚只能加班加点翻炒黄豆，在补充养鸡饲料的同时，赚取县食品公司 150 元/吨的加工费。然而赚取的加工费相当有限，也难以获得银行贷款，要怎么才能维持公司周转呢？无奈之下，温北英想到发动 30 多位员工回家找钱，并承诺"等公司赚到钱，我会分红给大家的"。在当时艰难的经济条件下，有些员工还是挤出了钱来支援公司；更令温北英感动的是，甚至有员工主动要求留下工资给公司做周转资金。这让温北英更加坚定了要把公司做大做强的愿望，"员工们和我共患难，我要和员工共富贵"。后来，公司经营改善，员工工资由每月 30 元逐渐提升到每月100 元。[1]

1986 年，承包砖瓦窑失败的村民何凤林希望从温北英处购买鸡苗，改行养鸡。养鸡卖鸡对于毫无经验的何凤林而言，并不容易，更别说养鸡致富了。温北英决定帮人帮到底，尽己所能给予何凤林指导。他说："凤林呀！你看这样好不好，你交一些押金，我就把鸡苗、饲料、药物都交给你，记个账，我再派人教你养鸡，指导你防治鸡病，鸡养大以后也不要自己去卖了，那样既花时间又难以卖得好价钱，我代你销售，然后跟你结账，保证你赚钱！"[2] 何凤林连声称好，成为勒竹鸡场第一位养鸡户。村民听说了这种代购代销的模式，纷纷寻求与勒竹鸡场的合作。

这就是温氏集团"公司＋农户"生产模式的雏形，借助改革开放后农村的剩余劳动力、劳动工具等资源，与养殖户形成利益共同体，

---

① 胡荣锦：《读懂温氏文化之魂——〈温北英的"伊甸园"梦〉连载 33》，温氏集团网站（http：//www.wens.com.cn/TheGardenOfEden/3202.html）。

② 胡荣锦：《读懂温氏文化之魂——〈温北英的"伊甸园"梦〉连载 40》，温氏集团网站（http：//www.wens.com.cn/TheGardenOfEden/3195.html）。

在帮助他们致富的同时，降低了企业的生产成本。与其他采取"公司＋农户"的企业不同，温北英真正将农民的利益放在首位，宁可公司承担亏损也绝不转嫁给农民。1989年由于鸡价大跌，国内养鸡户损失惨重。温北英改变代销模式，提出了"保价收购，降价销售"的口号，让利于农户。每卖出去一只鸡，公司要倒贴约2元钱，销售出现的亏损，用其他经营环节的利润来补。① 当时很多人觉得温氏亏大了。"温北英是不是疯了？"大家都在悄悄议论着。温北英却不予理会，他认为吃亏是福，能稳定大局才是最重要的。在开展"公司＋农户"模式初期，公司与农户间并没有签订合同，然而温北英言行一致的良好声誉使得越来越多的农民愿意信任他，跟随他做事。

1986年他提出"温氏食品，人人有份"，在勒竹鸡场推行职工全员股份合作制，允许在职员工用现金买入公司股份投资入股，将股东由原来的"七户八股"扩展到全体员工，进一步调动了员工的积极性。短时间内30多位员工筹集到的十几万元股金也减轻了公司的流动资金压力，促使公司规模进一步扩大。1987年后，公司因规模扩大需要对外招聘新员工，对于新员工是否也能参与股份合作，老员工有所顾虑，有的担心自己的股份会因此变少，有的大呼不公平——新员工没有为温氏做出半点贡献，怎么刚来就能参股呢？温北英力排众议，坚持对新老员工一视同仁，他对全体股东说"凡是员工都应有一份股权，只一个人富裕，少部分人富裕不是共同富裕，要富大家一齐富"②。

温北英最为推崇日本的"丰田模式"，他认为勒竹鸡场的股份合作制和以员工、农户利益为先的管理方式与"丰田模式"不谋而合。他说，"日本经济成功的'秘密武器'，在于日本人'抱团'抱得很紧，员工能够忠诚地维护企业的利益，但这种凝聚力并不是教化之功，

① 胡荣锦：《读懂温氏文化之魂——〈温北英的"伊甸园"梦〉连载62》，温氏集团网站（http：//www.wens.com.cn/TheGardenOfEden/3172.html）。
② 胡荣锦：《读懂温氏文化之魂——〈温北英的"伊甸园"梦〉连载59》，温氏集团网站（http：//www.wens.com.cn/TheGardenOfEden/3175.html）。

而是囿于员工与企业互为依存的经济关系"①。而勒竹鸡场通过实行股份合作制和人性化管理，将员工、农户和公司紧紧联系，形成利益共同体，心往一处想，力往一处使。全员股份合作制的魅力也吸引了众多知识分子如陈健兴、谢应林等人放弃铁饭碗转而加入勒竹鸡场。

1990年，勒竹鸡场正式发行员工内部股票。发行说明规定股票仅限员工内部认购，没有分红，按效益按月升值，股票可以在员工间转让。② 股份合作制由记账形式转为看得见摸得着的内部股票形式，使得员工拥有的股份由虚变实，这进一步增强了员工对公司的信任和归属感，使温氏人能够一条心、力气使在一处地维护公司利益。在这一阶段，经过改革开放，在农村经济改革环境下成长起来的温氏逐渐提炼出自己的理念和价值观，其重视农户和员工利益，与之齐创共享美好生活的理念在一系列举措中得到体现。通过代购代销、保价收购的模式获取农户的信任和合作，逐渐扩大了温氏的规模。

三 成熟期（20世纪90年代初到90年代中期）：齐创共享，合作扩展

勒竹鸡场成立之初，温北英就强调要以"科技立场"，邀请陈锦龙和华南农业大学的岑德光老师担任鸡场的技术顾问，随后，为了建立长期稳定的合作关系，温北英决定寻求与华南农业大学的全面合作。他认为"要专家长驻企业，解决营养、疾病等难题。有强大的技术支援，才能谈得上企业大发展"。1992年，为了表达合作诚意，温北英拿出公司股份的10%给予华南农业大学。③ 坚持科技入股一方面体现了温北英高度重视科技资本价值的魄力，让合作方感受到温氏精诚合作的态度，从而建立高度的信任感；另一方面华南农业大学在研发、

① 胡荣锦：《读懂温氏文化之魂——〈温北英的"伊甸园"梦〉连载58》，温氏集团网站（http：//www. wens. com. cn/TheGardenOfEden/3176. html）。

② 胡浩民、张乐柱：《30年温氏发展轨迹的制度性解析》，中国农业出版社2013年版，第90页。

③ 胡荣锦：《读懂温氏文化之魂——〈温北英的"伊甸园"梦〉连载67》，温氏集团网站（http：//www. wens. com. cn/TheGardenOfEden/3167. html）。

· 333 ·

疾病防控等方面助力温氏发展，与之分享股份也是温氏齐创共享理念的体现。1993 年，正值勒竹鸡场成立 10 周年之际，通过对企业实践的反复总结和探讨，44 字的温氏员工准则终于面世："精诚合作，各尽所能。用科学，办实事，争进步，求效益。文明礼貌，胸怀广阔，磊落光明。同呼吸，共命运，齐创美满生活。"这标志着温氏企业文化从口口相传转变为具体的书面形式。

同年，温氏食品集团成立，成为肇庆市首家农民股份制企业集团。在一时期，全员股份制除了科技入股外，也允许内部转让，变得更加灵活化和人性化。公司在内部设立了温氏股权转让中心。需要转让股权的员工必须以书面委托形式提交到转让中心排队，待有其他人需要交易时，转让中心会将双方匹配，协助办理手续并通知双方确定。

温氏经过 10 年创业，企业经营走上正轨，蒸蒸日上。不少员工也因此出现"小富即安"的懈怠情绪。为了凝聚人心，鼓舞温氏人立鸿鹄之志，基业长青，温北英等人通过回顾总结多年经验，提出"精诚合作，齐创共享美好生活"的温氏精神。至此，温氏的文化由温北英个人所愿的"大同梦"转变为温氏人的圭臬，标志着温氏企业文化的成形。温氏精神的深入人心也使得接过温氏重担的温鹏程谨记父亲的"二千夙愿"（2000 年温氏产业达 20 亿元的愿望），带领温氏人从单一行业到多元经营、从本地经营到跨区域经营，从新兴出发，走出广东，迈向全国。

四 蜕变期（20 世纪 90 年代中期至今）：展望未来，勿忘初心

1994 年，温鹏程全面主持温氏集团事务，对全员股份合作制做出了改革，将原始股票分为基本股和活动股，即 A 股和 B 股：A 股共享效益，共担风险，而 B 股可以月月领红利，低值保本，并且将范围从全体员工覆盖到了与温氏合作的养殖户（后来由于国家法律的规定，温氏又将这部分股份进行回购），内部股份交易由财务部下设的股票

交易小组负责。① 截至 2017 年第三季度，温氏家族仅占温氏集团约 15% 的股份，第一大股东温鹏程仅占 4.15% 的股份，前 10 大股东拥有的股份比例不到 30%；其余约 70% 的股份由 60009 位普通股股东共享。② 家族企业竟然能放弃绝对控股？温氏对于"齐创共享"理念的践行超出了我们对家族企业的一般认识。

在看到股权激励的有效性的同时，股权高度分散也不可避免会给企业带来一定风险，如可能被大量抛售股票，恶意收购等。那么温氏是如何控制风险的呢？首先，温氏在内部设立股票交易中心，员工的所有交易行为都需提交申请并排队等候匹配，这在一定程度上消除了股票抛售的风险。其次，作为家族企业，温北英的子女基本都进入温氏集团任职并占据关键岗位，如温鹏程、温志芬相继担任董事长，温小琼担任首席执行官等，他们都承袭了父亲温北英的精神，在温氏发展过程中以身作则，颇有威信。此外，温氏家族成员在前 10 大股东中占据了半壁江山，前 10 位股东的其他成员与温家都是世交，泛家族化的董事会结构使得温氏家族放弃绝对控股之后仍对企业有着强大的影响力。③

在这一时期，温氏遭遇了两次禽流感危机：一次是 1997—1998 年的香港禽流感，另一次是 2004—2005 年的 H7N9 禽流感。面对损失惨重的养鸡户，哪怕没有利润，温氏也要坚守"保收"的承诺，每一次都说到做到。2004 年禽流感期间，为了维护合作养鸡户的利益，温氏不惜承担巨额亏损也要保证养鸡户每只鸡一元的毛利。这也让农户大为感动，不离不弃，与温氏互相支持渡过了难关。2007 年，温氏年销

---

① 王宣喻、苟茜：《股权分散下的华人家族控制：广东温氏集团的实践》，《南方农村》2010 年第 5 期。

② 《温氏集团 2017 年第三季度财报》（http://online.wens.com.cn/uploadfile/2017/1102/20171102093417420.pdf）。

③ 王宣喻、苟茜：《股权分散下的华人家族控制：广东温氏集团的实践》，《南方农村》2010 年第 5 期。

售额跨百亿元关口。① 到 2011 年，温氏合作农户达 5.21 万户。温北英 2000 年温氏产业达 20 亿元的夙愿也早已实现。② 2015 年温氏成功在深交所上市，温氏的发展又翻开新的篇章。

走过 30 多年的温氏集团源于温北英的"大同梦"，而改革开放，特别是农村经济体制改革让温北英看到了夙愿实现的可能。这位极富魄力的粤西知识分子怀着带领乡亲共同致富，齐创美好生活的赤子之心，抓住了时代的机遇。通过温北英，我们也可以一窥改革开放背景下，众多具有领导力和个人魅力的广东民营企业家和他们筚路蓝缕，艰苦创业，一路走来的智慧。与温氏几乎同时期成立的企业有很多，那为何唯有温氏成为农业龙头呢？

这与烙印在每个温氏人基因中的"精诚合作，齐创美好生活"的温氏精神是分不开的。从七户八股到全员股份合作制，从代购代销到"公司 + 农户"模式，温氏精神从来都是温氏人强有力的精神源泉和行为准则。对共创事业的员工，温氏采取终身雇佣制，通过股权激励与之形成利益共同体。股权激励和温氏精神的魅力使员工能忠诚地维护公司利益，在难关面前甚至主动要求暂缓工资发放，与公司同呼吸共命运。此外，起家农村的温氏深深了解到追求美好生活是农民的朴素愿望，与农户的合作也是温氏发展的基础。因此温氏以农户利益为首，面对几次危机，宁可亏本也要坚守"保收"的承诺，从不让本就处于弱势地位的农户遭受损失，甚至曾一度将农户纳入股权激励的范围内。行胜于言，这也是其他模仿"公司 + 农户"模式的企业无法超越温氏的原因。我们不难发现，企业的发展追溯回本源，还是要坚守自己的价值观。尽管在今天，温氏精神看起来似乎有些"土"，却是温氏 30 多年来的"灯塔"。

温氏集团的实践表明，健康良性的企业文化的形成，能在企业

---

① 《大事记》，2018 年 5 月 15 日，温氏集团网站（http://www.wens.com.cn/html/history/）。

② 胡浩民、张乐柱：《30 年温氏发展轨迹的制度性解析》，中国农业出版社 2013 年版，第 126 页。

运营和成长过程中产生实际成效。企业文化并不需要是什么高大上的口号，关键在能被企业上下奉为圭臬，烙印在其言行中。民营企业的企业文化往往源于企业创始人的理念，他的理念如何体现在企业的制度规则中，并如何在各层级领导者的管理实践中得以有效践行，进而以此赢得广大员工和合作伙伴的认同和坚守，这些都是至关重要的。

第六节　金蝶软件——开放创新，蝶变成金

成立于1993年8月8日的金蝶集团（以下简称金蝶），是中国第一个Windows版财务软件、第一个纯JAVA中间件产品、第一个支持WAP（无线应用协议）的决策信息系统（EIS）的缔造者。运用前沿科学技术，金蝶以管理信息化产品服务为核心，为超过400万家企业和政府组织提供云管理产品及服务，是中国软件市场的领跑者。今天，已有超过2000家合作伙伴选择金蝶作为共创共赢的发展平台。IDC权威数据显示，金蝶连续11年位居中国中小企业市场占有率第一。财富中国100强企业，一半选择金蝶。①

金蝶在经济效益方面堪称中国优秀的软件企业，而且在企业文化构建方面也是业界的典范。如今的金蝶提出"新模式，新金蝶"的发展理念，秉承"帮助顾客成功"的商业哲学，恪守"致良知、走正道、行王道"的核心价值观，25年如一日坚持软件强国梦。金蝶人矢志不渝，与时俱进，不断探索，从敢想敢干敢当的创业文化，到创新、快速、海纳百川的精英文化，再到客户第一、诚信负责、创新共赢的"没有家长的大家文化"，文化的力量推动着金蝶不断向新的高度起飞。

---

① 2018年6月15日，金蝶集团官网（http://www.kingdee.com/）。

一 孵育：创业的激情文化（1993—1998年）

自1993年创立金蝶起，金蝶软件创始人徐少春一直以创业者的身份和心态管理公司。他并不否认，在1993—1998年的创业阶段，主要是由他的一己之力推动着金蝶的发展。创业中的金蝶提倡的就是创业文化，理解起来很简单，就是：敢想、敢干、敢当、激情。这和当时中国的经济形势非常吻合，处于萌芽期的中国民营企业，需要有激情、有梦想、有意愿的志同道合者，投入创业团队中，一起为事业而奋斗。而作为一家刚刚起步的软件公司，金蝶最需要的就是高水平、高投入的技术型人才。

最初徐少春对"企业文化"还没有特别清晰的认识，在市场部经理和开发部经理相继离开创业团队之后，他开始明白要做好的不仅是设计软件，还要将精力转移到人的管理上来。管理的不是人的动作，而是人的心，是看不见的。于是徐少春提出了"激情管理"，即要调动每一个员工的激情，鼓励全体员工"五子登科"。什么叫"五子登科"？给员工一个位子，他就有了票子，有了票子就有了房子，有了房子之后就可以有车子，有车子以后就可以生孩子，这就是徐少春在员工中倡导的"五子登科"，希望金蝶的技术型员工能够在金蝶"升官发财"，能够找到自己的位置，同时经济上能够获得相应的回报。

创业初期的金蝶喊出了"账海无边，金蝶是岸""用金蝶软件，打天下算盘""问苍茫大地，谁主沉浮？Windows版""金蝶Windows版财务软件火遍中国"等豪迈口号。① 当时的管理软件还只局限于财务方面，而当时中国第一套基于Windows平台的财务管理软件就是由金蝶推出的。金蝶凭借着"发展软件产业，振兴中华民族"的信念，在徐少春的带领和感召下，掀起中国管理软件的第一技术革命。在这个过程中，敢想、敢干、敢当的激情文化也得到了很好的内部积淀。

---

① 《透过金蝶企业文化看改革开放三十年》，2008年，比特网论坛（http：//soft.chinabyte.com/61/8628561.shtml）。

二 成长：探索的精英文化（1999—2006 年）

1999 年，金蝶研发出代表当时国内中小企业市场最先进技术的金蝶 K/3 ERP 企业管理软件，改写了没有国产企业管理软件的历史。同时，金蝶正式由财务软件公司向 ERP 管理软件企业转型，业务范围扩大。金蝶开始广泛培养和引进职业经理人，并引进现代管理思想，开始倡导一种"创新的激情文化"——精英文化。企业不仅需要激情，更需要创新精神。自 1999 年到 2006 年，金蝶在香港成功上市，金蝶员工从 600 人增加到 3200 人。

2001 年金蝶在香港创业板上市后，徐少春仍兼任董事局主席和 CEO 的职位长达 6 年。在这段时间，他尝试着引进职业经理人，比如早在 2000 年，他就从竞争对手 SAP 引进时任 SAP 大中国区总裁执行助理兼电子商务总监黄骁俭做金蝶副总裁，后者于两年后离职。这段与职业经理人的合作，让徐少春一方面对一直抱有神秘感的国外软件企业有了一些了解，另一方面也对职业经理人作用有了正确的认识。此后，他一直没有放弃过寻找合适的经理人。[①]

但随着企业的进一步发展，精英文化的背后也滋生着一些亚文化——"家长式的管理"。金蝶人力资源副总经理孟会强指出："家长式的管理造成了一个很大的问题，那就是扼杀了一线员工的创新，以及造成自立山头现象。"

在中国软件业，徐少春是一个个性鲜明的人，他骨子里有一种南方人不安分、喜欢冒险和渴望成功的因子。一方面，他的激情洋溢、对事业执着、乐于创新、对市场判断敏锐和反应迅速的个性也间接成为金蝶的特色；另一方面，他的喜形于色，事事亲力亲为，以及骄傲、自负的一面，又使得他在具体管理和执行时不免流于感性和强硬。尤其是在处理人际关系上，不够世故和圆融。多年来，他为金蝶打上色彩鲜明的个人烙印；在某种程度上，不免被外界诟病为"独断和专

---

① 石忠烈：《金蝶集团发展战略研究》，吉林大学出版社 2010 年版。

权"。

从 2004 年起,先后有包括主管国际业务的金蝶副总裁吴强等一批金蝶高管及技术骨干离开金蝶,原本倡导"广纳业界英才,营造创新氛围"的精英文化面临巨大的挑战。他们中有些人因为跳槽至竞争对手公司而被金蝶不留情面地送上法庭。这种剑拔弩张的气氛多少是与徐少春当时的领导风格有关。至少在公开场合,徐少春对一些员工的离职一直是不以为然:"员工流动,每一家企业都有",并坚持说,"我向来爱憎分明"。但私下里,和他关系好的员工都知道,"他其实很伤心,并且有所反思"。①

在企业发展的初始阶段,创业者的专断让企业能够迅速积聚力量,但在企业逐渐壮大和成熟时,继续以个人决策而非规范的组织决策影响企业的发展就可能会有一些局限性。一个明显的例子是,随着对市场变化认识的深入,徐少春总是不断修正自己的决定,这其中体现出他对市场变化敏感、快速反应的一面。"变是唯一不变的特征",金蝶的一位经理人如此描述金蝶在过去几年市场策略和组织结构不时调整的状态。这些调整使金蝶更能适应多变的市场环境,但也带来一定的负面影响:企业内部的员工和管理层容易唯"老板"是瞻,企业文化中缺乏一种安全感。这种情况是与徐少春一直希望的方向相背离的,也不适应金蝶未来的转型。

三 羽化:没有家长的大家文化(2007 年至今)

2007 年,在一次公司内部的啤酒恳谈会上,当所有员工酒酣耳热、气氛渐趋活跃时,手里端着一杯红酒的徐少春从人群中走上台去,出人意料地首次提出一种新的公司文化——他称之为"没有家长的大家文化"——"我们要以客户为中心,不是以领导和管理者为中心。我们必须彻底消除'家长式管理'和'公司政治',建立一个更加开

---

① 王玮冰:《金蝶"家长"徐少春:打造没有家长的大家文化》,2007 年 7 月 23 日,赛迪网新闻(http://www.ccidnet.com/2007/0723/1152509.shtml)。

放的、国际化的和充满人情味的金蝶文化"。

"战略文化本身也是应公司转型服务的战略而生的。"金蝶人力资源部总经理孟会强在对外接受媒体采访时如是说。[①] 伴随金蝶的不断转型，其企业文化的调子也一直在变化。"每一次文化的重塑和建设都是以公司的转型为契机。"随着金蝶向服务转型战略的酝酿，需要一个开放式的、全面创新的氛围和环境，这就要求员工，第一要有管理水平，能力要强，同时更重要的是要有为客户服务的意识。金蝶强调，每个员工在一线服务客户的时候，他就是金蝶。每个人都是金蝶的一分子，进行自我管理，每个人都为客户提供最佳的服务。在徐少春看来，"所有人都参与的、创新的、人人平等的大家文化"，正是金蝶向下一阶段进发急需的重要推动力。

这种设想是美好的，但实践起来并不是对外宣扬时那般"轻而易举"。对于金蝶当时的各级管理人员而言，推行"没有家长的大家文化"是一个不小的挑战。管理者要彻底转变心态，不搞政治，不搞家长式管理，坚持客户至上，以全局利益和长期利益为重，以身作则，提升境界，为金蝶各业务线的兄弟姐妹创造平等、自由和充分发挥的空间。对于许多员工而言，这也是很大的挑战，员工既要遵纪守法、诚信和自律，更要自强，不断提升自己的专业水平，做一个多客户、对金蝶、对社会有益的专业人士。为了有效应对这些挑战，徐少春以身作则，将"大家文化"落实到企业管理的细节之处。没有家长，但是要建一个家的文化，这本身是不容易的。到底谁是家长呢？金蝶的管理是：客户是母亲，制度是父亲。

（一）告别"老家长"

2006 年，徐少春明确地向 IBM 表达了强烈的合作信号，并最终促成了 IBM - 雷曼中国投资基金在中国的第一笔投资，金蝶公司也成为了 IBM 全球战略伙伴。这时的徐少春将精力用于研究企业的发展策

---

① 王玮冰：《金蝶"家长"徐少春：打造没有家长的大家文化》，2007 年 7 月 23 日，赛迪网新闻（http://www.ccidnet.com/2007/0723/1152509.shtml）。

略：下一步应该怎样做？新的企业文化是什么？挑选谁做伙伴？而在这个过程中，他也在逐渐揣摩着如何成为一个更胜任的"家长"角色，比如，如果他离任了，该如何与新的CEO打交道，各司其职。

在2006年底，经过长达16年的创业生涯后，44岁的金蝶公司董事局主席兼行政总裁徐少春决定从一线管理上退下来，将CEO职位交给曾在竞争对手用友公司做过CEO的职业经理人何经华。徐少春越来越少参与金蝶的日常管理，不再参加金蝶的管理层会议，卸任CEO后也只参加了一次董事会主席专题会。徐少春的正式职务变成了"金蝶董事局主席兼首席架构师"。在何经华上任伊始，徐少春就写信给全体员工。"何经华将在产品发展和管理体系规范上做出独特的贡献。"规范管理是金蝶过去的短板，需要在未来的转型中加强。2007年上半年，何经华一直在市场、运营和销售渠道上进行梳理和调整。比如，金蝶最为看中的客户明珠俱乐部，过去一直模棱两可的会员评估标准已经被明确定义。"他处理事情讲究规范，一是一，二是二。不会为感情色彩所左右，这正是我所欠缺的。"在何经华上任半年后，徐少春说，他的表现超乎自己的预期。

从2007年初开始，金蝶与新CEO签订的协议维系时间长达4年。而这4年，正是徐少春预计的金蝶向下一阶段互联网和电子商务转型的阶段。从经营管理、财务等各方面的具体细节中超脱出来，深谙技术公司生存之道的徐少春并没有放弃对产品的掌控。职位的改变使徐少春摆脱了琐碎的日常管理，有时间考虑金蝶的长远战略和资本运作，他再也不是一个乐于亲力亲为、事事不放心的"家长"。尽管徐少春还像往常一样去上班，在办公室里或电话中和新任CEO不时交流，同时还牢牢控制着金蝶的产品研发方向，但外人的感觉却是，他将企业日常管理全权授予职业经理人已经是一个强烈的信号——徐少春正在竭尽全力修正过去自己在金蝶公司家长式的影响力，积极转换自己在企业中的角色。这给金蝶向更加开放和创新的文化理念转变注入了有力的强心剂。

（二）"Beerbust"，没有"家长"的约会

在金蝶内部的论坛上，员工可以任意发表意见（以不违反国家要求和不诋毁公司为限），想实名就实名，想匿名就匿名。即使是技术人员，也不允许查询他们的 IP 地址。年初，一些员工在内部论坛上抱怨食堂"饭菜不太可口"的帖子发出没几天，后勤部门就紧急经过反复的调研决定更换食堂供应商，尽管金蝶因为违约要赔付不菲的违约金。

在金蝶，Beerbust 是只有啤酒没有座位的自由交流聚会，公司会提供场地、啤酒和小吃，每次都会有至少一位管理层参加，而且还有主题。这一主题可能涉及某项重要战略，也可能只与某位员工生日有关。大家三五成群，自在散开聊去。金蝶的目的，是利用轻松活泼的非正式聚会，达到促进员工与高层之间、员工与员工之间的交流，增进同事间的情感，提升凝聚力。如今，这样的活动每月都至少有一次。徐少春去分公司时，都会以这样的形式和员工见面交流。

（三）尊重，心灵归属的力量

文化落地，更重要的是触动员工的内心，要的是尊重的力量。

金蝶的人力资源部里专门下设了企业文化部，将核心价值观进行分解，形成"三大纪律、八项注意"，每项纪律和注意再分解出具体的制度，为的是督促员工在制度之下实现自我管理。如今，新生代的管理俨然已成难题。但金蝶企业文化部经理王宏却觉得，金蝶的文化和新生代恰恰吻合。"新生代就是要求对自我尊重，而我们公司刚好倡导对员工的充分尊重。"他说。徐少春也颇为自得，他回顾说：2007年确立的"没有家长的大家文化"，其实就是一种自由的，没有约束的文化，尤其是对新生代员工，"我们靠的是人性化加制度化的管理，这个我们平衡得比较好"。

在金蝶，公司规定员工 8 点半上班，9 点也不算迟到，只要把活干完了，提早一点儿下班离开都没关系，员工不受任何人的监督，虽然忙，但整个工作氛围并不压抑。在公司内部，金蝶倡导所有员工都是兄弟姐妹，不称总，员工叫徐少春英文名字 Robert，或者称少春兄、

少春弟。知识分子在公司里面备受尊重，能够自由地施展他的才华。

金蝶还有许多员工自发组织的业余协会，包括篮球、足球、羽毛球、乒乓球，还有高尔夫协会、摄影协会，乃至亲子协会一应俱全。公司组织活动时，摄影从来都不用找外拍，员工中的摄影爱好者的作品还有专门的地方展示；每次举办年终晚会之类的活动，因为有舞蹈协会在，节目压根儿不用费心思。

更为可贵的是，连金蝶员工的家属都是自己人，公司举办娱乐活动会邀请他们参加。金蝶那首好听的《金蝶之歌》，作曲者是何沐阳——《月亮之上》的曲作者，而词作者就是金蝶员工的家属。金蝶在工作和生活中的方方面面都加入了对员工及其家属的关怀文化。

（四）用创新激活个体价值

金蝶在推崇个体价值文化的营造上也做出了很多大胆的尝试。2014 年 5 月，创始人徐少春亲手砸掉笔记本电脑，表示颠覆传统办公，完全拥抱移动互联网；2014 年 8 月砸掉服务器，颠覆传统 ERP 模式，成立"ERP 云服务事业部"；2016 年 5 月砸掉办公室，打破组织边界，鼓励员工走出办公室，进行和客户在一起的移动办公；2017 年 5 月砸掉 ERP，用云产品颠覆自我。[①] 金蝶不断转型至今所推崇的"大家文化"，实际上是一种推崇个体价值的文化。转型到"金蝶云"的当下，金蝶认为企业的每一个个体都是自己的老板，都需要对自己的工作负责，最大限度地激发个体价值。

对个体价值的尊重，首先建立在对个性的尊重上，集体中的个人表面上看起来没什么差别，但是各司其职、各担其责，因此必须因人而异个性化对待。对个体差异的尊重在云之家 V9 中体现得淋漓尽致。云之家 V9 可根据角色不同智能生成专属工作台，业务报表连接 ERP系统实时推送，不同员工之间相互协同，最终让个体价值凝聚为集体智慧。

---

① 白杨、徐少春：《"砸"掉金蝶的 ERP，称要用金蝶云颠覆自己》，2017 年 5 月 4 日，凤凰科技新闻（http://tech.ifeng.com/a/20170504/44582469_0.shtml）。

　　近年来，金蝶在内部孵化出了独角兽随手记、快递 100、云之家等明星企业。徐少春在 2018 年的员工大会现场直言：希望金蝶的创新创业文化，能够走出更多明星企业。对此，除了拿出 1 亿元作为员工的创业基金之外，金蝶还提供全方位的创业支持，从住房、医疗、办公场地、启动资金等多方面鼓励每一位员工创新创业，实现个人价值，与企业共同成长，成为"心与心链接"的命运共同体。"大家文化"的提出和落实，极大地增强了金蝶人的主人翁责任感，金蝶的企业凝聚力越来越强。

　　在 25 年的发展历程中，金蝶的文化演进呈现出明显的阶段性，且每个阶段都各具特色，即 1999 年之前的激情文化、2007 年之前的精英文化，以及正在倡导的没有家长的大家文化。事实上，在广东乃至全国的创业型企业的成长中，这样的转变颇具代表意义。

　　另外，金蝶文化也呈现出软件企业文化的典型特征。作为知识密集型企业的软件企业，其员工多是具有丰富知识和专业技能的高知识人才；并且由于其行业性质和生产过程，软件企业在运作过程中，对外特别强调以客户为中心，对内特别强调尊重个体、知识共享、团队合作和创新。[①] 针对软件企业的上述特点，软件企业的文化具有高起点，高潜力，以客户为中心，以及面向高知识群体，提倡知识共享，团队合作和创新精神的特点。

　　发展至今，金蝶建立起的"没有家长的大家"文化，很大程度上削弱了传统文化沉淀下来的弊端。例如消除了对职务权力的盲目服从，倡导按能分配的正向刺激机制，促进了整个集团正确的利益分配观念，同时也促进了整个集团的研究风气、学习风气和创新风气，为将知识密集型企业真正发展成为学习型组织奠定了基础。

---

　　① 王凯：《中国优秀软件企业文化的比较分析及启示——以金蝶集团和东软集团为案例》，《特区经济报》2006 年第 8 期。

第七节　东莞泰威——嵌入传统文化的基因

　　东莞市泰威电子有限公司（以下简称泰威）成立于 1997 年，位于广东省东莞市虎门镇。泰威成立之初是一家传统的商业企业，专注于精密耳机插座及连接器的研发、生产及销售，是典型的制造业企业。公司以"以人为本，勇于创新，持续改善，客户满意"为经营方针，以"孝道、信义、博爱"为核心价值观，以"成为践行儒家思想的学校型工厂，实现德行、能力、知识的有机统一，学习、工作、生活的有机统一"为愿景，指引公司不断进取。①

　　2002 年，公司管理层开始学习《论语》《孙子兵法》《了凡四训》等中国古代经典。2005 年，开始组织全体员工诵读并实践中国文化的经典教材《弟子规》。2008 年国际金融危机，很多企业陷入经营困境，而泰威却生机盎然，从而坚定了管理层对中华优秀传统文化的信心。2012 年在内部成立泰威学院、斯美书院，提出"深信因果，践行弟子规"的核心价值观，将构建学校型企业的愿景，以及为社会培养德才兼备的栋梁人才、浩然正气的谦谦君子作为自己的使命。

　　从企业经营规模上看，泰威并非行业标杆，但其将传统的儒家文化嵌入在企业经营中，形成了独特的文化现象。泰威立志以儒家思想构建学校型企业，积极推行人伦教化，走出了不同于西方企业的人才培养路子。

一　泰威的探索：弘扬优秀传统文化，筑牢企业文化发展之魂

　　作为公司创始人的李文良，接受过西方正规商科教育，读过 MBA 和企业管理博士，也有着艰苦的创业经历。对民营企业的艰辛，学习和运用西方企业管理制度，企业文化精神和内部凝聚力的重要性，均

---

① 东莞泰威、斯美企业文化网站（http://wenhua.getwell.cn/）。

有深切体察。然而多年一路走来，他眼见身边一家家民营企业在艰难中生存，甚至倒闭，用他的话说就是"九死一生"，真正能够守得住企业发展成果、守得住财富的企业家并不很多。李文良于2002—2005年，广泛游历、考察了欧美的社会生活和企业制度，认为西方社会那种以提前借债度日的消费模式难以持续，而西方管理中的制度文化及其人性自私假设在中华文化土壤中又水土不服。在国内，他参加了多种国学课程的学习、参悟，拜访了不少著名儒家学者和高僧大德，并以饱蘸着温情、果敢和执着的工作作风，于2005年开始在企业内推广、践履中华传统文化，从公司理念、制度规范、人力资源和象征符号系统等方面进行了全面、深入的制度革新。

在泰威的厂区，广场上竖立的是孔子石雕像，车间的墙壁上张贴了许多传统文化的经典语录："君子敬而无失，与人恭而有礼，四海之内皆兄弟也"；"孝悌忠信，礼义廉耻，仁爱和平"。办公楼则命名为"养正堂"，两边挂着木刻联语："大学之道，在明明德在亲民在止于至善修身为本教学为先；古之圣哲教人，格物致知诚意正心修身齐家治国平天下。"在职工餐厅、阳台、宿舍等地，可以听到有播经机或者是广播循环播放国学的经典。

全体员工，从门卫到董事长，每一位同人都在主动或被动学习国学经典。新员工入职时，要接受企业内部培训，培训内容除专业技能外，还进行国学文化培训。泰威在企业内部长期举办传统文化学习班，开设幸福人生讲座课程。每周一至周五，诵读经典是员工每天的必修课。早上五点半起床洗漱完毕后，六点整全体员工在食堂集中诵读国学经典。先后读过的经典有：《弟子规》《孝经》《礼记·学记》《朱子治家格言》《群书治要360》《了凡四训》《太上感应篇》《化性谈》《大医精诚》等。每周二早上全体集合升国旗、厂旗，唱国歌、厂歌，国旗下分享践行经典的收获。企业编辑《跋涉者》《行云流水》等报刊物，让大家分享各自的心得。成立蒙学馆，让职工的孩子也处于经典的熏陶中。为有缘的员工举办传统文化婚礼，让婚礼神圣庄严，让家和万事兴深入人心。

除此之外，泰威还组织全体员工参加国家高等自学考试。在李文良看来，企业不仅是提供给员工一个工作岗位和工资，更重要的是要给员工营造一个学习成长的环境。员工不能一味地沉浸于追求利益，停留在每天获得一点工资上，最重要的是要成长，成长才是大利。而从企业来说，能为社会培养一批又一批承担中华民族复兴的栋梁之材，则是光荣的使命和最高的追求。《周易》上说："天行健，君子以自强不息。"泰威正是希望通过引导员工持续不断地学习和成长，而把君子自强不息的浩然正气涵养出来。

概括来说，泰威是采取两条线并行的经营模式，一条是以教育中心部和道义流通部为核心的社会性活动，另一条是公司作为传统商业企业一直从事的技术性生产加工活动。① 其中，社会性活动是公司当前作为社会企业发展的核心主线，是体现公司价值的核心行为，是董事长李文良的目标追求，技术性生产加工活动获得的盈利，除去再生产成本，一律用于支持社会性活动的开展。泰威的核心价值观为"深信因果，践行弟子规"。企业深信一切事物皆有因果，没有无因的果，要得到善果一定要先种善因。《弟子规》是幸福的规矩，是智慧的说明书，是吉祥的指南针。对此，公司成立了专门的教育中心和道义流通中心，教育中心的主要工作是推进中华传统文化的普及工作，道义流通中心的核心要义则是帮助生产销售有困难的企业实现增值创收。

目前公司上下已经形成了浓厚的中华传统文化风气，并得到广大员工和管理层的认同。近年来，泰威创造性地提出"51：25：24"的企业治理模式，取源自"民为贵，社稷次之，君为轻"的治理理念："民"是社会大众，"社稷"是公司员工，"君"是公司高管。在这个治理结构下，规定公司在留出发展需要的资金后，利润的51%要放在一个旨在服务社会大众，弘扬中华传统文化的公益基金中，余下的25%分配给员工，最后的24%才留给公司高管。此治理模式自2015年

---

① 石杜丽：《知行合一——传统文化嵌入型企业社会责任形成与模式研究》，华南理工大学出版社2016年版。

实行以来，至今运作顺畅；除在泰威，还向社会推广，目前已有超50家中小企业加盟。①

二　适用的边界：传统文化何以"取其精华，去其糟粕"？

泰威公司的企业文化建设与管理，体现了企业家的一种信念和执着。在市场经济大潮中，在实利风气盛行、社会责任缺失、精神信仰迷茫的时代氛围中，以泰威公司为代表的企业家倡导践行中国传统文化，显得尤为可贵。现代企业文化建设，在学习与借鉴国外先进的企业文化的同时，重视将中华传统文化导入企业管理中，确实有重要的现实意义，也能产生良好的成效，但是，原封不动地要求全员背诵一些经典，把传统文化精华与有时代局限性的观念都一股脑儿地灌输给全体员工，也有令人担忧之处。显然，企业在倡导中国传统文化时，需要警惕其适用的边界，要摒弃传统文化中的糟粕，以他国文化精华弥补我国传统文化中缺失的基本价值和思想观念。

企业在弘扬传统文化的过程中，要注意两方面的问题，一方面，要积极有效地接受全人类的优秀文化，让自己的思想文化观念体系更适合现代化发展的需要；另一方面，要继承、发掘和弘扬传统文化的精髓，进行创造性的现代转化，使之成为现代化发展的动力。将西方科学管理理论与我国传统文化的"合理内核"有机地契合起来，培育现代企业精神，形成有特色且有效的企业文化，将是广东省民营企业的企业文化发展值得探寻的出路。

第八节　展望企业文化

通过对华为、温氏股份、金蝶集团和东莞泰威的案例分析，不难发现，民营企业发展初期往往具有企业家个人特征、实用主义倾向等

---

① 《构建生命型企业的实践——泰威斯美公司学习传统文化心得报告》，2017年，中国孔子网（http://www.chinakongzi.org/zx/201712/t20171220_149261.htm）。

文化特征，企业家精神在一定程度上对其公司企业文化的初期形成和发展演变起到了至关重要的引导性作用，同时也受传统的、外来的等各种文化因素的影响。总体来看，随着企业的不断发展壮大，从企业家个性化管理或者家族式管理向理性化、制度化、职业化团队管理迈进是大势所趋。

什么才是适合广东民营企业的企业文化？什么样的企业文化才能形成和增强企业的核心竞争力、才能使企业持续成长、才能使企业与利益相关者之间形成良好的企业生态系统等都需要企业家在实践中不断摸索总结，也需要学界不断地探讨。

企业是嵌入在特定的国度、特定的文化惯习、制度环境中的，因而自然会受到各国不同文化传统和制度因素的影响，同时在全球化日益加快的进程中，各国的文化因素是相互交流和融合的。发达国家的企业文化的精华要因应本土情境，有的放矢地借鉴，而不能不切实际地机械照搬。对本土传统文化的精华也需要深度挖掘，践行承扬，并要与时俱进，推陈出新。

进入 21 世纪，随着互联网、大数据、人工智能、物联网、区块链等新的技术和行为模式的出现，一个新的时代来临了。世界，更加瞬息多变和复杂迷离。在这个一切都在随时被重新定义的时代，曾经成功的企业经营模式，曾经有效的产品与服务业务，曾经清晰的目标客户与竞争对手，曾经熟悉的用工与人力资源管理方法等，都在以前所未有的方式被改写，企业需要被重新定义，企业文化也需要重新塑造。谷歌公司的高管乔纳森·罗森伯格、埃里克·施密特在他们合著的《重新定义公司——谷歌是如何运营的》一书中指出："有关管理策略，当时我们唯一确定的就是：我们在 20 世纪所学的东西有一大部分都是错误的，现在到了颠覆过去、重新开始的时候了。"

广东的民营企业也和全国各类型的企业一样，在新时代来临之际，都面临新的挑战，也面临新的机遇。那些能与时俱进，善于汲取各种文化精华，构建并有效践行新的高质量企业文化的领导者将是时代的领航者。

第十三章

民营企业国际化

第一节　广东民营企业国际化

中国的崛起是目前全球化进程中最引人注目的成功故事。仅仅 40 多年前，中国还在实行封闭型经济，而如今却成为与世界各国交流最频繁的国家之一，完成了非比寻常的飞跃。[①] 改革开放 40 年的历史，就是一部中国企业不断融入全球化的历史。

广东民营企业国际化的起点是改革开放。1982 年以前，每一宗对外投资项目都必须经过国务院审批，这一阶段广东对外投资的数量还很少。广东市场经济的实施、非公有经济的大力发展，使得大批乡镇企业和私人企业诞生，民营企业在摸索中开启了国际化之路。20 世纪 80 年代以来，发达国家的劳动密集型产业向珠三角转移，广东民营企业凭借劳动力优势，承接国际产业大转移，在国际上迅速崛起。80 年代末，我国成为纺织、箱包、鞋帽等商品的世界第一生产大国和出口大国，珠三角民营企业功不可没。1997 年亚洲金融危机爆发后，政府更加重视中小企业国际化发展，陆续出台了促进国际化的政策法规；2001 年我国正式加入 WTO，这对于处于前沿阵地的广东民营企业是难得的发展机遇，广东民营企业的国际化成长进入蓬勃繁荣期。

作为对外贸易开放的前沿阵地，广东的对外贸易额一直位居全国

---

① 《重启全球化：中国如何引领新进程》，麦肯锡全球研究院，2017 年。

前列。广东民营企业对外投资呈现三个主要特点：一是投资规模逐年增大，投资额显著提高。2016 年，广东民营企业全年进出口额 2.74 万亿元，增长 10.4％，占全省的 43.5％。据广东省商务厅统计，对外投资中民营企业占九成。其中，深圳、佛山和珠海的民营企业出口位居前三甲，创造了广东省民营企业近六成的出口额。二是投资区域从亚洲地区拓展到欧美地区。经过多年的发展，广东民营企业投资的地区覆盖 100 多个国家。从投资地域来看，广东民营企业"走出去"的重点在亚洲，同时积极向发达国家延伸。三是广东民企在境外投资领域活跃性高，呈现市场化、多元化特征，涉及生物、医疗、电子、通信、汽车等多个领域。[①]

在国家"一带一路"建设的推动下，2016 年全年，中国对"一带一路"沿线国家直接投资达 145.3 亿美元，新签对外承包工程项目合同 8158 份，新签合同额 1260.3 亿美元，占同期我国对外承包工程新签合同额的 51.6％，同比增长 36％。[②] 广东在全国率先发布《广东省参与建设"一带一路"的实施方案》，成为全国首个上报实施方案、完成与国家"一带一路"建设规划衔接并印发实施方案的省份。2016年，广东省与"一带一路"沿线地区国家对外贸易额达到 1995.6 亿美元，参与度位居各省区市之首，而民营企业（集体、私营、个体工商户）表现极为强劲。广东民营企业到"一带一路"沿线国家投资整体呈增长趋势，成为投资主力。截至 2017 年 3 月末，广东共有 309 家企业到"一带一路"沿线国家投资，其中民企境外投资 111 家，占全部投资家数的 35.9％，投资金额为 8.8 亿美元，占比 49.1％。

国际化乃至全球化发展已经成为广东民营企业发展壮大的核心命题之一。从装备制造、工程承包、能源行业，到近期异军突起的高科技、农业、消费品行业，乃至互联网和传媒行业，广东民营企业日益成为全球化的中坚力量，且从不断加速和加深的全球化中受益良多。

---

① 蒋晶：《"一带一路"背景下广东民营企业"走出去"战略分析》，《价值工程》2017 年第 32 期。

② 《德勤 2017 中国企业海外投资指南》，德勤全球中国服务部，2017 年。

广东民营企业走出去的模式正在逐步由产品走出去、企业走出去转向产业集群走出去，以降低投资风险和成本，规避贸易摩擦，并且在没有形成产业集群效益的国家获得先发优势。

本章选取华为、美的、绿尖机电三个企业的国际化案例，分析广东民营企业国际化的典型特点。（1）全球化发展是一个长期而复杂的过程，在华为的案例中，我们侧重于分析华为逐步推进国际化的进程，并通过新兴市场企业国际化扩张的独特视角——跳板视角（spring-board perspective），呈现华为完整、曲折、波澜壮阔，最终取得巨大成功的国际化过程。（2）国际化征程中，由 OEM（代工生产）向 ODM（自主品牌制造）的转型极为艰巨，美的厨电在广袤寒冷、市场成熟的俄罗斯发展自有品牌，积极实施转型。我们通过美的厨电俄罗斯市场自有品牌开拓的案例，呈现民营企业目标市场选择、海外市场竞争策略。（3）除了跨国大企业，"天生国际化"（born global）企业冉冉兴起、蓬勃发展，绿尖机电是其中的代表。天生国际化企业在创业之初，就面向全球调配资源，参与国际市场竞争，展现了巨大的活力和魅力。总结以上国际化的特点，可能对国际化进程中的模仿者、后来者有所裨益。

第二节　华为国际化进程：跳板视角下的跨越

华为技术有限公司（以下简称华为）于 1987 年由任正非联合 30 多个员工在深圳成立，是一家研发、生产、销售电信基础设备的高科技企业，也是一家由员工持有全部股份的民营企业。截至 2017 年，华为约有 18 万名员工，业务遍及全球 170 多个国家和地区，服务全球1/3 以上的人口。①

华为的国际化起步可追溯到 1996 年，当时华为与香港和记电信合

① 2018 年 6 月 15 日，华为官网。

作，为香港客户提供交换机产品。经过多年发展，2007年，华为超过北美市场北电网络有限公司，成为世界第五大通信设备制造商。如今，华为已成为全球最大的电信设备制造商之一，位列2017年世界500强第83名。根据公布的年报，2017年华为实现全球销售收入6036亿元人民币，同比增长15.7%，其中海外市场的营收与中国市场的营收大约各占50%（见图13—1）。

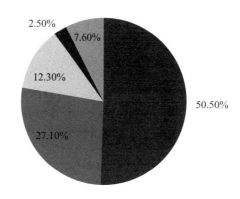

■中国 ■欧洲中东非洲 ■亚太 ■美洲 ■其他

图13—1　华为2017年全球各区域的营收占比[①]

由于传统理论不能有效解释新兴市场跨国企业跨越式的国际化行为，本部分采用陆亚东教授提出的跳板视角[②]对华为国际化进行分析。传统国际化理论专注大企业的跨国投资动因与优势，核心观点为企业的国际化是所有权优势、内部化优势与区位优势（OLI范式）三者叠加的结果。但这一理论成果被西欧国家企业的国际化行为推翻。因为根据OLI范式，只有大型企业才具备国际化条件，但西欧等国出现的中小企业的国际化的实践让这一结论站不住脚。因此，许多学者纷纷另辟蹊径，将目标转向企业国际化过程的研究，认为企业的国际化是

---

① 《华为2017年年报》。

② Luo Y. , Tung R. L. , "International Expansion of Emerging Market Enterprises: A Springboard Perspective: Introduction", *Journal of International Business Studies*, Vol. 38, No. 4, 2007, pp. 481 – 498.

一个循序渐进的过程，企业的国际化活动的顺序是：出口、在东道国建立代表处、对外直接投资。但进入 20 世纪 90 年代，企业的国际化出现了加速的趋势，以日本、韩国为代表的后工业化国家企业跳跃式国际化的行为和以中国为代表的新兴市场经济国家的国际化行为使得渐进国际化理论缺乏解释力，因此迫切地需要更具解释力的理论成果。

跳板视角的提出，特别适合解释中国为代表的后发企业（latecomer）的国际化扩张，引起了学术界的广泛共鸣。跳板行为在进入模式选择和项目区位选择问题上，并未遵从路径依赖或者演化模式，而是基于多重压力而采取的跨越式发展模式。新兴市场跨国公司采用国际扩张作为跳板以弥补其竞争劣势，克服其后来者劣势，充分发挥其在其他新兴市场和发展中市场的竞争优势。

一　华为的国际化历程

华为的国际化历程可以分为三个阶段。第一阶段为试水阶段，在这一阶段，华为在东道国建立研发中心与代表处，为其国际化提供技术与市场信息；第二阶段为全面发力阶段，这一阶段华为在各个市场保持高速发展，并从以前的"孤军深入"转向合作共赢；第三阶段为稳定发展阶段，此时华为全球市场布局基本完成，并将市场划分为了八大不同的区域。

（一）试水阶段（1996—2000 年）

1996—2000 年是华为国际化的试水阶段。在这一阶段，华为的国际化行为主要是在东道国建立代表处与设立研发中心，以增强其技术实力并与东道国电信市场客户建立关系。1996 年，华为与和记电信合作，为香港客户提供交换机产品，开始了其国际化的试水阶段。因为深圳与香港毗邻的便利区位优势，华为在香港市场如鱼得水，很快帮助和记电信稳住了香港电信市场份额，为此确立了产品在香港的地位并与和记电信签署了 3600 万美元的订单。

尝到甜头的华为一发不可收。在国际化的初期，华为采用渐进式的方式，先从发展中国家入手。1997 年，华为在巴西与非洲建立代表处，力图培养这些发展中国家的电信市场。当时这些国家的电信设备落后，建设资金缺乏，因此没有引起发达国家跨国巨头的重视。华为在这些国家建立代表处并不是为了拿下订单，而是与当地电信运营商建立关系，待这些国家发展时再与其进行合作。同年，因为俄罗斯市场的特殊性，华为与俄罗斯贝托公司成立合资企业贝托华为，力求在俄罗斯市场稳扎稳打，经过近三年的发展，华为才在俄罗斯市场拿下第一笔订单。

1998年，华为在美国达拉斯开设研究院；1999年在美国通信走廊开设研究所，同年在印度班加罗尔设立研发中心；2000年，华为在瑞典首都斯德哥尔摩设立研发中心。至此，华为在全球的研发布局初步设立。通过这些研发中心的设立，便利了华为在第一时间了解各地的电信设备技术发展方向，从而开发相适应的产品。

（二）全面发力阶段（2000—2008年）

2000—2008年，是华为国际化全面发力的阶段。2000年，华为的全球销售额增长85%，业务欣欣向荣。当时，国内小灵通市场的发展使得中兴等企业迅速崛起，而华为判断小灵通是阶段性产品，没有在此项业务上发力，失去了这块市场。此时，华为总裁任正非敏锐地认识到，华为在国内电信市场的寒冬已经来临，如果仍然仅专注于国内市场，可能会因为缺乏资金而落后于竞争对手；而如果转向小灵通业务，那么前期投入的3G研发将成为泡影。因此，为了不落后于竞争对手，也为了为日后3G牌照的放开积累实力，华为决定全面发力国际市场。

2001年，华为在美国设立四个研发中心，专注于3G技术的研发。2002年，华为"大张旗鼓"进入电信技术和市场最为发达的美国。为了赢得这一市场，华为采取了一系列激进的做法。当时，美国市场的领导者是思科，在与思科竞争同一个项目时，华为的报价永远比思科便宜30%，并且在旧金山打出专门针对思科的广告："华为与思科唯一的不同就是价格。"这种"侵略性"的进入方式很快招到了思科的反击。在思科提出让华为成为思科代工厂的建议被华为拒绝后，思科控告华为侵犯其知识产权。这对华为这样一个刚刚进入发达国家电信市场的企业来说，是灾难性的打击。如果控诉成立，法院将判决不允许华为在美国销售电信设备。为此，华为找到了熟悉美国市场游戏规则的 3Com 公司，并与 3Com 合资成立子公司来对思科进行反诉。最终，思科与华为达成和解，但条件是华为在美国市场不允许使用自己的品牌，华为也因此在几个月后从美国市场撤回了自己的产品。

相比在美国市场的痛，华为在新兴市场经济国家毫无疑问是成功的。在发展中国家，华为可谓是一帆风顺，依靠低价策略，抢占了大量预算紧张的电信运营商客户。2000 年华为进入泰国，为泰国第二大电信运营商 AIS 建立了智能网；2003 年，为阿联酋电信承建 WCDMA 商用网络；2003 年 12 月，华为与埃塞俄比亚电信公司（ETC）签署了金额超过 2000 万美元的交换产品合同，对 ETC 现有的整网交换网络进行改造和网络优化；2004 年，在长达 7 年的蛰伏后，华为终于获得巴西运营商 Embratelr 的新一代网络项目，打开了南美电信这一被北美企业垄断的市场；2006 年，华为在毛里求斯承建了非洲第一个 3G 商用局。

在欧洲，华为在曲折中保持前进。从 1997 年在俄罗斯市场设立合资公司，到 2008 年攻克欧洲最后一个堡垒"德国电信 DT"项目，华为在欧洲从无到有，从一个无名小卒晋升为欧洲几乎所有顶级电信运营商的合作伙伴与供应商。在这一阶段，华为在欧洲开拓的重要事件和意义如表 13—1 所示。

表 13—1　　　　　　华为在欧洲市场开拓的重要事件与意义

年份	事件	意义
1997	在俄罗斯设立合资子公司	开始进入俄罗斯
2001	获得俄罗斯电信部门上千万美元合同	在俄罗斯市场占据了一席之地
2003	在独联体国家销售额超过 3 亿美元	成为独联体国家顶级电信设备供应商
2004	与西门子成立合资子公司并获得了荷兰电信运营商 Telfort 2500 万美元订单	在西欧实现首次突破

续表

年份	事件	意义
2005	成为沃达丰与英国电信供应商	华为成为唯一入围的中国厂商
2008	获得"德国电信"项目订单	华为成为欧洲所有顶级电信运营商的合作伙伴与供应商

2000—2008 年，经过 8 年的全面发力，华为在全球市场的销售额达到233 亿美元，国外市场销售额由4.67% 开始直线攀升，于2008 年占比达到历史最高点74.99%（见表13—2）。[①]

表13—2　　　　　　华为 2000—2008 年销售情况表[②]　　　单位：10 亿美元

年份	2000	2001	2002	2003	2004	2005	2006	2007	2008
国外市场	0.12	0.33	0.55	1.05	2.28	4.66	5.96	12.24	17.48
国内市场	2.45	2.75	2.11	2.77	3.29	3.36	3.16	4.76	5.83
总销售额	2.57	3.08	2.66	3.82	5.57	8.02	9.12	17.00	23.31
国际销售占比（%）	4.67	10.71	20.68	27.49	40.93	58.10	65.35	72.00	74.99

（三）稳定发展阶段（2008 年至今）

2008 年至今，是华为国际化稳定发展阶段。华为的全球化布局基本完成，各区域市场竞争格局也趋于稳定。在这一阶段，华为在世界市场形成了以中国深圳为中心的九大区域，即中国区、拉美区、北美区、亚太区、欧洲区、南非区、中区及北非区、独联体区、东亚区，各区域直接向华为市场委员会汇报工作。与试水阶段和全面发力阶段不同的是，这一阶段华为的国际化开始呈现出更多收购优质企业、搭

---

① Sun S L. , "Internationalization Strategy of MNEs from Emerging Economies: The Case of Huawei", *Multinational Business Review*, Vol. 17, No. 2, 2009, pp. 129 – 156.

② 华为 2009 年年报。

建合作平台的特点，例如收购以色列 IT 公司 Toga Networks，持续建设和做强 Open Lab，支撑区域生态繁荣落地，全球部署 16 个 Open Lab。华为国际化大事件如表 13—3 所示。

表 13—3　　　　　　　　　　　　华为国际化大事件①

阶段	年份	主要做法	主要方式
试水阶段 （1996—2000 年）	1996	与香港和记签订合同、提供技术服务	合同安排；直接投资
	1997	在巴西建立合资企业	
	1997	在俄罗斯成立合资公司贝托华为	
	1997	在印度班加罗尔设立研发中心	
	1999	在美国通信走廊开设研究所	
	1999	进军泰国，为泰国第二大电信运营商 AIS 建立了智能网	
	2000	在瑞典首都斯德哥尔摩设立研发中心	
全面发力阶段 （2001—2008 年）	2001	在美国设立四个研发中心	合同安排；直接投资
	2002	成立全资子公司 Future Wei	
	2003	与 3Com 成立合资公司	
	2003	为阿联酋电信承建 WCDMA 商用网络	
	2003	华为与埃塞俄比亚电信公司签署金额超过 2000 万美元的交换产品合同	
	2004	与荷兰 Telfort 公司签署超过 2 亿欧元的 WCDMA 合同	
	2004	获得巴西运营商 Embratelr 的新一代网络项目	
	2005	成为沃达丰优选设备供应商、英国电信首选 21 世纪网络供应商	

① 华为官网及其他互联网资料；刘红燕：《华为公司国际化路径与模式分析》，《改革与战略》2014 年第 7 期。

续表

阶段	年份	主要做法	主要方式
全面发力阶段 （2001—2008年）	2006	在毛里求斯承建了非洲第一个3G商用局	合同安排；直接投资
	2007	与赛门铁克、Global Marine成立合资公司；成为欧洲所有顶级运营商合作伙伴	
	2008	攻克欧洲最后一个堡垒"德国电信DT"项目	
稳定发展阶段 （2008年至今）	2008	与赛门铁克2008年在香港成立的一家合资公司	直接投资；收购；搭建合作平台
	2011	5.3亿美元收购赛门铁克持有的华赛股份	
	2016	华为以1.5亿美元价格收购了以色列公司IT公司Toga Networks	
	2017	持续建设和做强OpenLab，支撑区域生态繁荣落地，全球部署16个Open Lab，成为华为与客户、伙伴联合创新、开发、验证及体验中心	

二　跳板视角下的华为国际化分析

跳板视角以新兴市场经济（主要是中国、印度、俄罗斯、巴西、墨西哥）非国有企业跨国投资为研究对象，总结了新兴市场经济下跨国公司国际化过程中不同于发达国家跨国企业的特点。依据该理论，新兴市场经济的企业的国际化不符合OLI（所有权优势、内部化优势与区位优势）范式，它们反复地、系统性地利用国际化作为跳板，克服其竞争劣势、弥补制度缺陷。如图13—2所示，它们的跳板行动是三方面影响的结果——国际化动因（寻找资源和市场机会）、激励因素（政府支持等）、推力因素（国际巨头在本土市场的竞争等）共同影响。它们表现出了许多发达国家跨国企业没有的独特特征（如内向国际化、激进的投资与并购等），同时在国际化过程中面临着许多独特挑战（如公司治理差、管理水平弱等）。下文将结合华为国际化的特点，进行一一分析。

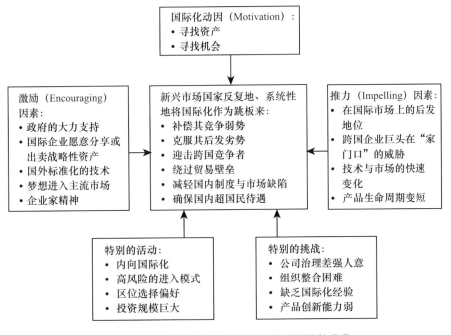

图13—2　跳板视角：新兴市场的国际化扩张①

（一）国际化的动因

跳板视角认为，新兴市场经济下的企业的国际化动因主要是：
（1）寻找资产；（2）寻找机会。资产包括技术、研发设施、人力资源、品牌、消费群体、分销渠道、管理技能与自然资源。这些资产对于跨国企业占据稳定的市场份额、补偿国际市场上的竞争劣势至关重要；而机会主要包括市场机会、政策机会等。

---

① Luo Y., Tung R. L., "International Expansion of Emerging Market Enterprises: A Springboard Perspective: Introduction", *Journal of International Business Studies*, Vol. 38, No. 4, 2007, pp. 481 – 498.

在寻找资产方面,华为通过国际化积极寻求技术资源,并培育可信赖的品牌资源。技术方面,华为通过与世界知名电信设备商合作学习技术,在欧、美、印度等电信业较发达的地区建立了多个研发中心,一步一步将自身的技术提升到了世界一流水平。在品牌方面,国际化初期,华为频频参加行业的世界博览会,利用各种机会宣传自己的品牌,破除外国客户心目中中国产品粗制滥造的形象。同时,严格要求自身做好每件产品,用实际行动改善其在国外的形象。

华为国际化的动因,也是为了寻求更多的市场机会。20世纪90年代中后期,华为在本土市场面临着国际巨头巨大的竞争压力,国内传统电信市场即将面临饱和,大规模电信基础建设即将接近尾声。已经具有一定规模的华为,要保持一个较高的增长速度和占有较大的市场份额,就必须尽快找到新的快速增长的市场空间,否则,就不可能发展下去。此时,亚非拉等国家由于刚开始经济建设,孕育了巨大的市场机会。国内市场空间带来的压力和国外丰富的市场机会,促使华为走出去。

(二) 国际化的激励因素

根据跳板视角,新兴市场经济的企业国际化普遍的外部和内部激励因素为:(1)国内政府积极支持企业国际化;(2)国外同行分享战略资源;(3)行业技术标准掌握在发达国家跨国公司手中;(4)试图在发达国家市场获得市场份额;(5)强大的企业家精神。

在国家政府对企业国际化的支持上,华为充分利用了广东省政府的支持,并通过跟随一系列国家领导人的出访,在政府的推荐下于许多发展中国家拿下了订单。同时在信贷支持上,国有金融机构对华为提供了许多优惠贷款与融资。

在国外同行分享战略资源方面,国际跨国巨头由于战略方向的调整,同时为了提高其财务绩效,有意愿出售相关资源。华为为了应对思科的专利诉讼,找到了当时美国电信市场上与思科竞争激烈的3Com公司为其解决了专利诉讼问题,同是也为3Com在中国的发展提供了便利。

在技术标准上，2000 年，国际电信联盟公布了第三代移动通信标准，中国提交的 TD – SCDMA 正式成为国际标准，与欧洲 WCDMA、美国 CDMA2000 成为 3G 时代最主流的三大技术，并且写入 3G 技术指导性文件《2000 年国际移动通信计划》。而在此之前，电信业技术标准一直掌握在欧美等发达国家手中，因此，中国通信企业要想国际化，首先得学习发达国家成熟的技术，融入电信业的国际技术标准中，这也极大地推动了华为的国际化。

华为虽然在美国市场上连连受挫，但仍不断努力，希望在发达国家占有一定的市场份额。在华为国际化的过程中，任正非吸取了在美国市场上"单打独斗"而导致失败的教训，慢慢淡化华为的"狼"文化，开始追求与世界电信设备巨头合作共赢。为此，任正非与 3Com、西门子、摩托罗拉、松下、NEC 等公司在国际市场上加强合作，以此交换这些公司与华为在中国市场的合作。通过这些合作，华为在打开市场、提升技术和管理等方面，为其国际化发展打下了雄厚的基础。

在企业家精神方面，华为有强有力的领导者和管理团队。华为联合创始人、总裁任正非在各个历史时期都对华为产生了决定性的影响。任正非能够有意识地识别、挖掘和开发国际化机会。早在 20 世纪 90 年代中期，与中国人民大学教授一起规划《华为基本法》时，任正非就明确提出，要把华为做成一个国际化的公司，显示了企业家的冒险精神和高瞻远瞩。同时，任正非深具忧患意识，在 90 年代中国处于高速发展阶段，国内电信市场空间还相当巨大的情况下，任正非就发表了《华为的冬天》《华为的红旗到底能扛多久》等演讲，告诫华为员工时刻保持奋斗状态。同时，他敏锐地感觉到国内大规模电信基础设施建设即将接近尾声，要想保持高速发展，就必须国际化，抢占其他国家市场。为此，任正非不惜重金引进 IBM 集成项目，开发公司供应链管理流程，从人力资源、管理体系、物流等方面为国际化做准备。[①]

---

① 牟西军：《华为公司国际化实践与分析》，硕士学位论文，复旦大学，2008 年。

（三）国际化的推力因素

跳板视角认为，新兴市场经济国家企业国际化的推动因素主要包括：（1）处于后发地位；（2）在本土市场上面临着跨国巨头竞争；（3）产品生命周期短；（4）缺乏核心竞争力与战略资源。

由于政策原因，到改革开放之后的 20 世纪 80 年代，中国和广东的企业才开始从国际化发展的空白时期过渡到发展阶段。而与此同时，欧美日许多企业已经积累多年的跨国经营经验，不管是技术还是管理上都远远优于中国企业。随着改革开放的深入以及为了加入 WTO 开始复关谈判，越来越多的跨国企业进入中国，这对刚刚开始市场化经营的本土企业带来了巨大的压力。广东的许多企业因此不得不转型或成为跨国企业的代工厂，或退守到偏远地区守住那被忽略的市场份额。华为正是在这种情况下不得不开始其国际化进程，"要想与狼共舞就得先将自己变成'狼'"是华为的信念。

华为在国内本土市场面临着跨国巨头的激烈竞争。爱立信、摩托罗拉等国际电信设备巨头逐渐进入中国市场，华为要与拥有雄厚财力和先进技术的巨头正面对抗，可谓是以卵击石。不仅如此，华为还面对着诸多国内同行的竞争：邮电部与比利时贝尔在上海合资成立了上海贝尔公司。依靠贝尔公司的强大实力，上海贝尔公司在管理与工艺装备上与国际接轨，达到了世界一流水平；大唐电信有着多年国家级科研打下的雄厚技术储备；同处深圳的中兴公司堪与华为比肩，市场开拓扎实，并且在当地红极一时的小灵通市场"风生水起"[1]。国内市场的激烈竞争也促使华为走出去，迎接更广阔的市场空间和更大的挑战。

在产品生命周期方面，企业的产品生命周期越短，那么就越需要巨大的市场规模来弥补其产品研发投入。电信设备产品是高技术产品，世界范围内的竞争使得电信设备更新换代越来越快，因此华为需要巨大的研发投入来更新技术，且需要巨大的市场来反哺研发。在研发上，

---

[1] 刘洪飞：《任正非的坎》，中华工商联合出版社 2013 年版。

华为不惜重金，每年将不低于营业额 10% 的资金投入研发中，研发投入居全国乃至全球之首。因此，华为需要通过进入国际市场来获得规模经济性、范围经济性和学习效应，以此提高效率、销售收入和利润。

（四）国际化过程中的管理挑战

在国际化过程中，新兴市场国家的跨国企业面临着巨大的市场机会，但同时也面临着相当艰巨的挑战。

在公司治理能力方面，由于与政府关系紧密、国内市场经济发展程度不足以及缺乏透明度，新兴市场经济国家跨国企业的公司治理情况普遍较弱。华为国际化之初，改革开放还不足 20 年，有企业、市场的概念只有不到几年时间。不得不承认的是，这一时期华为的公司治理较弱，与发达国家几十年、上百年的治理经验相比相形见绌。在国际化之初，华为虽然已经在国内市场取得了巨大的成绩，但总体处于草莽创业阶段，公司治理能力较为落后，重视业绩指标而忽视管理。国际化初期，华为也曾因这一点而屡遭国外客户轻视。

通过内向国际化，华为不断提升管理经验。内向国际化是指以"引进来"的方式参与国际资源转换和国际经济循环，即通过引进外国企业的产品、服务、资金、技术和人才等要素并导致国内市场国际化，不断学习和积累国际经营知识与经验，逐步实现企业的国际化。[①]早在 1998 年，为了应对国际市场对企业与产品的高要求，华为引进了 IBM 的 IPD（集成产品开发）项目，又在 2000 年引入了 IBM 的 ISC（集成供应链）项目，公司从上到下都经历了 IBM 咨询顾问的挑剔眼光，对产品开发与供应流程实现了重组。2004 年，为了成为英国电信的设备供应商，华为又聘请了麦肯锡咨询公司对华为的公司战略及业务进行新一轮重组。

（五）国际化行为表现

跳板视角认为，新兴市场经济国家跨国企业的国际化是在全球范

---

① 朱玉杰、赵兰洋：《内向与外向：企业国际化的联系机制及其启示》，《国际经济合作》2006 年第 7 期。

围内取得成功的跳板，而不是最终的目的，跨国公司的长期可行性和成功之道就在于能够利用国内的核心竞争力。同时，以综合的方式在海外探索新的机会。跳板行为在具体的国际化活动中表现为，跨国企业利用国际化作为跳板来补偿其竞争弱势与克服后发劣势；在全球市场中与国际巨头竞争；绕过东道国贸易壁垒；消除本土制度与市场缺陷；寻找政府的优待；开发其他发展中国家市场。华为在各维度上的表现如表13—4所示。

表13—4 华为国际化跳板行为表现

表现	行为
补偿竞争弱势 克服后发劣势	在印度、美国、欧洲建立研发中心，获取国外先进技术；在获得大客户订单中改善管理水平；参加博览会，打造品牌
与国际巨头竞争	抢占由思科、朗讯、西门子等国际巨头占领的市场
绕过东道国贸易壁垒	与3Com公司成立合资公司以避免与美国科思的专利纠纷、在俄罗斯市场成立合资公司以减少俄罗斯市场的腐败干扰
消除本土制度与市场缺陷	通过国际化锻炼员工，反哺国内管理水平
寻找政府特殊待遇	打民族品牌，试图以政府领导人推动营销
开发其他发展中国家市场	在东南亚、拉美、中东、非洲等地获得了大量订单

三 小结

结合华为的国际化进程，可归纳出广东企业国际化的三点启示：

一是企业在国际化过程中要利用国际化发挥长处、弥补不足。广东许多企业虽然近年来发展较快，有的已经走到世界前列，但我国仍然属于新兴市场经济国家（发展中国家），技术积累、管理积累仍需要一定的过程。因此企业在国际化过程中可以一方面利用本国劳动力等优势抢占市场，另一方面也必须明白这一优势不可持续，必须利用国际化来反哺国内技术、管理的提升。

二是企业在国际化过程中要结合自身的行业选择不同的市场进入模式。如华为属于电信设备行业，在进入其他国家市场时必然受到政治因素的影响，一味地强行进入会遭到严厉的制裁与打击，因此要逐步推进。

三是企业在国际化过程中要结合东道国的情况采取不同的方法。如俄罗斯是世界公认的营商环境较差的市场，因此，华为及时选择了合伙成立合资公司去开发这一市场；而在美国、欧洲等具有制度优势的国家，华为直接采取合同安排或成立子公司的方式开展业务。

第三节　美的厨电在俄罗斯：
海外自有品牌发展

美的集团成立于 1968 年，总部位于富庶的珠三角佛山市顺德区，是中国家电制造的翘楚。根据公布的 2017 年年报，美的 2017 年实现销售收入 2407 亿元，同比增长 51.3%。在 2010 年美的销售收入达到千亿元盛典辉煌之后，集团提出从规模导向追求增长质量的转型战略，转型三大主轴为：产品领先、效率驱动、全球经营。

作为一家全球运营的公司，美的的业务与客户已遍及全球。迄今为止，美的在全球拥有超过 13.5 万名员工，拥有约 200 家子公司、60 多个海外分支机构及 12 个战略业务单位。同时，美的为全球领先机器人智能自动化公司——德国库卡集团的最主要股东（约 95%）。集团下设 9 个产品事业部，具体组织架构图如图 13—3 所示。①

选择美的厨电——美的集团旗下一个重要的产品事业部，分析其在俄罗斯进行自有品牌建设的策略，其原因和意义至少有二：

第一，美的厨电是广东民营企业在海外市场积极进行战略转型，由 OEM（代工生产）向 ODM（自主品牌制造）转型的典范。美的厨电成立之初，其海外销售全部为 OEM 贴牌生产，服务客户包括多家国际知名家电品牌。代工模式导致低产业附加值，品牌商强势，渠道商议价能力低，产品创新不足，赢利空间稀薄等问题。2009 年左右，美

---

① 美的内部资料。

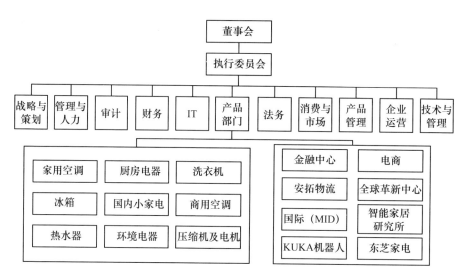

图 13—3　2017 年美的组织架构

的厨电果断提出战略转型要求，从注重生产数量向注重质量转型，从
粗放式到精益式转型。在销售方面，加大高端战略产品销售比重，降
低低端低价产品销售比例，开始探索海外自有品牌模式。

　　第二，俄罗斯是一个拥有 1.44 亿人口的巨大家电市场，也是美的
厨电最早探索自有品牌道路的市场之一。经过多年发展，美的厨电在
俄罗斯的发展突破了原有的规模，充分重视品牌营销推广工作，采取
一系列有效推广手段，赢得美的品牌在俄罗斯的高市场地位。目前，
美的厨电的产品足迹遍布五大洲，出口到 180 多个国家和地区，外销
占比达到 60%，居行业领先地位。美的厨电在俄罗斯市场自有品牌建
设方面积累的丰富而宝贵的实战经验，对其他家电企业拓展海外 OBM
事业会提供一定的参考和借鉴。

一　美的厨电在俄罗斯的发展历程

　　美的厨电事业部前身为美的微波电器事业部。2012 年，美的厨电
在俄罗斯首都莫斯科以 4000 美元注册成立美的厨电俄罗斯分公司，建
立 8 人团队，作为美的厨电探索自有品牌经营的先驱，开始在广袤寒
冷的俄罗斯经营美的品牌微波炉。最初，分公司通过全国批发商渠道

销售美的牌微波炉，本着过硬的产品质量、具有竞争力的价格，2012年销售微波炉2.8万台，销售额385万元。

2014年，俄罗斯经济危机爆发，卢布大幅贬值，俄罗斯整体消费能力下降，导致一线品牌需求下滑，而很多中低端品牌因为经济困境无法及时给大零售商供货。这为高性价比的美的牌微波炉带来了发展机遇。俄罗斯分公司抓住机会，利用美的厨电微波炉强大的产品力作为敲门砖，与俄罗斯第一大零售商M - video建立合作关系。同时，俄罗斯分公司从2015年开始不断丰富美的牌产品品类，加强产品线优势。由于及时抓住了市场机会，2015年成为美的厨电俄罗斯分公司历史性的一年。当年，美的厨电在俄罗斯实现销量31.7万台，总销售额超过1亿元。

从2016年开始，美的厨电俄罗斯分公司继续不断吸引美的集团兄弟事业部产品加入。同时更多拓展零售、连锁、专业家装渠道，进一步强化品牌竞争力，提升销售收入（见图13—4）。2017年，美的厨电俄罗斯分公司实现产品销量102万台，其中美的厨电产品59万台，同比2015年增长87%，销售额3亿元，其中美的厨电产品2.1亿元，同比2015年增长114%。

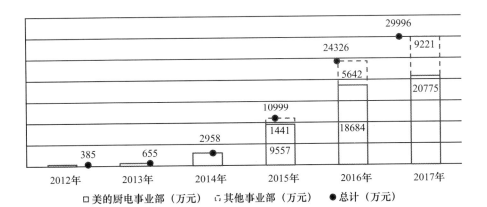

图13—4　2012—2017年美的厨电俄罗斯分公司销售额增长情况①

---

① 美的内部资料。

二 俄罗斯厨电市场外部环境

全球 200 多个国家和地区，哪些才是最适合自己的目标市场，这是战术层面需要考虑的重要问题。美的厨电以 OBM 模式进入特定国际市场时，进行了充分的考量。由于传统外销的纯 OEM 模式，美的在微波炉主要消费国的市场占比巨大。如果选择进入品牌地位重要的发达国家，如美国、英国、德国、加拿大、法国、西班牙等国，则美的厨电的自有品牌会直接对这些国家 OEM 大客户，特别是品牌商造成巨大冲击。

在选择自有品牌进入国家时，美的采取"农村包围城市"的策略，首先选择市场容量相对较大、有一定消费能力的发展中国家。这些国家一方面微波炉品牌集中度较低，新品牌容易切入；另一方面大客户市场占比低，自有品牌的进入不会对 OEM 业务造成严重影响。在海外 OBM 模式之初，美的选择了巴西、俄罗斯以及国家比较分散的中东地区集中开展 OBM 业务。从市场开发的角度，需要考虑的基本要素包括政治环境、市场容量、成长潜力、进入壁垒、汇率波动等。[①] 美的对俄罗斯市场的外部环境进行了充分分析。

（一）俄罗斯宏观环境与厨电市场环境

政治法律环境方面，俄罗斯整体政治趋向稳定，但资本外逃、贫困人口上升、人口减少是俄罗斯自 2000 年以来一直面对的困扰问题。在俄罗斯政府财政方面，2016 年，一般公共服务支出占 44.7%，社会保障支出占 29.7%，公共债务达到 134.63 亿欧元，相当于 GDP 的 15.6%，预算赤字达 GDP 的 3.7%。[②]

经济环境方面，俄罗斯近年的经济下滑对家庭消费预算产生了重大影响，并迫使消费开支大幅减少。根据 Euromonitor 数据披露，在 2013—2016 年，俄罗斯家庭平均可支配收入下降 26.6%，消费支出下

① 黄兆华：《柳工出海——中国制造的全球化探索》，人民邮电出版社 2017 年版。
② 欧阳向英：《俄罗斯经济社会形势分析》，《俄罗斯学刊》2017 年第 2 期。

降27.2%。消费疲软，家庭支出不断削减。中等收入和低收入家庭都开始节约。同时，世界银行在2018年1月发布的《全球经济展望》报告称，考虑2017年下半年石油价格上涨因素，世界银行预测俄罗斯2018年GDP增速为1.4%—1.7%，2019年GDP增速为1.4%—1.8%。此外，世界银行判断俄经济增速至2020年将维持在1.8%水平（见表13—5）。俄罗斯整体经济结束了长期的低迷不振，预测将平稳上升。①

表13—5　　　　　　　　　　　俄罗斯经济数据

指标	2016	2017	2018 F	2019 F	2020 F
人口（千万人）	143.4	144.0	143.3	143.1	142.9
GDP（十亿$）	1283	1400	1460	1520	1590
人均国内生产总值（$）	8947	9770	10188	10622	11127
个人实际收入增长率（%）	-5.9	1.0	1.5	1.2	1.1
GDP增长率（全年%）	-0.7	1.4	1.4	1.5	1.5
失业率（全年%）	5.5	5.2	5.0	4.9	4.9
美元汇率	66.90	59.00	60.10	62.20	63.30
工业生产指数（%）	1.3	2.0	2.1	2.1	2.0
利率（%）	10.00	8.50	8.00	8.00	8.00
通货膨胀（%）	7.1	4.1	4.0	4.0	4.0

资料来源：美的内部资料。

社会环境方面，俄罗斯存在人口老龄化、人口少生育率低、男女比例失衡、智力流失的现象，造成科技、教育和创新等各方面的打击。② 在国内投资方面，2014—2015年俄罗斯企业投资下降，各行业的投资增长下滑，欧美制裁使俄罗斯企业国际融资困难，成本上升，

① 世界银行：《俄罗斯联邦》，2017年，（https：//data.worldbank.org.cn/country/russian - federation？view = chart）。

② 欧阳向英：《俄罗斯经济社会形势分析》，《俄罗斯学刊》2017年第2期。

造成资金状况进一步紧张。居民就业方面，在普京的领导下，俄罗斯民众生活水平有所提高。但俄罗斯贫富分化严重，其中百万富翁9.7万人，预计未来五年将达20.3万人。

技术环境分析方面，俄罗斯家电几乎全部来自进口，本土仅有部分合资家电工厂，负责散件组装，例如中国企业海尔在俄罗斯的合资工厂负责组装生产冰箱和洗衣机，土耳其家电企业BEKO在俄罗斯的工厂组装生产冰箱和洗衣机，俄罗斯的家电技术环境几乎由中国和部分东欧家电生产国家决定。在产品偏好上，俄罗斯作为非传统意义上的欧洲国家，相当比例的民众青睐经典老式的欧洲设计，不少品牌都针对俄罗斯市场提供复古外观。

通过大量市场数据，美的对俄罗斯厨电市场进行了深入分析，充分了解竞争环境。在市场容量方面，受俄罗斯整体经济形势的影响，俄罗斯厨电市场在经历大幅下滑后开始逐渐进入平稳恢复期，微波炉增幅预期较好，大家电增长乏力；品牌方面，俄罗斯家电市场仍被欧洲三大家电品牌巨头占领，但美的通过强势产品微波炉已逐渐撬动市场格局，已力图通过微波炉带动大电，通过多品类竞争，进一步扩大品牌市场份额；渠道方面，俄罗斯与全球整体趋势一致，电商销售比例逐渐增大，不容小觑，但传统销售渠道仍为主要销售力量，亦不可忽视。

（二）美的厨电面临的机会与威胁

美的厨电在俄罗斯的发展面临着许多有利机会。一方面，由于欧美老牌家电企业面临市场萎缩和工厂转移等问题；另一方面，由于科技的发展，消费者更加易于对比不同品牌以选择适合自己的产品，这给更具成本优势的美的厨电带来了发展机会。通过Euromonitor 2017年的行业排名发现在主要家电产品中，美的品牌已从5年前的行业第7名跃升至行业第3名（见表13—6）。

表 13—6　　　　　　　2013—2017 年国际家电品牌知名度排名

品牌	2013 年	2014 年	2015 年	2016 年	2017 年	排名变化
Haier Group	1	2	2	1	1	→
Whirlpool Group	2	1	1	2	2	→
Midea Group	7	7	6	4	3	↑
Electrolux Group	3	3	3	3	4	↓
BSH Group	5	5	5	5	5	→
LG Group	4	4	4	6	6	↓
Samsung Group	6	6	7	7	7	↓
Panasonic Group	8	8	8	8	8	→
Arçelik Group	11	10	10	9	9	↑

资料来源：美的内部数据。

　　主流零售商采购策略的变化也为美的提供了机会。在竞争策略上，主流家电连锁等零售商，例如俄罗斯第一大零售商 M－video，不断扶持新的品牌，以此制约国际品牌的话语权，提高零售渠道的竞争力。美的牌产品作为市场新兴品牌，可以借此与大零售商充分合作，快速提高市场占有率。此外，电商渠道蓬勃发展也提供了广阔的机遇。伴随全球移动互联网的发展和智能手机的普及，家电销售中的电商比例持续增加，模式主要为电商平台和品牌自营线上渠道两大类。抓住电商渠道的发展机会，无疑对家电品牌销售非常重要。

　　机遇存在的同时，美的厨电在俄罗斯也面临着许多威胁。一是专利风险。相较于以德国、美国、日本为首的国际老牌家电品牌早已在专利领域全面布局，美的厨电相对起步较晚，这成为美的厨电自有品牌在部分国家发展的重要障碍。二是一线品牌的阻挠。大品牌行业地位稳固，根据 Euromonitor 2017 年的市场监测数据，西欧、北美、拉美、东欧、澳洲前五大家电品牌占据最高市场份额。作为新兴品牌，美的还需要突破坚固的一线品牌竞争格局。三是国内竞争对手的威胁。一些中国家电企业开始布局海外市场，如海尔、方太、老板电器等，在一定程度上也成为美的在海外不容小觑的竞争对手。四是汇率波动与政治风险。2014 年乌克兰局势持续动荡，俄罗斯受到国际制裁，货币大幅贬值，国内通货膨胀严重，民众购买力下降，市场断崖式下滑。对于以规模取胜的家电出口企业，汇率的波动，特别是人民币对美元、欧元升值，也会摊薄本已不高的利润。

三 美的厨电在俄罗斯市场的竞争力分析

美的厨电在俄罗斯市场有着自己独特的优势。一是美的厨电事业部的多产品组合优势非常突出，多种产品自主研发生产，最大限度确保品牌产品实现套系协同。二是成本领先优势，美的作为 OEM 出身的制造型企业，在成本控制方面积累了丰富的经验。生产的配件不仅品质过硬，效率也具备行业领先优势，进一步降低了制造成本，给自有品牌价值链的后端留出了充分的利润空间。三是工业设计优势，2006年美的厨电转型为 ODM 自主设计研发模式，构建成一支专业化、国际化的团队，设计水平达到家电行业国际水准，多次获得国际知名设计奖项。四是研发能力优势，美的厨电研发部有大量技术专家，同时美的厨电与全球近 20 家科研院及大专院校开展产学研合作，研发团队经验丰富，人才配备齐全。同时，产品研发投入逐年增加，有效促进了美的厨电外销 OBM 模式的发展。五是美的集团十分重视产品的品质优势，美的厨电事业部的评价测试中心负责对所有产品进行品质控制，并严格按照国际标准进行测试，配置了全方位的实验室和完整的品质保障体系。严格的品质文化，一流的实验设备，完善的品质体系确保美的厨电能够做好品质、做好产品、做好品牌。六是美的厨电的财务优势。从成立之初到现在近 20 年，美的厨电业绩稳步快速增长，同时为新技术新产品持续投入，也为自有品牌长远发展提供坚实的财务保障。2017 年，美的厨电俄罗斯分公司品牌建设投入接近 2000 万元，这一数字随着业务发展还将不断提高。

美的厨电在俄罗斯市场上积累了诸多优势，但同时也面临着不容忽视的劣势。产品方面，美的厨电的品类发展不均衡。旗下虽然有着微波炉和洗碗机两大强势品类，但低端产品比重大，产品结构不理想。

同时，全球不同家电市场的差异巨大，给美的厨电事业部的产品管理带来巨大挑战。品牌方面，作为 OEM 出身的美的厨电，对于品牌经营意识较为薄弱，营销层面对市场的环境理解不够到位，仍缺少自有品牌经验。由于欧美发达国家的家电业已经非常成熟，消费者对传统老牌家电非常认可。在欧美市场上，美的的品牌知名度极低，全球品牌发展仍有漫长的路要走。

四　美的厨电自有品牌在俄罗斯的发展策略

在深入分析俄罗斯的宏观环境及厨电行业发展路径基础上，结合自身优势、劣势及市场机会与威胁，美的厨电在俄罗斯的发展策略主要从五大方面展开：品牌建设、产品优化、渠道拓展、营销推广和运营管理。五方面的联动为美的厨电在俄罗斯市场的 OBM 转型带来了有效的成果。

（一）品牌建设：找准切入点，打造品牌形象

为了进行有效的品牌建设，更精准地定位目标消费人群、确定俄罗斯 Midea 牌发展路线，美的厨电俄罗斯分公司在 2016 年请第三方调研机构 BIG，在 14 个人口超过百万人的城市进行了大规模的用户调研。调查结果显示，选择美的牌的消费者中，价格导向型消费者占据 27%，其次是外观导向和理性消费群体。美的在俄罗斯的品牌形象被描述为：致力于打造更可靠、更简捷、更智能的产品，打造亲民、友好、时尚的品牌形象。美的品牌精神为 "Surprisingly Friendly（令人惊讶的友好）"。

"Surprisingly Friendly（令人惊讶的友好）" 不仅是一个口号，也是一种品牌精神，是根植于美的品牌产品家族中的精神。美的产品不仅要提供产品的基本功能，还要给用户带来愉悦的心情；美的不仅提供服务本身，也通过服务给用户带来惊讶的友好感觉；通过员工的思考与行动，美的给用户创造惊讶的友好感觉；提供友好的沟通方式，体现与用户沟通过程中的点点滴滴。

由于美的在俄罗斯市场的品牌认知度仍然偏低，品牌建设的任务

设定为：通过制定有竞争力的价格和更多功能丰富的产品线不断提高品牌知名度；从渠道方面和产品方面提升消费者的信任度，增强消费者信心。

（二）产品优化：做自己想买的好产品

美的确立产品规划的总体策略。在冲量的基本款层面，基于爆款思维提升市场占有率，并建立系列化产品，为俄罗斯消费者提供优质、低价、美观的极具竞争力的家电。价格上更亲民，价格卡位对标，品质超越，打造高性价比产品群，功能上更贴切，针对俄罗斯当地烹饪习惯对产品进行功能优化和技术应用，细节上更精美，注重细节设计、赋予产品美的风格。

美的对高中低三档产品进行了区分定位。首先，基本型产品不牺牲品质、不疏于细节；其次，以中端产品为主，按渠道（线上、线下）区分不同产品线，统一档位不同渠道不打价格战；最后，进一步补充高端产品线，提升赢利能力，进军高利润产品区间。依托美的厨电总部的强大设计、研发能力，对俄罗斯美的牌产品进行全面的质感提升工作，从细节出发，提升工艺水平和产品质感。工业设计方面，提高产品调性，提炼美的元素，赋予产品表达品牌内涵的能力。美的牌高端产品致力于在俄罗斯实现全面技术领先，打造美的品牌名片。

（三）渠道拓展：深化现有渠道，开拓新渠道

经过 5 年的发展，美的厨电俄罗斯分公司发展出了五大传统家电渠道，分别是：区域分销商批发渠道、联邦家电连锁渠道、区域连锁渠道、家装渠道、超市渠道。其中，俄罗斯联邦家电连锁 M－video 为俄罗斯家电连锁零售绝对第一，在俄罗斯家电零售市场占比 25%。美的经过多年与 M－video 的合作，已建立稳定互利的合作关系。2016年，美的厨电首先在南部人口稠密的顿河畔罗斯托夫设立南部区域代表，深耕分销渠道。2018 年，美的厨电计划开拓西北边疆地区、伏尔加地区、乌拉尔地区、西伯利亚地区和远东地区等七大主要行政区域，建立完善市场管理体系（见图 13—5）。

图 13—5　俄罗斯市场分销渠道划分①

美的厨电在积极深耕传统渠道的同时，也顺应电商销售渠道的发展趋势，致力于扩展电商销售渠道，包括 B2B 第三方平台和 B2C 自营电商平台。其中，自营电商平台框架已搭建完成。美的厨电自营电商平台采取端到端运营策略，从后端的产品企划、销售支持开始与俄罗斯本地平台进行系统对接，在本地进行培训和产品推广工作，打造线上销售爆款（见图 13—6）。

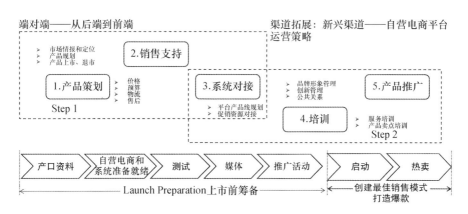

图 13—6　产品策划流程②

---

① 美的内部资料。
② 同上。

（四）营销推广：品牌稳着陆，落地且生根

美的厨电在俄罗斯采取多维度、立体营销的推广策略，不断提升品牌的大众知名度，提升业内人士对品牌的认可和信赖，提升用户的使用体验。从2016年开始，美的厨电每年举办俄罗斯美的牌经销商大会，带领美的经销商参观总部，了解美的在中国的设计、研发、制造实力，给经销商传递信心，增强经销商的经营美的品牌的荣誉感。2018年，俄罗斯经销商大会结合新品上市计划，带给经销商一系列新产品体验，让更多美的高端科技进入俄罗斯家庭。经过5年的建设，到2017年，俄罗斯已建立14个店中店和品牌专卖店，为在传统渠道传播美的品牌打下了良好的基础，也成为贡献销售规模最大的一部分。

美的品牌在俄罗斯的营销不仅注重线下传播，更注重线上线下双管齐下，线上通过传统的电视节目、网络媒体传播，同时利用社交媒体、专业测评媒体、美食杂志等方式从线上向线下引流。

（五）运营管理：提升组织能力，优化运营平台

美的厨电俄罗斯分公司从最初成立的8人团队逐渐扩充到2017年的48人团队（见图13—7）。优胜劣汰，聚贤纳能的人才战略让团队成员更专注、更专业，时刻保持最佳工作状态。2018年底，分公司员工总人数预计54人，人均销售增长预计13%。

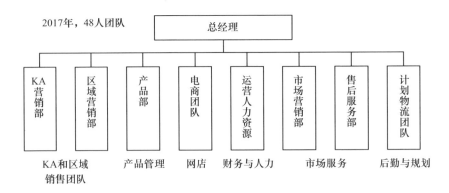

图13—7　俄罗斯市场分公司组织架构①

————————

① 美的内部资料。

分公司运营管理也在不断完善，改善办公环境扩建仓库，与第三方物流公司建立合作关系，引入扫码管理系统，进一步完善售后体系。2018 年，俄罗斯分公司计划通过建立客服热线、建立多个合作服务点、专人跟进、定期反馈等一系列举措进一步提升俄罗斯美的牌售后服务水平，缩短响应时间、规范服务标准，为品牌承诺保驾护航。

五　小结

美的厨电自有品牌进入俄罗斯市场充分把握了经济危机带来的市场机会，同时结合了自身的优劣势进行积极探索。美的厨电五方面联动：（1）品牌建设方面，找准切入点，打造 Surprisingly Friendly 的品牌形象，致力于成为让俄罗斯消费者信任的中国家电品牌。（2）产品优化方面，采取先以小带大，后以大贴小的模式，先用微波炉强势品类带动大电销售，不断提高美的品牌整体销售规模，通过规模带动品牌知名度提升。（3）渠道拓展方面，坚定与最强渠道 M－video 深度合作，迅速提升市场占比，在此基础上进一步扩展更多渠道。现有渠道进一步下沉，2018 年增设 7 个销售区域，深耕分销市场。同时积极拓展电商、新零售等新渠道，抓住渠道发展趋势。（4）营销推广方面，品牌稳着陆，落地且生根。在俄罗斯进行全方位、立体式营销，线上线下齐发力，针对大众提升品牌知名度，针对专业人士提升品牌信赖度。（5）运营管理方面，美的厨电在俄罗斯积极提升组织能力，优化运营平台。完善运营平台，用专业的人做专业的事，完善售后体系，缩短响应时间，规范服务标准，为美的实现品牌承诺保驾护航。

第四节　绿尖机电：天生国际化企业的探索

全球化的载体形式不仅限于大规模的跨国企业，广东"天生国际化"企业也渐渐出现在国际化舞台上。"天生国际化"企业是指，刚成立或成立不久就快速进行国际化行为，并产生一定营业收入的中小型企业。这类企业不受规模和发展阶段的限制，在创业之初就面向全球调配资源，参与国际市场利润争夺，展现了巨大的活力和发展潜力。广东成千上万的天生国际化民营企业成为全球化新的重要载体，在战略灵活性、技术创新、产品迭代方面发挥着优势和魅力。

在学术界，Oviatt 和 Mcdougall 于 1994 年首次定义天生国际化企业，指出这类企业一开始就以国际市场为导向，通过整合多国的不同资源和产品销售以获得竞争优势，将全球视作统一市场进行营销、管理和资源整合。现有研究对资源较为缺乏的创业企业如何实现国际化，有哪些途径和方法，还有待进一步的探索。本部分选取广东绿尖机电这一典型的天生国际化民营企业，探讨广东天生国际化企业如何克服自身的资源劣势，以小博大，整合供应链资源，逐步赢得海外市场。其中，广东外部环境的催化作用不可小觑，具有国际化经验的创业团队也发挥着重要作用。

一　绿尖机电创业初期的国际化

绿尖机电有限公司（以下简称绿尖机电）是一家专业从事纯电动车动力驱动系统解决方案的高科技企业，总部位于广东省佛山市顺德区。2011 年创立时，是福建冠华电机有限公司的子公司，生产和销售传统机械设备用电动机。随着消费者环保意识的觉醒，传统电机越来越不能满足市场需要。

绿尖机电在创办第二年就开启了国际化历程。2012 年底，绿尖机电转型生产销售纯电动机，通过电商平台和制造优势吸引海外客户，进行国际交易。2014 年初，根据客户需求，绿尖机电在完善和改进纯电机单品的基础上，开始提供一站式的采购服务和解决方案。海外市场业绩大幅增长，全球营业额突破 500 万元。其中，海外销售额 455 万元。2015 年，绿尖的全球销售额达到 980 万元，销售增长率高达 96%，海外销售额占比九成以上，利润率升至 10.2%。[①] 合作客户多达 120 个，主要分布在亚洲、美洲、欧洲的 60 多个国家和地区。

---

① 绿尖机电内部资料。

虽然绿尖机电组织结构精简扁平，员工人数仅 8 人，但国际化成果非常显著，其每年的海外销售额均占总销售额 90% 及以上，是典型的中小型"天生全球化"企业。绿尖机电虽诞生于金融海啸的余震和国际贸易环境恶化的交困之际，但近年来成长迅速，发展平稳，业绩良好，并逐渐完善背后的供应链节点和合作模式，属于比较典型和优质的广东天生国际化民营企业。

二　供应链整合

（一）供应链需求识别（2011—2012 年）

2011 年，创始人 Kevin 与原母公司进行了股份的划分与转让，以 49% 的股份另建立了一家新公司，即绿尖机电有限公司。绿尖机电创立时，就将重点大部分放在海外市场的开拓和维护上，从海外客户需求带动的电机生产中增加部分销量和利润。但在一两年的国际市场经营中，Kevin 发现，适用于国内市场的传统电机并不适用于海外市场，于是在原有产品基础上做出改进和调整，结合当时市场技术趋势和已有技术支持，一年不到就同母公司一同开发出了新能源纯电动车用电机。

有了海外市场所需的灵活核心产品支持，Kevin 借助电商平台，向海外客户传达新的产品信息，通过阿里巴巴、中国制造、环球资源三个平台来共享产品咨询，很快吸引了第一批海外客户。在创办初期，绿尖机电对自身在国际市场中的角色有着清晰的认识和定位。绿尖机电采用"轻资产运营"模式，虽然没有传统跨国企业规模和体量大，但通过在产业价值链中对自身的准确定位，避开规模小、资金少等劣势，将重心放在自身擅长的海外客户沟通以及最接近客户的销售端。

在初步打开海外市场和建立一定声誉后，绿尖机电开始通过十几年在制造业累积的人脉和渠道，寻求与其他供应商的产品调试和整合机会，最大限度留住手头上现有的海外客户，同时对下一步发展进行规划。

（二）供应链初期搭建（2013—2014 年）

2011 年底，经济危机的"扫荡"刚刚结束。行业落寞、国家政策和市场汇率的调整不可避免地对绿尖机电的国际经营形成冲击。Kevin 根据对行业未来方向的预测，在 2012 年将产品方向定位于绿色新能源，吸引了一部分大型整车制造商。绿尖机电起步时对海外市场需求的解读，让供应商看到了海外市场的商机，由此更容易拓展海外业务。

从控制器供应商董事长的采访中了解到，绿尖机电最初将自己定义为销售导向的公司，这是区别于其他中小型零部件供应商最突出的优势。正如 Harry 所说，"我认为 Kevin 自身的优势也起到很多作用。他有生意人的头脑，他的业务不一定很厉害，但是他能通过自身优势谈成海外客户并形成盟友关系，这是我们做不到的，是一个优势互补"。供应商会基于对海外市场的考量进一步利用绿尖机电的海外销售渠道。此时，客户作为绿尖机电重要的无形资源，成为撬动供应商合作大门的重要"秘密武器"。通过资源整合，实现交易费用成本减少和创新产品研发与生产，也将成为供应商与其长期合作的重要标准。

绿尖机电与合作商的合作模式大致分为两类。

第一类是，与同类型零部件供应商合作时，绿尖机电作为客户信息和资源的中转站，提供客户需求和销售出口。供应商根据客户提出的要求准备产品，并在后期与绿尖机电的电机组装匹配，随后运输送达到客户所在地。由于创始人 Kevin 掌握着客户信息和部分技术支持，所以与此类合作伙伴合作过程中，绿尖机电起着主导作用。从图 13—8 可以看出，绿尖机电在每一次与供应商或客户进行沟通和洽谈时（阶段一＋阶段二），都会将上一步与之合作的利益相关者作为下一次"谈判"的重要资源。交易的次数越多，累积的客户资源和供应商资源也就越多。绿尖机电作为一个"中间者"就会双向产生更多无形资源，从而慢慢搭建起一个能够实现共赢的供应链整合环境。

第二类是，与大型整车制造商合作时，绿尖机电更多充当经销商的角色（见图 13—9）。绿尖机电会提供前期积累的有着整车需求的海外客户，为整车厂提供一条通向海外市场的"绿色通道"。在这种合

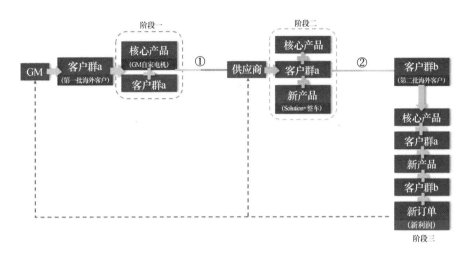

图13—8　绿尖机电与零部件供应商合作模式流程

作模式下，绿尖机电为这些大型制造商提供海外市场的销售渠道。值得一提的是，在此过程中，绿尖机电虽未占据供应链的主要环节，但增加了与海外客户和合作商的沟通次数和订单数量，这样，海外客户成为了隐形价值。

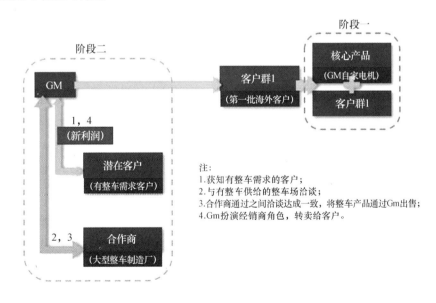

图13—9　绿尖机电与大型整车制造商合作模式流程

（三）供应链后期巩固（2015 年至今）

随着与绿尖机电合作的厂商越来越多，Kevin 进一步规划未来的长期发展路径。如何与国外合作良好的客户、供应商培养相互信任关系，成为 Kevin 此阶段重要考虑的内容。Kevin 认为，天生全球化企业在开拓海外市场时面临着不少机遇。最直观的是，海外市场的回款比国内快，少有坏账现象，资金周转相对容易。此外，海外市场是国内众多合作商尤其是零部件供应商少有涉及的领域，且海外客户对技术的要求中国制造商基本可以达到，双方存在合作意愿但缺少绿色通道，海外市场仍是利润空间巨大的潜力股。

绿尖机电为合作商和客户提供了一条信息流的绿色通道，以培养与客户及合作商之间的信任（见图 13—10）。Kevin 不仅向合作伙伴提供客户需求信息和基本信息，而且会带领前来参访的外国客户同各个供应商进行进一步的了解和沟通。这形成了一种双向的信息共享机制，不仅能够使供应链中的利益相关者快速理解运营流程和进度，也能够通过"360 度全方位了解"建立起信任基础。这种合作形式对公司的发展是有利的，短时间能够促成更多订单，并能够培养企业海外声誉。绿尖机电在整条供应链条中，不仅拥有面向客户和合作商的双通道，而且还能根据对象不同灵活调整自身角色，实现内部无形资产增值。

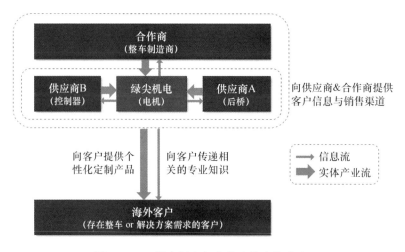

图 13—10　绿尖机电与合作商信息流共享

不可否认的是，天生国际化企业在供应链整合中，依然存在潜在风险。若缺乏产品和技术积累，直接开展早期国际化行为，很有可能会因为缺乏核心竞争力而被竞争者取代甚至淘汰。绿尖机电的技术人员有过多年的积累，对电机的产品设计和技术知识有深入的了解。作为制造的重要环节，Kevin 认为，核心产品的技术是中小企业的核心竞争力，是能够支撑"小身体、大能量"的核心。

三　天生国际化企业打开海外市场的成功因素

第一阶段：轻资产运营模式为供应链整合奠定了基础。

相比大型跨国企业，绿尖机电的轻资产运营模式为供应链整合奠定了基础。轻资产运营的"成因"与"奥秘"包括六个方面：[①] 以小博大；紧扣核心专长；倚重无形资产；品牌引领；客户关系导向；操控产业链。

首先，在进军国际化过程中，天生国际化企业需要紧扣核心专长。企业可以将非核心业务出售或外包出去，只投入在最擅长的某一领域。绿尖机电掌握着核心产品和技术。创立之前在原母公司积累的技术知识，以及创立后掌握的专利，成为供应链整合的原始推动力。这使得绿尖机电能够将重心集中在电机的研发和生产上，利用核心专长、结合市场形态对产品进行改良，打开国外市场，后期吸引更多的对海外销售渠道有需求的供应商，达成合作。

其次，在进军国际化过程中，天生国际化企业需要重视无形资产。绿尖机电的无形资产体现在积累的海外客户资源，以及持续获取海外客户的能力方面。创始人团队拥有丰富的外企经历和多年电机研制的专业知识，相比传统制造行业的中小型零部件供应商无疑更容易捕捉到海外客户的需求，也能与客户进行高效沟通，维护客户关系。

---

① 戴谢尔、代明：《轻资产运营"轻"在哪里》，《特区经济》2008 年第 9 期。

第二阶段：供应链整合实现增值，实现初期国际化。

要在初创期实现真正的国际化，需要基于资源合理配置，实现供应链行为国际化，并在短时间内快速开拓海外市场。绿尖机电在海外市场的探索过程中，寻求到产品增值空间，快速寻找到匹配的合作商，并与合作商一起进行技术上的完善与改进。增值点之一在于，合作过程中新产生的整车解决方案，以及个性化产品定制的提供，这都直接增加了销售收入和毛利润；另一增值点来自合作过程中产生的信任。在多次交易之后，绿尖机电获得了客户和合作方越来越多的认可。这些无形资产对公司的后续发展至关重要。

第一阶段的轻资产模式，为第二阶段的供应链整合提供了基础。绿尖机电在与客户和供应商沟通中，具备足够的吸引力和说服力，能够继续推动供应链形成，促进更多海外交易订单的产生。而绿尖机电在客户和供应链之间的有效沟通，累积了来自双方更多的信任，使供应链能够良性运行。这也正是绿尖机电"以小博大"，看似花很小的力气，但却能使"雪球"越滚越大的原因之一。

第三阶段：社会关系网络巩固供应链之间各节点结构。

随着市场竞争的加剧，社会关系网络显现出越来越重要的作用。越来越多的企业期望通过建立良好的供应链伙伴关系应对复杂激烈的竞争环境，转移风险，提高经营业绩。有学者指出，供应链伙伴关系不仅可以协调企业之间因多个目标而产生的矛盾，而且有利于核心竞争力的形成，成为防止竞争者进入的有力屏障。

绿尖机电使自身的无形资产以滚雪球的形式逐渐扩大。以与整车的核心零部件供应商的合作为例，绿尖机电充当海外客户和国内厂商的"信息和产品中转站"，进行双向沟通。在每一次谈妥海外客户、实现海外交易之后，接下来与潜在合作供应商的谈判中，绿尖会积极展现自身的优势，特别是累积的海外客户的资源，增加了信息的可信度，推动供应商与绿尖的合作。绿尖机电在这种角色转换和滚雪球模式下，逐渐累积客户资源和供应商资源，不仅降低交易费用，还能逐渐加深合作期间的信任。这对供应链的稳定性和长期发展，有着黏合剂般的巩固作用。

四　小结

绿尖机电通过供应链整合，实现了中小型企业在初创期的国际化，获得了良好的业绩突破。对于中小型天生国际化企业，成功的基础前提是具有独特的竞争力。绿尖机电拥有自身产品技术专利，有属于自己的核心知识产权，在创立初期可以快速进入市场进行交易，也可以根据市场趋势进行技术上的改善，这为其成功打下了基础。此外，通过资源的合理整合，最大限度降低交易，实现了"合作伙伴 + 企业自身 + 客户"三方的共赢。绿尖机电在整合过程中，以内部平衡和整体利益的长期发展作为主要考量，将合作伙伴和客户的利益纳入供应链整合的决策制定中，以此累积信任。对于资产并不丰厚的中小企业来讲，与合作伙伴和客户之间的信任不仅是有价值的无形资产，也是促进长期合作的基础。

未来，广东民营企业跨国经营有机会在诸多领域迎接机遇，发挥主导作用。"一带一路"作为一项雄心勃勃的发展倡议，旨在加强与占世界人口近2/3的中亚、欧洲和非洲市场的联系，广东民营企业有待提高"走出去"的效率与水平，将"一带一路"国家合作推向新高度。广东民营企业还有待依靠精益生产、技术创新、产品设计和品牌塑造，进一步实现从 OEM 向 ODM 的产业升级，占据国际产业价值链的高端。广东民营企业在通向未来的道路上，用全球化的开放视野，正书写新的篇章。

第十四章

新的挑战与机遇

第一节　野蛮生长、持续成长与永续
经营的生态学视角

　　广东民营企业在改革开放春风之下的成长特征，可以用野蛮生长往文明生长的过程来形容。民营企业家找到一个国有资源还未进入或者还有一定生存空间的领域就占据一个生态位，开始募集各种资源，突破各种体制与物质资源的限制获得成长的空间。比如今天已然成为民营经济中佼佼者的华为，20世纪90年代曾与体制内的电信局合作，吸引电信职工入股成立合资公司，把自己的交换机卖到了广阔的农村地区。今天，广东民营企业已经获得了相对宽松的政策制度环境，融资和人才获取能力也大幅增强，然而如何持续成长，如何实现百年企业的永续经营状态，仍然是一个困扰着广东民营企业家的重要问题。在这方面，广东民营企业需要突破"三代而亡"以及"成功陷阱"的魔咒，需要深究民营企业平均寿命难以超过4年背后的宿命，更需要突破小富即安，因循守旧的思想惰性。

　　组织生态学研究在这个问题上给我们的启示是：首先，企业的死亡是生态系统中存在的一种必然状态，我们要正确认识企业死亡现象。虽然一些企业衰亡了，但其部分资源还是可以供给新的企业。某一种群（行业）企业的大量死亡，是该行业走向式微或者亟须转型的信号和契机。其次，政府和企业家需要高度重视那些出乎意料的"非正常死亡"，如恶性的政商关系、盲目多元化、商业信用缺失、家族承传失效、企业社会责任不到位等造成的恶劣社会影响等原因造成的原有基础良好企业短时间衰亡，需要谨慎对待，吸收经验，以防止再次发生。

第二节　广东民营企业生态系统内的挑战

广东民营企业作为一个地域性的生态系统，其内部环境已经在40年间发生了诸多重要的改变，面临一些新的挑战和问题。这些挑战和问题直接影响到种群内部企业群体与个体的持续成长。有些问题是过去就已经存在并在近年来越发凸显的，而另一些问题则是新出现的挑战。

一　生态环境的土壤变化：人口红利的消失

随着中国人口红利的消失，广东民营企业劳动力，特别是各种技术工人和经营人才缺口已经成为一个热点问题。2018年春节刚过，包括广州、深圳、东莞、佛山在内的人社部门便立即开启了新一轮的"招工大战"。从广东劳动力市场数据看，广东的结构性用工荒难题依然悬而未决。持续超过10年的招工难依然弥漫在珠三角大多数企业，尤其是制造业企业中。改革开放以来，广东民营制造业曾经凭借人口红利优势获得了快速发展，但随着人口红利的逐渐衰减和消失，其他地区的经济发展水平的提高，尤其是劳动力输出大省的经济状况改善，外来务工人员对于自身职业发展与定位以及家庭工作平衡的追求，使得越来越多的务工人员选择留在家乡或者附近地区就业，而不再到广东来寻求职业发展。广东不少地区的节后员工返岗率低于70%。

另一个用工缺口还发生在技术工人岗位上。企业对产业工人的要求发生了根本性的变化，经常出现多家单位争抢一个技术工人的状况。可见，比起整体劳动力供不应求更为严重的是结构性缺工。从2017年第四季度广东全省企业用工定点监测数据看，企业用工结构呈现出一些新特点，即信息传输、计算机服务和软件业、租赁和商务服务业用工增长较快，企业平均用工规模同比增长超过20%；电子元件、器件制造工，电子工程技术人员，机械设备维修工等技术工种最为紧缺。近年来广州大力发展IAB产业，但在招商过程中遇到最棘手的问题便是招工难题。其中，如以集成电路（芯片）为例，它是一项知识密集型产业，在生产过程中需要大量的技能型人才。技能型人才的数量直接影响到其开发研究和生产规模。由此可见，结构性缺工已经成为企业和市场需要长时间面对的问题，技能型人才短缺在制造业大省广东更为突出。

今天民营企业面临的竞争，不但是企业内部吸引力的竞争，也是企业所在城市竞争力的体现。对于高科技人才而言，他们有更多的去向选择。许多城市例如成都、武汉、重庆等新一线城市以及部分二线城市都提供了非常好的福利制度，例如房屋补贴、人才引进补贴等。广东民营企业的成长必须依靠企业与政府的共同努力，推动用人环境、条件和制度的更新和改善，才能有效应对人才供应的瓶颈问题。而对于企业而言，应用自动化设备、智能制造设备、机器人和AI技术等对人力替代的方案，也已经被提上了议事日程。

二 种群良性与恶性依赖：政企关系的缓冲与纠结

在种群的成长过程中，在同一生态系统中的不同种群之间既可能产生良性的相互依赖关系，也可能产生恶性的彼此攻击关系。怎么理顺这种关系成为生态系统维持持续状态的重要问题。与民营企业存在于同一系统的政府组织是民营企业重要的关系密切的不同种群。40年来，这种政企关系的互动一直或推动或对民企发展起一定的反面作用。在学术界，关于政企关系的正面效应和负面效应的研究都不少。广东民营企业面临一个相对总体宽松的制度环境和廉洁、高效的政府组织的支持。然而，我们观察到不少民营企业主往往采用隐性的政企关系运作。比如，通过获得人大政协代表资格等方式来更多地得到政府的支持。因为民营企业初始成长的生态环境中法律保护相对缺乏，因而民营企业的领导人更懂得与政府结成紧密关系的重要性，他们比其他所有制企业的领导人更加依赖与政府的紧密关系。通过聘请下海官员或者邀请企业官员到企业进行参观以及指导等活动，使得企业与政府之间建立更多的互信关系。这种关系导向不仅是个别时期的特殊产物，而且受到传统文化的深刻影响，也不止广东地区如此。比如，陈凌等学者在对温州民营企业成长道路的研究中就指出，民营企业在组织结构上的政治特征（如建立党支部等），是民营企业主用"特殊关系取向的谋利精神"解决他们面临的经营合法性问题、政治歧视问题与政治谈判能力问题的结果。

然而，我们也观察到因为深度的政企卷入，可能会在官员换届、官员因各种原因下马、被审查等过程中，对企业经营带来的冲击事件。也就是说，政企关系仍然可能会对民企发展带来负面的影响。如何在全面深化改革的过程中，消除"无商不奸和无商不艰"？如何真正在制度、法律规范的基础上，使政企关系真正构成"亲、清"？如何进一步促进民营企业信守伦理与社会责任？等等，仍然是广东民营企业发展面对的一个重要挑战。

三　种群内部变异的不确定性：家族企业传承难题

不少广东民营企业都具有家族制及其治理的基因。随着一代种群的成长，面临孕育新种群以及种群繁衍的难题。一般而言，在种群内部会发生一定的变异，有的种群可能在原来的种群基础上继续发展，而另一些则可能变异为其他的类别，另辟蹊径开始新一轮的野蛮生长。从改革开放初期创业以来坚持到现在的企业家，早已进入换班退休的年龄，这些家族企业主急切地渴望把自己的产业、经营的企业传承给自己的后代。但是，有些家族后裔愿意接班，却显得能力有限；有些具备能力却不愿意在父辈的光环和产业当中继续打滚；有的甚至根本没有接班和经商的意愿。无论是哪一种情况，都造成了民营家族企业内部传承的不确定性。

事实上，股权和管理权的传承只是一个方面的挑战，其背后影响家族企业传承的要素还有很多。除了对股份、管理权限等进行传承外，还应包括权威、能力、业绩、贡献、担当、人脉资本、愿景、价值观等的传承。对企业的成长起到关键作用的企业家的精神和能力、对风险的承受能力、对不确定性的应对能力、打拼和吃苦耐劳的精神等一系列的无形要素，往往是最难传承的，是需要时间、经历、机会去打造和培养的。不少民营企业家为了能够把自己所开创的企业稳定地传承下去，开始重视中国传统文化在企业中的传播和推广。通过把文化建设纳入企业管理的一环，培养下属对上司的顺从，培养员工对企业的忠诚，传递给二代接班者同样的父慈子孝的文化基因，也是属于传承的一种要素。然而这种实践在有的企业能够取得成功，但在有的企业却遇到较大的阻力或者收效不显著，不少二代接班以后并不认同父辈的这种文化理念而未能形成企业文化连续体。

四 种群成长关键因子的缺乏：技术核心优势的衰减

在种群的成长过程中，必须有独特的强有力的成长基因优化，可以使得种群应对外部挑战的变化。就像杂交水稻源于基因技术对于水稻成长和产穗能力的提升一样，必须不断地改良民营企业的成长基因，使之与未来的发展相适应。广东民营企业的技术能力是核心的成长基因，这种基因的改良必须重视。如何开展种群繁衍能力的基因改良，恐怕是民营企业在很长一段时间中需要持续探索的问题。如果说，40年的前半部分，我们仍然可以依靠冒险精神开拓市场，野蛮生长，那么时代巨轮滚动到今天，内在基因缺陷的问题就会显得异常突出，企业必须依靠核心独特的成长基因推动其持续成长。

尤其是当产业向技术和智能领域转型时，企业的核心技术实力、创新能力的短板就成为制约民营企业发展的重要因素。不少广东民营企业家表示，这正是困扰他们的主要问题。比如 TCL 的李东生就指出核心技术能力不足、智能制造能力不足、整体经营效益不高是企业面临的主要发展障碍之一。其中，核心技术能力不足集中表现在高端工艺的制造能力、核心技术专利和专有技术的数量以及新型材料的开发能力。至于整体经营效益不高，则体现为人均劳动生产率低、产品的销售利润率低、品牌议价能力弱。这种问题会造成销售额没有降低，但企业的利润更低。显然，以广东经济为代表的中国实体经济到了一个关口。过去凭借胆大和快人一步，广东的工业基础优势得到巩固和发展，电子信息产业等一批产业领跑全国，华为、格力等一部分企业已经在创新和自主研发方面率先示范。然而，要从根本上实现"中国制造"向"中国智造和创造"转型，还有赖于企业家转变发展理念、重构战略、再造组织创新机制和能力，同时也需要政府营造更加富有激励创新的制度安排。

第三节　广东民营企业的持续成长契机

我们不仅要看到上述的问题和挑战，也应该珍惜和研究当前生态系统当中的成长机遇。改革开放40年的过程，既是企业内部不断创新和变革的过程，也是成长制度的环境不断松动和改良，种群之间良心竞争推动彼此进步的过程。

一　种群土壤的改良：制度合法化的新机遇

制度合法化带来了广东民营企业初期的爆发性成长，而当前的制度改良则让广东民营企业有了更为广阔的发展空间。其中，近期影响力比较深远和广泛的要数广东地区的负面清单制度的设计和实施。2015年国家发展改革委批复同意广东开展企业投资项目负面清单管理试点，广东省人民政府印发了《广东省企业投资项目实行清单管理的意见（试行）》及准入负面清单、行政审批清单、政府监管清单三份，在全省范围内对内资企业投资项目实行清单管理。对企业"非禁止即可行"，对政府"非许可不可为""法定职责必须为"。这种制度的设计改变了原来的事前审批带来"天花板"和"隐形玻璃"等民营企业无法解决的行业歧视问题。因为，负面清单进一步放宽了企业投资准入。负面清单以外的项目，由企业依法依规自主决策投资行为，全部实行网上备案管理，企业只需上传相关证照并填报项目信息即可完成。伴随这一制度改革的是最大限度下放项目核准权限，优化项目管理流程。目前，除国务院明确规定由省级核准，以及跨流域、跨地级以上市的项目外，基本已下放到地级以上市或县级政府核准；属于企业经营自主权事项的资金信用证明等 18 项前置事项已明确取消，项目核准只保留规划选址、用地预审等法律法规规定的前置手续。推行项目审批标准化管理，进一步规范行政审批行为，制定并公布了全省统一的企业投资项目行政审批清单，清单以外事项，一律不得实施审批。对保留的审批事项，纳入网上办事大厅管理，并编制办事指南和业务手册。这些措施切实地降低了民营企业创业和经营的成本，也带来了种群成长的更为充分的机会。

广东民营企业在实体经济领域也获得了新的支持。2017 年，广东省人民政府正式对外公布《广东省降低制造业企业成本，支持实体经济发展的若干政策措施》，从税收、用地、社会保险、用电、运输、融资和制度性交易成本七个方面集中为企业"降成本"，以及从技术改造等三个方面为企业创新"做加法"。如能顺利落地实施，据测算，2017 年可为企业直接降成本 620 亿元，至 2020 年累计可降成本 2600 亿元。政府更多地回归到塑造环境、制定制度、提供服务的角色上来，就能为民营企业提供更具确定性以及宽容度的成长空间。除此以外，信用制度的完善等方面的建设，也将进一步推动合法性环境的优化。

二　种群养分供给的持续发展

在种群的成长环境中，我们看到了更多有利于广东民营企业种群发展的养分供应条件的改善。比如，过去民营企业的资本造血能力有限。民营企业在申请银行贷款、正式融资渠道上曾面临劣势，难以像国有企业那样获得金融机构的融资支持，大多依靠自有资本、家族成员支持、民间借贷等形式来获取发展资金。然而，在 40 年后的今天，民营企业则面临更多的资本供给的选择。政府也在大力鼓励发展众创、众包、众扶、众筹空间；鼓励发展风险投资、天使投资等各类创业投资基金，探索建立股权众筹平台。互联网技术的应用也使得民营企业可以在更多的平台上获得信息披露以及曝光机会，从而向外界证明自己的发展前景和实力，获得投资。

更关键的是，党的十八届三中全会明确指出：完善产权保护制度。产权是所有制的核心。健全归属清晰、权责明确、保护严格、流转顺畅的现代产权制度。公有制经济财产权不可侵犯，非公有制经济财产权同样不可侵犯。国家保护各种所有制经济产权和合法利益，保证各种所有制经济依法平等使用生产要素、公开公平公正参与市场竞争、同等受到法律保护，依法监管各种所有制经济。以上的制度建设方向为民营企业的产权稳定性提供了一个清晰的基调。全会还进一步指出：积极发展混合所有制经济。国有资本、集体资本、非公有资本等交叉持股、相互融合的混合所有制经济，是基本经济制度的重要实现形式，有利于国有资本放大功能、保值增值、提高竞争力，有利于各种所有制资本取长补短、相互促进、共同发展。允许更多国有经济和其他所有制经济发展成为混合所有制经济。国有资本投资项目允许非国有资本参股。其中这种"鼓励国有经济和其他所有制经济交叉持股、相互融合"有望进一步打开民营企业融资的渠道和空间。而与国有企业交叉持股的空间的开放，也为民营企业进入过去没有进入的行业和领域提供了新的进路。

在人才的供给上，尤其是在核心科技型人才和关键管理人才的供应短板问题上，政府提供的解决方案是鼓励和落实科技成果收益分配、期权股权激励政策，并且试行混合所有制企业经营者和员工持股。这是从未有过的对人力资本价值的肯定。习近平总书记早已对广东提出期望："广东要在推动经济结构战略性调整上走在前列，当好创新驱动发展的排头兵。"不唯地域引进人才，不求所有开发人才，不拘一格用好人才。创新驱动实质上是人才驱动。通过多年精心打造，广东已形成比较成熟有效的引才、育才模式，通过深入实施"珠江人才计划""广东特支计划""扬帆计划"等重大人才工程，通过"中国国际人才交流大会""深圳高交会""广州海交会"等国家级交流合作平台，可以更广泛地吸引海内外高层次人才，集聚大批产业发展急需的创新型人才和科研团队。近年人才引进的创新是突破过去只是引进个别的人才到创新海外人才引进模式，首创科研人才团队引进。围绕创新驱动发展战略、人才强省战略，先后出台系列举措吸引高层次人才，更是开全国之先河。已落户深圳的光启团队，是广东省首批引进的12个创新科研团队中最年轻的，堪称广东海外引智的活广告。然而，我们也注意到，全国各地在争抢人才落户上面推出了很多的举措。杭州、西安、郑州、成都等地在人才落户门槛降低、人才资金奖励和住房福利配套、创业就业手续便利性提升等方面也都加大了改革力度和支持力度。这些二三线城市逐渐在与一线城市的人才竞争中找准了自己的区位优势、生活水平优势以及产业人才匹配优势，这些将对珠三角地区的人才引进造成较大的竞争压力。

在信息与技术的养分供给上，为了鼓励广东民营企业的技术创新，广东省政府在"十三五"规划中明确提出：支持小微企业创业创新基地城市示范建设，完善创新服务体系。实施重点实验室倍增计划，争取更多国家实验室落户广东。在大中型工业骨干企业中普遍建立省级以上工程技术研究中心、企业技术中心、重点实验室、工程实验室等研发机构。建设一批国家级制造业协同创新中心。发挥高等院校、科研院所基础研究和源头创新优势，重点聚焦面向产业的核心技术、关键共性技术、重大装备和标准的研发攻关，重视颠覆性技术创新。加快国家大科学装置和工程的建设和应用。促进省部院深入合作，建立产业技术创新联盟。办好广东省科学院，努力将其打造成为在国内外有重大影响力的科技平台。大力发展新型研发机构，增强服务企业和孵化科技成果的能力。实施重大科技专项，研发推广一批关键技术和重大战略产品。推动专业镇转型升级，形成一批创新型产业集群。加快构建开放型创新体系，争取国内外重大创新平台落户。等等。实施这些新的举措，有望取得良好的实际成效。

三　种群良性传染：粤港澳大湾区深度融合带来的契机

未来在种群之间会发生更多的良性传染，即先进的商业模式、优秀的管理经验、更为全面系统的服务功能将会在广东地区被不断地模范和复制。这也有赖于广东地区几个城市经济群之间的彼此良性竞争。比如广州、深圳中心城市高端服务功能将会强化，广州全面创新改革试验核心区的示范效应将会凸显，而深圳创新型城市的创新引领作用则会成为国际产业创新中心的辐射效应发动机。在这两个一线城市的辐射带动作用下，城市种群之间会随着交通便利性、行政区域的进一步拓展和融合，发生更多有利于广东民营企业成长空间的事件和碰撞。与之比邻的几个城市将会成为"广佛肇""深莞惠""珠中江"三大经济圈一体化建设中民营经济成长的摇篮。

粤港澳大湾区城市群的提出，应该说是包括港澳在内的珠三角城市与产业融合发展的新篇章。未来，广东民营企业的发展会进一步走出过去"前店后厂"的经贸格局，升级成为先进制造业和现代服务业有机融合最重要的示范区。比如，粤港澳大湾区给佛山和东莞两个制造业大市的转型升级带来了新的机遇。东莞提出，作为国际制造业名城，将借此契机努力打造粤港澳大湾区的国际制造中心。佛山则提出，要深度融入粤港澳大湾区发展战略，打造大湾区的制造重镇。佛山民营资本雄厚，拥有一大批具有国际视野的民营企业。在佛山，南海和顺德两区双轮驱动，形成了竞合发展的良性态势，中德工业服务区、中欧中心等国际平台，更是为"中国制造2025"对接德国工业4.0探路。佛山还因区域优势明显，向东紧靠广州，向西则面向珠西辽阔的制造业腹地，近年来更是提出要做珠西装备制造业的龙头。如今，佛山还提出，突出广佛同城优势打造大湾区核心区的同时，还要打造大湾区辐射带动粤东西北振兴发展的桥头堡。可见，佛山的产业辐射效应或者说种群传染效应要更强一些，它将带动周边地区产业升级的进程。

佛山身后的珠海、中山、江门，东莞身后的惠州，这些城市的制造业实力同样不容小觑。比如，东莞和惠州掌握生产领域，从而形成电子信息产业全产业链的布局。华为、大疆、康佳、金立等一大批深圳知名企业纷纷入驻东莞，正是显示了东莞的产业配套能力。在粤港澳大湾区概念下，它们都提出了将发挥自身制造业优势，实现与大湾区其他城市的优势互补。然而，如何保证这些地区之间的竞争遵循良性竞争原则，种群的传染和扩散不会带来严重的生态超负荷或者资源的耗竭，仍然是一个值得探讨的话题。

四 种群的遗传与变异：技术环境变迁下新产业种群的发展

未来，广东民营企业的种群会继续变异产生新的产业种群。在技术变迁的环境下，新的环保技术、附加值更高的技术、互联网背景的技术将得到更多的应用。广东民营企业未来将在智能制造装备、船舶与海洋工程装备、轨道交通、航空制造、卫星应用、精细化工、精品钢材等先进制造业领域有更大的作为。重点发展金融、现代物流、电子商务、商务会展、信息服务、科技服务、工业和建筑设计、文化创意、服务外包、现代保险等生产性服务业方面获得更多的发展机遇。广东省也准备重点发展健康养生、现代医疗、残疾康复、旅游休闲、文体娱乐等生活性服务业。培育下一代互联网、物联网、大数据、云计算、智能机器人、3D 打印、可穿戴设备等新兴产业。推动高端新型电子信息、生物医药、半导体照明（LED）、新材料、新硬件等产业成为新的支柱产业。扶持新能源、节能环保、新能源汽车等产业成为优势产业。广东民营企业将会在其中出现更多的独角兽企业，更多的潮流新贵，更多的引领技术和未来的佼佼者。

在 2017 年出台的《降低制造业企业成本支持实体经济发展的若干政策措施》中，广东省提出支持培育高端智能装备、新能源及节能环保、新材料、新一代信息技术、生物医药五个"万亿元级"新兴支柱产业。珠江东岸高端电子信息制造产业带、珠江西岸先进装备制造产业带、沿海石油化工及新材料制造产业带、环珠江口先进轻纺制造及生物医药产业集聚区、粤东西北配套产业集聚区"三带两区"也已经进入规划。广东制造业未来的重点发展方向进一步明确。这一报告也指出，2017—2020 年省财政重点支持"中国制造 2025"示范区建设，以珠江西岸为龙头的先进装备制造业发展，以及高端智能装备、新能源及节能环保、新材料、新一代信息技术、生物医药五大制造业新兴支柱产业。五大新兴支柱产业规模大、效益好、技术领先、产业支撑带动强、资源消耗低、未来 3—5 年有望实现万亿元产值规模。其中，高端装备与新材料产业聚焦发展机器人、智能制造关键技术装备、节能与新能源汽车、智能交通装备、海洋工程装备等细分产业；新能源产业重点发展风能、核电、光伏、节能环保等细分产业；新一代信息技术聚焦发展集成电路、新型显示、4K 电视、新一代信息网络、核心软硬件、跨界融合新业态等细分行业；生物医药重点发展医药、医疗器械、生物技术工程等细分产业。这些无疑也给广东民营企业的新发展提供了新的契机。

第四节　种群生存能力的提升与整体变迁：描绘广东民营企业未来走向

一　政企共存共生机制

政府组织与民营企业是两个不同的组织种群，然而在一个生态系统中却有着非常密切的联系。政府组织种群相对稳定，它们很多时候提供给民营企业合法化生存空间，协调系统内养分的调度。如果更深入进行考察，种群之间的能量交换是通过具体的种株之间的连通实现的。具体来说，多学科研究表明，我国社会转型过程中民营企业与政府的政治联系与其说是组织与组织之间的非人格化交换关系，不如说某种程度上仍然带有民营企业家与政府官员之间的人格化的交换的色彩。广东民营企业发展的过程中，实际上也有很多这样的人格化交换的互动。这种交换的过程可能因其信任、情感关系而降低了彼此的交易费用，但是这种依赖于人的交换很多是偏私性的资源配置，是设租、寻租、抽租的过程，因而仍然充满风险。此外，一旦政府官员换岗或下马，又或者民营企业高层发生接班继任（大量的民营企业仍然受到家族的控制），原有的关系将会被打破而带来负面的影响，可能使得民营企业的成长处于一种不可持续的状态。

我们认为上述损益影响的机制是一种路径依赖的发展过程，政治联系有可能形成相互报酬递增也有可能形成相互报酬递减的制度变迁路径。这两种路径依赖并不是各自独立的，而是相互转换纠缠起来的。如果政商关系的公正公平度越来越高，则由此关系嵌入带来民营企业的发展成长，创造较高的就业率和利税，企业与政府之间就会形成相互报酬递增的路径依赖；但如果双方不能致力于市场机制的完善和法律产权保护体系的建立，又可能会形成利益集团的恶性扭结，官员寻租行为的泛滥，企业营运的整体交易成本上升，由此会阻碍绝大多数企业的长远发展和地区经济的持续增长，企业与政府之间的互动又陷入相互报酬递减的路径。这为广东民营企业未来的变革和发展带来了启示。民营企业家应该更多地把人格化的与政府机构的交换变为组织化的交换。通过承担社会责任等活动，参与政府倡导的社区建设，政府组织的产业研讨活动等可以获得更有力的社区内政府支持，但同时也要看到政企关系的"双刃剑"效应，而应该将主要的精力持续投入企业经营过程和实力塑造上面，切忌形成恶性的利益纽带和连接。在未来的发展中要洞察政府产业规划的方向，但往往更要依靠自身对于行业趋势、商业机会的判断和把握。

此外，在政商关系互动上，广东民营企业发展中存在两种弊病，仍然有待在未来发展中通过双方的努力来解决。正如前面所提到的，这两种弊病分别可以概括为"无商不奸"与"无商不艰"状况。"无商不奸"是指少数民营企业无视法律法规和政府监管的要求，罔顾社会伦理规范，在企业经营过程中践踏社会责任，生产假冒伪劣产品，欺骗、损害利益相关方（顾客、员工和股东）。在改革开放初期，由于各项法律法规制度尚在完善过程之中，一些民营企业家采取铤而走险的方式来获得第一桶金，他们以一次性交易思维获得超额利润而不关心企业的长期价值和社会责任。然而，在法律法规比较完善的今天，仍然有一些企业依仗一方的势力和保护伞而坚持破坏公平公正的经营规则和利益相关方的效益，赚取一己之私利。这是为什么民众对少数民营企业"无商不奸"的判断的社会基础。未来，在这一领域广东政府组织可以着力继续推动的是广东省社会信用体系建设。尽管广东已经是全国创建社会信用体系示范城市最多的省份，目前已初步建成社会信用体系基础框架，建设进度处于全国前列，也在全国率先出台地方性专项规划，率先与国家统一共享平台对接、交换数据，率先实施统一社会信用代码制度，但是，构建政府、社会共同参与的信用联合奖惩机制仍然任重道远。在市场化比较充分的匿名交易时代，在脱离了熟人环境的交易当中，必须形成政府部门协同联动、行业组织自律管理、信用服务机构积极参与、社会舆论广泛监督的共同治理格局。工商、税务、安监、环保部门等联动起来，提供违背社会责任规范的黑名单和依法实施的治理行动；行业协会则需要共同谴责祸害行业的害群之马的举动以及订立共同维护信用体系的约定；金融机构、信用服务机构形成制约违规企业的合力，再联动新闻媒体、社区监督和社会舆论的力量，才能净化广东民营企业成长生态系统的环境。

然而，我们也要重视政府有关部门的不当管理带来的"无商不艰"的局面。事实上，民营企业法律主体地位不平等的问题仍然没有得到理想的解决。宪法和国家政策文件规定，国家保护私营经济的合法权利和利益，但当民营企业的合法财产受到侵害时，往往难以得到法律的有效保障，甚至不时发生政府部门侵犯民营企业合法财产事件。2015年底广东省工商联对506家民营企业调研结果显示，分别有39.8%、38.3%、44.0%、21.0%的受访企业认为急需在反不正当竞争、反垄断行为、规范执法行为、知识产权保护方面加强立法工作，14.4%、13.6%、16.7%的企业认为执法不公、行政不作为乱作为、执法不规范简单粗暴，有26.0%、29.3%的企业表示办案效率低、诉讼成本过高。因此，未来在广东省各级政府层面推动执法公平、行政公正等方面的举措仍然是十分有必要的。如何为广东民营企业减负，真正在执行层面重视民营企业合法权利的维护，让它们可以摆脱不必要的行政手续，获得平等对待等仍然需要被提上议事日程。可以说，政企双方都需要在构建健康可持续的广东民营企业生态环境系统方面共同努力。

二 应对复杂多变的环境仍然任重道远

广东民营企业在未来的发展仍然面临非常复杂的形势。广东民营企业有天生的外向型基因，其国际化程度较高，因而受国际市场上的政治经济变化的影响也较为明显。当前国际政治经济形势复杂多变，民营企业在全球性市场环境中面对更多的不确定性因素。2018 年 3 月 23 日，美国总统特朗普在白宫正式签署对华贸易备忘录，宣布将有可能对从中国进口的 600 亿美元商品加征关税，并限制中国企业对美投资并购，近期，中美贸易战还在升级。贸易战的展开，不只是一场经济领域的对抗，也是技术、政治等新一场国际重量级较量的序幕。广东民营企业如何在这样的新格局中寻找自己准确的定位，成为一个全新的课题。尽管有报道和研究表明，广东外贸受中美贸易战影响不大，因为对美国出口商品的大头不在加税之列，而加税清单中的产品，美国市场目前并非主要市场，但美国仍然是家电、卫浴和机电等大宗出口商品重点布局的新兴市场。此外，一些已经实现了转型升级的广东民营企业，试图通过技术领域创新进入美国市场或将变得更难。当前，广东高新技术产业相对发达，近年也大力发展先进装备制造业，然而这些领域和行业都是美国此次建议征税的重点。

一个解决这种贸易壁垒、单边主义挑战的路径是加快民营企业新型国际化的步伐，即实现从原来只是做产品出口买卖向国外直接投资的转型，或者实现从原来引进其他国家的技术和设备到收购别国的专利、供应商的转型。美的收购库卡，比亚迪在国外设厂等都是优秀的代表案例。另一个值得注意的案例是广东顺德的伊之密精密机械股份有限公司（以下简称伊之密）。该公司收购美国企业 HPM 全部知识产权，并在原 HPM 管理团队基础上建立全新 HPM 北美公司，以"中国制造 + 美国品牌"方式拓展北美市场。HPM 业务经理曾正宇说，三年蛰伏，2014 年伊之密在美国成功售出第一台注塑机，在加拿大交付 4 台压铸机。2014 年，伊之密在美国设 300 平方米展厅做推广，目标是在 6 年内成为全球机械装备领先品牌。全新海外投资模式，令伊之密"走出去"步伐从容。看重印度的市场潜力，伊之密印度技术服务中心已开始运营。除此以外，俄罗斯将成为伊之密下一个重点部署的目标地。这些国际化的领军企业让我们看到广东民营企业未来的发展的新趋势，它们主动拥抱环境的变化，率先应对国际市场的挑战，并抓紧新的机遇，走出外向型投资变革的尝试，也将首先获得这一变革趋势的红利。除此以外，伊之密也让我们看到广东民营企业应该更多地利用"一带一路"建设给对民营企业提供的机遇。未来，广东民营企业可以考虑如何响应习近平主席在访问中亚四国与印度尼西亚时分别提出建设"新丝绸之路经济带"和"21 世纪海上丝绸之路"的构想。这一构想强调相关各国要打造互利共赢的"利益共同体"和共同发展繁荣的"命运共同体"。"一带一路"倡议对有意进一步开拓海外市场的中国企业提供了新的历史机遇。

三　互联网时代机遇的把握与突破

　　关于当代互联网、物联网、大数据、人工智能、区块链等新技术的兴起，将为新时代广东民营企业提供更多新的商业机会。人工智能是研究、开发用于模拟、延伸和扩展人的智能的理论、方法、技术及应用系统的一门新的技术科学。人工智能的核心技术是机器学习，实际上是机器通过读取大量的样本数据进行逻辑性分析，构建出自我的认知模型。人工智能是大数据积累发展到一定阶段的产物，随着可获取互联网数据、物联网数据的几何式增长，多维样本数据的不断丰富，人工智能将实现快速突破。当前，由于人工成本的上升，企业对产品质量要求的提升等因素，人工智能在广东民营制造企业中的应用越来越普遍。在服务领域，人工智能在金融服务、物流服务等现代服务业的应用越发深入。未来，无论是创造人工智能、产品、技术和系统解决方案的行业也好，还是把人工智能应用于传统企业生产、服务过程的改造都将成为广东民营企业成长的重要趋势。

此外，大数据技术也成为民营企业弯道超车或者突破发展的另一利器。大数据技术是从各种类型的数据中快速获得有价值信息的能力，大数据的核心在于数据的分析识别，只有通过分析才能获取很多智能的、深入的、有价值的信息。大数据既可以从营销领域提升民营企业目标市场策略的精准性，广告传播投放的有效性，在内部的决策上大数据也帮助民营企业做出更为科学的决策数据分析基础。不仅如此，大数据也是人工智能应用的基础，只有基于大数据的规律、模式分析，人工智能的发展才有更坚实的基础。

近年来兴起的区块链管理思维和系统框架与大数据也有着密切的关系。区块链能够完成数据的分布式存储和安全，对于数据本身的分析是离不开大数据的。而区块链技术为大数据突破发展中的瓶颈提供了解决方案，在技术日益发展的区块链技术更需要大数据技术提供应用环境，基于大数据应用的新概念或新技术，新产业的发展不断促使互联网逐步走向各个传统领域，大数据在此过程中将扮演着不可替代的角色。区块链一定程度上摆脱了中心机构对数据的控制，解决了大数据带来的隐私数据泄露问题，通过加密手段保证隐私数据的脱敏传输，同时，区块链与大数据的融合将开启全新的时代。未来广东民营企业可能率先在金融和支付领域应用区块链技术，其应用的前景是非常广泛的，在物联网、医疗、房地产、社交等领域都有很好的应用前景，而技术应用的结果就是减少中间环节，突破信任屏障，从而降低交易成本。比如，腾讯就已经发布了区块链白皮书，推出 TrustSQL 企业区块链应用平台，涉及数字资产、鉴证服务、共享账本等服务。国内众多创业公司也在探索除金融领域外的应用，未来民营企业将在拍卖、征信、人力资源、网络备案信息、医疗数据信息等领域发挥区块链的竞争实力，构建超越数字货币以及智能合约的应用生态。

还有物联网的发展也将成为新兴区域。物联网是物物相连的互联网，把所有物品通过射频识别等信息传感设备与互联网链接起来，以实现物品间的信息交换与通信。物联网的核心价值在于设备传感数据的捕捉和分析，要从大量的信息和噪声中识别和分离出最为重要的数据。物联网面临的最大挑战是安全性以及完整性的问题，用于网络设备之间数据传输的服务器在生产力和可靠性方面会成为薄弱环节。然而，上述的区块链将助力物联网发展，大大减轻中心计算的压力，而且释放物联网组织结构的更多可能，为创新提供更多空间。一大批物联网应用民营企业将获得长足的发展。

概括而言，广东民营企业必须兼顾组织的双元决策。一方面要推动颠覆性的创新决策，引入全新的技术，改造企业流程，创新商业模式，塑造新商业平台，应用全新场景，解决新的需求。另一方面要做渐进性的创新决策，通过效率的不断改进，阶段性的产品、服务和技术创新活动，获得与环境发展的匹配与一致性。

四 组织能力的持续突破

未来的发展必定仍然以广东民营企业不断变革为主线，我们要看到的是，组织变革背后仍然是组织能力持续突破的过程。纵观 40 年的发展，广东民营企业组织变革的过程，是这些企业组织能力从无到有，从弱到强的过程，是组织能力从一种形式转化为另一种形式的转换过程。总而言之，广东民营企业组织能力的更新是其组织变革的本质。组织能力不是企业的资源要素本身，而是为实现企业家（团队）所发现的市场机遇，实施组织内部各项生产经营活动，对资源进行合理配置、组合的动态过程。组织能力代表了一种通过持续改进以提升企业效率和效益的经营能力。所以从动态来看，组织能力是为适应环境而不断调整的弹性及恢复力，它可使组织重新定位以更好地执行一个或多个工作，进而促进资产、能力的积累。

组织能力是在资源向产品的转换过程中起到"骨架"和"肌肉"作用的一种机制。这种机制首先反映在企业日常经营活动中，对由各种资源要素组合而成的经营环节或者流程（如生产制造、产品开发、市场营销等）所进行的管理；其次还包括了企业根据外部环境，以及企业未来战略的变化，对内部各种资源（人力、物力、财力）要素进行动态协调（购买、甄选、组合与淘汰）和利用的过程。这种对资源利用、组合、更新的能力是具有过程性和层次性的，最先表现为一种个人配置组合资源的技巧与方法，比较成熟有效的技巧和方法就转变成为组织惯例（企业各个环节中形成的一种固定做事方式），然后成为正式的治理和控制机制（组织结构、规章制度等）；最后，延续性的认知过程和习惯性的思维方式使公司成员形成特定的价值观和企业文化，保证企业配置组合资源方式的延续性和稳定性。

从民营企业成长历程来看，在企业发展初期，较为单一的产品线结构往往采取的是直线职能式的组织结构，在这种组织结构中，维系组织上下层联系，具体配置组织资源的是企业家和泛家族管理团队，他们能够对企业出现的危机做出快速反应，能够对员工的问题给予快速反馈。但是他们的方法更偏向于非正式契约的"默契"、特殊的管理技巧和方法，而非表现为组织惯例、规章制度、企业文化等可以反复使用以及传承的"制度化"的东西。如果企业进行战略变革，例如进入全新的市场领域（如格兰仕）、进行产业链的前向或者后向整合（如奥飞动漫），通过收购或者兼并其他行业的经营实体进入多元化的业务领域，或者实施国际化战略（如美的）的时候，以往由企业家（团队）主导，家族、泛家族管理团队共同提供组织能力的状况可能面临"漏洞"或者"缺口"。在这个阶段，企业家所具有的能力和积累的经验往往不能够满足企业发展的需要，并且由于企业内部原有的"核心"经理人才的能力类型和企业家存在同质化的倾向，他们遇到的问题和企业家类似。但是，在这个阶段，外部环境的变化，企业战略的大幅度调整，必须保证企业所拥有的各种资源以与从前不同的方式进行组合和配置。而且对于进入完全不同的行业来说，也需要对企业以往的各种资源要素进行动态协调（购买、甄选、组合与淘汰）和利用。所以，企业的组织能力需要新的来源，以保证在新的环境下，合适的资源能够得到购买、已有的资源能够得到合理的配置以及组合。因此，当企业内部出现"能力缺口"的时候，企业家的目光就会转向企业外部。

我们可以从格兰仕第一次重要的变革（服装行业到微波炉行业）的过程中发现机会，完全源于家族企业主（梁庆德）对机遇的把握、对市场的敏感以及过人的胆识使得企业跨入了一个全新而又充满潜力的领域。但是格兰仕的变革（微波炉）和创业（羽绒服）的区别并非只是产品的转换、桂洲畜产品集团改名为格兰仕集团那样简单。更重要的是，以往适应轻纺企业成长和发展的企业组织能力面对新的，具有巨大差异性的行业时，必然出现巨大的能力缺口，即缺乏在新的行业内组织和配置资源的能力，而这些能力缺口需要新的来源加以补充。但是在当时，公司上下从企业家到管理人员，没有人懂微波炉的技术，也缺乏家电行业针对最终消费者的市场营销方法和手段。如果这些问题不解决，进入新的微波炉领域肯定是一个必然失败的结局。也正是在这一个阶段，企业家及核心管理团队引入外部的"关键性"人才，例如陆荣发（技术人才）、俞尧昌（营销人才），"融合"他们的能力（个人技术、管理技巧、行业经验），成为企业未来成长的关键因素。但是，这种"融合"过程并非如此顺利，困难不仅来源于企业家（家族）、泛家族管理团队、创业元老与外部职业经理人之间盘根错节的关系和利益纠葛，更可能伴随着我们熟悉的概念——"组织惰性"。当企业外部环境发生变化的时候，企业组织能力也需要进行相应的变化，但是这种变化却经常遇到阻碍和困难，也就是会出现组织制度难以调整，调整了以后遇到已有组织成员或者是利益群体的抵制或者反抗等问题。以往的企业的组织能力越成功，就越容易形成组织惰性，在外部环境发生变化时，越会阻碍新的组织能力的产生。

组织变革一般包含四个内容（维度）：战略领域转型、组织结构变革、关键人员更替、控制系统调整，本质上反映了民营家族企业在变革成长阶段中以往的高层管理者（企业家和泛家族管理团队）个人心态、组织行为、个人管理方式的调整。民营家族企业在创业阶段的成长往往依靠高层经理人员（企业家和泛家族管理团队）个人的能力和技巧，如果没有他们的指导和控制，企业员工的主动性、积极性、创新性和一致性就会下降。但是现在随着管理复杂性的提高和组织层次的增加，以往的高层管理者（企业家和泛家族管理团队）很难采取类似以前的管理方法了。在这个阶段中，几个相互关联的、关键性的条件保证了企业的再次成功：第一，是企业家能够发现为企业新的组织能力提供来源的"特定"人才，同时获取这些人才；第二，在企业新的组织能力的形成过程中，企业进行了相应的调整（例如组织结构调整、关键人员更替等），以便"特定"人才能够并且愿意将其个人能力转化为企业的组织能力；第三，也是最为关键的，企业新引入的外部高层管理人员的管理思路、技巧和方法和原有组织能力的融合问题。只有最终"合成"企业新的组织能力，民营企业的进一步成长才有了更为广阔的空间。

五　企业传承的阶段推进

　　未来的民营企业仍然集中性地通过企业传承这个变革的关口。如上所述，企业的传承实际上是组织能力的传递。在整个企业传承过程中，个人的能力必须转换成组织的整体能力，不能单单依靠个人努力。过往成功过的企业家能力要变为下一个企业家能力、企业管理集体的能力和组织整体的能力。如何转换，我们认为要做到两点，第一点是一代企业家除了要"搭班子、定战略、带队伍"，还要"构机制、塑文化、消病毒"。"搭班子、定战略、带队伍"是柳传志所倡导的高层管理者责任和路径。一代企业家不仅要发挥自身的商业机会捕捉能力、关系网络构建能力和企业运营调整能力，也要建设管理团队，制定企业的中长期战略规划。他还应该是一位优秀的导师，把人才梯队建立起来，教导成为理想的接班队伍。

　　然而，对于广东民营企业而言，我们更想谈谈后面三种改革的方向和进路。在科林斯的《基业长青》里面，他指出，那些能够实现基业长青的企业都不是报时者，而是造钟人。一个企业能够持续发展下去的基石，是健全的制度并按照规则行事。过去在民营企业当中，很多家族企业都在泛家族文化的亲情规则与工具理性规则的矛盾冲突中或受困或顽强生长。亲情纠缠、人情至上、偏私性袒护、弹性化相机处理的管理规则等难以有效地形成管理人员的择优机制，也难以有效地整合人力资源。这种以非正式制度代替正式制度的方法固然可以在企业成长的前期降低交易成本，但也带来后续的矛盾纠结、山头林立等问题。要解决单纯以家族化手段解决企业管治问题的思路，还需要运用泛家族治理思路，即运用熟人网络、高质量的领导与下属的互动建立类似于家庭一样的管理架构。事实上，对民营企业成长影响最复杂、最关键的是泛家族文化资本。相对于西方式的家族企业而言，中国的泛家族规则在一定程度上突破了家族的局限性，能联结融合更多的社会资本，因而民营家族企业有更大的成长空间。然而，与钱德勒所分析的现代经理式企业相比，泛家族文化所内在的亲情规则与工具理性规则的矛盾，差序格局的弹性规则对资源的吸纳和整合的效度、广度，对人类合作秩序的扩展能力低于西方的理性制度、文化资本的扩展能力。结合而言，一代企业家如果能够借助西方先进的管理思想、管理制度和实践，同时使用泛家族治理手段扩展社会资本，则能够融汇东西方的管理智慧来促进企业机制的建立，塑造具备两种文化精华融合的企业文化。最后，还要消除病毒，即过往存在的诚信缺失、企业内外的不良裙带扭结、山头主义，企业亲情利益纠葛的毒瘤都要在变革过程中消除。

　　第二点是，继任者要学习、历练、悟道、创新、提升。有些一代企业家解决不了的问题，比如关系纠结，比如从人格化交换到非人格化交换的转变，即实现制度规则的治理，可以由继任者去接着完成这样的使命。但在这之前，继任者必须能够学习管理经营的必要知识与技能，在实践岗位上得到长期的磨炼和熏陶。更关键的，要实现青出于蓝而胜于蓝的突破，就需要深刻洞察企业内部的文化机制、文化规则的核心功能是解决人类交往交换过程中的信任问题的。继任者需要创造新的信任格局，需要弥合老团队和新团队的信任鸿沟，在历练过程中形成新的管理认知、管理理念和管理风格。这是一个悟道的过程，是整合创新，提升经营效益，创造新的利润增长点的过程。

六 企业社会责任承担

广东民营企业未来在承担社会责任上可能会有更多的进展。不少的民营企业在野蛮生长中伤害了环境，而未来它们可能会为一个绿色永续环境而努力。目前，民营企业可能仍然纠结于拿出多少的成本来保护绿色环境、模范遵守环保制度、实现与环境共同生存的目标。但在更远的未来，企业将得到社会责任的正反馈，从社会责任的完成过程里面得到社区支持、政府肯定和顾客的赏识。从而，民营企业发展得利于绿色永续的路径，并且从绿色经济中得到更多的商机。未来的社会消费趋势也是要绿色消费而不是消费绿色。

正如美国管理协会前主席徐淑英教授指出的那样，除了捐赠钱款之外，企业还通过社区参与或员工志愿服务项目来体现其慈善关爱。根据波士顿学院企业公民中心的一项研究显示，在接受调查的《财富》500 强企业中，超过 90% 的公司都有员工志愿服务项目。比如，迪士尼在全球的员工 2011 年一共捐献了 50 万个小时，献身于教育、扫盲、健康医疗、儿童和家庭服务、社区修复、环境保护、帮助饥饿和无家可归者等活动。研究发现，就总体而言，企业志愿服务是"志愿活动领域内增长最快的方面之一"，无论在北美还是欧洲都是如此。广东民营企业也将参与这样的进程，为"安得广厦千万间，大庇天下寒士俱欢颜"的大同理想，做出自己的贡献。

社会责任的承担不只外部的利益相关者，还包括企业内部的利益相关者。过去，大量广东民营企业通过减少劳动保护投入，要求员工以加班的形式来获得企业效率。一些弱势地位的员工为了获取薪酬和稳定的工作机会，往往被迫接受长时间的加班。然而，如果民营企业所创造的财富是以工人的健康甚至生命为代价的，那么企业就与刽子手没有什么区别。未来的民营企业发展趋势中，为劳动者购买符合安全要求的机器设备，或者加大对机器设备的维修保养投入，或者不让员工加班超时工作，减少过劳死以及职业病、工伤等悲剧应该是一种主流。我们最不希望看到的现象是：老板开着奔驰、宝马到处参加慈善捐款活动，员工却在简陋甚至危险的环境中加班加点地干活。企业的社会责任既表现在如何体面地使用财富上，也植根于如何符合伦理要求地创造财富过程之中。不管是分配财富还是创造财富，善待员工都是企业履行社会责任的第一要义。忘记了这一点而奢谈企业社会责任，难免会陷入画饼充饥、自欺欺人的境地。

2018 年德勤《全球人力资本趋势报告》的主题就是社会企业的崛起。报告指出：

根据 2018 年对全球 11000 多名商业和人力资源领导者的调查以及与当今一些领先企业高管的访谈，我们相信巨变正在发生。对企业的评估不再仅仅基于财务表现，或其产品、服务的品质等传统指标。相反，现在越来越多对企业的评估是基于其与员工、客户和社区的关系以及对整个社会的影响，这使它们从商业企业转变为社会企业。

什么是社会企业？社会企业是这样的一个组织：其使命是将收入增长、盈利与尊重和支持其环境和利益相关者网络的需要相结合。这包括倾听、投资并积极管理塑造当今世界的趋势。与此同时，社会企业也是这样的一个组织：肩负着成为优秀企业公民（包括组织内部和组织外部）的责任，它们是同行的榜样，并在组织的各个层级促进高度的合作。

我们期待广东的民营企业将会承担起更多的社会责任，更有效地营造绿色可持续的企业生态环境。

参考文献

《2016 年广东民营经济增加值突破四万亿元》，2017 年 2 月 4 日，广东
   统计信息网（http：//www. gdstats. gov. cn/tjzl/tjkx/201702/t20170209_
   355239. html）。

骆骁骅：《广东民营经济单位近千万个》，《南方日报》2018 年 2 月 7
   日（http：//www. gd - info. gov. cn/shtml/guangdong/jrgd/jj/2018/02/
   07/254992. shtml l）。

《2017 年广东外贸同比增长 8%，新型贸易业态发展迅猛》，2018 年 1
   月 18 日，金羊网（http：//news. ycwb. com/2018 - 01/18/content_
   25905270. htm）。

《我省科技企业孵化器呈现新模式新业态》，《广东科技报》2017 年 7
   月 11 日（http：//www. gdstc. gov. cn/HTML/kjdt/gdkjdt/1499739966-
   7318135597396875288273. html）。

吴瑕：《粤高新技术企业数量全国第一　民营经济占 GDP 比重过半》，
   《信息时报》2017 年 8 月 13 日（http：//gd. sina. com. cn/news/b/
   2017 - 08 - 13/detail - ifyixtym2661444. shtml）。

周宇英：《广东专业镇产业协同创新体系建设研究》，《科技管理研究》
   2017 年第 24 期。

《广东推动专业镇"协同创新"　力促产业转型升级》，2016 年 6 月 15
   日，新华网（http：//finance. china. com. cn/roll/20160615/3767684.
   shtml）。

《广东15661家中小企业倒闭　称未出现"倒闭潮"》,《金羊网－羊城晚报》2017年12月17日（http://news.sohu.com/20081217/n261267275.shtml）。

刘兴国:《中国企业平均寿命为什么短? 民营企业仅3.7年》,《中国经济网－经济日报》2016年6月1日（https://finance.qq.com/a/20160601/007943.htm）。

彭璧玉:《组织生态学理论述评》,《经济学家》2006年第5期。

侯杰、陆强、石涌江等:《基于组织生态学的企业成长演化:有关变异和生存因素的案例研究》,《管理世界》2011年第12期。

王婵、彭璧玉、陈有华:《组织生态学视角的通信行业演化与制度约束——对我国电信固话、移动和小灵通三大种群的比较分析》,《产经评论》2015年第1期。

彭璧玉:《结构惰性、组织变革与产业组织存活》,《华南师范大学学报》（社会科学版）2013年第5期。

吴晓波:《大败局》,浙江人民出版社2001年版。

仁际宇、陈霞:《对标美国运通　腾邦国际构建商旅金融新格局》,《证券时报》2014年3月18日（http://www.stcn.com/2014/0318/11254302.shtml）。

《雪松控股:广州第一民企明年冲刺世界500强》,《21世纪经济报道》2017年12月7日（http://finance.sina.com.cn/roll/2017–12–07/doc–ifypnqvn0790983.shtml）。

曹会勤、储小平:《地方政府规制、企业家能力与地区经济发展》,《制度经济学研究》2009年第3期。

曹会勤、储小平:《非生产性努力、政府规制与私营经济发展》,《南方经济》2010年第6期。

程海波、于蕾、许治林:《资本结构、信贷约束和信贷歧视:上海非国有中小企业的案例》,《世界经济》2005年第8期。

储小平、李桦、曹会勤:《广东发展非公所有制经济的体制保障研究》,经济科学出版社2012年版。

戴静、张建华：《金融所有制歧视、所有制结构与创新产出——来自中国地区工业部门的证据》，《金融研究》2013 年第 5 期。

邓建平、曾勇：《政治关联能改善民营企业的经营绩效吗》，《中国工业经济》2009 年第 2 期。

丁贞：《高管的政治关联与 R&D 投入的相关性研究——基于制造业和信息技术产业上市公司数据》，《山东纺织经济》2010 年第 12 期。

孔东民、刘莎莎、王亚男：《市场竞争、产权与政府补贴》，《经济研究》2013 年第 2 期。

卢峰、姚洋：《金融压抑下的法治、金融发展和经济增长》，《中国社会科学》2004 年第 1 期。

罗党论、唐清泉：《中国民营上市公司制度环境与绩效问题研究》，《经济研究》2009 年第 2 期。

宋增基、冯莉茗、谭兴民：《国有股权、民营企业家参政与企业融资便利性——来自中国民营控股上市公司的经验证据》，《金融研究》2014 年第 12 期。

田利辉、张伟：《政治关联影响我国上市公司长期绩效的三大效应》，《经济研究》2013 年第 11 期。

王珍义、何胡琴、苏丽：《政治关联、进入壁垒与中小高新技术企业技术创新》，《华东经济管理》2014 年第 3 期。

吴联生、李辰：《"先征后返"、公司税负与税收政策的有效性》，《中国社会科学》2007 年第 4 期。

吴文锋、吴冲锋、芮萌：《中国上市公司高管的政治背景与税收优惠》，《管理世界》2009 年第 3 期。

尹宗成、李向军：《金融发展与区域经济增长——基于企业家精神的视角》，《中央财经大学学报》2012 年第 11 期。

余明桂、潘红波：《政治关系、制度环境与民营企业银行贷款》，《管理世界》2008 年第 8 期。

张维迎：《市场的逻辑》，上海人民出版社 2012 年版。

张小蒂、曾可昕：《企业家资源拓展与中国比较优势内生增进》，《学术月刊》2013 年第 11 期。

邓毅富:《广州四大名鸡之一太爷鸡已 104 岁　小店开在"老街"
上》,《新快报》2015 年 2 月 20 日。

傅高义:《先行一步:改革中的广东》,广东人民出版社 2008 年版。

广东省工商业联合会:《广东民营经济发展蓝皮书》,广东经济出版社
2007 年版。

广东省工商业联合会:《广东省工商业联合会年鉴 2012—2013》,广东
经济出版社 2014 年版。

黄应来:《广东 2016 年民营经济增加值突破 4 万亿》,《南方日报》
2017 年 2 月 7 日。

黄孟复:《民营经济发展仍面临"玻璃门"》,2007 年 2 月 1 日,新
华网。

李直建:《东莞六成工业企业将机器换人,启动 505 个机器换人项
目》,《广州日报》2015 年 7 月 23 日。

[美] 小艾尔弗雷德·D. 钱德勒:《看得见的手》,商务印书馆 1987
年版。

吴晓波:《激荡三十年(上、下)》,浙江人民出版社 2007—2008
年版。

周其仁:《改革的逻辑》,中信出版社 2013 年版。

王建军、陈平、黄志宁、李勇:《广东省民营经济与专业镇发展研
究》,《山西师范大学学报》2008 年第 3 期。

邱雪峰:《困境与出路:金融危机下的广东制造业》,《广东合作经济》
2009 年第 2 期。

谢思佳、张启:《广东公布官方数据:今年 1—9 月企业关闭 7148 家》,
《南方日报》2008 年 11 月 17 日。

詹天庠:《广东个体私营经济发展 30 年观察》,摘自《广东民营经济
发展蓝皮书(2007—2008)》,广东省出版集团 2008 年版。

严丽梅:《广东省国资委主任李成谈广东国企混改要突出"三个坚
持"》,2018 年 3 月 15 日,金羊网。

储小平、黄嘉欣、谢俊、汪林编著：《变革演义三十年——广东民营家族企业组织变革历程》，社会科学文献出版社 2012 年版。

牛瑞飞：《中国成为全球互联网经济先锋》，《人民日报》2017 年 9 月 16 日。

吴晓波：《腾讯传：1998—2016》，浙江大学出版社 2016 年版。

王伟、魏炜、华欣：《帝企鹅的顶层设计》，《新财富杂志》2014 年 1 月 9 日。

华倩：《执着的本土化创新，腾讯克服列强的武器》，《般若财智》2014 年 1 月 8 日。

郑祥琥：《聊出来的企鹅帝国：马化腾与腾讯管理模式》，武汉大学出版社 2009 年版。

崔世娟、李郁君、谢佩珊：《腾讯公司：业务逻辑和战略布局》，中国管理案例共享中心案例库，2016 年 10 月 8 日。

项闻、沈亚：《百亿不掩初心》，《21 世纪经济报道》2014 年 6 月 11 日。

刘旷：《评测：天猫、京东、唯品会的模式对比》，中国电子商务中心，2017 年 10 月 30 日。

詹夏瑞、吴文清、张海红：《贵以示人，平以近人——奢侈唯品会的平民之道》，中国管理案例共享中心案例库，2014 年 12 月 9 日。

陶力：《唯品会百亿市值解读：前接微信后扩品类》，腾讯科技，2014 年 3 月 11 日。

庄红韬、赵爽：《〈财富〉500 强：唯品会 ROE 连续 3 年超 33% 稳居互联网行业第一》，2017 年 8 月 7 日，人民网。

郑志辉：《腾讯、京东向唯品会投资 8.63 亿美元　组建最大联盟对抗阿里巴巴》，2017 年 12 月 19 日，金羊网。

刘程、王胜男：《新经济中的"独角兽"现象》，2016 年 6 月 22 日，搜狐网。

邱灿辉、操时磊：《大疆创新：让世界爱上中国造》，中国管理案例共享中心案例库，2017 年 5 月 11 日。

郭名媛、胡彦芳：《大疆：知识产权战略护航自主创新》，中国管理案例共享中心案例库，2018 年 1 月 3 日。

毕小菊：《大疆创新汪滔：怀揣理想才能走得更远》，《中国职工教育》2015 年第 12 期。

郁葱葱：《大疆无人机入选〈时代〉年度十大创新工具》，2014 年 12 月 8 日，雷锋网。

杨阳腾：《把"飞翔梦"做到完美》，2015 年 5 月 26 日，凤凰财经。

王雷生、李碧雯、胡可：《柔宇科技："黑科技突围"》，《中国企业家》2017 年第 1 期。

钱德虎：《硬件领域创业 5 年，估值超 200 亿，柔宇是如何做到的?》，2017 年 10 月 11 日，虎嗅网。

王雷生：《历经八年蜕变的土巴兔告诉你，家装行业的独角兽是怎样炼成的?》，2016 年 10 月 25 日，中国企业家网。

郭静原：《IP 引领玩具产业提升"含金量"》，《经济日报》2017 年 12 月 11 日。

陆一：《深圳柜台交易曾经的疯狂》，2011 年 8 月 9 日，FT 中文网。

王珺、丘海雄等：《珠三角产业集群发展模式与转型升级》，社会科学文献出版社 2013 年版。

张建琦等编著：《为天下之先：粤商家族企业创新三十年》，社会科学文献出版社 2012 年版。

广发证券研究报告：《奥飞动漫——打造 IP 为核心泛娱乐生态，全面加速 IP 化、互联网化、国际化》，2015 年 4 月 23 日。

李朝庭：《广东专业镇转型升级的战略思考》，《科技管理研究》2013 年第 8 期。

周伯源：《全球价值链视角下佛山陶瓷产业集群升级的案例研究》，硕士论文，中南大学，2007 年。

［美］彭罗斯：《企业成长理论》，赵晓译，上海人民出版社 2007 年版。

储小平：《职业经理与家族企业的成长》，《管理世界》2002 年第 4 期。

［美］彼得·德鲁克：《管理实践》，中国工人出版社 1989 年版。

张维迎：《企业家与经理人的信任博弈》，《管理》2003 年第 10 期。

李霖：《浅谈职业经理人的产生与发展》，《中华工商时报》2016 年 1
月 12 日第 008 版。

朱沆、何轩、陈文婷：《企业主集权：边界理论的新观点》，《南开商
业评论》2011 年第 5 期。

樊景立、郑伯埙：《华人组织的家长式领导：一项文化观点的分析》，
《本土心理学研究》2000 年第 13 期。

余英时：《中国近世宗教伦理与商人精神》，摘自沈志佳：《余英时文
集（3）》，广西师范大学出版社 2004 年版。

陈润：《生活可以更美的：何享健的美的人生》，华文出版社 2010
年版。

冯悦：《美的集团的职业经理人制》，《企业管理》2011 年第 9 期。

《美的集团：核心管理团队持股计划》，2017 年。

钟孟光、余莉娜：《创维：制度防护》，《管理》2005 年第 2 期。

《黄宏生入狱后创维更强背后：职业经理人文化》，2009 年 8 月 14 日，
《世界企业家》（http：//31. toocle. com/detail - - 4740243. html）。

梅东：《碧桂园：成败去家族化》，《中国房地产业》2013 年第 4 期。

张晓玲：《碧桂园：家族企业的另类生存》，《21 世纪经济报道》2016
年 5 月 9 日第 007 版。

刘祯、苏国燕：《因变而生——碧桂园高成长启示》，《企业管理》
2017 年第 6 期。

张歆晨：《碧桂园掌门人杨国强的平衡术》，《第一财经日报》2012 年
11 月 16 日第 C03 版。

姚清铁、郭萍：《近代典型中国家族企业继承模式探讨：基于委托—
代理的分析》，《上海经济研究》2012 年第 12 期。

黄华：《我国现代企业制度建设的实践、失衡与重构》，《宁夏社会科
学》2017 年第 5 期。

殷俊明、王思、戴安娜：《家族企业职业经理人激励制度的改进》，

《经营与管理》2018 年第 3 期。

Herbert A. Simon：《有限理性模型》，麻省理工学院出版社 1982 年版。

赫伯特·西蒙：《西蒙选集》，黄涛译，首都经济贸易大学出版社 2002
年版。

林毅夫：《2050 年中国民企世界 500 强数量有望与国企持平》，《21 世
纪经济报道》2018 年 4 月 28 日（http：//money. 163. com/18/0428/
22/DGGVIIKV002580S6. html）。

张远飞、贺小刚、连燕玲：《"富则思安"吗？——基于中国民营上市
公司的实证分析》，《管理世界》2013 年第 7 期。

唐建新、陈冬：《地区投资者保护，企业性质与异地并购的协同效
应》，《管理世界》2010 年第 8 期。

徐立平、姜向荣、尹翀：《企业创新能力评价指标体系研究》，《科研
管理》2015 年第 1 期。

李延喜、巴雪冰、薛光：《企业成长性综合评价方法的实证研究》，
《大连理工大学学报》（社会科学版）2006 年第 3 期。

［美］约翰·科特、［美］詹姆斯·赫斯克特：《企业文化与经营业
绩》，李晓译，中国人民大学出版社 2004 年版。

［美］埃德加·沙因：《组织文化与领导力》，章凯、罗文豪等译，中
国人民大学出版社 2011 年版。

［美］雷丁：《海外华人企业家的管理思想——文化背景与风格》，张
道敬等译，上海三联书店 1993 年版。

李亚：《中国民营企业文化建设报告》，中国经济出版社 2013 年版。

程宇宏、黄鹏燕：《粤商文化研究述评》，《广东商学院学报》2008 年
第 5 期。

《华为总裁办公会议纪要》，1997 年。

魏龙祯：《解密华为文化》，《经营与管理》2018 年第 2 期。

《华为公司的核心价值观》，2007。

任正非：《华为的红旗到底能扛多久》，华为向中国电信调研团的汇
报，1998 年。

温氏集团网站－集团介绍：http：//www. wens. com. cn/html/about/。

胡荣锦：《读懂温氏文化之魂——〈温北英的"伊甸园"梦〉连载9/33/40/58/59/62/67》，温氏集团网站。

胡浩民、张乐柱：《30 年温氏发展轨迹的制度性解析》，中国农业出版社 2013 年版。

王宣喻、苟茜：《股权分散下的华人家族控制：广东温氏集团的实践》，《南方农村》2010 年第 5 期。

温氏集团 2017 年第三季度财报：http：//online. wens. com. cn/uploadfile/2017/1102/20171102093417420. pdf。

温氏集团网站－大事记：http：//www. wens. com. cn/html/history/。

金蝶集团官网：http：//www. kingdee. com/。

石忠烈：《金蝶集团发展战略研究》，吉林大学出版社 2010 年版。

王玮冰：《金蝶"家长"徐少春：打造没有家长的大家文化》，2007 年 7 月 23 日，赛迪网新闻（http：//www. ccidnet. com/2007/0723/1152509. shtml）。

白杨、徐少春：《"砸"掉金蝶的 ERP，称要用金蝶云颠覆自己》，2017 年 5 月 4 日，凤凰科技新闻（http：//tech. ifeng. com/a/20170504/44582469_0. shtml）。

王凯：《中国优秀软件企业文化的比较分析及启示——以金蝶集团和东软集团为案例》，《特区经济报》2006 年第 8 期。

东莞泰威、斯美企业文化网站：http：//wenhua. getwell. cn/。

石杜丽：《知行合一——传统文化嵌入型企业社会责任形成与模式研究》，华南理工大学出版社 2016 年版。

佚名：《构建生命型企业的实践——泰威斯美公司学习传统文化心得报告》，2017 年 12 月 20 日，中国孔子网（http：//www. chinakong-zi. org/zx/201712/t20171220_149261. htm）。

德勤咨询公司：《全球人力资本趋势报告》，2018 年。

《降低制造业企业成本支持实体经济发展的若干政策措施》，2017 年 9 月，广东省人民政府网（http：//www. gd. gov. cn/govpub/rdzt/jbzx/）。

《广东省人民政府办公厅关于印发广东省战略性新兴产业发展"十三五"规划的通知》，2017 年 8 月，广东省人民政府网（http：// zwgk. gd. gov. cn/006939748/201709/t20170906_721337. html）。

Ajay Adhikari, Chek Derashid, Hao Zhang. Public Policy, "Political Connections, and Effective Tax Rates: Longitudinal Evidence from Malaysia". *Journal Accounting and Public Policy*, Vol. 25, No. 5, 2006.

Bliss, M., Gul, F., "Political connection and cost of debt: Some Malaysian evidence". *Journal of Banking and Finance*, Vol. 36, 2012.

Cai, H., Fang, H., Xu, L., "Eat, drink, firms, government: an investigation of corruption from the entertainment and travel costs of Chinese firms". *Journal of Law and Economics*, Vol. 54, No. 1, 2011.

Chen, S., Sun, Z., Tang, S., Wu, D., "Government intervention and investment efficiency: Evidence from China". *Journal of Corporate Finance*, Vol. 17, 2011.

Chen, Y., Liu, M., Su, L., "Greasing the wheels of bank lending: Evidence from private firms in China". *Journal of Banking and Finance*, Vol. 37, No. 7, 2013.

Christian Keuschnigg, Soren Bo Nielsen, "Progressive Taxation, Moral Hazard, and Entrepreneurship". *Journal of Public Economic Theory*, Vol. 6, No. 3, 2004.

Claessens, S., Dell'Ariccia, G., Igan, D. and Laeven, L., "Cross – country experiences and policy implications from the global financial crisis", *Economic Policy*, Vol. 62, 2010 .

Claessens, S., Feijen, E., Laeven, L., "Political connections and preferential access to finance: The role of campaign contributions". *Journal of Financial Economics*, Vol. 88, 2008.

Cull, R., Xu, L., "Who gets credit? The behaviour of bureaucrats and state banks in allocating credit to Chinese state – owned enterprises".

Journal of Development Economics, Vol. 71, 2003.

Daron Acemoglu, Simon Johnson, James Robinso, "The Rise of Europe: Atlantic Trade, Institutional Change, and Economic Growth". *The American Economic Review*, Vol. 95, No. 3.

Faccio, M., R. W. Masulis, J. J. McConnell. "Political Connections and Corporate Bailout". *Journal of Finance*, Vol. 61, No. 6, 2006.

Faccio, M., "Differences between politically connected and nonconnected firms: A cross – country analysis". *Financial Management*, Vol. 39, No. 3, 2010.

Fan J., Wong T. J. and Zhang T., "Politically Connected CEOs, Corporate Governance, and Post – IPO Performance of China's Newly Partially Privatized Firms". *Journal of Financial Economics*, Vol. 84, 2007.

Fan, J., Wong, T. J., Zhang, T., "Politically connected CEOs, corporate governance, and post – IPO performance of China's newly partially privatized firms". *Journal of Financial Economics*, Vol. 84, No. 2, 2007.

Fisman, R., "Estimating the Value of Political Connections". *American Economic Review*, Vol. 91, 2001.

Franklin Allen, Jun Qian and Meijun Qian, "Comparing China's Financial System". *China Journal of Finance*, Vol. 1, 2003.

Fukuyama, F. *TRUST: The Social Virtues and the Creation of Prosperity*. New York: the Free Press, 1995.

Herbert A. Simon, *Administrative Behavior*, The Free Press, 1947.

Holtz – Eakin, Douglas, D. Joulfaian and H. S. Rosen, "Entrepreneurial Decisions and Liquidity Constraints". *Rand Journal of Economics*, Vol. 23, No. 2, 1994.

Houston, J., Jiang, L., Lin, C., Ma, Y., "Political connections and the cost of bank loans". *Journal of Accounting Research*, Vol. 52, No. 1, 2014.

Houston, J. , Jiang, L. , Lin, C. , Ma, Y. , "Political connections and the cost of bank loans". *Journal of Accounting Research*, Vol. 52, No. 1, 2014.

Johnson, S. , T. Mitton, "Cronyism and Capital Controls: Evidence from Malaysia". *Journal of Financial Economics*, Vol. 67, No. 2, 2003.

Kerr, W. , R. Nanda, "Financing constraints and entrepreneurship. In Handbook on Research on Innovation and Entrepreneurship". D Audretsch, O Falck and S Heblich (eds.) . Cheltenham: Edward Elgar. 2011.

Klappera, L. , L. Laevena and R. Rajan, "Entry regulation as a barrier to entrepreneurship". *Journal of Financial Economics*, Vol. 82, 2006.

Leuz, C. , Oberholzer – Gee, F. , "Political relationships, global financing, and corporate transparency: Evidence from Indonesia". *Journal of Financial Economics*, Vol. 81, No. 2, 2006.

Levine, Ross. "Law, Finance, and Economic Growth". *Journal of Financial Intermediation*, Vol. 8, No. 1 – 2, 1999.

Levine, R. and Zervos, S. , "Stock Markets, Banks, and Economic Growth. " *The American Economic Review*, Vol. 88, 1998.

Piotroski, J. , Zhang, T. , "Politicians and the IPO decision: The impact of impending political promotions on IPO activity in China". *Journal of Financial Economics*, Vol. 111, 2014.

Robert G. King, Ross Levine, "Finance and Growth: Schumpeter Might be Right". *The Quarterly Journal of Economics*, Vol. 108, No. 3, 1993.

Sandra E. Black and Philip E. Strahan, "Entrepreneurship and Bank Credit Availability". The *Journal of Finance*, Vol. 57, No. 6, 2002.

Xiaofei Pan, Gary Gang Tian, "Political connections and corporate investments: Evidence from the recent anti – corruption campaig in China". *Journal of Banking and Finance*, 2017, Online First.

后　记

　　改革开放 40 年，广东作为前沿地带，其社会经济发展持续保持全国领先，而广东民营企业是其重要的主力军，其创业与发展在全国具有标杆意义。中山大学岭南（大学）学院作为经济学和管理学研究的重镇，有责任有义务对广东 40 年改革开放的发展历程进行回顾与展望。由此，学院领导去年组织同事们分别从不同专题对广东改革开放的历程进行总结探讨，我申报承担了《广东民营企业四十年》一书组织撰写的任务。

　　暮然回首，来广东在大学从事教学与研究工作已 32 年有余，亲身经历了广东改革开放的历程，看到了改革开放的巨大成就，深度观察思考了其中的一些问题，也与众多民营企业家有很多的交流探讨，先后发表了一些研究成果，承担此书的组织撰写工作也是职责所在。

　　本书由我确定主题和谋篇布局，并对各章提出修改意见，对有关章节进行多次修改，最后对全书进行统稿。各章分工和撰写人如下：第一章，导论，黄嘉欣、储小平；第二章，民营企业发展的宏观背景研究文献综述，曹会勤；第三章，广东民营企业发展概况，李桦；第四章，粤派地产，谢俊；第五章，创新驱动，郑馨；第六章，互联网先锋，谢俊；第七章，独角兽，谢俊；第八章，集群生长，谢俊；第九章，职业经理与民营企业的成长，由储小平定题，组织三年级本科生陈远芳、滕菲、文思宇和张臻如等搜集资料，写成初稿，后由储小平与各位同学多次修改定稿；第十章，民营上市公司的发展现状，吴亮、谢俊；第十一章，民营上市公司财务治理与成长，吴亮、谢俊；第十二章，企业文化与民营企业的成长，由储小平定题，组织三年级本科生黄育楷、刘旭辉、余珂越和许庭茵等搜集资料，写成初稿，后由储小平与各位同学多次修改定稿；第十三章，民营企业国际化，郑馨；第十四章，新的挑战与机遇，黄嘉欣、储小平。

本书也是广东省教育厅省级重大项目（社会科学类）"企业领导力研究"（项目编号：2016WZDXM001）的研究成果。特此说明。

储小平

2018 年 10 月 7 日